U0963758

Treasures for Scholars Worldwide

蛾術叢書

四庫全書總目

〔清〕永瑢等撰　〔清〕紀昀等纂

經部　一

廣西師范大學出版社
GUANGXI NORMAL UNIVERSITY PRESS
·桂林·

Siku Quanshu Zongmu Jingbu

圖書在版編目（CIP）數據

四庫全書總目. 經部 ：全 3 册 / （清）永瑢等撰 ；（清）紀昀等纂. —桂林：廣西師範大學出版社，2019.6
（蛾術叢書）
ISBN 978-7-5598-1189-9

Ⅰ. ①四… Ⅱ. ①永…②紀… Ⅲ. ①《四庫全書總目》 Ⅳ. ①Z833

中國版本圖書館 CIP 數據核字（2018）第 219858 號

廣西師範大學出版社出版發行
（廣西桂林市五里店路 9 號　郵政編碼：541004
網址：http://www.bbtpress.com）
出版人：張藝兵
全國新華書店經銷
廣西廣大印務有限責任公司印刷
（桂林市臨桂區秧塘工業園西城大道北側廣西師範大學出版社集團有限公司創意產業園内　郵政編碼：541199）
開本：880 mm × 1 240 mm　1/32
印張：41.375　　字數：850 千字
2019 年 6 月第 1 版　　2019 年 6 月第 1 次印刷
定價：188.00 元（全三册）

如發現印裝質量問題，影響閱讀，請與出版社發行部門聯繫調换。

蛾術叢書編委會

顧問 韋力 程焕文

編委 王榮鑫 李非凡 李振聚 肖承清 季曉冬 胥純瀟
馬豔超 袁瀛 郭洋辰 唐明山 陳振林 黄婷婷
康博文 張鴻鳴 彭子龍 楊蕙瑜 趙楠 鄭凌峰
魯朝陽 劉揚

特約編輯 王榮鑫 張鴻鳴 季曉冬 彭子龍

類屬	點校	審訂
卷首	馬黼超　陳振林　張鴻鳴	張鴻鳴
易類	馬黼超　張鴻鳴　楊蕙瑜　陳振林　郭洋辰	袁　瀛　鄭凌峰
書類	張鴻鳴　肖承清　陳振林　楊蕙瑜　郭洋辰　黄婷婷	鄭凌峰
詩類	黄婷婷　胥純瀟　楊蕙瑜	袁　瀛
禮類	王榮鑫　李非凡　劉　揚	鄭凌峰　季曉冬
春秋類	彭子龍　張鴻鳴　劉　揚	季曉冬
孝經類	彭子龍　張鴻鳴　劉　揚	張鴻鳴
五經總義類	彭子龍　張鴻鳴　劉　揚	張鴻鳴
四書類	彭子龍　張鴻鳴　劉　揚	李振聚
樂類	彭子龍　劉　揚	李振聚
小學類	彭子龍　康博文　劉　揚　張鴻鳴	趙　楠　董婧宸

蛾術書房據一九六五年中華書局
影印清乾隆六十年謝啓昆杭州刻
小字本排印

整理説明

四庫全書總目是清代乾隆年間官修的一部大型解題目録，是以「辨章學術，考鏡源流」爲主要特點的傳統目録學的重大成果。乾隆三十七年（一七七二），下詔徵求書籍，但此時的諭旨中并未明確表現出編纂叢書的意向。次年二月，安徽學政朱筠上疏，建議從永樂大典中勾稽已無傳本的古書。乾隆對這一建議特别重視，分派王際華、裘曰修爲總裁官，辦理大典輯佚書的工作，并提出了要將輯出的書籍彙纂爲四庫全書。稍後，乾隆又將四庫全書遴選的範圍，擴大到從全國徵集來的書籍當中。編纂四庫全書的機構稱爲四庫館，四庫館臣在輯佚、校閲書籍的時候，每校定一部書籍，就仿照漢代劉向、劉歆父子校理秘閣藏書的成例，撰寫一篇針對此書的提要。這些提要，冠于四庫全書的每一部書之前，稱爲書前提要。有些書籍，没有收入四庫全書，稱作存目書。館臣爲存目書也撰寫了提要。四庫全書收録了三千多種書，另外還有六千多種存目書。這一萬餘種書的提要，按照經、史、子、集的分類分部編排，再加上部類前的大小序，就構成了四庫全書總目的主體内容。全書之前，還載有聖諭、表文、職名和凡例。其中聖諭部分，是乾隆爲纂修四庫全書事所下重要聖諭的彙集，大體勾勒了纂修四庫全書及總目的整個過程。表文即全書告成後，四庫館臣的進四庫全書表，這是一篇文辭華麗的駢文，幾乎將中國古代所有與書籍有關的典故囊括在内。職名是四庫全書纂修官員的官職和姓名。正總裁以皇子永瑢爲首，副總裁以户部尚書梁國治爲首。但需要説明的是，無論是四庫全書還是總目，這些掛名的皇子、大員實際參與工作并不多，大量的工作其實是總纂官紀昀領銜完成的。凡例二十則，介紹了四庫全書的編纂與總目著録的原則，其中體現的一些目録學思想，現在看來也是毫不過時的。

總目纂成時的面貌是内府的鈔本。乾隆五十一年（一七八六），武英殿開始刊刻總目，旋因四庫所收之書需要抽换、改動而停止刊刻。乾隆五十九年（一七九四）至乾隆六十年（一七九五）間，浙江布政使謝啓昆、浙江按察使秦瀛等人據杭州文瀾閣藏四庫全書總目鈔本，經過校勘付梓，是爲浙本總目。武英殿刊刻的總目大約同時告竣，是爲殿本總目。殿本與浙本的優劣，學者討論得很多。大體來説，因爲浙本的底本是隨文瀾閣四庫全書發到杭州的鈔本，較早脱離了内府，因此紀昀等人最終的修改意見未能體現在浙本總目中。從是否爲定稿的角度來看，殿本或優于浙本。但是在實際使用中，殿本刷印較少，校讎不精，影響有限。浙本校勘精審，錯字很少，在清代影響較大。另外，同治年間廣東書局參校殿本與浙本，也刊刻了四庫總目，是爲粤本總目。除此之外，清末至民國間還有若干石印本，如果算上四庫全書簡明目録等總目的衍生品，總目系列的版本就數不勝數了。除此之外，總目還有若干鈔本存世，天津圖書館還藏有總目的殘稿。

總目從面世之初，就受到學者格外的重視。一方面，它體量大，信息量豐富，是一部好用的目録書；

另一方面，四庫館臣對於學術史有深刻的認識，對書籍分類對應的學術領域，其中重大和關鍵的問題有準確的把握。張之洞曾説：「泛濫無歸，終身無得；得門而入，事半功倍。或經，或史，或詞章，或經濟，或天算地輿，經治何經，史治何史，經濟是何條，因類以求，各有專注。至於經注，孰爲師授之古學，孰爲無本之俗學。史傳，孰爲有法，孰爲失體，孰爲詳密，孰爲疏舛。詞章，孰爲正宗，孰爲旁門，尤宜決擇分析，方不致誤用聰明。此事宜有師承，然師豈易得？書即師也。今爲諸君指一良師，將四庫全書總目提要讀一過，即略知學問門徑矣。」可見，總目的學術史地位是受到前人高度重視的。當然，作爲二百多年前的一部目録，其中具有很多知識上的硬傷，這是完全可以理解的。館臣的一些觀點也已經陳舊過時。但是作爲傳統目録學的重大成果，總目在今天仍具有不可替代的地位。館臣的目録學思想與學術史思想，在今天仍具有價值。

二十世紀六十年代，中華書局拼貼影印了浙本總目，并請王伯祥先生斷句。中華書局影印浙本總目，便於携帶、查閲，是半個世紀以來總目最通行的版本。但是中華書局影印浙本只有句讀，且拼貼縮印後字體過小，閲讀時頗費目力。有鑒於此，我們以中華書局影印浙本總目爲底本，參考底本版式及句讀，并略爲損益，施加全式標點，不出校勘記，希望能爲讀者提供一個方便翻閲、通讀的四庫全書總目的版本。中華書局影印本後附四庫撤燬書提要與阮元四庫未收書提要，此次一併整理，附于全書之後。

在點校整理的過程中，對於底本中因避諱而改之字，可以確定者，整理本則徑改，不出校記。總目體量較大，爲簡省篇幅，同時希望可以爲讀者提供一個清朗簡明的讀本，對點校整理過程中發現的浙本與殿本、粤本的異同，整理本未據殿本或粤本進行改動，亦不出校記；對點校整理過程中通過對校、他校、理校發現的底本中的一些譌誤及用字前後不統一等情況，整理本對部分字形進行了處理，其餘則未作更正，以示審慎，讀者閲讀時應當注意。

參與本書標點、整理、審訂者，或爲在讀學生，或爲參加工作不久的同仁，雖然有前人良好的整理基礎，但因參加整理者學識淺陋，又成于衆手，或有譌誤錯繆、體例未協之處，盼望讀者不吝指出，我們無任感荷。

蛾術叢書編委會

二〇一九年四月

目録

欽定四庫全書總目卷首一

聖諭

乾隆三十七年正月初四日奉上諭：

朕稽古右文，聿資治理，幾餘典學，日有孜孜。因思策府縹緗，載籍極博。其鉅者羽翼經訓，垂範方來，固足稱千秋法鑒。即在識小之徒，專門撰述，細及名物象數，兼綜條貫，各自成家，亦莫不有所發明，可爲游藝養心之一助。是以御極之初，即詔中外搜訪遺書，並令儒臣校勘十三經、二十一史，徧布黌宫，嘉惠後學。復開館纂修綱目三編、通鑑輯覽及三通諸書。凡藝林承學之士所當户誦家絃者，既已薈萃略備。第念讀書固在得其要領，而多識前言往行，以畜其德，惟蒐羅益廣，則研討愈精。如康熙年間所修圖書集成，全部兼收並録，極方策之大觀。引用諸編，率屬因類取裁，勢不能悉載全文，使閲者沿流溯源，一一徵其來處。今内府藏書，插架不爲不富，然古今來著作之手，無慮數千百家，或逸在名山，未登柱史，正宜及時採集，彙送京師，以彰千古同文之盛。其令直省督撫會同學政等，通飭所屬，加意購訪。除坊肆所售舉業時文及民間無用之族譜、尺牘、屏幛、壽言等類，又其人本無實學，不過嫁名馳騖，編刻酬倡詩文，瑣屑無當者，均無庸採取外，其歷代流傳舊書，内有闡明性學治法，關繫世道人心者，自當首先購覓。至若發揮傳注，攷覈典章，旁暨九流百家之言，有裨實用者，亦應備爲甄擇。又如歷代名人洎本朝士林宿望，向有詩文專集，及近時沈潛經史，原本風雅，如顧棟高、陳祖范、任啓運、沈德潛輩，亦各著成編，竝非勦説巵言可比，均應槩行查明。在坊肆者，或量爲給價；家藏者，或官爲裝印；其有未經鐫刊，祗係鈔本存留者，不妨繕録副本，仍將原書給還。竝嚴飭所屬，一切善爲經理，毋使吏胥藉端滋擾。但各省蒐輯之書，卷帙必多，若不加之鑑別，悉令呈送，煩複皆所不免。著該督撫等先將各書敘列目録，注係某朝某人所著，書中要旨何在，簡明開載，具摺奏聞，候彙齊後令廷臣檢覈，有堪備閲者，再開單行知取進。庶幾副在石渠，用儲乙覽。從此四庫七畧，益昭美備，稱朕意焉。欽此。

乾隆三十八年二月初六日奉旨：

昨據軍機大臣議覆朱筠條奏，内將永樂大典擇取繕寫，各自爲書一節，議請分派各館修書翰林等官前往檢查，恐責成不專，徒致歲月久稽，汗青無日。蓋此書移貯年深，既多殘闕，又原編體例係分韻類次，先已割裂全文，首尾難期貫串。特因當時採摭甚博，其中或有古書善本，世不恒見，今就各門彙訂，可以湊合成部者，亦足廣名山石室之藏。著即派軍機大臣爲總裁官，仍於翰林等官内選定員數，責令及時專司查校，將原書詳細檢閲，竝將圖書集成互爲校覈，擇其未經採録而實在流傳已少，尚可裒綴成編者，先行摘開目録奏聞，候朕裁定。其應如何酌定規條，即著派出之大臣詳悉議奏。至朱筠所奏，每書必校其得失，撮舉大旨，敘於本書卷首之處，若欲悉仿劉向校書序録成規，未免過於繁冗。但向閲内府所貯康熙年間舊藏書籍，多有摘敘簡明略節，附夾本書之内者，於檢查洵爲有益。應俟移取各省購書全到時，即令承辦各員，將書中要指檃括，總敘厓略，粘開卷副頁右方，用便觀覽。餘依議。欽此。

乾隆三十八年二月十一日奉上諭：

昨據軍機大臣議覆朱筠條奏校核永樂大典一摺，已降旨派軍機大臣爲總裁，揀選翰林等官詳定規條，酌量辦理。兹檢閱原書卷首序文，其言採掇蒐羅，頗稱浩博，謂足津逮四庫。及覈之書中，別部區函，編韻分字，意在貪多務得，不出類書窠臼，是以踳駁乖離，於體例未能允協。即如所用韻次，不依唐宋舊部，惟以洪武正韻爲斷，已覺淩雜不倫。况經訓爲羣籍根源，乃因各韻轇轕，於易先列蒙卦，於詩先列大東，於周禮先列冬官。且採用各字，不論易、書、詩、禮、春秋之序，前後錯互，甚至載入六書篆隸真草字樣，摭拾米芾、趙孟頫字格，描頭畫角，支離無謂。至儒書之外，闌入釋典、道經，於古柱下史專掌藏書、守先待後之義，尤爲鑿枘，不合朕意。從來四庫書目，以經、史、子、集爲綱領，裒輯分儲，實古今不易之法。是書既遺編淵海，若準此以採擷所登，用廣石渠、金匱之藏，較爲有益。著再添派王際華、裘曰修爲總裁官，即令同遴簡分校各員，悉心酌定條例，將永樂大典詳悉校核。除本係現在通行及雖屬古書而詞意無關典要者，亦不必再行採録外，其有實在流傳已少，其書足資啓牖後學，廣益多聞者，即將書名摘出，撮取著書大旨，敘列目録進呈，俟朕裁定，彙付剞劂。其中有書無可採，而其名未可盡没者，祇須注出簡明略節，以佐流傳考訂之用，不必將全部付梓。副朕裨補闕遺，嘉惠士林至意。再是書卷帙如此繁重，而明代藏役僅閲六年，今諸臣從事釐輯，更係棄多取少，自當刻期告竣，不得任意稽延，徒誚汗青無日。仍將應定條例，即行詳議，繕摺具奏。欽此。

乾隆三十八年二月二十一日，大學士劉統勳等議奏校辦永樂大典條例一摺，奉旨：

是，依議。將來辦理成編時，著名四庫全書。欽此。

乾隆三十八年二月二十八日，奉旨：

現在查辦四庫全書之翰林等官，著照武英殿修書處之例，給與飯食，即交福隆安派員經理。欽此。

乾隆三十八年五月十七日奉上諭：

前經降旨，博採遺編，彙爲四庫全書，用昭石渠美備，竝以嘉惠藝林。旋據浙江、江南督撫及兩淮鹽政等奏到購求呈送之書，已不下四五千種，竝有稱藏書家願將所有舊書呈獻者，固屬踴躍奉公，尚未能深喻朕意。方今文治光昭，典籍大備，恐名山石室，儲蓄尚多，用是廣爲蒐羅，俾無遺佚，冀以闡微補闕。所有進到各遺書，竝交總裁等同永樂大典内現有各種詳加核勘，分别刊鈔。擇其中罕見之書，有益於世道人心者，壽之梨棗，以廣流傳。餘則選派謄録，彙繕成編，陳之册府。其中有俚淺譌謬者，止存書名，彙爲總目，以彰右文之盛。此採擇四庫全書本指也。今外省進到之書，大小長短，參差不一，既無當於編列縹緗，而業已或刻或鈔，其原書又何必復留内府？且伊等將珍藏善本應詔彙交，深可嘉尚，若因此收存不發，轉使耽書明理之人不得保其世守，於理未爲公允，朕豈肯爲之。所有各家進到之書，俟校辦完竣日，仍行給還原獻之家。但現在各省所進書籍，已屬不少，嗣後自必陸續加多，其如何分别標記，俾還本人，不致混淆遺失之處，著該總裁等妥議具奏。仍將此通諭知之。欽此。

乾隆三十九年五月十四日奉上諭：

國家當文治休明之會，所有古今載籍，宜及時蒐羅大備，以光册府而裨藝林。因降旨命各督撫加意採訪，彙上於朝。旋據各省陸續奏進，而江、浙兩省藏書家呈獻種數尤多，廷臣中亦有紛紛奏進者，因命詞臣分别校勘，應刊應録，以廣流傳。其進書百種以上者，竝命擇其中精醇之本，進呈乙覽。朕幾餘親爲評詠，題識簡端。復命將進到各書，於篇首用翰林院印，竝加鈐記，載明年月、姓名於書面頁，俟將來辦竣後，仍給還各本家，自行收藏。其已經題詠諸本，竝令書館先行録副，將原書發還，俾收藏之人，益增榮幸。今閲進到各家書目，其最多者如浙江之鮑士恭、范懋柱、汪啓淑，兩淮之馬裕四家，爲數至五六七百種，皆其累世弆藏，子孫克守其業，甚可嘉尚。因思内府所有古今圖書集成，爲書城鉅觀，人間罕覯。此等世守陳編之家，宜俾專藏勿失，以裨留貽。鮑士恭、范懋柱、汪啓淑、馬裕四家，著賞古今圖書集成各一部，以爲好古之勸。又如進呈一百種以上之江蘇周厚堉、蔣曾瑩，浙江吴玉墀、孫仰曾、汪汝瑮，以及朝紳中黄登賢、紀昀、勵守謙、汪如藻等，亦俱藏書舊家，竝著每人賞給内府初印之佩文韻府各一部，俾亦珍爲世寶，以示嘉獎。以上應賞之書，其外省各家，著該督撫鹽政派員赴武英殿領回分給。其在京各員，即令其親赴武英殿祇領。仍將此通諭知之。欽此。

乾隆三十九年七月二十五日奉諭旨：

四庫全書處進呈總目，於經、史、子、集内，分晰應刻、應鈔及應存書目三項，各條下俱經撰有提要，將一書原委，撮舉大凡，并詳著書人世次、爵里，可以一覽了然。較之崇文總目，蒐羅既廣，體例加詳，自應如此辦理。第此次各省搜訪書籍，有多至百種以上至六七百種者，如浙江范懋柱等家，其裒集收藏，深可嘉尚。前已降旨分别頒賞古今圖書集成及初印佩文韻府，并擇其書尤雅者，製詩親題卷端，俾其子孫世守，以爲稽古藏書者勸。今進到之書，於纂輯後仍須發還本家，而所撰總目，若不載明係何人所藏，則閲者不能知其書所自來，亦無以彰各家珍弆資益之善。著通查各省進到之書，其一人而收藏百種以上者，可稱爲藏書之家，即應將其姓名附載於各書提要末。其在百種以下者，亦應將由某省督撫、某人採訪所得，附載於後。其官版刊刻及各處陳設庫貯者，俱載内府所藏，使其眉目分明，更爲詳細。至現辦四庫全書總目提要，多至萬餘種，卷帙甚繁，將來鈔刻成書，繙閲已頗爲不易，自應於提要之外，另刊簡明書目一編，祇載某書若干卷，注某朝某人撰，則篇目不繁而檢查較易。俾學者由書目而尋提要，由提要而得全書，嘉與海内之士，考鏡源流，用昭我朝文治之盛。著四庫全書處總裁等遵照，悉心妥辦，竝著通諭知之。欽此。

乾隆四十年十一月十七日奉上諭：

據四庫全書館總裁將所輯永樂大典散片各書進呈，朕詳加披閲。内宋劉跂學易集十二卷，擬請刊刻。

其中有青詞一體，乃道流祈禱之章，非斯文正軌。前因題胡宿集，見其有道院青詞、教坊致語之類，命删去刊行，而鈔本仍存其舊。今劉跂所作，則因己身服藥交年瑣事，用青詞致告，尤爲不經。雖鈔本不妨姑存，刊刻必不可也。蓋青詞跡涉異端，不特周、程、張、朱諸儒所必不肯爲，即韓、柳、歐、蘇諸大家亦正集所未見。若韓愈之送窮文，柳宗元之乞巧文，此乃擬託神靈，游戲翰墨，不過借以喻言，竝非實有其事。偶一爲之，固屬無害。又如時文爲舉業所習，自前明以來，通人擅長者甚多。然亦只可聽其另集專行，不竝登文集，況青詞之尤乖典則者乎？再所進書内有擬請鈔録之王質雪山集，内如論和戰守疏，及上宋孝宗書諸篇，詞旨剴切，頗當事理，竟宜付之剞劂。但其中亦有青詞一種，竝當一律從删。所有此二書，著交該總裁等重加釐訂，分别削存，用昭評騭之允。至現在纂輯四庫全書，部帙計盈數萬，所採詩文既多，自不能必其通體完善，或大端可取，原不妨棄瑕録瑜。如宋穆脩集有曹操帳記，語多稱頌，謬於是非大義，在所必删。而全集或録存，亦不必因此以廢彼，惟當於提要内闡明其故，使去取之義曉然。諸凡相類者，均可照此辦理。該總裁等務須詳慎決擇，使羣言悉歸雅正，副朕鑑古斥邪之意。欽此。

乾隆四十一年六月初一日奉上諭：

昨四庫館進呈裒集永樂大典散篇，内有麟臺故事一編，爲宋待制程俱撰，具詳當時館閣之制。所載典掌三館、祕閣書籍，以執政領閣事。又有直祕閣、祕閣校理等官，頗稱賅備。方今搜羅遺籍，彙爲四庫全書。每輯録奏進，朕親披閱釐正。特於文華殿後建文淵閣弆之，以充策府而昭文治，淵海縹緗，蔚然稱盛。第文淵閣國朝雖爲大學士兼銜，而非職掌，在昔竝無其地。玆既崇構鼎新，琅函環列，不可不設官兼掌，以副其實。自宜酌衷宋制，設文淵閣領閣事總其成；其次爲直閣事，同司典掌；又其次爲校理，分司注册點驗。所有閣中書籍，按時檢曝，雖責之内府官屬，而一切職掌則領閣事以下各任之，於内閣翰詹衙門内兼用。其每銜應設幾員及以何官兼充，著大學士會同吏部、翰林院定議，列名具奏，候朕簡定。令各分職繫銜，將來即爲定額，用垂久遠。至於四庫所集多人間未見之書，朕勤加採訪，非徒廣金匱、石室之藏，將以嘉惠藝林，啓牖後學，公天下之好也。惟是鐫刻流傳，僅什之一，而鈔録儲藏者，外間仍無由窺覩，豈朕右文本意乎？翰林原許讀中祕書，即大臣官員中有嗜古勤學者，竝許告之所司，赴閣觀覽，第不得攜取出外，致有損失。其如何酌定章程，竝著具奏以聞。欽此。

乾隆四十一年七月二十六日奉上諭：

關帝在當時力扶炎漢，志節凜然，乃史書所謚，竝非嘉名。陳壽於蜀漢有嫌，所撰三國志多存私見，遂不爲之論定，豈得謂公。從前世祖章皇帝曾降諭旨，封爲「忠義神武大帝」，以褒揚盛烈。朕復於乾隆三十二年降旨加「靈佑」二字，用示尊崇。夫以神之義烈忠誠，海内咸知敬祀，而正史猶存舊謚，隱寓譏評，非所以傳信萬世也。今當鈔録四庫全書，不可相沿陋習。所有志内關帝之謚，應改爲「忠義」。第本傳相沿已久，民間所行必廣，難於更易，著交武英殿將此旨刊載傳末，用垂久遠。其官板及内府陳設書籍，竝著改刊，此旨一體增入。欽此。

乾隆四十一年九月三十日奉上諭：

昨四庫全書薈要處呈進鈔録各種書籍，朕於幾餘披閱，見粘簽考訂之處，頗爲詳細。所有各簽，向曾令其附録於每卷之末，即官板諸書亦可附刊卷尾。惟民間藏板及坊肆鐫行之本，難以概行刊入。其原書譌舛，業經訂正者，外間仍無由得知，尚未足以公好天下也。前經降旨，令將四庫全書總目及各書提要編刊頒行，所有諸書校訂各簽，竝著該總裁等另爲編次，與總目提要一體付聚珍板排刊流傳。既不虚諸臣校勘之勤，而海内承學者得以由此研尋。凡所藏書，皆成善本，亦以示嘉惠士林至意。欽此。

乾隆四十一年十一月十七日奉上諭：

前因彙輯四庫全書，諭各省督撫遍爲採訪。嗣據陸續送到各種遺書，令總裁等悉心校勘，分别應刊、應鈔及存目三項，以廣流傳。第其中有明季諸人書集，詞意抵觸本朝者，自當在銷燬之例。節經各督撫呈進，竝飭館臣詳晰檢閱，朕復於進到時親加披覽，覺有不可不爲區别甄核者。如錢謙益在明已居大位，又復身事本朝，而金堡、屈大均則又遁蹟緇流，均以不能死節靦顔苟活。乃託名勝國，妄肆狂狺。其人實不足齒，其書豈可復存？自應逐細查明，概行燬棄，以勵臣節而正人心。若劉宗周、黄道周，立朝守正，風節凜然，其奏議慷慨極言，忠藎溢於簡牘，卒之以身殉國，不愧一代完人。又如熊廷弼受任疆埸，材優幹濟，所上封事，語多剴切，乃爲朝議所撓，致使身陷大辟。嘗閲其疏，内有「灑一腔之血於朝廷，付七尺之軀於邊塞」二語，親爲批識云：「至此爲之動心欲淚，而彼之君若不聞，明欲不亡，得乎？」可見朕大公至正之心矣。又如王允成南臺奏稾，彈劾權姦，指陳利弊，亦爲無慚骨鯁。又如葉向高爲當時正人，頗負重望，及再入内閣，值逆閹弄權，調停委曲，雖不能免責賢之備，然視其綸扉奏草請補閣臣疏，至七十上，幾於痛哭流涕，一概付之不答。其朝綱叢脞，可不問而知也。以上諸人所言，若當時能採而用之，敗亡未必若彼其速。是其書爲明季喪亂所關，足資考鏡。惟當改易違碍字句，無庸銷燬。又彼時直臣如楊漣、左光斗、李應昇、周宗建、繆昌期、趙南星、倪元璐等，所有書籍，竝當以此類推。即有一二語傷觸本朝，本屬各爲其主，亦止須酌改一二語，實不忍竝從焚棄，致令湮没不彰。至黄道周另有博物典彙一書，不過當時經生家策料之類，然其中紀本朝事蹟一篇，於李成梁後設謀甚害，具載本末。尤足徵我朝祖宗行事正大光明，實大有造於明人，而彼轉逞狡謀陰計，以怨報德。伏讀實録，我太祖高皇帝以「七大恨」告天，師直爲壯，神戈所指，肇造鴻基，實自古創業者所莫及。雖彼之臣子，亦不能變亂黑白，曲爲隱諱。存其言，并可補當年紀載所未備，因命館臣酌加節改，附載開國方略後，以昭徵信。近復閲江蘇所進應燬書籍，内有朱東觀編輯崇禎年間諸臣奏疏一卷，其中多指言明季秕政，漸至瓦解而不可救，亦足取爲殷鑒。雖諸疏中多有乖觸字句，彼皆忠於所事，實不足罪。惟當酌改數字，存其原書，使天下後世曉然於明之所以亡，與本朝之所以興，俾我子孫永念祖宗締造之艱難，益思兢兢業業，以祈天而永命。其所裨益，豈不更大，又何必亟燬其書乎？又若彙選各家詩文，内有錢謙益、屈大均所作，自當削去。其餘原可留存，不必因一二匪人，致累及衆。或明人所刻類書，其邊塞、兵防等門，所有觸礙字樣，固不可存，然祇須削去數卷，或削去數篇，或改定字句，亦不必因一二卷帙，遂廢全部。他如南宋人書之斥金，明初人書之斥元，其悖於義理者，自當從改，其書均不必燬。使無礙之書，原聽其照舊流行，而應禁之書，自不致仍前藏匿，方爲盡善。著四庫全書總裁等妥協查辦，粘簽呈覽，候朕定奪。竝將此通諭中外知之。欽此。

乾隆四十二年八月十九日奉旨：

前經降旨，各省藏書家所呈書籍，於辦畢後即行發還，至督撫等自購呈進之本，俱經奏請留供石渠之藏。其在京大臣官員等所進之書，亦俱請備儲中祕。昨歲大學士等議定文淵閣藏書章程云，俟全書告竣後，各藏其副於翰林院署，立架分貯等語。朕命纂輯四庫全書，原以嘉惠天下萬世，公諸同好。今外省藏書家進到之書，既經陸續給還，所有在京大臣等呈進書籍，亦應一體付還本家，俾其世守。若爲翰林院藏副計，則各處所進書函，長短闊狹不等，分籤插架，不能整齊，莫若俟四庫全書鈔録四分完竣，令照式再鈔一分，貯之翰苑。既可備耽書之人入署就閲，而傳布詞林，亦爲玉堂增一佳話。其各督撫購進諸書，將來仍可彙交武英殿，另行陳設收藏。將此諭令四庫館總裁等遵照辦理。欽此。

乾隆四十二年十月初七日奉上諭：

四庫全書館進呈李廌濟南集，其詠鳳凰臺一首，有「漢徹方秦政，何乃誤至斯」之語。於理不順。

因檢查北史文苑傳敘，亦有「頡頏漢徹，跨躡曹丕」之句，韻府因而録入，均屬未協。秦始皇焚書坑儒，其酷虐不可枚舉，號爲無道秦，後之人深惡痛絶，因而顯斥其名，尚無不可。若曹丕躬爲簒逆，稱名亦宜。至漢武帝在漢室尚爲振作有爲之主，且興賢用能，獨持綱紀，雖黷武、惑溺神仙，乃其小疵，豈得直書其名，與秦政、曹丕竝論乎？且自古無道之君，至桀、紂而止，故有指爲「獨夫受」者。若漢之桓、靈，昏庸狂暴，遂至滅亡，亦未聞稱名指斥，何於武帝轉從貶抑乎？又如南北朝，彼此互相詆毁，南朝臣子稱北朝主之名，北朝臣子稱南朝主之名，宋之於金、元，金、元之於宋亦然。此皆局於其地之私心，雖非天下之公，尚無傷於正理。若李延壽乃唐臣，李廌乃宋臣，其於中國正統之漢武帝，伊祖未嘗不曾爲其臣，豈應率逞筆端，罔顧名義，輕妄若此？且朕御製詩文内，如周、程、張、朱，皆稱爲子，而不斥其名。又如韓昌黎、蘇東坡諸人，或有用入詩文者，亦止稱其號而不名。朕於異代之臣尚不欲直呼其名，乃千古以下之臣，轉將千古以上之君稱名不諱，有是理乎？朕命諸臣辨理四庫全書，親加披覽，見有不協於理者，如關帝舊謚之類，即降旨隨時釐正，惟準以大中至正之道，爲萬世嚴褒貶，即以此衡是非，此等背理稱名之謬，豈可不爲改正以昭示方來？著交武英殿將北史文苑傳敘，改爲漢武；韻府内删去此條，酌爲改刊；所有陳設之書，悉行改補；其李廌集亦一體更正。竝諭四庫全書館臣等，於校刊書籍内遇有似此者，俱加簽擬改，聲明進呈，毋稍忽略。將此通諭知之。欽此。

乾隆四十二年十一月十四日奉上諭：

前日披覽四庫全書館所進宗澤集，内將「夷」字改寫「彝」字，「狄」字改寫「敵」字。昨閲楊繼盛集内，改寫亦然。而此兩集中又有不改者，殊不可解。夷、狄二字，屢見於經書，若有心改避，轉爲非理。如論語「夷狄之有君」，孟子「東夷」「西夷」，又豈能改易，亦何必改易。且宗澤所指係金人，楊繼盛所指係諳達，更何所用其避諱耶。因命取原本閲之，則已改者皆係原本妄易，而不改者原本皆空格加圈。二書刻於康熙年間，其謬誤本無庸追究。今辦理四庫全書，應鈔之本，理應斟酌妥善。在謄録，草野無知，照本鈔謄，不足深責。而空格則係分校所填，既知填從原文，何不將其原改者悉爲更正？分校、覆校俱係職官，豈宜失檢若此？至總裁等身爲大臣，於此等字面，尤應留心細勘，何竟未能逐一校正？其咎更無所辭，非他書總核記過者可比。所有此二書之分校、覆校及總裁官，俱即著交部分别議處。除此二書改正外，他書有似此者，竝著一體查明改正。竝諭該館臣嗣後務悉心詳校，毋再輕率干咎。欽此。

乾隆四十三年五月二十六日奉上諭：

朕博蒐載籍，特命諸臣纂輯四庫全書，弆藏三閣。又擇其尤精者爲薈要，分貯大内及御園，用昭美備。所以多選謄録，寬予限期，以期校成善本，嘉惠藝林。昨辦書期届五年，將校對謄録諸人，優予議敘，用示勸揚。惟是進呈各書，朕信手抽閲，即有譌舛。其未經指出者，尚不知凡幾。既有校對專員，復有總校、總裁重重覆勘，一書經數人手眼，不爲不詳，何以漫不經意，必待朕之遍覽乎？若朕不加檢閲，將聽其譌誤乎？朕因四庫全書應繕寫者統計十六萬八千册，卷帙浩繁，既成大事，不妨略其小節。自開館以來，無不曲予加恩，多方鼓舞，所以體恤之者倍至。若此任意疎忽，屢訓不改，長此安窮？是徒以四庫書館開倖進之階，爲終南捷徑，又豈可不防微杜漸耶？前定總裁、總校、分校等按次記過三月，查核交部議處，原不過薄示懲儆，使知愧勵。乃各總裁僅請每部抽看十之一二，以圖卸責。身爲大臣，即不宜如此存心。乃既經抽看，而仍聽其魯魚亥豕，累牘連篇，其又何辭以自解飾耶？嗣後務宜痛加猛省，悉心校勘。其於去取謄録分校之際，更不宜左袒，屢乞恩准，以無負朕稽古右文之意，毋再因循干咎。將此再行嚴飭在館諸臣知之。欽此。

乾隆四十四年二月二十六日奉上諭：

四庫全書館節次彙進各省送到違碍應燬書籍，朕親加抽閲。内如徐必達南州草所載姦商姦璫結賄欺君諸疏，俱持論不撓，極爲抗直。又如蕭近高疏草内載其劾大璫潘相等以礦税擾民，宋一韓掖垣封事，亦有劾東厰及税監李鳳、梁永等蠹國病民諸疏，俱屬詳明剴切。又侯震暘天垣疏略以客氏再入禁中，抗章極論，并及於沈漼之交通内臣，亦能侃侃不阿。雖其間若徐爾一之九八分疏，極口詆斥孫承宗，而於温體仁、霍維華等則曲加贊譽，是非倒置，以圖熒聽。此外亦不過摭拾陳言，固無足取。其餘讜論危言，切中彼時弊病者，實俱無慚骨鯁。前因明季諸臣如劉宗周、黄道周等，立身行己，秉正不回，其抗疏直諫，皆意切於匡濟時艱，忠藎之忱，溢於簡牘。已降旨將其違礙字句酌量改易，無庸銷燬。因復思明自神宗以後，朝多粃政，諸臣目擊國勢之阽危，往往苦口極言，無所隱諱。雖其君置若罔聞，不能稍收補救之效，而遺篇俱在，凡一時廢弛瞀亂之迹，痛切敷陳，足資考鏡。朕以爲不若擇其較有關係者，别加編録，名爲明季奏疏，勒成一書，使天下萬世曉然於明之所以亡，亦可垂示方來，永爲殷鑒。況諸臣彈劾權姦，指摘利病，至不憚再三入告，實皆出自愛君體國之誠，而其姓名章疏，不盡見於明史。朕方欲闡幽顯微，又何忍令其湮没弗彰。況諸臣在勝國言事，於我國家間有干犯之語，彼自爲其主，不宜深責，非若身入本朝、肆爲詆悖者可比，原不妨就其應存諸疏，將觸背字面，量爲改易選録，餘仍分別撤燬，於辦理違礙書籍，似屬並行不悖。著交該總裁遴選一二人，詳悉校閲，編輯繕録，以次呈覽，候朕鑒定。並將此通諭中外知之。欽此。

乾隆四十五年九月十七日奉上諭：

國初設官分職，不殊周官法制。及定鼎中原，參稽前代，不繁不簡，最爲詳備。其間因革損益，名異實同。稽古唐虞，建官惟百。内有百揆、四岳，外有州牧、侯伯，奮庸熙載，亮采惠疇。周則監于二代，立三公三孤。秦漢以後，爲丞相，爲中書門下平章知政事。明洪武因胡惟庸之故，改丞相爲大學士。其實官名雖異，職守無殊。惟在人主，太阿不移，簡用得人，則雖名丞相，不過承命奉行。即改稱大學士，而所任非人，竊弄威福，嚴嵩之流，非仍名大學士者乎？蓋有是君，方有是臣。惟后克艱厥后，庶臣克艱厥臣。昔人言天下之安危係乎宰相，其言實似是而非也。至六官即今之六部，周禮典制綦詳，要亦本于唐虞司徒、秩宗諸職。外而督撫，自秦漢以來所稱守牧、節度、行省，即唐虞十二牧之遺。歷朝改革，建置紛如，難以縷數。我國家文武内外官職品級，載在大清會典，本自秩然。至於援古證今，今之某官即前某代某官；又或古有今無，或古無今有，允宜勒定成書，昭垂永久，俾覽者一目了然。現在編列四庫全書，遺文畢集，著即派總纂總校之紀昀、陸錫熊、陸費墀、孫士毅等，悉心校覈，將本朝文武内外官職階級，與歷代沿襲異同之處，詳稽正史，博參羣籍，分晰序説，簡明精審，毋冗毋遺。其議政大臣、領侍衛内大臣，八旗都統、護軍統領，健鋭、火器營，内務府并駐防將軍及新疆增置各官，亦一體詳晰考證，分門别類，纂成歷代職官表一書。由總裁覆核，陸續進呈，候朕閲定。書成後，即以此旨冠於卷首，不必請序，列入四庫全書，刊布頒行，以昭中外一統，古今美備之盛。因首論丞相一官，餘可類推。覽是編者，其各顧名思義，凛然於天工人代，兢兢業業，夙夜靖共，以庶幾克艱無曠之義，欽哉！特諭，欽此。

乾隆四十六年二月十三日奉上諭：

據四庫全書總裁奏進所辦總目提要内，請於經、史、子、集各部冠以聖義、聖謨等六門，恭載列聖欽定諸書，及朕御製、御批各種。所擬殊屬棼繁，從前開館之初，曾經降旨，以四庫全書内惟集部應以本朝御製詩文集冠首，至經、史、子三部仍照例編次，不必全以本朝官書爲首。今若於每部内又特標聖義諸名目，雖爲尊崇起見，未免又多增義例。朕意如列聖御纂諸經，列於各本經諸家之前；御批通鑑綱目等書，列於各家編年諸書之前；五朝聖訓、硃批諭旨、方略等書，列於詔令諸門之前；御注道德經，列於各家所注道德經之前。其他以類仿照編次，俾尊崇之義與編纂之體竝行不悖。至閱其總目，特載朕前後修書諭旨，及御題四庫諸書詩文爲卷首，所辦未爲盡協。四庫全書體大物博，將來書成之日，篇帙浩繁，舉何爲序？所有歷次所降諭旨，刊之總目首卷以當序，事屬可行。且官撰諸書，亦有以諭旨代弁言者，自不得不如此辦理。至朕題四庫諸書詩文，若亦另編卷首，將來排列轉在列朝欽定諸書之前，心尤未安。雖纂校諸臣尊君之意，然竟似四庫全書之輯，端爲朕詩文而設者然，朕不爲也。著將所進詩文六卷撤出，仍分列入朕御製詩文集内，俾各爲卷首，則編排在列朝欽定諸書之後，而四庫書内朕所題各書詩文，列在本集卷首，庶眉目清而開帙了然。將此諭令館臣遵照辦理。欽此。

乾隆四十六年二月十五日奉上諭：

昨據四庫全書總裁奏請總目，請於經、史、子、集各部冠以聖義、聖謨等六門，業經降旨，令將列朝御纂、御批、御製各書分列各家著撰之前，不必特標名目，竝令將卷首所録御題四庫諸書詩文撤出，分列御製詩文各集之前，所以示大公也。朕一再思維，四庫全書之輯，廣搜博採，彙萃羣書，用以昭垂久遠，公之天下萬世。如經部易類，以子夏易傳冠首，實爲説易家最古之書，允宜弁冕羲經。若以欽定諸書列於各代之前，雖爲纂修諸臣尊崇本朝起見，而於編排體例，究屬未協。況經、史、子、集各部内尚有前代帝王論著，以本朝欽定各書冠之，亦未有合。在編輯諸臣自不敢輕議及此，朕則筆削權衡，務求精當，使綱舉目張，體裁醇備，足爲萬世法制。即後之好爲論辨者，亦無從置議，方爲盡善。所有四庫全書經、史、子、集各部，俱照各按撰述人代先後，依次編纂。至我朝欽定各書，仍各按門目，分冠本朝著録諸家之上。則體例精嚴，而名義亦秩然不紊，稱朕折衷詳慎之至意。將此諭令館臣遵照辦理。欽此。

乾隆四十六年十月十六日内閣奉上諭：

四庫全書館進呈書内，有宋葉隆禮奉勅所撰契丹國志，其説採摘通鑑等編及諸説部書，按年臚載，鈔撮成文，中間體例混淆，書法譌舛，不一而足。如書既名契丹國志，自應以遼爲主。乃卷首年譜，既標太祖、太宗等帝，而事實内或稱遼帝、稱國主，豈非自亂其例？又是書既奉南宋孝宗勅撰，而評斷引宋臣胡安國語稱爲「胡文定公」，實失君臣之體。甚至大書遼帝紀元於上，而以宋祖建隆等年號分注於下，尤爲紕謬。夫梁、唐、晉、漢、周僭亂之主，享國日淺，且或稱臣、稱兒、稱孫於遼，分注紀元尚可。若北宋則中原一統，豈得以春秋分國之例，概分注於北遼之下？又引胡安國論斷，以劫迫其父開門納晉軍之楊承勳，謂變而不失其正。時承勳同父被晉圍，慮禍及身，乃劫其父，致被晉戮，而已受晉爵賞。夫大義滅親，父可施之子，子不可施之父。父既背叛，子惟一死以答君親。豈有滅倫背義，尚得謂之變而不失其正！此乃胡安國華夷之見，芥蔕於心，右逆子而亂天經，誠所謂「胡説」也。其他乖謬種種，難以枚舉。朕詳加披覽，經指駁者數十條。館臣乃請撤出此部書。朕以春秋天子之事，是非萬世之公，昨曾著正統辨，論斷甚明。今契丹國志既有成書，紀載當存其舊。惟體例書法譌謬，於綱目大義有乖者，不可不加釐正。著總纂紀昀等詳加校勘，依例改纂。其志中之事蹟，如祭用白馬灰牛、氈中枯骨變形視事，及戴野猪頭披皮之類，雖迹涉荒誕，然與詩書所載簡狄吞卵、姜源履武復何以異？蓋神道設教，古今胥然，義正如此，又何必信遠而疑近乎？其餘遼帝過舉，如母后擅權諸事，足爲後世鑒戒者，仍據志實書，一字不可易。該總裁等覆閲進呈，候朕親定，録入四庫全書，竝將此旨書於簡端，以昭綱常名教大公至正之義。特諭。欽此。

乾隆四十六年十月二十七日内閣奉上諭：

歷代名臣奏疏，向有流傳選刻之本，四庫全書内亦經館臣編次進呈。其中危言讜論，關係前代得失者，固可援爲法戒。因思勝國去今尤近，三百年中藎臣傑士，風節偉著者，實不乏人。跡其規陳治亂，抗疏批鱗，當亦不亞漢、唐、宋、元諸臣，而奏疏未有專本，使當年繩愆糾繆、忠君愛國之忱，後世無由想見，誠闕典也。即或其人品誼未醇，而其言一事，陳一弊，切中利病，有裨時政者，亦不可以人廢言。至神宗以後諸臣奏疏，内有因遼瀋用兵，涉及本朝之處。彼時主闇政昏，太阿倒置，閹人竊柄，權倖滿朝，以致舉錯失當，賞罰不明。其君綴旒于上，竟置國事若罔聞，遂至流寇四起，兵潰餉絶。種種粃政，指不勝數。若楊漣、左光斗、熊廷弼諸人，或折衝疆場，或正色立朝，俱能慷慨建議，剴切敷陳。設明之君果能採而用之，猶不致敗亡若是之極。其事距今百十餘年，殷鑒不遠，尤當引爲炯戒。則諸人奏疏，不可不亟爲輯録也。除明史本傳外，所有鈔入四庫全書諸人文集，均當廣爲蒐採，裒集成編。即有違礙字句，祇須略爲節潤，仍將全文録入，不可删改。此事關係明季之所以亡，與我朝之所以興，敬怠之分，天人之際，不可不深思遠慮，觸目警心。著派諸皇子同總師傅蔡新等爲總裁，其皇孫、皇曾孫之師傅翰林等，即著爲纂修校録，陸續進呈，候朕親裁。書成後，即交武英殿刊刻，仍鈔入四庫全書，將此旨冠于簡端。所有前派紀昀等選出神宗以後各奏疏，即著歸入此書，按其朝代，一體編纂。特諭。欽此。

乾隆四十六年十一月初六日内閣奉上諭：

昨閲四庫館進呈書，有朱存孝編輯迴文類聚補遺一種，内載美人八詠詩，詞意媟狎，有乖雅正。夫詩以温柔敦厚爲教，孔子不删鄭衛，所以示刺示戒也。故三百篇之旨，一言蔽以無邪。即美人香草以喻君子，亦當原本風雅，歸諸麗則。所謂託興遥深，語在此而意在彼也。自玉臺新咏以後，唐人韓偓輩，務作綺麗之詞，號爲「香奩體」，漸入浮靡。尤而效之者，詩格更爲卑下。今美人八咏内所列麗華髮等詩，毫無寄託，輒取俗傳鄙褻之語，曲爲描寫。無論詩固不工，即其編造題目，不知何所證據。朕輯四庫全書，當採詩文之有關世道人心者。若此等詩句，豈可以體近香奩，概行採録？所有美人八詠詩，著即行撤出。至此外各種詩集内有似此者，亦著該總裁督同總校、分校等詳細檢查，一併撤出，以示朕釐正詩體、崇尚雅醇之至意。欽此。

乾隆五十五年六月初一日奉上諭：

四庫全書薈萃古今載籍，富有美備。不特内府珍藏，藉資乙覽，亦欲以流傳廣播，沾溉藝林。前因卷頁浩繁，中多舛錯，特令總纂等復加詳細讐校，俾無魯魚亥豕之譌。兹已釐訂蕆工，悉臻完善。所有江浙兩省文宗、文匯、文瀾三閣，應貯全書，現在陸續頒發藏庋。該處爲人文淵藪，嗜奇好學之士，自必羣思博覽，藉廣見聞。從前曾經降旨，准其赴閣檢視鈔録，俾資蒐討。但地方有司，恐士子繙閲污損，或至過有珍祕，以阻爭先快覩之忱，則所頒三分全書，亦僅束之高閣，轉非朕搜輯羣書、津逮譽髦之意。即武英殿聚珍板諸書，排印無多，恐士子等亦未能全行購覓。該督撫等諄飭所屬，俟貯閣全書排架齊集後，諭令該省士子有願讀中祕書者，許其呈明，到閣鈔閲。但不得任其私自攜歸，以致稍有遺失。至文淵閣等禁地森嚴，士子等固不便進内鈔閲，但翰林院現有存貯底本，如有情殷誦習者，亦許其就近鈔録，掌院不得勒阻留難。如此廣爲傳播，俾茹古者得睹生平未見之書，互爲鈔録，傳之日久。使石渠天禄之藏，無不家絃户誦，益昭右文稽古，加惠士子盛事，不亦善乎。欽此。

欽定四庫全書總目卷首二

進表

多羅質郡王臣永瑢等奉敕編纂四庫全書告成，謹奉表上進者。伏以天璣甄度，書林占五緯之祥；帝鏡懸光，藝苑定千秋之論。立綱維於鼇極，函列雲珠；媲删述於龍蹲，契昭虹玉。理符心矩，絜三古以垂謨；道叶神樞，滙九流而證聖。治資鑒古，德洽敷文。臣等誠懽誠忭，稽首頓首，上言：竊惟神霄九野，太清耀東壁之星；懸圃三成，上帝擴西崑之府。文章有象，翠嬀遂吐其天苞；繪畫成形，白阜肇圖其地絡。書傳蒼頡，初徵雨粟之祥；籙授黃神，始貯靈蘭之典。洞庭祕簡，稽大禹所深藏；柱下叢編，付老聃以世守。秦操金策，聖籍雖焚；漢理珠囊，遺經故在。儒生密寶，維孔鮒之承家；謁者旁求，見陳農之奉使。蝌文以後，篇章自是滋多；麟閣所儲，條目於焉漸備。杖吹藜火，夜讎別録之編；衣染爐香，坐校中經之簿。王仲寶區其流別，定新志之九條；阮孝緒撮其叢殘，括舊傳之五部。勘書妙畫，世摹展氏之圖；捲幔飛仙，史載隋宫之蹟。唐武德訖乎天寶，鈿軸彌增；宋景祐繼以淳熙，牙籤再録。南征俘玉，元遷三館之嚩；北極營都，明運十艘之櫝。莫不前徵邃古，丹壺溯合雒之蹤；毖發空林，青簡玒頻斯之篆。西州片札，辨點漆於將磨；南雍殘文，檢穿絲於已斷。竹編未朽，名認師春；瓠本猶攜，稾存班固。爬羅纖碎，或得諸玉枕石函；掇拾畸零，均給以螺丸麻紙。精繆廣購，一篇增十匹之酬；華贉重緗，三品別兩廂之等。凡以窮搜放失，獵文林辨囿之精；

互鏡瑕瑜，立聖域賢關之訓。結德輿而軺轄，軌順經涂；儫學海以沿波，源通道筏。然而掇餘易匱，四千卷既匄殘膏；鶩廣彌蕪，百兩篇更珍贋鼎。丹青失實，或貽誚於王充；朱紫相淆，孰齊蹤於鄭默。甚乃別風淮雨，惜奇字而偏留；或如許緑紂紅，踵駁文而莫悟。蘭臺庋貯，多如賄改漆經；棗板摹傳，遂至誤尊閣本。故祕書總目，鄭夾漈復議校讎；而文苑英華，彭叔夏重加辨證。從未有重熙累洽，雯華懸紫極之庭；稽古崇儒，册府闢丹宸之館；彌綸宙合，識大識小之無遺；榮鏡登閎，傳信傳疑之有準；金模特建，寶思周融，如今日者也。欽惟皇帝陛下，瑞席蘿圖，神凝松棟。播威棱於十曲，響震靈夔；洽文德於四溟，兆開神鷟。帝嫣歌詠，已題九萬瓊牋；臣向編摩，更緝三千寶牘。博收竹素，仍沿天禄之名；珍比琳琅，永付長恩之守。乃猶尋端竟委，溯支絡於詞源；緯地經天，探精微於義海。昭陽韶歲，特紬翰府之藏；永樂遺編，俯檢文樓之帙。例取諸吳興韻海，割裂雖多；體宏於孟蜀書林，蒐羅終富。榛楛宜翦，命刊削其讕言；瀝液堪珍，敕比排其墜簡。焦桐漆斷，重膠百衲之琴；古壘銅斑，合鑄九金之鼎。復以羽陵蠹賸，或有存留；宛委藏餘，不無佚漏。十行丹詔，徧徵汲古之家；七録緗囊，廣啟獻書之路。逸經斷策，出自大航；雜卦殘篇，發從老屋。錦帆捩舵，孟家東洛之船；玉軚飛軨，吳氏西齋之軸。鱗排玉字，多王粲之所未聞；筍束金繩，率張華之所莫識。光明繭紙，朱題芸帙之名；蟠屈鸞章，紫認槐廳之印。紅棃隔院，曹司對設於東西；青鏤濡香，品第詳分其甲乙。天潢演派，光連太史之河；卿月澄暉，彩接文昌之宿。總司序録，叨懷楊億之華資；分預校讎，列任宏之清秩。銀袍應召，驪雲路以彈冠；粉署徵才，記仙郎而題柱。懷鉛握槧，學官願效其一長；切線割圜，博士亦研其九術。遂乃别開書局，特分署於龍墀；增置鈔胥，競抽毫於虎僕。圖與史竝陳左右，粉本鉤摹；隸與蝌兼備古今，絲痕竭扁。曹連什五，各隸屬於寫官；工辨窳良，均稽研於計簿。提綱挈領，董成者職總監修；補闕拾遺，覆勘者官兼詳定。庀器預儲於將作，棐几筠簾；傳餐徧給於大官，珉糜珠餾。温鑪圍炭，紋凝鶉鴿之青；朗甗涵冰，色暎玻璃之白。花甎入直，地同兜率天宫；蓮炬分行，人到嫏嬛福地。瓊箱牒送，全搜縢囊帷蓋之餘；芝殿籤排，共刊木扇金華之謬。程材效技，各一一而使吹；累牘連篇，遂多多而益辦。香霏辟惡，擁書何止百城；瀋漬隃麋，削稾寧惟兩屋。譬入衆香之國，目眩瞀於花光；宛遊羣玉之峯，神愕眙於寶氣。豈但鴻都多士，駴聞見所未曾；實令虎觀諸儒，辨妍媸而莫決。所賴恭承睿鑒，提玉尺以量材；仰稟天裁，握銀華而鑒物。初披卷軸，共掇零璣；即荷綵綸，務臻完璧。吴澄易翼，辨顛倒乎陰陽；楊簡詩音，斥混淆乎周漢。稗官剿説，删馬角之荒唐；譯史傳聞，摘象胥之譌異。醮章祈福，發凡於劉跂之詞；語録參禪，示例於齊臣之記。固已南車指路，陟道岸而衢亨；北斗旋杓，揆文星而度正。洎乎群書大集，品雜金沙；聖訓彌彰，鑒澄珠礫。詁經忌鑿，黜錯簡於龜文；論史從公，溯編年於麟筆。立言乖體，四明之録必删；贋古誣真，五柳之名宜辨。七籤三藏，汰除釋老之編；五蠹九姦，排斥申韓之術。毒深孔雀，無容校寫其青詞；巧謝璇璣，未許增添其錦字。小山豔曲，削香奩脂盝之篇；金谷新詞，刊酒肆歌樓之句。凡皆詞臣之奏進，誤點丹黄；一經聖主之品題，立分黑白。至於銅籤報夜，紫殿勤披；玉案開緘，丹毫親詠。五家易説，岐塗附鬬其傳燈；四代書箋，餘緒兼詳乎括地。前車後鑒，陳風雅於經筵；斜上旁行，寓春秋於世本。廬陵處士，特申僭上之防；安定門人，大著尊王之義。王元杰名同讞獄，爲雲谷之重儓；洪咨夔跡類探囊，竊玉川之餘瀋。四箴誤注，寧知顔巷之心；二佛同稱，轉隘尼山之量。六經作繪，全收諸楊甲圖中；七緯成編，知出自莊周書後。五音分配，篆文互備其形聲；二史交參，奇字各通其假借。古香馣馤，細辨班書；碎腋穿連，重刊薛史。清流肇釁，示鑒戒於東林；正統明尊，存綱常於西蜀。派沿涑水，袁朱之新例兼存；俗記扶餘，班范之譌傳竝訂。黨碑再勒，嗟揖盜而開門；權燄彌張，嗤教星而替月。西湖遊蹟，殊憐野老之藏名；北使賓筵，深陋詞臣之校射。宋鈔僅賸，蒐舊志於臨安；金刻稀聞，寶遺聞於貞觀。或攻或守，徒存十鑑之兵謀；相勝相生，未信五行之德運。建炎政草，媿彼中興；至正刑章，斥其左袒。李尊洛學，辨道命於天原；酈注桑書，剖源流於地理。史腴詳摘，有逾漢雋之精；經笥懸探，更勝曹倉之富。至於孔庭舊語，首定儒宗；蔡帳祕文，嚴排異説。范祖禹之帝學，具有淵源；曾公亮之武經，姑存崖略。横戈危堞，節取陳規；握策靈臺，參徵蘇頌。算窮杪忽，九章研鮑澣之藏；術雜縱横，十卷稽趙蕤之撰。楚中隱士，互權韓柳之評；婺郡名賢，不廢吕唐之學。臚登識記，衍洪範而原非；妄議井田，託周官而更誤。錢塘遺事，深譏首鼠於宋元；曲洧舊聞，微憾操戈於洛蜀。紬聽有取，旁通方朔之言；指佞無難，愼聽韓非之説。陳思書苑，列筆陣而成圖；馬總意林，搴詞條而擢秀。黄伯思之博洽，石墨精研；孫逢吉之淹通，雲龍遙溯。多知舊事，病歌舞之銷金；一洗清波，笑詞章之諛墓。太平御覽，徒粉飾乎嘉名；困學紀聞，偶抨彈其迂論。晚唐小史，入廚寧取乎卮言；南宋枝談，按鞫深嫌其曲筆。十七卷騷人舊製，更證以草木之名；二百年吏部清吟，特賞其煙霞之氣。兼推韓杜，續來鳳觜之膠；竝採郊祁，擬以棠華之句。文恭著作，先歐尹而孤行；忠肅風裁，抗蘇程而角立。勤王留守，呼北渡者凡三；殉節侍郎，壯南朝者惟一。學如和叔，原不限以宗朱；詩到儀卿，乃轉嫌其入墨。讀書祕閣，明詹初論古之非；從宦金淵，賞稟睿裁；懿此同情，實乎公義。苞千齡而建極，道出於天；綜百氏以歸型，言衷諸聖。權衡筆削，仇遠耽吟之癖。楊維楨取其辨統，而頌莽則當誅；劉宗周閔其完忠，而吠堯爲可恕。凡兹獨斷，咸事通乎春賞秋刑；絜度方圓，法本乎乾規坤矩。是以儀璘懸耀，揆景鼂趨；鏞棧先鳴，聆音麕集。鯨鐘方警，啟蓬館以晨登；鶴籥嚴關，焚蘭膏以夜繼。披文計數，寧止於萬七千篇；按月程功，務得夫四十五日。裁縫無迹，先成綴白之裘；傳寫相爭，齊炙汗青之竹。架羅黄卷，積盈有似於添籌；几擁烏皮，刊謬時防其掃葉。畢昇活板，漸看字是排成；曾鞏官書，已見序稱校上。加以乾行至健，七旬之念典彌勤；離照無遺，一字之褒譏恒審。梁騶練士，庚郵遞初寫之函；雲軺巡方，乙夜展重修之卷。至三至再，戒玉楮之遲雕。數萬數千，摘金根之屢誤。坤原爲釜，兼搜刊板之譌；芊或作羊，細檢鈔書之謬。毫釐不漏，戢旁添待補之戈；塗黈必嚴，羅上辨續加之网。削除不盡，時飭以妄下雌黄；輪郭空存，常指其竟同曳白。明周纖芥，共欽睿照無遺；報乏微涓，彌覺媿心生奮。若夫考勤校惰，督課雖詳；荷寵邀榮，恩慈實渥。風雲得路，先登或列於九官；雨露均滋，中考亦賜以一級。柏臺聯句，聽鳳律之新聲；芸署題名，踵麟臺之故事。墨勻蟬翅，祖帖雙鈎；帙簇龍紋，天書五色。猩毛擢穎，膩魚子之華牋。龍尾雕紋，融麝煤之芳氣。銀罌翠管，細縈百和之香；錦段香羅，交暎五明之扇。繡囊委佩，鋌貯朱提；珍毳豐茸，帕裁白氎。雕盤列飣，果分西域之甘；華俎嘗新，瓜勝東陵之種。自天宣賜，多非夢寐所期；無地酬恩，惟以文章爲報。周晐始末，擬勒長編；别採英華，先爲縮本。曩長庚之紀歲，慶叶嵩呼；屬太乙之占祥，象符奎聚。八年敬繕，挹古今四庫之精；兩部分儲，合大小二山之數。惟全書之浩博，實括羣言；合衆手以經營，倏逾數載。香薰蘭櫝，方粗就而未終；閣聳雲楣，已先成以有待。文河疏瀹，初如江别爲三；筆海朝宗，繼乃瀆增以四。望洋無際，慮創始之爲難；登岸有期，幸觀成之可冀。較删繁之别帙，又閲兩年；勒彙總之鴻裁，已盈一部。插籤分帙，次按乎甲乙丙丁；列架臚函，色别其赤青白黑。經崇世教，貴實徵而賤虚談；史繫人心，削誣詞而存公論。選諸子百家之粹，博收而不悖聖賢；懲十人九集之非，嚴汰而寧拘門户。上沿虞夏，咸挹海以求珠；下採元明，各披沙而見寶。六千篋璋分圭合，延閣儲珍；二百卷部次州居，崇文列目。釋名訓義，因李肇之解題；考異參同，近歐陽之集古。事稽其實，循文防誤於樹萱；詞取其詳，求益非同於買菜。人無全美，比量其尺短寸長；語或微疵，辨白其玉瑕珠纇。一經採録，真同鯉上龍門；附載姓名，亦使蠅隨驥尾。元元本本，總歸聖主之持衡；是是非非，盡掃迂儒之膠柱。至其盈箱積案，或汗漫而難尋；復以提要鉤玄，期簡明而易覽。譬諸典謨紀事，别行小序之一篇；類乎金石成書，先列諸碑之十卷。分綱列目，見義例之有條；按籍披圖，信源流之大備。水四瀛而山五嶽，侔此壯觀；前千古而後萬年，無斯巨帙。蓋非常之制作，天如留待於今；而希有之遭逢，人乃躬當其盛。叨司校録，實忝光榮。臣等功謝囊螢，識同窺豹。鑽研文字，未能脈望之通仙；延緩歲時，僅類鞠通之食墨。仰蒙訓示，得聞六藝之源；曲荷寬容，許假十年之限。百夫決拾，望學的而知歸；一簣成山，營書巖而幸就。欣陳寶笈，對軒鏡之澄光；恭進瑶階，同羲圖之永寶。從此依模笵狀，若疊矩而重規；因之循軌知途，益輕車而熟路。先難後易，一隅可得而反三；謀始圖終，百里勉行乎半九。精心刊誤，八行細檢朱絲；協力鳩工，萬指齊磨烏玉。連綿告蕆，竚看四奏天閶；迅速先期，不待六更歲籥。人文成化，帝機運經緯之功；皇極敷言，王路示會歸之準。觚棱雲構，嵬峩乎銀牓璇題；方策星羅，珍貴乎金膏水碧。曰淵、曰源、曰津、曰溯，長流萬古之江河；紀世、紀運、紀會、紀元，恒耀九霄之日月。竝五經以垂訓，道通乎丹書緑字之先；合六幕以同文，治超於元律蒼牙之上。臣等無任瞻天仰聖，踴躍歡忭之至，謹奉表恭進以聞。

乾隆四十七年七月　日皇六子多羅質郡王臣永瑢

皇八子多羅儀郡王臣永璇

皇十一子臣永瑆

大學士公臣阿桂

大學士臣英廉

大學士臣嵇璜

領侍衛内大臣尚書公臣福隆安

領侍衛内大臣尚書臣和珅

尚書臣梁國治

侍郎臣金簡

侍郎臣董誥

侍郎臣曹文埴

乾隆四十七年七月十九日奉旨開列辦理四庫全書在事諸臣職名

正總裁

皇六子多羅質郡王 臣永瑢

皇八子多羅儀郡王 臣永璇

皇十一子 臣永瑆

原任經筵日講起居注官太子太保東閣大學士管吏部刑部事翰林院掌院學士 臣劉統勳

原任經筵講官太子太保文淵閣大學士兼工部尚書 臣劉綸

原任經筵日講起居注官太子太保武英殿大學士 臣舒赫德

管吏部刑部事翰林院掌院學士文淵閣領閣事

經筵日講起居注官太子太保領侍衛内大臣武英殿大學士 臣阿桂

管吏部事翰林院掌院學士文淵閣領閣事一等誠謀英勇公

原任經筵日講起居注官太子太保文華殿大學士管户部事 臣于敏中

翰林院掌院學士文淵閣領閣事世襲一等輕車都尉

經筵講官太子太保東閣大學士兼刑部尚書内務府總管教習庶吉士 臣英廉

原任經筵講官文淵閣大學士兼吏部尚書文淵閣領閣事 臣程景伊

經筵日講起居注官太子太保文淵閣大學士兼吏部尚書翰林院掌院學士文淵閣領閣事　臣嵇　璜

太子太保御前大臣議政大臣領侍衛内大臣兵部尚書兼管工部内務府總管文淵閣提舉閣事一等忠勇公和碩額駙　臣福隆安

太子太保御前大臣議政大臣領侍衛内大臣户部尚書内務府總管步軍統領世襲三等輕車都尉　臣和　珅

經筵講官協辦大學士吏部尚書兼管國子監事務　臣蔡　新

原任經筵講官太子少傅工部尚書　臣裘曰修

原任經筵講官太子少傅户部尚書　臣王際華

副總裁

經筵講官太子少傅户部尚書教習庶吉士　臣梁國治

經筵講官禮部尚書　臣曹秀先

内閣學士兼禮部侍郎今任工部尚書　臣劉　墉

吏部侍郎今任左都御史　臣王　杰

吏部侍郎　臣彭元瑞

原任經筵講官刑部侍郎　臣錢汝誠

户部侍郎　臣金　簡
經筵講官户部侍郎　臣董　誥
經筵講官户部侍郎　臣曹文埴
原任兵部侍郎　臣沈　初

總閲官

經筵講官禮部尚書兼管樂部太常寺鴻臚寺事務　臣德　保
兵部尚書　臣周　煌
禮部侍郎　臣莊存與
署工部侍郎　臣汪廷璵
經筵講官吏部侍郎　臣謝　墉
禮部侍郎　臣達　椿
工部侍郎今任江西學政　臣胡高望
内閣學士兼禮部侍郎　臣汪永錫
内閣學士兼禮部侍郎今任順天學政　臣金士松
内閣學士兼禮部侍郎　臣尹壯圖

內閣學士兼禮部侍郎　臣李　綬

宗人府府丞今任浙江學政　臣竇光鼐

太常寺卿　臣倪承寬

原任日講起居注官翰林院侍讀學士　臣李汪度

日講起居注官文淵閣直閣事翰林院侍講學士今任福建學政　臣朱　珪

總纂官

文淵閣直閣事兵部侍郎　臣紀　昀

文淵閣直閣事大理寺卿　臣陸錫熊

太常寺少卿今任山東布政使　臣孫士毅

總校官

日講起居注官文淵閣直閣事詹事府少詹事　臣陸費墀

翰林院提調官

日講起居注官司經局洗馬今任通政使　臣夢　吉

翰林院編修　臣祝德麟

掌河南道監察御史今任江南河庫道　臣劉錫嘏

原任日講起居注官翰林院侍講　臣王仲愚
文淵閣校理翰林院編修　臣百　齡
日講起居注官文淵閣校理翰林院侍讀　臣張　燾
原任翰林院編修　臣宋　銑
翰林院編修今任禮科給事中　臣蕭際韶
日講起居注官文淵閣校理翰林院侍讀　臣德　昌
原任翰林院編修　臣黄瀛元
原任翰林院編修　臣曹　城
日講起居注官文淵閣校理翰林院侍講　臣瑞　保
翰林院編修　臣陳崇本
文淵閣校理翰林院檢討　臣五　泰
翰林院檢討　臣運　昌
原任軍機處行走工科給事中　臣章寳傳
軍機處行走鴻臚寺卿今任江西布政使　臣馮應榴
軍機處行走都察院左副都御史今任貴州布政使　臣孫永清

軍機處行走浙江道監察御史今任廣東學政　臣史夢琦
軍機處行走户部郎中　臣劉謹之
軍機處行走工部郎中　臣蔣謝庭
軍機處行走翰林院修撰　臣戴衢亨

武英殿提調官

日講起居注官文淵閣直閣事詹事府少詹事　臣陸費墀
日講起居注官文淵閣直閣事翰林院侍讀學士　臣彭紹觀
翰林院編修　臣查　瑩
翰林院編修今任山西學政　臣劉種之
文淵閣校理左春坊左贊善　臣韋謙恒
翰林院檢討　臣彭元琉
翰林院編修　臣吴裕德
翰林院編修　臣關　槐
翰林院編修　臣周興岱

總目協勘官

文淵閣校理原任洗馬候補侍講　臣劉權之
文淵閣校理翰林院編修　臣汪如藻
翰林院編修　臣程晉芳
翰林院編修　臣李　潢
翰林院庶吉士　臣梁上國
禮部候補主事　臣任大椿
原任國子監助教　臣張羲年

校勘永樂大典纂修兼分校官

右春坊右中允　臣劉校之
翰林院編修今任詹事府詹事　臣劉躍雲
翰林院編修今任刑科給事中　臣陳昌圖
翰林院編修　臣勵守謙
翰林院編修今任太常寺少卿　臣藍應元
原任翰林院編修續任掌湖廣道監察御史　臣鄒玉藻

原任翰林院編修　臣王嘉曾
文淵閣校理翰林院侍講　臣莊承籛
文淵閣校理翰林院侍講　臣吴壽昌
翰林院編修今任江西道監察御史　臣劉　湄
翰林院編修　臣吴　典
原任司經局洗馬　臣黄　軒
翰林院編修　臣王　增
翰林院編修今任陝西道監察御史　臣王爾烈
翰林院編修　臣閔思誠
文淵閣校理翰林院編修　臣陳昌齊
原任翰林院編修　臣孫辰東
翰林院編修　臣俞大猷
文淵閣校理右春坊右庶子　臣平　恕
文淵閣校理翰林院編修　臣李堯棟
翰林院編修今任國子監司業　臣鄒炳泰

文淵閣校理翰林院編修　臣莊通敏
翰林院編修　臣黄壽齡
原任翰林院編修　臣佘　集
翰林院編修　臣邵晉涵
翰林院編修　臣周永年
原任翰林院庶吉士　臣戴　震
翰林院庶吉士續任户部主事　臣楊昌霖
原任翰林院編修　臣莫瞻菉
翰林院檢討　臣王坦修
翰林院編修　臣范　衷
翰林院編修　臣許兆椿
翰林院編修　臣于　鼎
翰林院編修　臣王春煦
翰林院編修　臣吴鼎雯
翰林院編修　臣吴省蘭

翰林院修撰　臣汪如洋
翰林院編修　臣陳萬青
翰林院庶吉士　臣祝　堃

校辦各省送到遺書纂修官

日講起居注官文淵閣校理左春坊左庶子今任國子監祭酒　臣鄒奕孝
翰林院編修　臣鄭際唐
翰林院檢討　臣左　周
原任刑部郎中　臣姚　鼐
文淵閣校理司經局洗馬　臣翁方綱
原任翰林院編修　臣朱　筠

黄簽考證纂修官

候補國子監司業　臣王太岳
候補國子監司業　臣曹錫寶

天文算學纂修兼分校官

原任欽天監中官正　臣郭長發

欽天監靈臺郎 臣陳際新

算學録 臣倪廷梅

繕書處總校官

中允銜翰林院編修 臣王燕緒

翰林院編修銜 臣朱　鈐

翰林院檢討 臣何思鈞

翰林院庶吉士銜 臣倉聖脈

繕書處分校官

原任日講起居注官右春坊右中允 臣張書勳

文淵閣校理右春坊右中允 臣季學錦

翰林院修撰 臣錢　棨

翰林院修撰 臣金　榜

翰林院編修續任掌四川道監察御史 臣張秉愚

翰林院編修今任山東道御史 臣項家達

翰林院編修今任京畿道監察御史 臣楊壽楠

翰林院編修　臣裴　謙
翰林院編修　臣張能照
翰林院編修　臣汪學金
翰林院編修　臣嚴　福
翰林院編修　臣孫希旦
翰林院編修　臣羅修源
翰林院編修　臣朱　攸
翰林院編修　臣邱庭漋
翰林院編修　臣錢　樾
翰林院編修　臣周　瓊
翰林院編修　臣吴錫麒
翰林院編修　臣蔡廷衡
翰林院編修　臣翟　槐
翰林院編修　臣施培應
翰林院編修　臣吴舒帷

翰林院編修　臣何　循
翰林院編修　臣顔崇溈
翰林院編修　臣張九鐔
翰林院編修　臣王天禄
翰林院編修　臣馮敏昌
翰林院編修　臣朱　紱
翰林院編修　臣閔惇大
翰林院編修　臣劉汝礜
翰林院編修　臣高棫生
翰林院編修　臣范來宗
翰林院編修　臣馬啓泰
翰林院編修　臣戴聯奎
翰林院編修　臣方　煒
翰林院編修　臣徐如澍
翰林院編修　臣戴心亨

翰林院編修　臣戴均元
翰林院編修　臣孫玉庭
翰林院編修　臣許　烺
翰林院編修　臣沈孫璉
翰林院編修　臣盧　應
翰林院編修　臣錢　栻
翰林院編修　臣胡　榮
翰林院編修　臣程昌期
翰林院編修　臣何西泰
原任翰林院編修　臣王嘉曾
翰林院編修　臣盧　遂
翰林院編修　臣沈清藻
翰林院檢討　臣洪其紳
翰林院檢討　臣李奕疇
翰林院檢討　臣溫常綬

翰林院檢討 臣王福清
翰林院檢討 臣德　生
翰林院檢討 臣李鼎元
翰林院檢討 臣張　位
翰林院檢討 臣蕭廣運
翰林院檢討 臣蕭九成
翰林院檢討 臣王允中
翰林院檢討 臣龔大萬
翰林院檢討 臣羅國俊
翰林院檢討 臣錢世錫
翰林院檢討 臣饒慶捷
翰林院檢討 臣汪　彔
原任翰林院檢討 臣郭　寅
翰林院檢討降調候補 臣王汝嘉
翰林院檢討今任掌江西道監察御史 臣王鍾健

翰林院庶吉士今任吏部員外郎　臣馮　培
翰林院庶吉士今任户部主事　臣李廷敬
翰林院庶吉士今任禮部主事　臣吴蔚光
翰林院庶吉士今任兵部主事　臣徐文幹
翰林院庶吉士今任刑部主事　臣曾廷橒
翰林院庶吉士今任刑部主事　臣祖之望
翰林院庶吉士今任刑部主事　臣范　鏊
翰林院庶吉士今任刑部主事　臣胡必達
原任翰林院庶吉士改授吏部主事　臣陳　墉
原任翰林院庶吉士改授禮部主事　臣陳文樞
翰林院庶吉士　臣王　受
翰林院庶吉士　臣王朝梧
翰林院庶吉士　臣蔡共武
翰林院庶吉士　臣潘紹觀
翰林院庶吉士　臣蔣予蒲

翰林院庶吉士 臣馮集梧
翰林院庶吉士 臣曾　燠
翰林院庶吉士 臣吴紹浣
翰林院庶吉士 臣鍾文韞
翰林院庶吉士 臣俞廷掄
原任翰林院庶吉士 臣侍　朝
吏部員外郎 臣張慎和
起居注主事 臣牛稔文
文淵閣檢閲宗人府主事 臣吕雲棟
刑部主事 臣胡　敏
文淵閣檢閲工部主事 臣王慶長
内閣中書今任禮部郎中 臣龔敬身
内閣中書續任吏部郎中 臣張　培
内閣中書今任户部員外郎 臣李　檠
内閣中書今任兵部員外郎 臣汪日章

内閣中書今任宗人府主事　臣吴　俊
内閣中書今任吏部主事　臣方維甸
内閣中書今任吏部員外郎　臣王　璸
内閣中書今任户部主事　臣吴紹昱
内閣中書今任户部主事　臣毛上炱
内閣中書今任兵部主事　臣盛惇崇
内閣中書今任吏部主事　臣杜兆基
内閣中書續任兵部主事　臣雷　純
文淵閣檢閱内閣侍讀　臣宋　鎔
文淵閣檢閱内閣侍讀　臣裘行簡
文淵閣檢閱内閣中書　臣李斯咏
文淵閣檢閱内閣中書　臣方大川
文淵閣檢閱内閣中書　臣金光悌
文淵閣檢閱内閣中書　臣劉圖南
内閣中書　臣李　荃

內閣中書　臣胡紹基
內閣中書　臣董聯穀
內閣中書　臣程　炎
內閣中書　臣王學海
內閣中書　臣楊世綸
內閣中書　臣閔思毅
內閣中書　臣邱桂山
內閣中書　臣馬猶龍
內閣中書　臣甄松年
內閣中書　臣沈　琨
內閣中書　臣鮑之鍾
內閣中書　臣王　照
內閣中書　臣王中地
內閣中書　臣費振勳
內閣中書　臣沈叔埏

內閣中書　臣顧宗泰
內閣中書　臣楊　揆
內閣中書　臣洪　梧
內閣中書　臣江　璉
內閣中書　臣孫　球
內閣中書　臣徐秉敬
內閣中書　臣秦　瀛
內閣中書　臣黃秉元
內閣中書　臣張敦培
內閣中書　臣潘奕雋
內閣中書　臣張曾效
內閣中書　臣石鴻翥
內閣中書　臣趙秉淵
內閣中書　臣劉　英
內閣中書　臣沈鳳輝

内閣中書　臣温汝适
内閣中書　臣賈　錟
内閣中書　臣章　煦
内閣中書　臣葉　菼
内閣中書　臣郭　晉
内閣中書　臣毛鳳儀
内閣中書　臣竇汝翼
内閣中書　臣張　塡
内閣中書　臣汪師曾
内閣中書　臣言朝標
内閣中書　臣趙懷玉
原任内閣中書　臣徐步雲
原任内閣中書　臣宋枋遠
中書科中書　臣吴翼成
中書科中書　臣李元春

候補中書科中書　臣劉源溥
國子監助教　臣陳　木
國子監助教　臣周　鋐
國子監助教　臣卜維吉
國子監助教　臣金學詩
國子監助教　臣黄昌禔
原任國子監助教　臣汪錫魁
内閣典籍　臣袁文邵
詹事府主簿　臣汪日贊
國子監監丞　臣金兆燕
原任國子監監丞　臣張曾炳
國子監學正　臣沈　培
國子監學正　臣蔡　鎮
國子監學正今任大理寺司務　臣吴　垣
國子監學録　臣常　循

國子監學録　臣李　巖
考取國子監學正候補教諭　臣張志楓
通政司經歷　臣張光第
太常寺典簿　臣劉景岳
太常寺博士　臣郭祚熾
進士　臣柴　模
進士　臣吴樹萓

篆隸分校官

翰林院庶吉士今任工部主事　臣王念孫
國子監學正　臣謝登雋

繪圖分校官

工部員外郎　臣門應兆

督催官

翰林院編修　臣祥　慶
内務府郎中　臣董　椿

翰林院筆帖式　臣楚維寧

翰林院收掌官

筆帖式今任户部員外郎　臣安盛額
筆帖式今任吏部主事　臣文　英
筆帖式今任東陵主事　臣富　廉
筆帖式今任刑部主事　臣舒明阿
筆帖式今任大理寺寺丞　臣白　瑛
原任筆帖式續任大理寺寺丞　臣英璽德
筆帖式今任工部司務　臣榮　安
筆帖式今任甘肅知縣　臣明　福
筆帖式　臣博　良
筆帖式　臣恒　敬
筆帖式　臣那　善
筆帖式　臣長　亮
筆帖式　臣經　德

筆帖式 臣慶　明

筆帖式 臣盛　文

筆帖式 臣張純賢

筆帖式 臣福　智

筆帖式 臣承　露

原任翰林院孔目 臣熊志契

翰林院待詔 臣馬　蓁

繕書處收掌官

中書科中書 臣田起莘

國子監典簿 臣吴應霞

國子監學正 臣史國華

武英殿收掌官

奉宸院筆帖式 臣阿克敦

原任筆帖式候選知縣 臣敷注禮

筆帖式 臣德　光

筆帖式　臣廣　傳
七品庫掌　臣陸達塞
七品庫掌　臣海　寧
七品庫掌　臣準提保
七品庫掌　臣伊昌阿
委署庫掌　臣海　福
委署庫掌　臣德　明
柏唐阿　臣福　慶
柏唐阿　臣永　清
柏唐阿　臣惠　保
營造司庫守　臣八　十

監造官

内務府郎中兼佐領　臣劉　淳
武英殿監造　臣紹　言
武英殿監造　臣伊靈阿

欽定四庫全書總目卷首三

凡例二十則

一　是書卷帙浩博，爲亘古所無。然每進一編，必經親覽。宏綱巨目，悉禀天裁。定千載之是非，決百家之疑似，權衡獨運，衮鉞斯昭。睿鑒高深，迥非諸臣管蠡之所及。隨時訓示，曠若發蒙。八載以來，不能一一殫記。謹録歷次恭奉聖諭爲一卷，載諸簡端。俾共知我皇上稽古右文，功媲删述，懸諸日月，昭示方來，與歷代官修之本泛稱「御定」者迥不相同。

一　是書以經、史、子、集提綱列目。經部分十類，史部分十五類，子部分十四類，集部分五類。或流别繁碎者，又分析子目，使條理分明。所録諸書，各以時代爲次。其歷代帝王著作，從隋書經籍志例，冠各代之首。至於列朝聖製，皇上御撰，揆以古例，當弁冕全書。而我皇上道秉大公，義求至當，以四庫所録包括古今，義在衡鑒千秋，非徒取尊崇昭代。特命各從門目，弁於國朝著述之前。此尤聖裁獨斷，義愜理精，非館臣所能仰贊一詞者矣。

一　前代藏書，率無簡擇，蕭蘭竝擷，珉玉雜陳，殊未協别裁之義。今詔求古籍，特創新規，一一辨厥妍媸，嚴爲去取。其上者悉登編録，罔致遺珠；其次者亦長短兼臚，見瑕瑜之不掩；其有言非立訓，義或違經，則附載其名，兼匡厥謬。至於尋常著述，未越羣流，雖咎譽之咸無，要流傳之已久，準諸家著録之例，亦併存其目，以備考核。等差有辨，旌别兼施，自有典籍以來，無如斯之博且精矣。

一　自隋志以下，門目大同小異，互有出入，亦各具得失，今擇善而從。如詔令奏議，文獻通考入集部。今以其事關國政，詔令從唐志例，入史部，奏議從漢志例，亦入史部。東都事略之屬，不可入正史而亦不可入雜史者，從宋史例，立别史一門。香譜、鷹譜之屬，舊志無所附麗，强入農家。今從尤袤遂初堂書目例，立譜録一門。名家、墨家、縱横家，歷代著録，各不過一二種，難以成帙。今從黄虞稷千頃堂書目例，併入雜家爲一門。又别集之有詩無文者，文獻通考别立詩集一門。然則有文無詩者，何不别立文集一門？多事區分，徒滋繁碎。今仍從諸史之例，併爲别集一門。又兼詁羣經者，唐志題曰經解，則不見其爲羣經。朱彝尊經義考題曰羣經，又不見其爲經解。徐乾學通志堂所刻改名曰總經解，何焯又譏其杜撰。今取隋志之文，名之曰五經總義。凡斯之類，皆務求典據，非事更張。

一　焦竑國史經籍志多分子目，頗以餖飣爲嫌。今酌乎其中，惟經部之小學類，史部之地理、傳記、政書三類，子部之術數、藝術、譜録、雜家四類，集部之詞曲類，流派至爲繁夥，端緒易至茫如。謹約分小學爲三子目，地理爲九子目，傳記爲五子目，政書爲六子目，術數爲七子目，藝術、譜録各爲四子目，雜家爲五子目，詞曲爲四子目，使條理秩然。又經部之禮類，史部之詔令奏議類、目録類，子部之天文算法類、小説家類，亦各約分子目，以便檢尋。其餘瑣節，槩爲删併。

一　古來諸家著録，往往循名失實，配隸乖宜。不但崇文總目以樹萱録入之種植，爲鄭樵所譏，今竝考校原書，詳爲釐定。如筆陣圖之屬，舊入小學類，今惟以論六書者入小學，其論八法者不過筆札之工，則改隸藝術。羯鼓録之屬舊入樂類，今惟以論律吕者入樂，其論管絃工尺者，不過世俗之音，亦改隸藝術。左傳類對賦之屬，舊入春秋類，今以其但取儷辭，無關經義，改隸類書。孝經集靈舊入孝經類，穆天子傳舊入起居注類，山海經、十洲記舊入地理類，漢武帝内傳、飛燕外傳舊入傳記類，今以其或涉荒誕，或涉鄙猥，均改隸小說。他如揚雄太玄經，舊入儒家類，今改隸術數。俞琰易外别傳，舊入易類，今改隸道家。又如倪石陵書，名似子書，而實文集；陳埴木鍾集，名似文集，而實語録。凡斯之流，不可殫述，竝一一考核，務使不失其真。

一　諸書刊寫之本不一，謹擇其善本録之；增删之本亦不一，謹擇其足本録之。每書名之下，欽遵諭旨，各注某家藏本，以不没所自。其坊刻之書，不可專題一家者，則注曰通行本。至其編次先後，漢書藝文志以高帝、文帝所撰雜置諸臣之中，殊爲非體。隋書經籍志以帝王各冠其本代，於義爲允，今從其例。其餘槩以登第之年、生卒之歲爲之排比；或據所往來倡和之人爲次；無可考者，則附本代之末；釋道、閨閣，亦各從時代，不復區分。宦侍之作，雖不宜厠士大夫間，然漢志小學家嘗收趙高之爰歷、史游之急就，今從其例，亦間存一二；外國之作，前史罕載，然既歸王化，即屬外臣，不必分疆絶界，故木增、鄭麟趾、徐敬德之屬，亦隨時代編入焉。

一　諸書次序雖從其時代，至於箋釋舊文，則仍從所注之書，而不論作注之人。如儒家類明曹端太極圖述解，以注周子之書，則列於張子全書前，國朝李光地注解正蒙，以注張子之書，則列於二程遺書前是也。他如史記疑問附史記後、班馬異同附漢書後之類，亦同此例，以便參考。至於汪晫所輯之曾子、子思子，則仍列於宋。吕柟所輯之周子鈔釋諸書，則仍列於明。蓋雖裒輯舊文，而實自爲著述，與因原書而考辨者事理固不同也。

一　劉向校理祕文，每書具奏。曾鞏刊定官本，亦各製序文。然鞏好借題抒議，往往冗長，而本書之始末源流轉從疎略。王堯臣崇文總目、晁公武郡齋讀書志、陳振孫書録解題，稍具崖略，亦未詳明。馬端臨經籍考，薈稡羣言，較爲賅博，而兼收竝列，未能貫串折衷。今於所列諸書，各撰爲提要，分之則散弁諸編，合之則共爲總目。每書先列作者之爵里，以論世知人；次考本書之得失，權衆説之異同，以及文字增删、篇帙分合，皆詳爲訂辨，巨細不遺。而人品學術之醇疵，國紀朝章之法戒，亦未嘗不各昭彰癉，用著勸懲。其體例悉承聖斷，亦古來之所未有也。

一　四部之首各冠以總序，撮述其源流正變，以挈綱領。四十三類之首亦各冠以小序，詳述其分併改隸，以析條目。如其義有未盡，例有未該，則或於子目之末，或於本條之下，附注案語，以明通變之由。

一　歷代敕撰官書，如周易正義之類，承詔纂修，不出一手。一一詳其爵里，則末大於本，轉病繁冗。故但記其成書年月，任事姓名，而不縷陳其爵里。又如漢之賈、董，唐之李、杜、韓、柳，宋之歐、蘇、曾、王，以及韓、范、司馬諸名臣，周、程、張、朱諸道學，其書竝家弦户誦，雖村塾童豎，皆能知其爲人，其爵里亦不復贅。至一人而著數書，分見於各部中者，其爵里惟見於第一部，後但云「某人有某書，已著録」，以省重複。如二書在一卷之中，或數頁之内，易於省記者，則第二部但著其名。如明戴原禮，已見所校補朱震亨金匱鉤玄條下，其推求師意二卷，僅隔五條之類。

一　劉勰有言，「意翻空而易奇，詞徵實而難巧」。儒者説經論史，其理亦然。故説經主於明義理，然不得其文字之訓詁，則義理何自而推？論史主於示褒貶，然不得其事迹之本末，則褒貶何據而定？如成風爲魯僖公之母，明載左傳。而趙鵬飛春秋經筌謂「不知爲莊公之妾、爲僖公之妾」，是不知其人之名分，可定其禮之得失乎？劉子翼入唐爲著作郎、弘文館直學士，明載唐書劉禕之傳。而朱子通鑑綱目書「貞觀元年，徵隋秘書劉子翼，不至」，尹起莘發明稱

「特書隋官以美之，與陶潛稱晉一例」，是未知其人之始終，可定其品之賢否乎？今所録者，率以考證精核，辨論明確爲主，庶幾可謝彼虚談，敦兹實學。

一　文章流別，歷代增新。古來有是一家，即應立是一類；作者有是一體，即應備是一格，斯協於全書之名。故釋道外教，詞曲末技，咸登簡牘，不廢蒐羅。然二氏之書，必擇其可資考證者，其經懺章咒，竝凜遵諭旨，一字不收。宋人朱表青詞，亦槩從删削。其倚聲填調之作，如石孝友之金谷遺音，張可久之小山小令，臣等初以相傳舊本，姑爲録存。竝蒙皇上指示，命從屏斥。仰見大聖人敦崇風教、釐正典籍之至意。是以編輯雖富，而謹持繩墨，去取不敢不嚴。

一　聖賢之學，主於明體以達用。凡不可見諸實事者，皆屬卮言。儒生著書，務爲高論，陰陽太極，累牘連篇，斯已不切人事矣。至於論九河，則欲修禹跡；考六典，則欲復周官；封建井田，動稱三代。而不揆時勢之不可行。至黄諫之流，欲使天下筆札皆改篆體；顧炎武之流，欲使天下言語皆作古音。迂謬抑更甚焉。又如明之曲士，人喜言兵。二麓正議欲掘坑藏錐以刺敵，武備新書欲雕木爲虎以臨陣。陳禹謨至欲使九邊將士人人皆讀左傳。凡斯之類，竝闢其異説，黜彼空言，庶讀者知致遠經方，務求爲有用之學。

一　漢唐儒者，謹守師説而已。自南宋至明，凡説經、講學、論文，皆各立門户。大抵數名人爲之主，而依草附木者囂然助之。朋黨一分，千秋吴越，漸流漸遠，并其本師之宗旨亦失其傳。

而釁隙相尋，操戈不已，名爲爭是非，而實則爭勝負也。人心世道之害，莫甚於斯。伏讀御題朱弁曲洧舊聞，致遺憾於洛黨；又御題顧憲成涇皋藏稾，示炯戒於東林。誠洞鑒情僞之至論也。我國家文教昌明，崇真黜僞，翔陽赫燿，陰翳潛消，已盡滌前朝之敝俗。然防微杜漸，不能不慮遠思深。故甄別遺編，皆一本至公。剷除畛畦，以預消芽蘖之萌。至詩社之標榜聲名，地志之矜詩人物，浮辭塗飾，不盡可憑，亦併詳爲考訂，務核其真。庶幾公道大彰，俾尚論者知所勸戒。

一　文章德行，在孔門既已分科。兩擅厥長，代不一二。今所録者，如龔詡、楊繼盛之文集，周宗建、黄道周之經解，則論人而不論其書；耿南仲之説易，吴幵之評詩，則論書而不論其人。凡兹之類，略示變通。一則表章之公，一則節取之義也。至於姚廣孝之逃虚子集，嚴嵩之鈐山堂詩，雖詞華之美足以方軌文壇，而廣孝則助逆興兵，嵩則怙權蠹國，繩以名義，匪止微瑕。凡兹之流，竝著其見斥之由，附存其目，用見聖朝彰善癉惡，悉準千秋之公論焉。

一　儒者著書，往往各明一義。或相反而適相成，或相攻而實相救，所謂言豈一端，各有當也。考古者無所别裁，則多歧而太雜；有所專主，又膠執而過偏。左右佩劍，均未協中。今所採録，惟離經畔道、顛倒是非者，掊擊必嚴；懷詐狹私、熒惑視聽者，屏斥必力。至於闡明學術，各擷所長，品騭文章，不名一格，兼收竝蓄，如渤澥之納衆流，庶不乖於全書之目。

一　七略所著古書，即多依託。班固漢書藝文志注可覆按也。遷流洎於明季，譌妄彌增，魚目混珠，猝難究詰。今一一詳核，並斥而存目，兼辨證其非。其有本屬僞書，流傳已久，或掇拾殘賸，真贋相參，歷代詞人已引爲故實，未可槩爲捐棄，則姑録存而辨別之。大抵灼爲原帙者，則題曰「某代某人撰」。灼爲贋造者，則題曰「舊本題某代某人撰」。其踵誤傳譌，如呂本中春秋傳，舊本稱呂祖謙之類，其例亦同。至於其書雖歷代著録，而實一無可取，如燕丹子、陶潛聖賢羣輔録之類，經聖鑒洞燭，其妄者則亦斥而存目，不使濫登。

一　九流自七略以來，即已著録。然方技家遞相增益，篇帙日繁，往往僞妄荒唐，不可究詰。抑或卑瑣微末，不足編摩。今但就四庫所儲，擇其稍古而近理者，各存數種，以見彼法之梗概。其所未備，不復搜求。蓋聖朝編録遺文，以闡聖學、明王道者爲主，不以百氏雜學爲重也。

一　是書主於考訂異同，別白得失，故辨駁之文爲多。然大抵於衆説互殊者，權其去取，幽光未耀者，加以表章。至於馬、班之史，李、杜之詩，韓、柳、歐、蘇之文章，濂、洛、關、閩之道學，定論久孚，無庸更贅一語者，則但論其刊刻傳寫之異同，編次增刪之始末，著是本之善否而已。蓋不可不辨者，不敢因襲舊文；無可復議者，亦不敢橫生別解。凡以求歸至當，以昭去取之至公。

欽定四庫全書總目卷一

經部總敘

經稟聖裁，垂型萬世，删定之旨，如日中天，無所容其贊述，所論次者，詁經之説而已。自漢京以後垂二千年，儒者沿波，學凡六變。其初專門授受，遞稟師承，非惟詁訓相傳，莫敢同異，即篇章字句，亦恪守所聞。其學篤實謹嚴，及其弊也拘。王弼、王肅稍持異議，流風所扇，或信或疑，越孔、賈、啖、趙以及北宋孫復、劉敞等，各自論説，不相統攝，及其弊也雜。洛、閩繼起，道學大昌，擺落漢、唐，獨研義理，凡經師舊説，俱排斥以爲不足信，其學務别是非，及其弊也悍。如王柏、吴澄攻駁經文，動輒删改之類。學脈旁分，攀緣日衆，驅除異己，務定一尊，自宋末以逮明初，其學見異不遷，及其弊也黨。如論語集注誤引包咸「夏瑚商璉」之説，張存中四書通證即闕此一條以諱其誤。又如王柏删國風三十二篇，許謙疑之，吴師道反以爲非之類。主持太過，勢有所偏，材辨聰明，激而横決。自明正德、嘉靖以後，其學各抒心得，及其弊也肆。如王守仁之末派皆以狂禪解經之類。空談臆斷，考證必疎，於是博雅之儒引古義以抵其隙。國初諸家，其學徵實不誣，及其弊也瑣。如一字音訓動辨數百言之類。要其歸宿，則不過漢學、宋學兩家互爲勝負。夫漢學具有根柢，講學者以淺陋輕之，不足服漢儒也；宋學具有精微，讀書者以空疎薄之，亦不足服宋儒也。消融門户之見而各取所長，則私心祛而公理出，公理出而經義明矣。蓋經者非他，即天下之公理而已。今參稽衆説，務取持平，各明去取之故，分爲十類：曰易、曰書、曰詩、曰禮、曰春秋、曰孝經、曰五經總義、曰四書、曰樂、曰小學。

經部一

易類一

聖人覺世牖民，大抵因事以寓教。詩寓於風謡，禮寓於節文，尚書、春秋寓於史，而易則寓於卜筮。故易之爲書，推天道以明人事者也。左傳所記諸占，蓋猶太卜之遺法，漢儒言象數，去古未遠也。一變而爲京、焦，入於禨祥。再變而爲陳、邵，務窮造化，易遂不切於民用。王弼盡黜象數，説以老莊。一變而胡瑗、程子，始闡明儒理。再變而李光、楊萬里，又參證史事，易遂日啓其論端。此兩派六宗，已互相攻駁。又易道廣大，無所不包，旁及天文、地理、樂律、兵法、韻學、算術，以逮方外之爐火，皆可援易以爲説，而好異者又援以入易，故易説愈繁。夫六十四卦大象皆有「君子以」字，其爻象則多戒占者，聖人之情見乎詞矣。其餘皆易之一端，非其本也。今參校諸家，以因象立教者爲宗，而其他易外別傳者亦兼收以盡其變，各爲條論，具列於左。

子夏易傳十一卷　内府藏本

舊本題卜子夏撰。案説易之家，最古者莫若是書。其僞中生僞，至一至再而未已者，亦莫若是書。唐會要載開元七年詔：「子夏易傳近無習者，令儒官詳定。」劉知幾議曰：「漢志易有十三家而無子夏作傳者。至梁阮氏七録，始有子夏易六卷，或云韓嬰作，或云丁寬作。然據漢書，韓易十二篇，丁易八篇，求其符合，事殊隳刺，必欲行用，深以爲疑。」司馬貞議亦曰：「案劉向七略有子夏易傳，但此書不行已久，今所存多失真本。」荀勖中經簿云：「子夏傳四卷，或云丁寬，是先達疑非子夏矣。」又隋書經籍志云：「子夏傳殘闕，梁六卷，今二卷。」知其書錯繆多矣。又王儉七志引劉向七略云「易傳子夏，韓氏嬰也。今題不稱韓氏而載薛虞記。其質粗略，旨趣非遠，無益後學」云云。是唐以前所謂子夏傳，已爲僞本。晁説之傳易堂記又稱：「今號爲子夏傳者，乃唐張弧之易。」案：弧，唐末爲大理寺評事，有素履子，别著録。是唐時又一僞本竝行。故宋國史志以假託子夏易傳與真子夏易傳兩列其目，而崇文總目亦稱「此書篇第略依王氏，決非卜子夏之文」也。朱彝尊經義考證以陸德明經典釋文、李鼎祚周易集解、王應麟困學紀聞所引，皆今本所無。德明、鼎祚猶曰在張弧以前，應麟乃南宋末人，何以當日所見與今本又異？然則今本又出僞託，不但非子夏書，亦竝非張弧書矣。流傳既久，姑存以備一家云爾。

謹案：唐徐堅初學記以太宗御製升列歷代之前，蓋臣子尊君之大義。焦竑國史經籍志、朱彝尊經義考竝踵前規。臣等編摩四庫，初亦恭録御定易經通注、御纂周易折中、御纂周易述義弁冕諸經。仰蒙指示，命移冠國朝著述之首，俾尊卑有序，而時代不淆。聖度謙沖，酌中立憲，實爲千古之大公。謹恪遵彝訓，仍託始於子夏易傳。竝發凡於此，著四庫之通例焉。

又案：託名之書有知其贋作之人者，有不知其贋作之人者，不能一一歸其時代，故漢書藝文志仍從其所託之時代爲次。今亦悉從其例。

周易鄭康成注一卷　通行本

宋王應麟編。應麟，字伯厚，慶元人。自署浚儀，蓋其祖籍也。淳祐元年進士，寶祐四年復中博學鴻詞科，官至禮部尚書兼給事中。事蹟具宋史儒林傳。案隋志載鄭玄周易注九卷，又稱鄭玄、王弼二注，梁陳列於國學，齊代惟傳鄭義，至隋王注盛行，鄭學浸微。然新唐書著録十卷，是唐時其書猶在，故李鼎祚集解多引之。宋崇文總目惟載一卷，所存者僅文言、序卦、説卦、雜卦四篇，餘皆散佚。至中興書目，始不著録。案：中興書目今不傳，此據馮椅易學所引。則亡於南、北宋之間。故晁説之、朱震尚能見其遺文，而淳熙以後諸儒即罕所稱引也。應麟始旁摭諸書，裒爲此帙，經文異字，亦皆竝存，其無經文可綴者，則總録於末簡。又以玄注多言互體，并取左傳、禮記、周禮正義中論互體者八條，以類附焉。考玄初從第五元先受京氏易，又從馬融受費氏易，故其學出入於兩家。然要其大旨，費義居多，實爲傳易之正脈。齊陸澄與王儉書曰：「王弼注易，玄學之所宗。今若崇儒，鄭注不可廢。」其論最篤。唐初詔修正義，仍黜鄭崇王，非達識也。應麟能於散佚之餘，蒐羅放失，以存漢易之一綫，可謂篤志遺經，研心古義者矣。近時惠棟别有考訂之本，體例較密，然經營刱始，實自應麟，其捃拾之勞亦不可泯。今竝著於録，所以兩存其功也。

謹按：前代遺書後人重編者，如有所竄改增益，則從重編之時代，曾子、子思子之類是也；如全輯舊文，則仍從原書之時代。故此書雖宋人所輯，而列於漢代之次。後皆倣此。

新本鄭氏周易三卷 江蘇巡撫採進本

國朝惠棟編。棟字定宇，長洲人。初，王應麟輯鄭玄易注一卷，其後人附刻玉海之末。雖殘章斷句，尚頗見漢學之崖略，於經籍頗爲有功。然皆不著所出之書，又次序先後，間與經文不應，亦有遺漏未載者。棟因其舊本，重爲補正。凡應麟書所已載者，一一考求原本，注其出自某書，明其信而有徵，極爲詳核。其次序先後，亦悉從經文釐定。復搜採羣籍，上經補二十八條，下經補十六條，繫辭傳補十四條，説卦傳補二十二條，序卦傳補七條，雜卦傳補五條。移應麟所附易贊一篇於卷端，删去所引諸經正義論互卦者八條。而別據玄周禮太師注作十二月爻辰圖，據玄月令注作爻辰所值二十八宿圖，附於卷末，以駁朱震漢上易傳之誤。雖因人成事，而考核精密，實勝原書。應麟固鄭氏之功臣，棟之是編，亦可謂王氏之功臣矣。

陸氏易解一卷 浙江吳玉墀家藏本

明姚士粦所輯吳陸績周易注也。吳志載績所著有易注，不言卷數。隋書經籍志有陸績周易注十五卷。經典釋文序録作陸績周易述十三卷，會通一卷。新、舊唐書志所載卷數與釋文同。原本久佚，未詳其孰是。此本爲鹽邑志林所載，凡一百五十條。朱彝尊經義考以爲鈔撮陸氏釋文、李氏集解二書爲之。然此本採京氏易傳注爲多，而彝尊未之及。又稱其經文異諸家者，「履帝位而不疚」，

「疢」作「疾」；「明辨晳也」，「晳」作「逝」；「納約自牖」，「牖」作「誘」；「三年克之，憊也」，「憊」作「備」。此本又皆無之，豈所見別一本歟？然彝尊明言鹽邑志林，其故則不可詳矣。彝尊又言曹溶曾見有三卷者。然諸家著録，竝無三卷之本。殆京氏易傳三卷，舊本題曰「陸績注」。溶偶觀之未審，因誤記誤説也。昔宋王應麟輯鄭氏易注，爲學者所重。士龏此本，雖不及應麟搜討之勤博，而掇拾殘剩，存什一於千百，亦可以見陸氏易注之大略矣。績字公紀，吴郡人。官至鬱林太守，加偏將軍。事蹟具吴志。士龏字叔祥，海鹽人。十三而孤，年二十猶目不識丁，寓居德清姜氏家，姜始授以句讀。晚乃卓然自立，蓋亦奇士云。

周易注十卷　浙江巡撫採進本

上、下經注及略例，魏王弼撰。繫辭傳、説卦傳、序卦傳、雜卦傳注，晉韓康伯撰。隋書經籍志以王、韓之書各著録，故易注作六卷，略例作一卷，繫辭注作三卷。舊唐書經籍志、新唐書藝文志皆載弼注七卷，蓋合略例計之。今本作十卷，則併韓書計之也。考王儉七志，已稱弼易注十卷。案：七志今不傳，此據陸德明經典釋文所引。則併王、韓爲一書，其來已久矣。自鄭玄傳費直之學，始析易傳以附經，至弼又更定之。説者謂鄭本如今之乾卦，其坤卦以下又弼所割裂。然鄭氏易注，至北宋尚存一卷，崇文總目稱存者爲文言、説卦、序卦、雜卦四篇，則鄭本尚以文言自爲一傳，所割以附經者，不過彖傳、象傳。今本乾、坤二卦各附文言，知全經皆弼所更定，非鄭氏之舊也。每卷所題「乾傳第一」「泰傳第二」「噬嗑傳第三」「咸傳第四」「夬傳第五」「豐傳第六」，各以卷首第一卦爲名。據王應麟玉海，此目亦弼增標。蓋因毛氏詩傳之體例，相沿既久，今亦仍舊文録之。惟經典釋文以「泰傳」爲「需傳」，以「噬嗑傳」爲「隨傳」，與今本不同。證以開成石經，一一與陸氏所述合。當由後人以篇頁不均爲之移併，以非宏旨之所繫，今亦不復追改焉。其略例之注，爲唐邢璹撰。璹里籍無攷，其結銜稱「四門助教」。案唐書王鉷傳稱爲「鴻臚少卿邢璹子」縡，以謀反誅。則終於鴻臚少卿也。太平廣記載其奉使新羅，賊殺賈客百餘人，掠其珍貨貢於朝。其人殊不足道，其注則至今附弼書以行。陳振孫書録解題稱：「蜀本略例有璹所注，止有篇首釋『略例』二字，文與此同，餘皆不然。」是宋代尚有一別本。今則惟此本存，所謂蜀本者已久佚矣。弼之説易，源出費直。直易今不可見，然荀爽易即費氏學，李鼎祚書尚頗載其遺説。大抵究爻位之上下，辨卦德之剛柔，已與弼注略近。但弼全廢象數，又變本加厲耳。平心而論，闡明義理，使易不雜於術數者，弼與康伯深爲有功；祖尚虚無，使易竟入於老莊者，弼與康伯亦不能無過。瑕瑜不掩，是其定評。諸儒偏好偏惡，皆門户之見，不足據也。

周易正義十卷

内府刊本

魏王弼、晉韓康伯注，唐孔穎達疏。易本卜筮之書，故末派寖流於讖緯。王弼乘其極敝而攻之，遂能排擊漢儒，自標新學。然隋書經籍志載晉揚州刺史顧夸等有周易難王輔嗣義一卷，册府元龜又載顧悦之案：悦之即顧夸之字。難王弼易義四十餘條，京口閔康之又申王難顧，是在當日已有異同。王儉、顔延年以後，此揚彼抑，互詰不休。至穎達等奉詔作疏，始專崇王注而衆説皆廢。故隋志「易類」稱「鄭學寖微，今殆絶矣」，蓋長孫無忌等作志之時，在正義既行之後也。今觀其書，如復彖「七日來復」，王偶用六日七分之説，則推明鄭義之善；乾九二「利見大人」，王不用「利見九五」之説，則駁詰鄭義之非。於「見龍在田，時舍也」，則曰「經但云『時舍』」，注曰『必以時之通舍』者，則輔嗣以『通』解『舍』，『舍』是『通』義也」，而不疏「舍」之何以訓「通」；於「天玄而地黄」，則曰「恐莊氏之言，非王本意，今所不取」，而不言莊説之何以未允。如斯之類，皆顯然偏袒。至説卦傳之分陰分陽，韓注「二四爲陰，三五爲陽」，則曰「輔嗣以爲初、上無陰陽定位」，此注用王之説。「帝出乎震」，韓氏無注，則曰「益卦『六二，王用亨於帝，吉』，輔嗣注云『帝者生物之主，興益之宗，出震而齊巽者也』，則輔嗣之意以此帝爲天帝也。」是雖弼所未注者，亦委曲旁引以就之。然疏家之體，主於詮解注文，不欲有所出入。故皇侃禮疏或乖鄭義，穎達至斥爲「狐不首丘，葉不歸根」，其墨守專門，固通例然也。至於詮釋文句，多用空言，不能如諸經正義根據典籍，源委粲然，則由王注掃棄舊文，無古義之可引，亦非考證之疏矣。此書初名「義贊」，後詔改「正義」，然卷端又題曰「兼義」，未喻其故。序稱十四卷，唐志作十八卷，書録解題作十三卷。此本十卷，乃與王、韓注本同，殆後人從注本合併歟？

周易集解十七卷 内府藏本

唐李鼎祚撰。鼎祚唐書無傳，始末未詳。惟據序末結銜，知其官爲祕書省著作郎。據袁桷清容居士集載，資州有鼎祚讀書臺，知爲資州人耳。朱睦㮮序稱爲祕閣學士，不知何據也。其時代亦不可考。舊唐書經籍志稱「録開元盛時四部諸書」，而不載是編，知爲天寶以後人矣。其書新唐書藝文志作十七卷，晁公武讀書志曰：「今所有止十卷，而始末皆全，無所亡失，豈後人併之耶？」經義考引李燾之言，則曰：「鼎祚自序止云十卷，無亡失也。」朱睦㮮序作於嘉靖丁巳，亦云自序稱十卷，與燾説同。今所行毛晉汲古閣本乃作一十七卷，序中亦稱「王氏略例附於卷末，凡成一十八卷」，與諸家所説截然不同，殊滋疑竇。今考序中稱「至如卦爻彖象，理涉重玄，經注文言，書之不盡。别撰索隱，錯綜根萌，音義兩存，詳之明矣」云云，則集解本十卷，附略例一卷爲十一卷，尚别有索隱六卷，共成十七卷。唐志所載蓋併索隱、略例數之，實非舛誤。至宋而索隱散佚，刊本又削去略例，僅存集解十卷，故與唐志不符。至毛氏刊本，始析十卷爲十七卷，以合唐志之文。又改序中「一十卷」爲「一十八卷」，以合附録略例一卷之數，故又與朱睦㮮序不符。蓋自宋以來，均未究序中「别撰索隱」一語，故疑者誤疑，改者誤改。即辨其本止十卷者，亦不能解唐志稱十七卷之故，致愈説愈譌耳。今詳爲考正，以祛將來之疑。至十卷之本，今既未見，則姑仍以毛本著録。蓋篇帙分合，無關宏旨，固不必一一追改也。其書仍用王弼本，惟以序卦傳散綴六十四卦之首，蓋用毛詩分冠小序之例。所採凡子夏、孟喜、焦贛、京房、馬融、荀爽、鄭玄、劉表、何晏、宋衷、虞翻、陸績、干寶、王肅、王弼、姚信、王廙、張璠、向秀、王凱沖、侯果、蜀才、翟玄、韓康伯、劉巘、何妥、崔憬、沈驎士、盧氏、案：盧氏周易注，隋志已佚其名。崔覲、伏曼容、孔穎達、案：以上三十二家，朱睦㮮序所考。姚規、朱仰之、蔡景君案：以上三家，朱彝尊經義考所補考。等三十五家之說。自序謂：「刊輔嗣之野文，補康成之逸象。」蓋王學既盛，漢易遂亡，千百年後學者，得考見畫卦之本旨者，惟賴此書之存耳。是真可寶之古笈也。

周易口訣義六卷　永樂大典本

唐史徵撰。崇文總目曰：「河南史徵，不詳何代人。」晁公武讀書志曰：「田氏以爲魏鄭公撰，誤。」陳振孫書録解題曰：「三朝史志有其書，非唐則五代人。避諱作『證』字。」宋史藝文志又作「史文徽」。蓋以「徽」「徵」二字相近而譌。別本作「史之徵」，則又以「之」「文」二字相近而譌耳。今定爲史徵，從永樂大典，定爲唐人，從朱彝尊經義考也。永樂大典載徵自序云：「但舉宏機，纂其樞要，先以王注爲宗，後約孔疏爲理。」故崇文總目及晁氏讀書志皆以爲「直鈔注疏，以便講習，故曰『口訣』」。今詳考之，實不盡然。如乾象引周氏說、大象引宋衷說，屯象引李氏說，師象引陸績說、六五引莊氏說，謙六五引張氏說，賁大象引王廙說，頤大象引荀爽說，坎大象引莊氏說、上六引虞氏說，咸大象引何妥說，萃象引周弘正說，升象引褚氏說，井大象引何妥說，革象引宋衷説，鼎彖引何妥説，震九四引鄭衆説，漸彖引褚氏説、大象引侯果説，困大象引周弘正説，兑大象引鄭衆説，漸九五引陸績説，多出孔穎達疏及李鼎祚集解之外。又如賁大象所引王氏説，頤大象所引荀爽説，雖屬集解所有，而其文互異；坎上六所引虞翻説，則集解删削過略，此所載獨詳。蓋唐去六朝未遠，隋志所載諸家之書猶有存者，故徵得以旁蒐博引。今閲年數百，舊籍佚亡，則遺文緒論，無一非吉光片羽矣。近時惠棟作九經古義，余蕭客葺古經解鉤沈，於唐以前諸儒舊説，單辭隻義，蒐採至詳，而此書所載均未之及，信爲難得之祕本。雖其文義間涉拙滯，傳寫亦不免譌脱，而唐以前解易之書，子夏傳既屬僞撰，王應麟所輯鄭玄注、姚士粦所輯陸績注，亦非完書。其實存於今者，京房、王弼、孔穎達、李鼎祚四家，及此書而五耳，固好古者所宜寶重也。徵自序作六卷，諸家書目竝同。今僅闕豫、隨、无妄、大壯、晉、睽、蹇、中孚八卦，所佚無多。仍編爲六卷，存其舊焉。

周易舉正三卷　浙江巡撫採進本

舊本題唐郭京撰。京不知何許人。崇文總目稱其官爲蘇州司户參軍。據自序言「御注孝經，删定月令」，則當爲開元後人。序稱：「曾得王輔嗣、韓康伯手寫真本，比校今世流行本及國學鄉貢人等本，舉正其謬。凡所改定，以朱墨書别之。」其書崇文總目始著録，書録解題於宋咸易補注條下稱咸得此書於歐陽脩，是天聖、慶曆間乃行於世也。洪邁、李燾竝以爲信。晁公武則謂：「以繇彖相正，有闕漏，可推而知，託言得王、韓手札及石經。」趙汝楳亦詆其挾王、韓之名以更古文。王應麟又援後漢書左雄傳「職斯禄薄」句，證其改旅卦「斯」字爲「㒋」之非。近時惠棟作九經古義，駁之尤力。今考是書，唐志不載。李燾以爲京開元後人，故所爲書不得著録，案：燾説見文獻通考。然但可以解舊書經籍志耳。若新書藝文志，則唐末之書無不具列，豈因開元以後而遺之？疑其書出宋人依託，非惟王、韓手札不可信，併唐郭京之名亦在有無疑似之間也。顧其所説，推究文義，往往近理。故晁公武雖知其託名，而所進易解，乃多引用。即朱子本義，於坤象傳之「履霜堅冰」、賁象傳之「剛柔交錯」、震象傳之「不喪匕鬯」，亦頗從其説，則亦未嘗無可取矣。晁公武讀書志載京原序，稱所改正者一百三十五處，二百七十三字。而洪邁容齋隨筆、趙汝楳易序叢書皆作一百三處。今本所載原序，亦稱「差謬處一百三節」。則晁氏所云殆爲疎舛。又原本稱「別以朱墨」，蓋用經典釋文之例。今所行本已全以墨書，蓋非其舊。以非宏旨之所繫，故仍從近刻焉。

欽定四庫全書總目卷二

經部二

易類二

易數鉤隱圖三卷附遺論九事一卷

浙江吴玉墀家藏本

宋劉牧撰。牧字長民，其墓誌作字先之，未詳孰是，或有兩字也。彭城人，官至太常博士。宋志載牧新注周易十一卷，圖一卷，晁公武讀書志則作圖三卷。其注今不傳，惟圖尚在，卷數與晁氏本同。漢儒言易多主象數，至宋而象數之中復岐出圖書一派。牧在邵子之前，其首倡者也。牧之學出於种放，放出於陳摶，其源流與邵子之出於穆、李者同。而以九爲河圖，十爲洛書，則與邵異。其學盛行於仁宗時。黄黎獻作略例隱訣，吴祕作通神，程大昌作易原，皆發明牧説。而葉昌齡則作圖義以駁之，宋咸則作王劉易辨以攻之，李覯復有删定易圖論。至蔡元定則以爲與孔安國、劉歆所傳不合，而以十爲河圖，九爲洛書。朱子從之，著易學啓蒙。自是以後，若胡一桂、董楷、吴澄之書皆宗朱、蔡，牧之圖幾於不傳。此本爲通志堂所刊，何焯以爲自道藏録出。今考道藏目録，實在洞真部靈圖類「雲」字號中，是即圖書之學出於道家之一證。録而存之，亦足廣異聞也。南宋時劉敏士嘗刻於浙右漕司，前有歐陽脩序。吴澄曰：「脩不信河圖而有此序，殆後人所僞爲，而牧之後人誤信之者。」俞琰亦曰：「序文淺俚，非脩作。」其言有見，故今據而削之。其遺論九事：

一爲太皡授龍馬負圖，二爲六十四卦推盪訣，三爲大衍之數五十，四爲八卦變六十四卦，五爲辨陰陽卦，六爲復見天地之心，七爲卦終未濟，八爲蓍數揲法，九爲陰陽律呂圖。以先儒之所未及，故曰「遺論」。本別爲一卷，徐氏刻九經解，附之鉤隱圖末，今亦仍之焉。

周易口義十二卷

浙江吴玉墀家藏本

宋倪天隱述其師胡瑗之説。瑗字翼之，泰州如皋人。用范仲淹薦，由布衣拜校書郎，歷太常博士，致仕歸，事蹟具宋史儒林傳。天隱始末未詳。葉祖洽作陳襄行狀，稱襄有二妹，一適進士倪天隱，殆即其人。董荞嚴陵集載其桐廬縣令題名碑記一篇，意其嘗官睦州也。其説易以義理爲宗。邵伯温聞見前録記程子與謝湜書，言讀易當先觀王弼、胡瑗、王安石三家。三原劉紹攽周易詳説曰：「朱子謂程子之學源於周子，然考之易傳，無一語及太極。於觀卦辭云：『予聞之胡翼之先生，居上爲天下之表儀。』於大畜上九云：予聞之胡先生曰：『天之衢亨』，誤加『何』字。於夬九三云：安定胡公移其文曰『壯于頄，有凶。獨行遇雨，若濡有慍。君子夬夬，无咎。』於漸上九云：安定胡公以『陸』爲『逵』。考伊川年譜：『皇祐中游太學，海陵胡翼之先生方主教道。得先生文試，大驚。即延見，處以學職。』意其時必從而受業焉。世知其從事濂溪，不知其講易多本於翼之也。」其説爲前人所未及。今核以程傳，良然。朱子語類亦稱「胡安定易分曉正當」。則是書在宋時，固以義理説易之宗已。王得臣麈史曰：「安定胡翼之，皇祐、至和間國子直講，朝廷命主太學。

時千餘士日講易，是書殆即是時所説。」宋志載瑗易解十卷，周易口義十卷。朱彝尊經義考引李振裕之説云：「瑗講授之餘，欲著述而未逮，其門人倪天隱述之。以非其師手著，故名曰口義。後世或稱口義，或稱易解，實無二書也。」其説雖古無明文，然考晁公武讀書志有云：「胡安定易傳蓋門人倪天隱所纂，非其自著。故序首稱『先生曰』。」其説與口義合。又列於易傳條下，亦不另出口義一條。然則易解、口義爲一書明矣，宋志蓋誤分爲二也。

温公易説六卷

永樂大典本

宋司馬光撰。攷蘇軾撰光行狀，載所作易説三卷，注繫辭二卷。宋史藝文志作易説一卷，又三卷，又繫辭説二卷。晁公武讀書志云：「易説雜解易義，無詮次，未成書。」朱子語類又云：「嘗得温公易説於洛人范仲彪，盡隨卦六二，其後闕焉。後數年，好事者於北方互市得版本，喜其復全。」是其書在宋時所傳本已往往多寡互異，其後乃并失其傳，故朱彝尊經義考亦注爲「已佚」。今獨永樂大典中有之，而所列實不止於隨卦，似即朱子所稱後得之本。其釋每卦或三四爻，或一二爻，且有全無説者，惟繫辭差完備，而説卦以下僅得二條。亦與晁公武之言相合。又以陳友文集傳精義、馮椅易學、胡一桂會通諸書所引光説核之，一一具在，知爲宋代原本無疑。其解義多闕者，蓋光本撰次未成，亦如所著潛虛，轉以不完者爲真本，竝非有所殘佚也。光傳家集中有答韓秉國書，謂：「王輔嗣以老莊解易，非易之本旨，不足爲據。」蓋其意在深闢虛無玄渺之説，故於古今事物之情狀，無不貫徹疏通，推闡深至。如解同人之彖曰：「君子樂與人同，小人樂與人異。君子同其遠，小人同其近。」坎之大象曰：「水之流也，習而不止，以成大川。人之學也，習而不止，以成大賢。」咸之九四曰：「心苟傾焉，則物以其類應之。故喜則不見其所可怒，怒則不見其所可喜，愛則不見其所可惡，惡則不見其所可愛。」大都不襲先儒舊説，而有德之言，要如布帛菽粟之切於日用。惜其沈湮既久，説易家竟不獲覩其書。今幸際聖朝，表章典籍，復得搜羅故簡，裒次成編。亦可知名賢著述，其精義所在，有不終泯没於來世者矣。謹校勘釐訂，略仿宋史原目，定爲六卷，著於録。

横渠易説三卷　内府藏本

宋張子撰。宋志著録作十卷。今本惟上經一卷，下經一卷，繫辭傳以下至雜卦爲一卷，末有總論十一則，與宋志不合。然書録解題已稱横渠易説三卷，則宋志誤也。楊時喬周易古今文稱：「今本祇六十四卦，無繫辭，實未全之書」，則又時喬所見之本偶殘闕耳。是書較程傳爲簡，往往經文數十句中一無所説。末卷更不復全載經文，載其有説者而已。董真卿謂：「横渠易説發明二程所未到處。」然考宋史，張子卒於神宗時，程子易傳序則作於哲宗元符二年，其編次成書則在徽宗崇寧後，張子不及見矣。真卿謂「發明所未到」，非確論也。其説乾彖用「迎之不見其首，隨之不見其後」，説文言用「谷神」字，説「鼓萬物而不與聖人同憂」用「天地不仁，以萬物爲芻狗」語，皆借老子之言，而實異其義，非如魏晉人合老、易爲一者也。惟其解復卦「后不省方」，以「后」

爲「繼體守成之主」，以「不省方」爲「富庶優暇，不甚省事」，則於義頗屬未安。此又不必以張子故而曲爲之辭矣。

東坡易傳九卷

副都御史黄登賢家藏本

宋蘇軾撰。是書一名毘陵易傳。陸游老學菴筆記謂其書初遭元祐黨禁，不敢顯題軾名，故稱「毘陵先生」，以軾終於常州故也。蘇籀欒城遺言記蘇洵作易傳未成而卒，屬二子述其志。軾書先成，轍乃送所解於軾。今蒙卦猶是轍解。則此書實蘇氏父子兄弟合力爲之，題曰軾撰，要其成耳。籀又稱洵「晚歲讀易，玩其爻象，因得其剛柔遠近喜怒逆順之情」。故朱子謂其惟發明愛惡相攻、情僞相感之義，而議其粗疎。胡一桂記晁説之之言，謂軾作易傳，自恨不知數學，而其學又雜以禪。故朱子作雜學辨，以軾是書爲首。然朱子所駁不過一十九條，其中辨文義者四條，又一條謂蘇説無病，然有未盡其説者。則朱子所不取者僅十四條，未足以爲是書病。況朱子語類又嘗謂其「於物理上亦有看得著處」，則亦未嘗竟廢之矣。今觀其書，如解乾卦彖傳性命之理諸條，誠不免杳冥恍惚，淪於異學。至其他推闡理勢，言簡意明，往往足以達難顯之情，而深得曲譬之旨。蓋大體近於王弼，而弼之説惟暢玄風，軾之説多切人事。其文辭博辨，足資啓發，又烏可一概屏斥耶？李衡作周易義海撮要，丁易東作周易象義，董真卿作周易會通，皆採録其説，非徒然也。明焦竑初得舊本刻之。烏程閔齊伋以朱墨板重刻，頗爲工緻，而無所校正。毛晉又刻入津逮祕書中。三本之中，毛本最舛。

如漸卦上九併經文皆改爲「鴻漸于逵」，則他可知矣。今以焦本爲主，猶不甚失其真焉。

易傳四卷　直隸總督採進本

宋伊川程子撰。卷首有元符二年自序。考程子以紹聖四年編管涪州，元符三年遷峽州，則當成於編管涪州之後。王偁東都事略載是書作六卷，宋史藝文志作九卷，二程全書通作四卷。考楊時跋語稱：「伊川先生著易傳，未及成書。將啓手足，以其書授門人張繹。未幾繹卒，故其書散亡，學者所傳無善本。謝顯道得其書于京師，以示余。錯亂重複，幾不可讀。東歸待次毘陵，乃始校正，去其重複，踰年而始完。」云云。則當時本無定本，故所傳各異耳。其書但解上、下經及彖、象、文言，用王弼注本。以序卦分置諸卦之首，用李鼎祚周易集解例。惟繫辭傳、説卦傳、雜卦傳無注，董真卿謂亦從王弼。今考程子與金堂謝湜書謂：「易當先讀王弼、胡瑗、王安石三家。」謂程子有取於弼，不爲無據；謂不注繫辭、説卦、雜卦以擬王弼，則似未盡然。當以楊時「草具未成」之説爲是也。程子不信邵子之數，故邵子以數言易，而程子此傳則言理，一闡天道，一切人事。蓋古人著書，務抒所見而止，不妨各明一義。守門户之見者必堅護師説，尺寸不容踰越，亦異乎先儒之本旨矣。

易學辨惑一卷　永樂大典本

宋邵伯温撰。伯温字子文，邵子之子也。南渡後官至利路轉運副使，事蹟具宋史儒林傳。案沈括夢溪筆談載：「江南鄭夬字揚庭，曾爲一書談易。後見兵部員外郎秦玠，論夬所談，玠駭然曰：『何處得此法？玠嘗遇一異人，授此曆數，推往古興衰運曆無不皆驗。西都邵雍亦知大略。』」云云。蓋當時以邵子能前知，故引之以重其術。伯温謂：「邵子易受之李之才，之才受之穆脩，脩受之陳摶，平時未嘗妄以語人。惟大名王天悦、滎陽張子望嘗從學，又皆蚤死。秦玠、鄭夬嘗欲從學，皆不之許。天悦感疾且卒，夬賂其僕於卧内竊得之，遂以爲學，著易傳、易測、明範、五經時用數書，皆破碎妄作，穿鑿不根。因撰此書以辨之。」宋史邵子本傳頗採其説。考書録解題有鄭夬易傳十三卷，宋史藝文志有鄭夬時用書二十卷，明用書九卷，易傳辭三卷，易傳辭後語一卷，今並佚。司馬光集有進鄭夬易測劄子，稱其「不泥陰陽，不涉怪妄，專用人事，指明六爻，求之等倫，誠難多得」，與伯温所辨，褒貶迥殊。光亦知易之人，不應背馳如是。以理推之，夬竊邵子之書而變化其説，以陰求駕乎其上。所撰易測，必尚隨爻演義，不涉術數，故光有「不泥陰陽，不涉怪妄」之薦。至其時用書之類，則純言占卜之法，故伯温辭而闢之。其兼易測言之者，不過憎及儲胥之意耳。朱彝尊經義考載此書，注曰「未見」。此本自永樂大典録出，蓋明初猶存。宋史藝文志但題辨惑一卷，無「易學」字，永樂大典則有之，與書録解題相合。故今仍以易學辨惑著録焉。

了翁易説一卷

浙江吴玉墀家藏本

宋陳瓘撰。瓘字瑩中，了翁其自號也。延平人。元豐二年進士甲科。建中靖國初爲右司諫，嘗移書責曾布及言蔡京、蔡卞之姦，章數十上，除名編隸合浦以死。事蹟具宋史本傳。此本爲紹興中其孫正同所刊。馮椅謂嘗從其孫大應見了翁有易全解，不止一卷，多本卦變，與朱子發之説相類。胡一桂則謂尚見其初刊本，題云了翁易説，竝未分卷。此本蓋即一桂所見也。邵伯温聞見録稱瓘説得康節之學。沈作喆寓簡則曰：「陳瑩中嘗以邵康節説易講解象數，一切屏絶。質之劉器之，器之曰：『易固經世之用，若講解象數，一切屏絶，則聖人設卦立爻，復將何用？惟知其在象數者皆寓也，然後可以論易。故曰得意忘象，得象忘言。方其未得之際而遽絶之，則吉凶與民同患之理將何以兆？恐非筌蹄之意』。」云云。然則瓘之易學又嘗質之劉安世，不全出邵子矣。其造語頗詰屈，故陳振孫書録解題病其辭旨深晦。然晁公武讀書志謂其以易數言天下治忽多驗，則瓘於易實有所得，非徒以艱深文淺易者，正未可以難讀廢矣。

吳園易解九卷

湖北巡撫採進本

宋張根撰。根字知常，德興人。年二十一登進士第，大觀中官至淮南轉運使，以朝散大夫終於家。事蹟具宋史本傳。是書末有其孫垓跋，稱爲「先祖太師」者，其子燾孝宗時爲參知政事追贈官也。根所撰述甚多，垓跋稱有宋朝編年數百卷，五經、諸子皆爲之傳注。晁公武讀書志載有春秋指南十卷，今亦未見。惟此易解僅存，明祁承㸁家有其本。此爲徐氏傳是樓所鈔，自説卦傳「乾，健也」節以下，蠹蝕殘闕。末有康熙壬申李良年跋，亦稱此本不易得。然通志堂經解之中遺而不刻，豈得本於刻成後耶？書中次第悉用王弼之本，詮義理而不及象數，不襲河、洛之談。注文簡略，亦無支蔓之弊。末有序語五篇，雜説一篇，皆論繫辭，於經義頗有發明。又泰卦論一篇，於人事天道倚伏消長之機尤三致意焉，蓋作於徽宗全盛時也，亦可云識微之士矣。

周易新講義十卷

浙江巡撫採進本

宋耿南仲撰。南仲字希道，開封人。靖康間以資政殿大學士簽書樞密院，與吳幵沮戰守之説，力主割地。南渡後遷謫以終。事蹟具宋史本傳。是書舊本或題進周易解義，疑爲侍欽宗於東宮時經進之本。前有南仲自序，曰：「易之道有要，在『无咎』而已。要在『无咎』者何，善補過之謂也。」又曰：「拂乎人情，是爲小過；拂乎天道，是爲大過。」南仲是説蓋推衍尼山「無大過」之旨。然孔子作文言傳，稱「知進退存亡而不失其正」，作象傳，稱：「雲雷屯，君子以經綸。」行止斷以天理，所以教占者之守道艱險；濟以人事，所以教占者以盡道。其曰「無大過」者，蓋論是非，非論禍福也。如僅以「无咎」爲主，則聖賢何異於黄老？僅曰「無拂天道」，則唐六臣輩亦將謂之知運數哉？南仲畏戰主和，依違遷就，即此苟求「无咎」與「無拂天道」之説有以中之，是則經術之偏，禍延國事者也。然大致因象詮理，隨事示戒，亦往往切實有裨，究勝於高語玄虚，推演奇偶晦蝕作易之本者，節取所長可矣。

紫巖易傳十卷　兩江總督採進本

宋張浚撰。紫巖者，浚自號也。其曾孫獻之跋云：「忠獻公潛心於易，嘗爲之傳，前後兩著稾。親題第二稾云：『此本改正處極多，紹興戊寅四月六日，某書始爲定本矣。』獻之嘗繕録之，附以讀易雜説，通爲十卷，藏之於家。」據此，則雜説一卷似獻之所續附。然考獻之是跋在嘉定庚辰，而朱子作浚行狀，已稱有易解及雜説共十卷，則獻之特繕録而已，未嘗編次也。其書立言醇粹，凡説陰陽動靜皆適於義理之正。末一卷即所謂雜説。胡一桂議其專主劉牧，今觀所論河圖，信然。朱子不取牧説，而作浚行狀，但稱尤深於易、春秋、論、孟，不言其易出於牧，殆諱之歟？

讀易詳説十卷　永樂大典本

宋李光撰。光字泰發，上虞人。崇寧五年進士，官至參知政事，謚莊簡。事蹟具宋史本傳。光爲劉安世門人，學有師法。紹興庚申以論和議忤秦檜，謫嶺南，自號讀易老人。因攄其所得，以作是書。故於當世之治亂，一身之進退，觀象玩辭，恒三致意。如解坤之六四云：「大臣以道事君，苟君有失德而不能諫，朝有闕政而不能言，則是冒寵竊位，豈聖人垂訓之義哉！故文言以『括囊』爲賢人隱之時，而大臣不可引此以自解。」又解否之初六云：「小人當退黜之時，往往疾視其上。君子則窮通皆樂，未嘗一日忘其君。」解蠱之初六云：「天下蠱壞，非得善繼之子堪任大事，曷足以振起之？宣王承厲王後，脩車馬，備器械，復會諸侯於東都，卒成中興之功，可謂有子矣，故考可以无咎。

然則中興之業，難以盡付之大臣，蠱卦特稱父子者以此。」其因事抒忠，依經立義，大旨往往類此。史載其紹興中奏疏云：「淮甸咫尺，了不經營；長江千里，不爲限制。晉元帝區區草創，猶能立宗社，脩宫闕，保江浙，未聞專主避敵如今日也。」其退而著書，蓋猶此志矣。光嘗作胡銓易解序曰：「易之爲書，凡以明人事。學者泥於象數，易幾爲無用之書。邦衡説易，真可與論天人之際。」又曰：「自昔遷貶之士，率多怨懟感憤。邦衡流落瘴鄉，而玩意三畫，可謂困而不失其所亨，非聞道者能之乎？」其序雖爲銓作，實則自明其著述之旨也。書中於卦爻之辭，皆即君臣立言，證以史事，或不免間有牽合。然聖人作易以垂訓，將使天下萬世無不知所從違，非徒使上智數人矜談妙悟，如佛家之傳心印，道家之授丹訣。自好異者推闡性命，鉤稽奇偶，其言愈精愈妙，而於聖人立教牖民之旨愈南轅而北轍。轉不若光作是書，切實近理，爲有益於學者矣。自明以來，久無傳本，朱彝尊經義考亦云「未見」。兹從永樂大典薈萃成編。原闕豫、隨、无妄、睽、蹇、中孚六卦及晉卦六三以下，其復與大畜二卦永樂大典本不闕，而所載光解復卦闕大象及後四爻，大畜則一字不存，繫辭傳以下亦無解。其爲原本如是，或傳寫佚脱，均不可知，姑仍其舊。其書宋史作易傳，諸家書目或作讀易老人解説，或作讀易詳説，殊不畫一，而十卷之數則竝同，殆一書而異名也。今從永樂大典題爲讀易詳説，仍析爲十卷，存其舊焉。

易小傳六卷　直隸總督採進本

宋沈該撰。該字守約，一作元約，未詳孰是。吴興人。登嘉王榜進士，紹興中官至左僕射，兼脩國史，故宋人稱是書爲沈丞相易傳。嘗劄進於朝，高宗降敕褒諭，尤稱其每卦後之論。其書以正體發明爻象之旨，以變體擬議變動之意，以求合於觀象玩辭，觀變玩占之義。其占則全用春秋左傳所載筮例，如蔡墨所謂「乾之姤曰『潛龍勿用』，其同人曰『見龍在田』」者。林至作易裨傳，頗以該説爲拘攣。蓋南渡以後，言易者不主程氏之理，即主邵氏之數，而該獨考究遺經，談三代以來之占法，違時異尚，其見排於至固宜。然左氏去古未遠，所記卜筮，多在孔子之前。孔子贊易，未聞一斥其謬，毋乃太卜所掌周公以來之舊法，或在此不在彼乎？陳振孫書録解題稱該又有繫辭補注十餘則，附於卷末。今本無之，蓋已久佚矣。

漢上易集傳十一卷卦圖三卷叢説一卷　兩江總督採進本

宋朱震撰。震字子發，荆門軍人。政和中登進士第。南渡後趙鼎薦爲祠部員外郎，官翰林學士。事蹟具宋史本傳。是書題曰「漢上」，蓋因所居以爲名。前有震進書表，稱：「起政和丙申，終紹興甲寅，凡十八年而成。」其説以象數爲宗，推本源流，包括異同，以救莊老虚無之失。陳善捫蝨新話詆其妄引説卦，分伏羲、文王之易，將必有據雜卦反對，造孔子易圖者。晁公武讀書志以爲多采先儒之説，然頗舛謬。馮椅厚齋易學述毛伯玉之言，亦譏其卦變、互體、伏卦、反卦之失。

然朱子曰：「王弼破互體，朱子發用互體。互體自左氏已言，亦有道理，只是今推不合處多。」魏了翁曰：「漢上易太煩，卻不可廢。」胡一桂亦曰：「變、互、伏、反、納甲之屬，皆不可廢，豈可盡以爲失而詆之。觀其取象，亦甚有好處，但牽合處多，且文辭繁雜，使讀者茫然，看來只是不善作文爾。」是得失互陳，先儒已有公論矣。惟所敘圖書授受，謂：「陳摶以先天圖傳种放，更三傳而至邵雍。放以河圖、洛書傳李溉，更三傳而至劉牧。穆脩以太極圖傳周敦頤，再傳至程顥、程頤。厥後雍得之以著皇極經世，牧得之以著易數鉤隱圖，敦頤得之以著太極圖說、通書，頤得之以述易傳。」其說頗爲後人所疑。又宋世皆以九數爲洛書，十數爲河圖，獨劉牧以十數爲洛書，九數爲河圖。震此書亦用牧說，與諸儒互異。然古有河圖、洛書，不云十數、九數。「大衍十數」見於繫辭，「太乙九宮」見於乾鑿度，不云河圖、洛書。黑白、奇偶、八卦、五行，自後來推演之學，楚失齊得，正亦不足深詰也。

欽定四庫全書總目卷三

經部三

易類三

周易窺餘十五卷 永樂大典本

宋鄭剛中撰。剛中字亨仲，金華人。紹興二年進士及第。官至禮部侍郎，出爲川陜宣撫副使，謫居桂陽軍。又責授濠州團練副使，復州安置，再徙封州。卒後追復原官，謚忠愍。事蹟具宋史本傳。王應麟困學紀聞稱鄭剛中有周禮解義。考王與之周禮訂義首列諸家姓氏，有三山鄭鍔字剛中，淳熙中進周禮全解。蓋別自一人，字與剛中名偶同，或混而一之，非也。剛中所著易解十五卷，見於陳振孫書録解題、宋史藝文志者，卷目竝合。惟乾、坤二卦及繫辭以下原闕不解，振孫以爲或於乾、坤之際有所避。然其自序有云：「自屯、蒙而往，以象求爻，因爻識卦。萬一見其髣髴，則沿流尋源，乾、坤之微可得而探。」據此，則振孫之言非也。自序又云：「伊川易傳、漢上易傳二書，頗彌縫於象義之間。但易道廣大，有可窺之餘，吾則窺之。」「窺餘」之名，蓋取諸此。明初文淵閣書目、葉盛菉竹堂書目尚著於録，其後傳本殆絶，朱彝尊經義考亦以爲「未見」。惟永樂大典尚存其文，今採掇裒輯，依經編次。其七卦爲原本所闕者，則但録經文。或其説別見他書者，亦蒐録補入。依仿原目，仍定爲十五卷。自唐人以王弼注定爲正義，於是學易者專言名理。惟李鼎祚集解不主弼義，博採諸家，以爲「刊輔嗣之野文，補康成之逸象」，而當時經生不能盡從其學。宋儒若胡瑗、程子，其言理精粹，自非晉、唐諸儒所可及，然於象亦多有闕略。剛中是書始兼取漢學。凡荀爽、虞翻、干寶、蜀才、九家之説，皆參互考稽，不主一家。其解義間異先儒，而亦往往有當於理。如訟之九二，以「不克訟歸」爲句，而「逋其邑人三百户」爲句。以爲聖人所以必使「逋其邑人三百户」者，恐其恃衆憑險以成亂，所以謹上下之分也。比之初六「終來，有它吉」，朱子謂不可曉，剛中以爲相比之道，以信爲先，積之既久，昔之未比者皆自外至，故曰「有它吉」。皆能自出新意，不爲成説所拘。至於解泰之九二、大有之大象，議論尤正大精切，通於治體。雖其人因秦檜以進身，依附和議，捐棄舊疆，頗不見滿於公論。然闡發經義，則具有理解，要爲説易家所不廢也。

易璇璣三卷

兩江總督採進本

宋吳沆撰。沆字德遠，臨川人。紹興十六年，與其弟澥詣行在獻書。澥所獻曰宇内辨，曰歷代疆域志；沆所獻曰易璿璣，曰三墳訓義。澥書皆不傳，沆三墳訓義爲太學博士王之望所駁，亦不傳，惟此書僅存。凡爲論二十有七：曰法天，曰通六子，曰貴中，曰初上定位，曰六九定名，曰天地變卦，曰論變有四，曰有象，曰求象，曰明位，曰明君道，曰明君子，曰論養，曰論刑，曰論伐，曰辨聖，曰辨内外，曰辨吉凶，曰通卦，曰通象，曰通爻，曰通辭，曰通證，曰釋卦，曰釋繫，曰存互體，曰廣演。每九篇爲一卷。自序謂：「上卷明天理之自然，中卷講人事之脩，下卷備注疏之失。」

其大旨主於觀象，因象而求之卦，求之象，求之爻。其曰「璿璣」者，取王弼易略例明象篇「處璿璣以觀大運」語也。胡一桂稱沆尚有易禮圖說，有或問六條，圖說十二軸。今未見其書，殆亦散佚。惟其環溪詩話爲人所記者，尚載永樂大典中，今别著録於集部云。

易變體義十二卷 永樂大典本

宋都絜撰。絜字聖與，丹陽人。紹興中官吏部郎中，知德慶府。絜父郁，字子文，嘗爲惠州教官，平生留心易學。絜因以所聞於父者爲是書，大旨謂卦爻辭義，先儒之論已詳，故專明變體。今考左傳載周易諸占，所謂「某卦之某卦」者，凡十事，似乎因其動爻，隨機斷義，不必盡易之本旨。然荀首論邲之戰，稱周易有之，在師之臨，曰「師出以律，否臧，凶」；蔡墨論「龍見于絳」，稱周易有之，在乾之姤，曰「潛龍勿用」，其同人曰「見龍在田」，其大有曰「飛龍在天」，其夬曰「亢龍有悔」，其坤曰「見羣龍無首，吉」，坤之剥曰「龍戰于野」云云。皆未嘗卜筮而咸稱變體，知古來周易原有此一義矣。但古書散佚，其説不傳。而絜以義理揣摩，求其崖略。其中巧相符合者，如坤之初六「履霜，堅冰至」，則曰：「此坤之復也。月令：『孟冬，水始冰。仲冬，冰益壯。』始則薄而未堅，壯則堅而難泮，故爻曰履霜。」以坤爲十月之卦。又曰：「堅冰至者，則變體爲復。」乃十一月之卦也。家人上九「有孚威如，終吉」，則曰：「此家人之既濟也。雜卦曰：『既濟，定也。』象曰：『正家而天下定。』天下之本在國，國之本在家，家之本在身。反身而誠，孰敢不聽。父子、夫婦、兄弟，莫不安分循理，而天下化之，無事而定矣。故變體爲既濟，而曰『有孚威如』，反身之謂也。」如此之類，皆不事傅會而自然貫通，立義亦皆正大。亦有涉於牽强者，如家人六四「富家大吉」，則曰：「此乾之同人也。自道以觀，身家皆爲我累，而况富乎！其有家也，姑以同乎人而已，不以家爲累也；其家之富，亦以同乎人而已，不以富爲累也。蓋極高明而道中庸，所以爲中人法。」凡如此類，則務爲穿鑿以求合乎卦變之説，而義亦不醇。又多引老莊之辭以釋文、周之經，則又王弼、韓康伯之流弊，一變而爲王宗傳、楊簡者矣。然宋人遺籍，傳者日稀。是書雖瑜不掩瑕，亦瑕不掩瑜，分别觀之，以備言變體之一家，亦無不可也。宋志作十六卷。玉海引續書目曰：「自乾之姤至未濟之解，以意演之，爻爲一篇，凡三百八十四篇。」馮椅易學附録曰：「都氏易先以理而次以象義，每卦終又有統論。」今考永樂大典所載，爻義皆分載於各爻之下，而無所謂卦終之統論，與玉海合。意應麟所見，即輯永樂大典時所據之本，已非其全矣。今永樂大典又闕豫、隨、大畜、大壯、睽、蹇、中孚等七卦，及晉卦之後四爻。謹裒合排比，編爲十二卷。又其書單明爻義，不及象與大、小象，故經文亦不全載，從絜之舊焉。

周易經傳集解三十六卷

浙江朱彝尊家曝書亭藏本

宋林栗撰。栗字黄中，福清人。紹興十二年進士，官至兵部侍郎。與朱子論易及西銘不合，遂上疏論朱子。時太常博士葉適、侍御史胡晉臣皆助朱子劾栗，因罷知泉州，又移明州。卒謚簡肅。事蹟具宋史本傳。是書淳熙十二年四月嘗進於朝，首列進書表、貼黃、敕諭各一道，栗自序一篇。貼黃稱本名周易爻象序雜指解，後以未能該舉彖、象、繫辭、文言、說卦，乃改今名。王應麟玉海稱其書經傳三十二卷，繫辭上下二卷，文言、說卦、序、雜本文共一卷，河圖、洛書、八卦九疇大衍總會圖、六十四卦立成圖、大衍揲蓍解共一卷，與今本合。當時與朱子所爭者，今不可考。朱子語類中惟載論繫辭一條，謂栗以太極生兩儀，包四象，四象包八卦，與聖人所謂生者意思不同，其餘則無所排斥。朱彝尊經義考引董真卿之言，謂：「其說每卦必兼互體，約象覆卦爲太泥。時楊敬仲有易論，黄中有易解。或曰黄中文字可燬，朱子曰：『卻是楊敬仲文字可燬』。」是朱子併不欲廢其書。考陳振孫書録解題曰：「其與朱侍講有違言，以論易不合。」今以事理推之，於時朱子負盛名，駸駸嚮用，而栗之登第在朱子前七年，既以前輩自居，又朱子方除兵部郎中，而栗爲兵部侍郎，正其所屬。辭色相軋，兩不肯下，遂互激而成訐奏。蓋其釁始於論易，而其故不全由於論易，故振孫云然。後人以朱子之故，遂廢栗書，似非朱子之意矣。經義考又曰：「福清林黄中、金華唐與政皆博通經學，而一糾朱子，一爲朱子所糾。其所著經說，學者遂置而不問。與政之書無復存者。黄中雖有易解，而流傳未廣，恐終泯没。然當黄中既没，勉齋黄氏爲文祭之。其略曰：『嗟哉我公，受天勁氣，爲時直臣，玩羲經之爻象，究筆削於獲麟。至其立朝正色，苟咈吾意，雖當世大儒，或見排斥；苟異吾趣，雖前賢篤論，亦不樂於因循。規公之過，而公之近仁者，抑可見矣。論者固不以一眚而掩其大醇也。』勉齋爲文公高弟，而好惡之公，推許之至若是。然則黄中之易，其可不傳鈔乎？」持論頗爲平允。昔劉安世與伊川程子各爲一代偉人，其元城語録、盡言集亦不以嘗劾程子而竟廢；耿南仲媚敵誤國，易祓依附權姦，其所撰易解，今亦竝行。栗雖不得比安世，視南仲與祓則有間矣。故仍録其書而併存彝尊之論焉。

易原八卷　永樂大典本

宋程大昌撰。大昌字泰之，休寧人。紹興二十一年進士，歷官權吏部尚書，出知泉州建寧府，以龍圖閣直學士致仕。卒謚文簡。事蹟具宋史本傳。大昌學術湛深，於諸經皆有論説。以易義自漢以來糾紛尤甚，因作是書以貫通之。苦思力索，四年而成。陳振孫書録解題稱其：「首論五十有五之數，參之圖書，大衍爲易之原，而卦變揲法皆有圖論，往往斷以己見，出先儒之外。」今考其所論，如謂分爻值日乃京、焦卦氣，其始於中孚，本用太初法，與夫子所謂乾坤之策當期之日不合；復姤生卦説始邵子，但乾坤生六子，説卦傳有明文，不得先有六畫之卦，後有三畫之卦；鄭康成用十日、十二辰、二十八宿以應大衍五十之數，本於乾鑿度，與馬融之增北辰，荀爽之增用九、用六，不過以意決擇傅會，初無不易之理；張行成別立二十五數以推大衍，則是五十有五數之外，別有二十五數，更非孔子所曾言。雖排斥先儒，務申己説，不能脱南宋之風氣。然其參互折衷，皆能根據大傳，於易義亦有所闡明。與所作詩議欲併「國風」之名而廢之者，固有別矣。其書久無傳本，惟程敏政新安文獻志載有三篇，故朱彝尊經義考注曰「已佚」。今考永樂大典尚存百有餘篇，皆首尾完整，可以編次。謹採掇釐訂，勒爲八卷，備宋人說易之一家焉。

周易古占法一卷古周易章句外編一卷

兩淮鹽政採進本

宋程迥撰。迥字可久，初家寧陵之沙隨，後徙餘姚，受經於嘉興聞人茂德、嚴陵喻樗。隆興元年舉進士，嘗爲德興丞。事蹟具宋史儒林傳。此書世無刊本，凡藏書家所傳寫者均作二卷。前卷題曰周易古占法上，凡十一篇。後卷雜論易說及記古今占驗，題曰周易古占法下，又題曰古周易章句外編。中有一條云「迥作周易古占法，其序引」云云，顯非占法之下卷矣。考宋史藝文志載迥古易占法、周易外編二書，均止一卷。然則止前卷十一篇者爲周易古占法，其後卷自爲周易章句外編。後人誤合爲一書，因妄標「卷上」「卷下」字耳。然陳振孫書録解題以迥周易章句十卷、外編一卷、占法一卷、古易考一卷竝列，而總注其下曰：「程迥可久撰。其論占法、雜記占事尤詳。」則通爲一編，自宋已然，傳寫淆亂，固亦有由矣。其說本邵子加一倍法，據繫辭、說卦發明其義，用逆數以尚占知來，大旨備見於自序。後朱子作啓蒙，多用其例。吳澄謂迥於朱子爲丈人行，朱子以師禮事之云。

周易本義十二卷附重刻周易本義四卷

內府校刊宋本

宋朱子撰。是書以上、下經爲二卷，十翼自爲十卷。顧炎武日知録曰：「洪武初，頒五經天下儒學，而易兼用程、朱，二氏亦各自爲書。永樂中脩大全，乃取朱子卷次割裂附程傳之後，而朱子所定之古文仍復淆亂。如『彖即文王所繫之辭，傳者孔子所以釋經之辭，後凡言傳仿此』，乃彖上傳條下義，今乃削去『彖上傳』三字，而附於『大哉乾元』之下。『象者，卦之上下兩象，及兩象之六爻，周公所繫之辭也』，乃象上傳條下義，今乃削去『象上傳』三字，而附於『天行健』之下。『此篇申彖傳、象傳之義，以盡乾、坤二卦之蘊，而餘卦之説因可以例推云』，乃文言條下義，今乃削去『文言』二字，而附於『元者，善之長也』之下。其『彖曰』『象曰』『文言曰』，皆朱子本所無，復依程傳添入。後來士子厭程傳繁多，棄去不讀，專用本義。而大全之本乃朝廷所頒，不敢輒改。遂即監版傳義之本，刊去程傳，而以程之次序爲朱之次序。」又曰：「今四書坊本，每張十八行，每行十七字，而注皆小字。書、詩、禮記竝同。惟易每張二十二行，每行二十三字，而本義皆作大字，與各經不同。凡本義中言程傳備矣者，又添一『傳曰』而引其文，皆今代人所爲。」云云。其辨最爲明晳。然割裂本義以附程傳，自宋董楷已然，不始於永樂也。詳董楷周易傳義附録條。此本爲咸淳乙丑九江吴革所刊，内府以宋槧摹雕者，前有革序。每卷之末題「敷原後學劉玠校正文字」，行款及象傳履、夬二卦不載程傳，一一與炎武所言合。卷端惟列九圖，卷末係以易贊五首，筮儀一篇，與今本升筮儀於前而增列卦歌之類者，亦迥乎不同。象上傳標題之下注「從王肅本」四字，今本删之。又雜卦傳「咸，速也。恒，久也」下，今本惟注「咸，速，恒，久」四字，讀者恒以爲疑。考驗此本，乃是「感，速，常，久」，經後人傳刻而譌，實爲善本。故我聖祖仁皇帝御纂周易折中即用此本之次序，復先聖之舊文，破俗儒之陋見，洵讀易之家所宜奉爲彝訓者矣。至成矩重刻之本，自明代以來，士子童而習之，歷年已久，驟令改易，慮煩擾難行。且其本雖因永樂大全，實亦王、韓之舊本，唐用之以作正義者。是以國朝試士，惟除其爻象之合題，而命題次序則仍其舊。內府所刊袖珍五經，亦復因仍。考漢代論語，凡有三本。梁皇侃論語義疏序稱：「古論分堯曰下章子張問更爲一篇，合二十一篇。篇次以鄉黨爲第二篇，雍也爲第三篇。齊論題目長問王、知道二篇，合二十二篇。魯論有二十篇，即今所講是也。」云云。是自古以來，經師授受，不妨各有異同。即祕府儲藏，亦各兼存衆本。苟其微言大義，本不相乖，則篇章分合，未爲大害於宏旨。故今但著其割裂本義之失，而仍附原本之後，以備參考焉。

郭氏傳家易說十一卷

浙江鄭大節家藏本

宋郭雍撰。雍字子和，洛陽人。父忠孝，受業於程子，著兼山易解。靖康中爲永興軍路提刑，死難。宋史忠義傳附載唐重傳內。忠孝没後，遺書散逸。雍南渡後隱居峽州長楊山谷，著爲此書。其説一本於忠孝，故以「傳家」爲名。乾道中，守臣薦於朝，召之不起，賜號沖晦處士，後更賜稱頤正先生。遺官受所欲言，乃以此書進。事蹟具宋史隱逸傳。朱子云：「兼山易，溺於象數之學。」陸游跋兼山易説則謂：「程氏易學，立之父子實傳之。」立之，忠孝字也。忠孝書自大易粹言所引外，別無完本。今觀雍書，則大抵剖析義理，與程傳相似。其謂：「易之爲書，其道其辭，皆由象出，未有忘象而知易者。如首腹馬牛之類，或時可忘，此象之末也。」云云。實非專主象數者，游所跋或近實也。至雍又不以卦辭爲象，而謂「觀乎彖辭」者，即孔子自謂其彖傳。馮椅厚齋易學深斥其非，則公論也。朱彝尊經義考謂：「雍原書不傳，僅散見大易粹言中。」此本十一卷，與宋志相合，蓋猶舊本，彝尊偶未見也。陳振孫書録解題作六卷。考中興書目別有雍卦爻旨要六卷，殆誤以彼之卷數爲此之卷數歟？

周易義海撮要十二卷　兩淮馬裕家藏本

宋李衡撰。衡字彦平，江都人。乾道中官祕閣修撰，尋除御史，改起居郎。事蹟具宋史本傳。先是，熙寧間蜀人房審權，病談易諸家或泥陰陽，或拘象數，乃斥去雜學異説，摘取專明人事者百家，上起鄭玄，下迄王安石，編爲一集，仍以孔穎達正義冠之。其有異同疑似，則各加評議，附之篇末，名曰周易義海，共一百卷。衡因其義意重複，文辭冗瑣，删削釐定，以爲此書，故名曰撮要。其程子、蘇軾、朱震三家之説，則原本未收，衡所續入。第十二卷雜論，亦衡所補綴。故婺州教授周汝能、樓鍔跋稱：「卷計以百，今十有一。」蓋專指所删房本也。書録解題作十卷，又傳寫之誤矣。

是書成於紹興三十年，至乾道六年，衡以御史守婺州，始鋟於木。自唐以來，唯李鼎祚周易集解合漢後三十五家之説，略稱該備，繼之者審權義海而已。然考宋史藝文志，但有衡書，而無審權書。陳振孫書録解題亦惟載殘本四卷。豈卷帙重大，當時即已散佚，抑衡書出而審權書遂廢歟？然則採擷精華，使古書不没於後世，衡亦可謂有功矣。

南軒易説三卷 内府藏本

宋張栻撰。案曹學佺蜀中廣記載是書十一卷，以爲張浚所作。考浚紫巖易傳，其本猶存，與此別爲一書，學佺殊誤。朱彝尊經義考亦作十一卷，注云「未見」，又引董真卿説，謂已闕乾、坤二卦。此本乃嘉興曹溶從至元壬辰贛州路儒學學正胡順父刊本傳寫，竝六十四卦皆佚之。僅始於繫辭「天一地二」一章，較真卿所見彌爲殘闕。然卷端題曰「繫辭上卷下」，而順父序稱：「魯人東泉王公，分司廉訪章貢等路。公餘講論，嘗誦伊川易傳，特闕繫辭。留心訪求，因得南軒解説易繫，繕寫家藏。儻合以竝傳，斯爲完書。乃出示知事吴將仕，刊之學宫，以補遺闕，使與周易程氏傳大字舊本同傳於世。」云云。是初刊此書，亦僅託始於繫辭。溶所傳寫，僅佚其上卷之上耳。序末有鉤摹舊本三小印：一作「謙卦」；一曰「贛州胡氏」，知順父即贛人；一曰「和卿」，蓋其字也。

復齋易説六卷 兩江總督採進本

宋趙彥肅撰。彥肅字子欽，號復齋，太祖之後。嘗舉進士，掌寧國軍書記，調秀州推官，移華亭縣丞攝縣事，以内艱歸。趙汝愚奏爲寧海軍節度推官，旋病卒。蓋朱子薦之汝愚也。彦肅所著有廣雜學辨、士冠禮婚禮饋食圖，皆爲朱子所稱。惟論易與朱子不合，故朱子語録謂其「爲説太精，取義太密，或傷簡易之趣」。然彦肅説易，在即象數以求義理，以六畫爲主。故其言曰：「先聖作易，有畫而已。後聖繫之，一言一字皆自畫中來。譬如畫師傳神，非畫煙雲草木比也。」然則彦肅冥思力索，固皆研搜爻義，務求其所以然耳。其沈潛於易中，猶勝支離於易外矣。

楊氏易傳二十卷　浙江吴玉墀家藏本

宋楊簡撰。簡字敬仲，慈谿人。乾道五年進士，官至寶謨閣學士，大中大夫。事蹟具宋史道學傳。是書爲明劉日升、陳道亨所刻。案朱彝尊經義考載慈湖易解十卷，又己易一卷，書名、卷數皆與此本不合。所載自序一篇，與此本卷首題語相同，而無其前數行，亦爲小異。明人凡刻古書，多以私意竄亂之，萬曆以後尤甚。此或日升等所妄改歟？其書前十九卷皆解經文，第二十卷則皆泛論易學之語，亦間有與序文相複者。今既不睹簡之原本，亦莫詳其何故也。簡之學出陸九淵，故其解易，惟以人心爲主，而象數事物，皆在所略，甚至謂繫辭中「近取諸身」一節爲不知道者所僞作，非孔子之言。故明楊時喬作傳易考，竟斥爲異端。而元董真卿論林栗易解，亦引朱子語録，稱「楊敬仲文字可毁」云云。實簡之務談高遠，有以致之也。考自漢以來，以老莊説易始魏王弼，以心性説易始王宗傳及簡。宗傳，淳熙中進士；簡，乾道中進士。皆孝宗時人也。顧宗傳人微言輕，其書僅存，不甚爲學者所誦習。簡則爲象山弟子之冠，如朱門之有黄榦。又歷官中外，政績可觀，在南宋爲名臣，尤足以籠罩一世。故至於明季，其説大行。紫溪蘇濬解易，遂以冥冥篇爲名，而易全入禪矣。夫易之爲書，廣大悉備，聖人之爲教，精粗本末兼該，心性之理未嘗不藴易中。特簡等專明此義，遂流於恍惚虚無耳。昔朱子作儀禮經傳通解，不删鄭康成所引讖緯之説，謂「存之正所以廢之」。蓋其名既爲後世所重，不存其説，人無由知其失也。今録簡及宗傳之易，亦猶是意云。

周易玩辭十六卷　兩江總督採進本

宋項安世撰。安世字平甫，松陽人。館閣續録載其淳熙二年同進士出身，紹熙五年除校書郎，慶元元年添差通判池州。陳振孫書録解題稱爲太府卿，則所終之官也。事蹟具宋史本傳。振孫又稱安世當慶元時謫居江陵，杜門不出，諸經皆有論説，而易爲全書。然據其自述，蓋成於嘉泰二年壬戌之秋。自序謂：「易之道四，其實則二象與辭是也。變則象之進退也，占則辭之吉凶也。不識其象何以知其變？不通其辭何以決其占？」又自述曰：「安世之所學，蓋伊川程子之書也。今以其所得於易傳者，述爲此書，而其文無與易傳合者，合則無用述此書矣。」蓋伊川易傳惟闡義理，安世則兼象數而求之。其意欲於程傳之外補所不及，所謂各明一義者也。馬端臨、虞集作序，皆盛相推挹。而近時王懋竑白田雜著中有是書跋，獨排斥甚力，至謂端臨等未觀其書。其殆安世自述中所謂「以易傳之文觀我」者歟？安世又有項氏家説，其第一卷亦解易，董真卿嘗稱之，世無傳本。今始以永樂大典所載裒合成編，别著於録。合觀兩書，安世之經學深矣，何可輕詆也！

易説四卷　永樂大典本

宋趙善譽撰。善譽字靜之，宗室子也。乾道五年試禮部第一，累遷大理丞，潼川路提刑轉運判官。事蹟見宋史宗室傳。是編載陳振孫書録解題。振孫稱其每卦爲論一篇，蓋爲潼川漕時進呈之本。今考其書，於各卦名義之相似者，多參互以求其義。如云：「頤、井、鼎皆有養人之義，豈非養人之利溥，故多取象以示人耶？」又云：「三卦義雖不同，皆以上爻爲吉。故頤之『由頤』，井之『勿幕』，鼎之『玉鉉』，皆在上爻也。」至於各卦之六爻，亦往往比類以觀之。如乾卦云：「初九之辭，決戒之切也；九四之辭，疑則與之進也；九三之辭，詳猶可勉也；上九之辭，直則不可爲也。聖人之言，纖悉委曲，一至於此！亦惟恐其陽剛之或偏而已。」論坤卦云：「乾、坤二卦，惟二、五兩爻爲善，而他爻皆有戒之之辭。」又云：「『履霜』戒於一陰之生，『括囊』戒於多懼之位，三猶可以『含章』而從事，上則至於『龍戰』而道窮。亦乾卦爻辭不同之意。」論頤卦云：「頤以養正而不妄動爲善。下卦震體有動而求養之象，故三爻皆凶；上卦艮體有靜而知止之象，故三爻皆吉。」論革卦云：「内明則見理必盡，外説則無咈於人情。不如是而能革者，未之有也。」論節卦云：「六四一陰柔而應於初，又上承九五之陽，能安於節者安，則無所往而不通，故曰『亨承上道』也。九五居尊得位，剛健中正，節之當者也，當則無所往而不可，故曰『甘節吉，往有尚』。以其在臣，故曰『安』曰『亨』，言己能安之則亨也；以其在君，故曰『甘』曰『吉』，言施之天下，人皆美之，然後爲吉也。」其論皆明白正大。朱子謂其「能擴先儒之所未明」。馮椅易學亦多取之，謂其「能本畫卦命名之意，參稽卦爻彖象之辭，以貫通六爻之義而爲之説」，蓋不虛美也。自明以來，外間絶少傳本，故朱彝尊經義考注云「已佚」。今永樂大典具載於各卦之後，僅闕豫、隨、无妄、大壯、晉、睽、蹇、解、中孚九卦。因搜緝成編，資説易家之參考。宋史藝文志本作二卷，今以其文頗繁，釐爲四卷焉。

誠齋易傳二十卷

江西巡撫採進本

宋楊萬里撰。萬里字廷秀，自號誠齋，吉水人，官至寶謨閣學士致仕，韓侂胄召之不起。開禧間，聞北伐啓釁，憂憤不食卒，後謚文節。事蹟具宋史儒林傳。是書大旨本程氏，而多引史傳以證之。初名易外傳，後乃改定今名。宋代書肆曾與程傳竝刊以行，謂之程楊易傳。新安陳櫟極非之，以爲足以聳文士之觀瞻，而不足以服窮經士之心。吴澄作跋，亦有微詞。然聖人作易，本以吉凶悔吝示人事之所從。箕子之貞，鬼方之伐，帝乙之歸妹，周公明著其人，則三百八十四爻，可以例舉矣。舍人事而談天道，正後儒説易之病，未可以引史證經病萬里也。理宗嘉熙元年，嘗給札寫藏祕閣。其子長孺進狀稱自草創至脱稾，閲十有七年而後成，亦可謂盡平生之精力矣。元胡一桂作易本義附録纂疏，博採諸家，獨不録萬里一字，所見蓋與陳櫟同。然其書究不可磨滅，至今猶在人間也。

大易粹言十卷　江蘇蔣曾瑩家藏本

宋方聞一編。聞一，舒州人。淳熙中爲郡博士。時温陵曾穜守舒州，命聞一輯爲是書，舊序甚明。朱彝尊經義考承宋志之誤，以爲穜作，非也。其書宋志作十卷，經義考作七十卷，又總論五卷。蓋原本每卦每傳皆各爲一篇，刊板不相聯屬，故從其分篇之數，稱七十有五。然宋刻明標卷一至卷十，則經義考又誤也。所採凡二程子、張子、楊時、游酢、郭忠孝及穜師郭雍七家之説。今忠孝之書已不傳，惟賴是書以存。穜初刻版置郡齋，後摹印漫漶，張嗣古、陳造先後修之。此本出蘇州蔣曾瑩家，即嗣古嘉定癸酉所補刻，佚穜自序一篇，而移嗣古之跋冠其首。今從經義考補録穜序，仍移其跋於卷末焉。穜，温陵人，始末無考。惟據元李簡學易記序，知其字曰獻之云。

易圖説三卷　兩江總督採進本

宋吴仁傑撰。仁傑字斗南，崑山人。宋史藝文志載仁傑古周易十二卷，易圖説三卷，集古易一卷。今古周易世罕傳本，僅永樂大典尚有全文。此書其圖説也。其説謂六十四正卦，伏羲所作也，故首列八純卦各變八卦圖。又謂卦外六爻及六十四覆卦，文王所作也，故有一卦變六十四卦圖，有六爻皆變則占對卦、皆不變則占覆卦圖。又謂序卦爲伏羲，雜卦爲文王，今之爻辭當爲繫辭傳，繫辭傳當爲説卦傳。於諸家古易之中，其説特爲新異，迥與先儒不合。然證以史記引「同歸殊途」二語爲大傳，不名繫辭傳；隋志謂説卦三篇，今止一篇，爲後人亂其篇題，所言亦時有依據。録而存之，用備一説云爾。

古周易一卷 兩江總督採進本

宋吕祖謙編。祖謙字伯恭，金華人。隆興元年進士，復中博學宏詞科。官至直祕閣著作郎，國史院編修。事迹具宋史儒林傳。古易上、下經及十翼，本十二篇。自費直、鄭玄以至王弼，遞有移掇，孔穎達因弼本作正義，行於唐代，古易遂不復存。宋吕大防始考驗舊文，作周易古經二卷，晁説之作録古周易八卷，薛季宣作古文周易十二卷，程迥作古周易考一卷，李燾作周易古經八篇，吴仁傑作古周易十二卷，大致互相出入。祖謙此書與仁傑書最晚出，而較仁傑爲有據。凡分上經、下經、彖上傳、彖下傳、象上傳、象下傳、繫辭上傳、繫辭下傳、文言傳、説卦傳、序卦傳、雜卦傳爲十二篇。宋志作一卷，書録解題作十二卷，蓋以一篇爲一卷，其實一也。朱子嘗爲之跋，後作本義，即用此本。其書與吕大防書相同，而不言本之大防，尤袤與吴仁傑書嘗論之。然祖謙非竊據人書者，稅與權校正周易古經序謂偶未見大防本，殆得其實矣。書録解題又載音訓二卷，乃祖謙門人王莘叟所筆受。又稱朱子嘗刻是書於臨漳、會稽，益以程氏是正文字及晁氏説。此本皆無之，殆傳寫者遺之歟？

易傳燈四卷 永樂大典本

易傳燈一書，諸家書目俱不著録，朱彝尊經義考亦不載其名。惟永樂大典散見於各卦之中，題其官曰「徐總幹」，而不著名字。又載其子子東序，謂其父嘗師事吕祖謙、唐仲友。考宋史，徐僑嘗受業於祖謙，著讀易記、尚書括旨等書。祖謙門人又有徐侃、徐倬，序無明文，不能定其爲誰也。「傳燈」本釋氏之語，乃取之以名經解，殊爲乖刺。又謂繫辭下傳「易之爲書」三章，皆漢儒易緯之文，謁爲夫子之作，以誑後世，亦沿歐陽脩之誤。又謂聖人觀河圖有數有象，以縱横十五之妙，配乾、坤九六之數，白紫者吉，黄黑者凶。是直以易數爲五行家言，尤未免於駁雜。然其八卦總論十六篇，參互以求，頗能得易之類例。如曰大壯、大有、夬、乾，乾在乾、兑、離、震之下者也。乾九三曰「君子」，而餘卦九三皆有君子、小人之詞，以君子在重剛中，君子則吉，小人則凶，故分别言之也。其處於巽、坎、艮、坤之下者曰小畜、大畜、需、泰，凡九三上遇陰爻皆有畏謹之義。剖析更爲微細。又謂易之取象該三代制度。如比九五言「王用三驅」，見王田不合圍三面而驅之禮；巽九二言「史巫紛若」，見古有太史、男巫、女巫之制。論易、禮之相通，亦有證據。蓋一知半解，可取者頗不乏。「雖有絲麻，無棄菅蒯」，固説易者之所旁採爾。

易裨傳二卷　兩江總督採進本

宋林至撰。至字德久，松江人。書録解題作檇李人，未詳孰是。淳熙中登進士第。官至祕書省正字。朱子集中有答林德久書，即其人也。是書宋史藝文志作一卷，文獻通考於二卷之外又有外篇一卷。此本爲元至正間陳泰所刊，總爲二卷，蓋泰所併也。凡三篇：一曰法象，一曰極數，一曰觀變。

自序稱：「法象本之太極，極數本之天地數，觀變本之卦揲，十有八變，皆據易大傳之文。凡論太極者，惑於四象之說，而失卦畫之本。論天地之數者，惑於圖書之文，而失參兩之宗。論揲蓍者，惑於掛扐之間，而失陰陽之變。各釐而正之。」其外篇則論反對、相生、世應、互體、納甲、卦變、動爻、卦氣八事。自序稱：「謂其非易之道則不可，謂易盡在於是則非。」今觀其書，雖未免有主持稍過之處，而所論多中說易之弊。其謂「易道變化不窮，得其一端，皆足以爲說」，尤至論也。

厚齋易學五十二卷　永樂大典本

宋馮椅撰。椅字儀之，一作奇之，號厚齋，南康都昌人。宋史馮去非傳云：「父椅，家居授徒，所著易、書、詩、語、孟輯說等書，共二百餘卷。」今多不傳，惟所輯易說，尚散見永樂大典中。考胡一桂啓蒙翼傳引宋中興藝文志云：「寧宗時馮椅爲易輯注、輯傳、外傳。猶以程迴、朱熹未及盡正孔傳名義，乃改『彖曰』、『象曰』爲『贊』。又以隋經籍志有說卦三篇，改繫辭傳上、下爲說卦上、中。」俞琰讀易舉要所說亦同。今檢永樂大典所載，但有輯注、輯傳，而無所謂外傳者，與舊說殊不相合。以椅自序核之，當日蓋各爲一書。輯注止解彖、象。輯傳則尊彖、象爲經，而退十翼爲傳。外傳則以十翼爲經，各附先儒之說，而斷以己意。永樂大典編纂不出一手，割裂其文，雜附於各卦爻下，遂併外傳之名而没之。今反覆參校，釐爲輯注四卷，輯傳三十卷，外傳十八卷，仍分三書，以還其舊。輯注多用古文，如坤卦「黄裳」之「裳」作「常」；蒙卦「瀆蒙」之「瀆」

作「黷」；屯卦「磐桓」之「磐」作「般」，「邅如」之「邅」作「亶」；師卦「丈人」作「大人」，旅卦「資斧」作「齊斧」。雖異今本，而皆根舊義。至於履、否、同人諸卦，以爲舊脱卦名宜補；姤彖「女壯，勿用取」下以爲衍「女」字之類，則椅之自抒所見者也。輯傳各卦，皆分卦序、卦義、彖義、爻義、象占諸目，縷析條分，至爲詳悉，其蒐採亦頗博洽。如王安石、張汝明、張弼、李椿年、李元量、李舜臣、閭丘昕、毛樸、馮時行、蘭廷瑞諸家，其全書今皆不傳，尚藉是以存梗概。外傳薈稡羣言，亦多所闡發。其以繫辭爲説卦，宗吴仁傑之本，董真卿周易會通駁之，良允。明楊時喬周易古今文乃以合於隋志取之，斯好奇之過矣。然合觀三書，大抵元元本本，淹貫宏通，要不以一二微瑕掩也。啓蒙翼傳又云：「鄱陽汪標手編諸家易解爲一鉅集，名經傳通解，以椅易解爲底本，求古今解增入。」蓋宋元之際，甚重其書。今標書亦不傳，則此書彌可寶貴矣。董真卿、胡一桂皆稱是書爲易輯，宋史藝文志作易學，文獻通考則作厚齋易學。考王湜先有易學，宜有所別，故今從通考之名焉。

童溪易傳三十卷　直隸總督採進本

宋王宗傳撰。宗傳字景孟，寧德人。淳熙八年進士，官韶州教授。董真卿以爲臨安人。朱彝尊經義考謂是書前有寧德林焞序，稱與宗傳生同方，學同學，同及辛丑第，則云臨安人者誤矣。宗傳之説，大概祧梁、孟而宗王弼，故其書惟憑心悟，力斥象數之弊，至譬於誤注本草之殺人。焞序述宗傳之論，有「性本無説，聖人本無言」之語，不免涉於異學，與楊簡慈湖易傳宗旨相同。蓋弼易祖尚玄虚以闡發義理，漢學至是而始變。宋儒掃除古法，實從是萌芽。然胡、程祖其義理而歸諸人事，故似淺近而醇實；宗傳及簡祖其玄虚而索諸性天，故似高深而幻窅。考沈作喆作寓簡，第一卷多談易理，大抵以佛氏爲宗。作喆爲紹興五年進士，其作寓簡在淳熙元年，正與宗傳同時。然則以禪言易，起於南宋之初。特作喆無成書，宗傳及簡則各有成編，顯闡別徑耳。春秋之書事，檀弓之記禮，必謹其變之所始。録存是編，俾學者知明萬曆以後，動以心學説易，流別於此二人，亦説周禮者存俞庭椿、丘葵意也。

周易總義二十卷　副都御史黄登賢家藏本

宋易祓撰。南宋館閣續録載祓字彦章，潭州寧鄉人。淳熙十一年，上舍釋褐出身。慶元六年八月，除著作郎。九月，知江州。周密齊東野語則載其諂事蘇師旦，由司業躐擢左司諫。師旦敗後，貶死。蓋館閣續録但記其入院出院之事，密所記則其究竟也。祓人不足重，其書世亦不甚傳，故朱彝尊經義考注曰「未見」。然其説易，兼通理數，折衷衆論。每卦先括爲總論，復於六爻之下各爲詮解，於經義實多所發明。與耿南仲之新講義，均未可以人廢言也。前有祓門人陳章序，稱祓侍經筵日，嘗以是經進講。又稱祓別有易學舉隅四卷，裒象與數爲之圖説，與此書可以參考。今未見傳本。惟所撰周禮總義，尚散見永樂大典中耳。樂雷發有謁山齋詩曰：「淳熙人物到嘉熙，聽説山齋亦白髭。

細嚼梅花讀總義，只應姬老是相知。」蓋指此二書。山齋，祓别號也。則當時亦頗重其書矣。

西谿易説十二卷　浙江吴玉墀家藏本

宋李過撰。過字季辨，興化人。董真卿周易會通稱此書有過自序，在慶元戊午，謂幾二十年而成。此本佚去其序，而書中亦多闕文，蓋傳鈔譌脱，又非真卿所見之舊矣。其書首爲序説一卷，分上、下經依文講解，而不及繫辭以下。馮椅易學稱其多所發明，而議其以毛漸三墳爲信，又多割裂經文。如乾、坤初爻初九「潛龍勿用」以下，即接以「象曰：『潛龍勿用，陽在下也』」，又接以「文言曰：『潛龍勿用，下也。』『潛龍勿用，陽氣潛藏。』初九曰『潛龍勿用』，何謂也？至是以君子勿用也。」汨亂顛倒，殆不可訓矣，宜爲胡一桂所譏。其論爻辭爲文王作，謂先儒以「西山」等字指文王者爲鑿。而説明夷一卦，以上三爻爲箕子事，下三爻爲文王事，則仍不免自亂其例。蓋過晚而喪明，冥心默索，不能與師友相訂正，意所獨造，或不免毅然自爲。而收視返聽，用心刻摯，亦往往發先儒所未發。其亂經之罪與詁經之功，固約略可以相當也。

丙子學易編一卷　兩江總督採進本

宋李心傳撰。心傳字微之，號秀巖，隆州人。寶慶二年以布衣召補從政郎，差充祕閣校勘。歷官至工部侍郎，兼祕書監。事蹟具宋史儒林傳。心傳邃於史學，有建炎以來繫年要録、建炎以來朝野雜記二書，爲史家所重，而經術亦頗究心。高斯得恥堂存稾有學易編、誦詩訓二書跋，曰：「秀巖先生近世大儒也。世徒見其論著藏於明堂石室，金匱玉版，遂以良史目之。不知先生中年以後，窮極道奧，經術之邃，有非近世學士大夫所能及者。」雖弟子尊師之詞，要非甚溢美也。是書於嘉定九年竭二百八日之力，排纂蒐業，以歲在丙子爲名。所取惟王弼、張子、程子、郭雍、朱子五家之說，而以其父舜臣易本傳之說證之，亦間附以己意。原書十五卷，高斯得嘗與誦詩訓合刻於桐江，今已散佚。此本爲元初俞琰所鈔，後有琰跋曰「此書係借聞德坊周家書肆所鬻者。天寒日短，老眼昏花，併日而鈔其可取者」云云，蓋所存不及十之一矣。然琰邃於易學，凡所採摭，皆其英華，則大旨猶可概見也。心傳自序稱採王氏、張子、程子與朱文公四家之傳，而間以周子、邵子及先君子之說補之，自唐以上諸儒字義之異者亦附見焉。而琰跋所列則無周子、邵子，而有郭子和。子和，郭雍之字，即著郭氏傳家易說者也。心傳原書不存，未詳孰是。考周子通書、邵子皇極經世雖皆闡易理，而實於易外別自爲說，可以引爲義疏者少。惟郭雍依經闡義，具有成書，或心傳之序傳寫有誤歟？

易通六卷

江蘇巡撫採進本

宋趙以夫撰。以夫字用父，宗室子，居於長樂。嘉定十年進士，歷官資政殿學士。是書前有以夫自序，皆自稱：「臣未有不敢自祕，將以進於上，庶幾仰裨聖學緝熙之萬一。」則經進之本也。考趙汝騰庸齋集有繳趙以夫不當爲史館修撰奏劄，曰：「鄭清以進史屬之以夫，四海傳笑。謂其進易尚且代筆，而可進史乎？其後聞爲史館長，人又笑曰：『是昔代筆進易之以夫也。』」又何喬遠閩書曰：「以夫作易通，莆田黄績相與上下其論。」據其所説，則是書實出黄績參定。汝騰所論，不盡無因。殆以以夫不協衆論，故譁然以爲績代筆歟？胡一桂云：「易通六卷，或問類例圖象四卷。」朱彝尊經義考曰：「宋志十卷。」又注曰：「聚樂堂書目作六卷。」蓋宋志連或問類例圖象言之，聚樂堂本則惟有易通。此本亦止六卷，而無或問類例圖象，其自聚樂堂本傳寫歟？其書大旨在以不易、變易二義明人事動静之準。故其説曰：「奇偶七八也，交重九六也。卦畫七八不易也，爻畫九六變易也。卦雖不易，而中有變易，是謂之亨；爻雖變易，而中有不易，是謂之貞。洪範占用二：貞、悔。貞即静也，悔即動也。故静吉動凶則勿用，動吉静凶則不處，動静皆吉則隨遇而皆可，動静皆凶則無所逃於天地之間。」於聖人作易之旨，可謂深切著明。至其真出於誰手，則傳疑可矣。

周易經傳訓解二卷

浙江吴玉墀家藏本

宋蔡淵撰。淵字伯静，號節齋，建陽人。案朱彝尊經義考：「蔡淵周易經傳訓解四卷。」注曰：「存三卷。」此本惟存上、下經二卷，題曰周易卦爻經傳訓解，與彝尊所記不符。據董真卿周易會通，稱此書「以大象置卦辭下，以彖傳置大象後，以小象置各爻辭後，皆低一字，以别卦爻」，與此本體例相合，知非贋託。董楷又言其繫辭、文言、説卦、序卦、雜卦亦皆低一字，則此本無之。又經義考載淵弟沈後序，稱：「易有太極之説，知至知終之義，正直義方之語，皆義理之大原，爲後學之至要，實發前賢之所未發。」云云。其文皆在繫辭、文言，則是書原解繫辭、文言諸篇，確有明證，非但解卦爻，不應揭「卦爻」以標目。蓋楷所見者四卷之全本，彝尊所見佚其一卷，此本又佚其一卷。傳寫者諱其殘闕，因於書名增入「卦爻」二字，若原本但解上、下經者。此書賈作僞之技，不足據也。今删去「卦爻」二字，仍以本名著録，存其真焉。

易象意言一卷　永樂大典本

宋蔡淵撰。淵，蔡元定之子，而從學於朱子。故是書闡發名理，多本師傳。然兼數而言，則又西山之家學也。其中惟不廢互體，與朱子之説頗異。考互體之法，見於左傳莊公二十二年：「陳侯筮，遇觀之否。曰：『風爲天于土上，山也。』」杜預注曰：「自二至四有艮象，艮爲山也。」是周官太卜舊有是法矣。顧炎武日知録曰：「朱子本義不取互體之説，惟大壯六五云『卦體似兑，有羊象焉。』不言『互』而言『似』，此又創先儒所未有，不如言互體矣。」然則朱子特不以互體爲主，亦未嘗竟謂無是理也。淵於師説，可謂通其變而酌其平矣。董真卿周易會通稱淵周易經傳訓解外「又有卦爻辭旨，論六十四卦大義；易象意言，雜論卦爻、十翼；象數餘論，雜論易大義」。竝成於開禧乙丑，今悉散佚。故朱彝尊經義考僅列其書名，而不能舉其卷數。惟此書載永樂大典中，尚首尾完具，猶當時祕府舊本。今録而傳之，俾論易者知蔡氏之學不徒以術數見，而朱子之徒亦未嘗全棄古義焉。

周易要義十卷

副都御史黄登賢家藏本

宋魏了翁撰。了翁字華父，號鶴山，臨邛人。慶元五年進士，官至資政殿大學士、參知政事、僉書樞密院事。事蹟具宋史本傳。了翁以説經者但知誦習成言，不能求之詳博，因取諸經注疏之文，據事别類而録之，謂之九經要義，此其中之第一部也。方回桐江集有周易集義跋，載了翁嘗言：「辭變象占，易之綱領。而繇彖象爻之辭，畫爻位虚之别，互反飛伏之説，乘承比應之例，一有不知，則義理闕焉。」蓋其大旨主於以象數求義理，折衷於漢學、宋學之間。故是編所録，雖主於注疏、釋文，而採掇謹嚴，别裁精審，可謂剪除支蔓，獨擷英華。王褘雜説云：「孔穎達作九經正義，往往援引緯書之説，歐陽公常欲删而去之，其言不果行。迨鶴山魏氏作要義，始加黜削，而其言絶焉。」則亦甚與以廓清之功矣。明萬曆中，張萱重編内閣書目，載九經要義尚存儀禮七册，禮記三册，周易二册，尚書一册，春秋二册，論語二册，孟子二册，又類目六卷，本共爲一編。今諸經或存或佚，不能復合，故今以世有傳本者各著於録。朱彝尊經義考彙經類中載九經要義二百六十三卷，注曰「分見各經」。然各經皆載要義，而易類則但據宋志載了翁周易集義六十四卷，不載此書，似乎即以集義爲要義。考方回周易集義跋曰：「鶴山先生謫靖州，取諸經注疏，摘爲要義。又取濂、洛以來諸大儒易説，爲周易集義。」則爲二書審矣。

東谷易翼傳二卷　兩江總督採進本

宋鄭汝諧撰。汝諧字舜舉，號東谷，處州人。陳振孫書録解題云「仕至吏部侍郎」，浙江通志則云「中教官科，遷知信州，召爲考功郎，累階徽猷閣待制」。振孫去汝諧世近，疑通志失之。其言易宗程子之説，所謂「翼傳」者，翼程子之傳也。然亦時有異同。其最甚者，如程子解「艮其背，不獲其身。行其庭，不見其人」，以爲外物不接，内欲不萌。郭忠恕得其説而守之，遂自號兼山，以是爲儒者之至學也。朱子所解雖微異，然亦以是爲克己復禮之義。獨汝諧以爲「艮其背」者，所謂不見可欲使心不亂也，不見而後不亂，見則亂矣，故僅爲无咎而已。説者或大其事，以爲聖人之事，非也，所見迥乎相左。又如解困、井諸卦，其説亦别。然朱子解經，於程子亦多所改定。蓋聖賢精義，愈闡愈深。沈潛先儒之説，其有合者疏通之，其未合於心者别抒所見以發明之，於先儒乃爲有功。是固不必守一先生之言，徒爲門户之見也。是書前有自序及其子如岡、曾孫陶孫題語。如岡稱求得真德秀序，此本不載，蓋傳寫佚之矣。

朱文公易説二十三卷　編修勵守謙家藏本

宋朱鑑編。案朱子世系，朱子三子，長子塾，塾二子，長曰鑑，則朱子嫡長孫也。鑑字子明，以廕補迪功郎，官至湖廣總領。朱子注易之書，爲目有五：曰易傳十一卷，曰易本義十二卷，曰易學啓蒙三卷，曰古易音訓二卷，曰蓍卦考誤一卷，皆有成帙。其朋友論難與及門之辨説，則散見語録中，鑑彙而輯之，以成是編。昔鄭玄箋注諸經，其孫魏侍中小同復裒其門人問答之詞爲鄭志十一卷。鑑之編輯緒言，亦猶此例也。考朱子初作易傳，用王弼本。後作易本義，始用吕祖謙本。易傳宋志著録，今已散佚。當理宗以後，朱子之學大行，賸語殘編，無不奉爲球璧，不應手成巨帙，反至無傳。殆以未定之説，自削其稾，故不復流布歟？鑑是書全採語録之文，以補本義之闕。其中或門人記述，未必盡合師説，或偶然問答，未必勒爲確論，安知無如易傳之類爲朱子所欲刊除者。然收拾放佚，以備考證，亦可云能世其家學矣。

易學啓蒙小傳一卷附古經傳一卷

兩江總督採進本

宋税與權撰。與權始末未詳。據其自序，知爲魏了翁門人。據書末史子翬跋，知其字曰巽甫。據書録解題載其周禮折衷一條，知爲臨邛人爾。初，朱子作易學啓蒙，多發邵氏先天圖義。至與袁樞論後天易，則謂：「嘗以卦畫縱横反覆求之，竟不得文王所以安排之意，是以畏懼不敢妄爲之説。」與權從魏了翁講明邵氏諸書，於觀物篇得後天易上下經序卦圖，證以雜卦傳及揚雄所稱「文王重易六爻，互用兩卦十二爻」、孔穎達所稱「六十四卦二二相偶，非覆即變」之説，知乾、坤、坎、離、頤、中孚、大過、小過不易之八卦爲上下兩篇之幹，其互易之五十六卦爲上下兩篇之用。即其圖反覆觀之，上、下經皆爲十八卦，始終不出九數，以明羲、文之易，似異而同。蓋闡邵子之説，以補啓蒙之未備，所謂持之有故，而執之成理者也。史子翬跋稱因是書「悟乾坤納甲之義，乾自甲而壬，坤自乙而癸，其數皆九。」而疑其「乾九能兼坤六，坤陰不能包乾陽」之説，謂「六之中有一三五，則九數固藏於六」，欲更與與權商之。蓋天下之數，不出奇偶，任舉一義，皆有説可通，愈推而愈各有理，此類是矣。謂非易之根本則可，謂非易中之一義則又不可也。

周易輯聞六卷附易雅一卷筮宗一卷 内府藏本

宋趙汝楳撰。汝楳，商王元份之七世孫，資政殿大學士善湘之子，理宗時官至户部侍郎。考宋史趙善湘傳，載其説易之書有約説八卷，或問四卷，指要四卷，續問八卷，補過六卷。蓋研究是經，用功最久，故汝楳承其家學，以作是編。其説據漢書儒林傳，稱費直惟以彖、象、繫辭十篇文言解説上、下經，疑説卦、序卦、雜卦皆爲漢儒竄入。又以繫辭多稱「子曰」，定爲門人所記，非夫子之書。因置此諸傳，惟注經文。其以彖傳散附彖辭，小象散附爻辭，仍用王弼之本。其以大象移於卦畫之後，彖辭之前，以文言散附乾、坤彖傳及小象後，則又汝楳之新意。割裂顛倒，殊屬師心。又王弼本雖移傳附經，尚有「彖曰」「象曰」「文言曰」字，以存識别。汝楳併此而去之，使經傳混淆，茫然莫辨，尤爲治絲而棼。其每卦之中皆以卦變立論，亦未免偏主一隅。然其説推闡詳明，於比應乘承之理，盈虚消長之機，皆有所發揮，不同穿鑿，於宋人易説之中，猶爲明白篤實。易雅一卷，總釋名義，略如爾雅之釋詩，故名曰「雅」。其目曰通釋，曰書釋，曰學釋，曰情釋，曰位釋，曰象釋，曰辭釋，曰變釋，曰占釋，曰卦變釋，曰爻變釋，曰得失釋，曰八卦釋，曰六爻釋，曰陰陽釋，曰太極名義釋，曰象數體用圖釋，曰圖書釋，凡十八篇。其論圖書曰：「易有衍數，有積數。自五衍而爲五十者，衍數也；自一二三四五積而爲五十五者，積數也。圖書二數，皆積數之儔，不可以與於揲蓍也。故舍圖書之名而論二數，則自有妙理；强二數以圖書之名，則於經無據。」可謂善於解紛矣。筮宗一卷，朱彝尊經義考作三卷。蓋是書原本題釋本第一、述筮第二、先傳考第三，彝尊以一篇爲一卷也。其推明大衍之數，頗爲明白。於諸家舊説，一一條辨，亦具有考訂云。

用易詳解十六卷

永樂大典本

宋李杞撰。杞字子才，號謙齋，眉山人。仕履未詳。考宋有三李杞。其一爲北宋人，官大理寺丞，與蘇軾相唱和，見烏臺詩案。一爲朱子門人，字良仲，平江人，即嘗録甲寅問答者。與作此書之李杞均非一人，或混而同之者，誤也。其書原本二十卷，焦竑經籍志作謙齋詳解，朱彝尊經義考作周易詳解。考杞自序稱：「經必以史證，後世岐而爲二，尊經太過，反入於虚無之域，無以見經爲萬世有用之學。故取文中子之言，以『用易』名編。」其述稱名之義甚詳。竑及彝尊殆未見原書，故傳聞譌異歟？外間久無傳本，惟永樂大典尚散見各韻中。採掇裒輯，僅闕豫、隨、无妄、大壯、睽、蹇、中孚七卦及晉卦後四爻，其餘俱屬完善。謹排次校核，釐爲十六卷。書中之例，於每爻解其辭義，復引歷代史事以實之，如乾初九稱「舜在側微」，乾九二稱「四岳薦舜」之類。案易爻有帝乙、高宗之象，傳有文王、箕子之辭，是聖人原非空言以立訓。故鄭康成論乾之用九，則及舜與禹、稷、契、皋陶在朝之事；論隨之初九，則取舜「賓於四門」之義，明易之切於人事也。宋世李光、楊萬里等更博採史籍以相證明，雖不無稍涉汜濫，而其推闡精確者，要於立象垂戒之旨，實多所發明。杞之説易，猶此志矣。其中不可訓者，惟在於多引老莊之文。如蒙之初六則引老子「終日嗥而不嗄」云云，以爲「童蒙」之義；履之彖則引莊子「虎與人異類而媚養己者」云云，以爲「履虎尾」之義。夫老莊之書其言雖似近易，而其强弱攻取之機、形就心和之論，與易之无方无體而定之以中正仁義者，指歸實判然各殊。自葉夢得巖下放言稱「易之精藴盡在莊列」，程大昌遂著爲易老通言。杞作易編，復引而伸之。是則王弼輩掃除漢學，流弊無窮之明驗矣。别白存之，亦足爲崇尚清談者戒也。

淙山讀周易記二十一卷　山東巡撫採進本

宋方實孫撰。實孫不知何許人。惟劉克莊後山集有實孫樂府跋，稱其字曰端仲；有實孫經史説跋，稱其「以所著易説上於朝，以布衣入史局。時相以其累上春官，欲令免省奉對，遽以風聞報罷，浩然而歸」。其所終則不可考矣。此書舊本但題曰讀周易。案朱彝尊經義考作淙山讀周易記，蓋此本傳寫脱譌。經義考又引曹溶之言曰：「宋志八卷，澹生堂目作十卷，聚樂堂目作十六卷。」今世所行凡二本，一本不分卷，不知孰合之。此本凡上經八卷，下經八卷，繫辭二卷，序卦、説卦、雜卦各一卷，又不知誰所分也。其書取朱子卦變圖别爲易卦變合圖，以補易學啓蒙所未備。其説多主於爻象，不涉空談。自序有曰：「易者道也，象數也，言道則象數在其中矣。道果有耶？繫辭曰『易無體』，道果無耶？繫辭曰『易有太極』。是道自無而有也。」可以識其宗旨矣。其據隨上六爻「王用亨于西山」、升六四爻「王用亨于岐山」、明夷象「文王以之」、革象「湯武革命」證爻、象非文王作，自爲確義。其據大有九三爻「公用亨于天子」，解上六爻「公用射隼于高墉之上」，小過六五爻「公弋取彼在穴」，證爻辭非周公作，則必不然。說易者本不云「公，周公也」。然其大旨則較諸家爲淳實矣。

周易傳義附録十四卷

兩江總督採進本

宋董楷撰。楷字正叔，台州臨海人。寶祐四年進士，官至吏部郎中。其學出於陳器之，器之出於朱子。故其說易，惟以洛、閩爲宗。是編成於咸淳丙辰，合程子傳、朱子本義爲一書，而采二子之遺說附録其下，意在理、數兼通。又引程、朱之語以羽翼程、朱，亦愈於逞臆鑿空，務求奇於舊說之外者。惟程子傳用王弼本，而朱子本義則用吕祖謙所定古本，楷以程子在前，遂割裂朱子之書，散附程傳之後。沿及明永樂中，胡廣等纂周易大全，亦仍其誤。至成矩專刻本義，亦用程傳之次序。鄉塾之士，遂不復知有古經，則楷肇其端也。然楷本以經文平書，而十翼之文則下一格書之，其本義無所附麗者，則仿諸經疏文「某句至某句」之例，朱書其目以明之，猶爲有別。今本經、傳一例平書，而本義亦意爲割綴，則愈失愈遠，又非楷所及料矣。

易學啓蒙通釋二卷　内府藏本

宋胡方平撰。方平字師魯，號玉齋，婺源人。據董真卿周易會通載，是書有方平至元己丑自序，則入元已十四年矣。然考熊禾跋稱：「己丑春讀書武夷山中，有新安胡君庭芳來訪，出其父書一編，曰易學啓蒙通釋。」又劉涇跋亦稱：「一日，約退齋熊君訪雲谷遺跡。適新安胡君庭芳來訪，出易學啓蒙通釋一編。謂其父玉齋平生精力盡在此書，輒爲刻置書室。」云云。則己丑乃禾與涇刊書作跋之年，非方平自序之年，真卿誤也。方平之學出於董夢程，夢程之學出於黄榦。榦，朱子壻也。故方平及其子一桂皆篤守朱子之説。此書即發明朱子易學啓蒙之旨。案朱子易學啓蒙序曰：「近世學者，類喜談易。其專於爻義者，既支離散漫而無所根據；其涉於象數者，又皆牽合附會，而或以爲出於聖人心思智慮之所爲也。若是者，余竊病焉。因與同志頗輯舊聞，爲書四篇，以示初學，使毋疑於其説。」云云。蓋易之爲道，理、數竝存，不可滯於一説。朱子因程傳專主明理，故兼取邵子之數以補其偏，非脱略易理，惟著此書以言數也。後人置本義不道，惟假借此書以轉相推衍，至於支離轇轕而不已，是豈朱子之本旨乎？方平此書雖亦專闡數學，而根據朱子之書，反覆詮釋。所採諸書，凡黄榦、董銖、劉爚、陳埴、蔡淵、蔡沈六家，皆朱子門人。又蔡模、徐幾、翁泳三家。模，蔡淵子，幾、泳皆淵之門人。故所衍説，尚不至如他家之竟離其宗。是亦讀啓蒙者所當考矣。董真卿所稱方平自序，今本佚之，惟存後序一篇。朱彝尊經義考乃竟以朱子原序爲方平之序，可謂千慮之一失。徐氏通志堂刻本於此序之末題「淳熙丙午暮春既望，雲臺真逸手記」，是顯著朱子之别號矣。而其標目乃稱易學啓蒙通釋序。淳熙丙午，下距至元己丑凡一百一十三年，朱子安知有通釋乎？今刊正之，俾無滋後來之疑焉。

三易備遺十卷　内府藏本

宋朱元昇撰。其子士立補葺。元昇字日華，里貫未詳。惟卷首載咸淳八年兩浙提刑家鉉翁進書狀稱「承節郎差處州龍泉遂昌慶元及建寧松溪政和巡檢朱元昇」，卷末士立跋稱「咸淳庚午備遺成帙，則堂家先生用聞於朝，三載先子歿」云云，疑其即終於是官。庚午爲咸淳六年，而狀署八年，殆傳寫誤「六」爲「八」歟？其書本河圖、洛書一卷，連山三卷，歸藏三卷，周易三卷，元昇自序亦兼言三易。而鉉翁進狀特稱其著中天歸藏書數萬言，未詳其故。豈以先天、後天皆儒者所傳述，而中天之説元昇創之，故標舉見異耶？然干寶周禮注稱：「伏羲之易小成爲先天，神農之易中成爲中天，黄帝之易大成爲後天。」則中天實亦古名，非新義也。元昇學本邵子，其言河圖、洛書，則祖劉牧；其言連山，以卦位配夏時之氣候；其言歸藏，以干支之納音配卦爻；其言周易，則闡反對互體之旨。雖未必真合周官太卜之舊，而冥心求索，以求一合，亦可謂好學深思者。過而存之，或亦足備説易者之參考耳。

周易集説四十卷　内府藏本

宋俞琰撰。琰字玉吾，吴縣人。生宋寶祐初，入元隱居著書。徵授温州學録，不赴。至延祐初始卒。生平邃於易學，初裒諸家之説爲大易會要一百三十卷，後乃掇其精華以著是編。始於至元甲申，至至大辛亥，凡四易稟。其初主程、朱之説，後乃於程、朱之外自出新義。嘗與孟淳講坤之六二，謂：「六二既中且正，是以其德直方，惟從乾陽之大，不習坤陰之小，故無不利。」如此之類，其説頗異。至謂：「尚書顧命『天球、河圖在東序』，河圖與天球竝列，則河圖亦是玉名。」如此之類，則大奇矣。然其覃精研思，積三四十年，實有冥心獨造，發前人所未發者，固不可廢也。據琰自作後序，尚有讀易舉要、讀易須知、易圖纂要、易經考證、易傳考證、六十四卦圖、古占法、卦爻象占分類、易圖合璧連珠、易外别傳諸書。今惟易外别傳有本單行，讀易舉要、易圖纂要見永樂大典，餘皆未見。序稱諸編皆舊所作，將毁之，而兒輩以爲可惜，又略加改竄而存於後。則舊刻本附此數書，今佚之矣。

讀易舉要四卷　永樂大典本

宋俞琰撰。是書文淵閣書目、焦竑經籍志、朱睦㮮授經圖皆著於録。然外間傳本殊稀，故朱彝尊經義考亦云「未見」。今惟永樂大典尚散見於各韻之中，可以採輯。謹裒合編次，仍定爲四卷。考琰之集説以朱子爲宗，而此書論剛柔往來，則以兩卦反對見義，例以泰、否二卦彖辭，較朱子卦變之説更近自然。其圖易多本邵子，而此書論象數之學則駁張行成以「元、亨、利、貞」爲易周起數於四之證，蓋不爲苟同者。至於田疇謂：「積乾、坤、屯、蒙、需、訟之策，至於師而六軍之數皆全。」史璿謂：「革居四十九，應大衍之數，故云『天地革而四時成』」；節居六十而甲子一周，故云『天地節而四時成』。」皆以偶合之見，窺聖人作易之意。琰顧取之，則殊非本旨。然琰於易苦思力索，積平生之力爲之，意所獨契，亦往往超出前人。所列諸家著述，雖多本於晁公武、陳振孫兩家，而名字爵里間有異同，亦可資考證。固宜與所撰集説竝行也。琰别有六十四卦圖、易圖合璧連珠、易圖纂要諸書，舊與此書合刻。修永樂大典之時，割裂龐雜，淆其端緒。惟八分爲十六、十六分爲三十二兩圖，猶標俞琰纂圖之目。其餘諸圖盡冒讀易舉要之名，合併爲一，殊爲瞀亂。今悉考訂汰除，以還其舊焉。

周易象義十六卷

永樂大典本

宋丁易東撰。易東字漢臣，武陵人。仕至朝奉大夫太府寺簿，兼樞密院編修官。入元不仕，教授鄉里以終。是編因易象以明義，故曰象義。其取象之例凡十有二：曰本體，即「乾天坤地」之類；曰互體，即「雜物撰德」之旨；曰卦變，象所謂「大往小來」、傳所謂「柔來文剛」「剛上文柔」是也；曰正應，傳所謂「剛柔内外之應」是也；曰動爻，陽老則變爲陰，陰老則變爲陽是也；曰變卦，左傳所載古人占筮之法，曰乾之姤、乾之同人是也；曰伏卦，乾則伏坤，震則伏巽，説卦所謂

「天地定位」「雷風相薄」是也；曰互對，即漢儒之「旁通」，卦義與伏通，而有本體、全體之異；曰反對，損之與益，五、二之辭同；夬之與姤，四、三之辭同，可以類推者是也；曰比爻，初比二，二比三是也；曰原畫，陽皆屬乾，陰皆屬坤是也；曰納甲，蠱之「先甲」「後甲」，巽之「先庚」「後庚」是也。其於前人舊説，大抵以李鼎祚周易集解、朱震漢上易傳爲宗。而又謂李失之泥，朱傷於巧，故不主一家。如卦變之説則取邵子、朱子，變卦之説則取沈該、都絜，筮占之説則取朱子、蔡淵、馮椅。遠紹旁搜，要歸於變動不居之旨，亦言象者所當考也。諸家著録，多作十卷。惟朱睦㮮授經圖作易傳十二卷，焦竑經籍志作易傳十四卷。考易東所著別無易傳之名，蓋即此編。朱氏併其論例一卷數之，爲十一卷。焦氏又併其大衍索隱三卷數之，遂爲十四卷耳。朱彝尊經義考作十卷，注曰「存」。然世所傳本殘闕特甚，僅存十之二三，又非彝尊之所見。惟散見永樂大典中者，排比其文，僅闕豫、隨、无妄、大壯、睽、蹇、中孚七卦及晉卦之後四爻，餘皆完具。與殘本互相參補，遂還舊觀。以篇頁頗繁，謹析爲一十六卷，以便循覽。原本附有大衍策數諸圖，多已見大衍索隱中，今不複録。其論例一卷，自述撰著之旨頗備，今仍録以弁首焉。

易圖通變五卷易筮通變三卷

兩江總督採進本

宋雷思齊撰。思齊字齊賢，臨川人。宋亡之後，棄儒服爲道士，居烏石觀，後終於廣信。事蹟具袁桷所撰墓誌銘。是編前有揭傒斯序，稱所著有老子本義、莊子旨義數十卷及和陶詩三卷。吴全節序又稱其有文集二十卷。今皆未見，惟此二書存。其易圖通變自序謂：「河圖之數以八卦成列，相盪相錯，參天兩地，參伍以變，其數實爲四十，而以其十五會通於中。」所述河圖洛書參天兩地倚數之圖、錯綜會變等圖，及河圖遺論，大旨以天一爲坎、地二爲坤，天三爲震、地四爲巽，天七爲兑、地六爲乾，天九爲離、地八爲艮，而五十則爲虛數。其説雖與先儒不同，而案以「出震齊巽」之義，亦頗相脗合。林至易裨傳序所謂「易道變化不窮，得其一端，皆足以爲説」者也。其易筮通變凡五篇：一曰卜筮、二曰立卦、三曰九六、四曰衍數、五曰命著，亦多自出新意，不主舊法。白雲霽道藏目録載二書於太玄部「若」字號中。蓋圖書之學，實出道家，思齊又本道家衍説之。以附於易，固亦有由云。

欽定四庫全書總目卷四

經部四

易類四

讀易私言一卷　兩江總督採進本

元許衡撰。衡字平仲，河内人。官至集賢殿大學士兼國子祭酒，謚文正。事蹟具元史本傳。其書論六爻之德位，大旨多發明繫辭傳同功異位、柔危剛勝之義。而又類聚各卦畫之居於六位者，分别觀之。蓋健順動止，入説陷麗，其吉凶悔吝又視乎所值之時，而必以正且得中爲上。孔子彖、象傳每以當位、不當位、得中、行中爲言。衡所發明，蓋本斯旨。此書本在衡文集中，元蘇天爵文類、明劉昌中州文表皆載之，國朝曹溶採入學海類編。通志堂刊九經解，遂從舊本收入。而何焯校正九經解目録以爲即元李簡之書。今考簡所撰學易記，其書具在，未嘗與此書相複。且永樂大典所載亦作許衡，則非簡書明甚。焯之所校，不知何以云然也。

易本義附録纂疏十五卷　内府藏本

元胡一桂撰。一桂字庭芳，號雙湖，婺源人。景定甲子領鄉薦，試禮部不第，教授鄉里以終。事蹟具元史儒學傳。是編以朱子本義爲宗，取文集、語録之及於易者附之，謂之「附録」；取諸儒易説之合於本義者纂之，謂之「纂疏」。其去取别裁，惟以朱子爲斷。元史稱其受易源流出於朱子，殆以啓蒙翼傳及是書歟？陳櫟稱一桂此書於楊萬里易傳無半字及之。今檢其所引，櫟説信然。蓋宋末元初講學者門户最嚴，而新安諸儒於授受源流辨别尤甚。萬里易傳雖遠宗程子，而早工吟咏，與范成大、陸游齊名，不甚以講學爲事。故雖嘗薦朱子、拒韓侂胄，而慶元黨禁獨不列名。一桂蓋以詞人擯之，未必盡以其書也。

易學啓蒙翼傳四卷　内府藏本

元胡一桂撰。一桂之父方平嘗作易學啓蒙通釋，一桂更推闡而辨明之，故曰翼傳。自序稱：「去朱子纔百餘年，而承學漸失。如圖書已釐正矣，復仍劉牧之謬者有之；卜筮之數灼如丹青矣，復祖尚玄旨者又有之。」因於本義附録纂疏外，復輯爲是書。凡爲内篇者三：一曰舉要，以發辭變象占之義；二曰明筮，以考史傳卜筮卦占之法；三曰辨疑，以辨河圖、洛書之同異。皆發明朱子之説者也。爲外篇者一，則易緯候諸書以及京房飛候、焦贛易林、揚雄太玄、司馬光潛虚以至邵子皇極經世諸法，亦附録其概。以其皆易之支流，故别之曰「外」。大致與其父之書互相出入。而方平主於明本旨，一桂主於辨異學，故體例各殊焉。

易纂言十卷　内府藏本

元吴澄撰。澄字幼清，號草廬，崇仁人。宋咸淳末，舉進士不第。入元，以薦擢翰林應奉文字，官至翰林學士。卒謚文正。事蹟具元史本傳。是書用吕祖謙古易本經文，每卦先列卦變主爻，每爻先列變爻，次列象占，十翼亦各分章數。其訓解各附句下，音釋、考證則經附每卦之末，傳附每章之末。間有文義相因即附辨於句下者，偶一二見，非通例也。澄於諸經，好臆爲點竄。惟此書所改，則有根據者爲多。如師卦「丈人吉」改「大人吉」，據崔憬所引子夏傳；比卦「比之匪人」下增「凶」字，據王肅本；小畜卦「輿説輻」改「輿説輹」，據許慎説文；「尚德載」改「尚得載」，據京房、虞翻、子夏本；泰卦「包荒」改「包巟」，據説文及虞翻本；大畜卦「曰閑輿衛」改「日閑輿衛」，從鄭玄、虞翻、陸希聲本；萃卦「萃，亨」，删「亨」字，從馬融、鄭玄、虞翻、陸績本；困卦「劓刖」改「臲卼」，據荀爽、王肅、陸績本；鼎卦「其形渥」改「其刑剭」，據鄭玄本；比象「比，吉也」，删「也」字，據王昭素本；賁象補「剛柔交錯」四字，據王弼注；震象「驚遠而懼邇也」下補「不喪匕鬯」四字，據王昭素所引徐氏本；漸象「女歸吉也」改「女歸吉，利貞」，據王肅本；坤象「履霜堅冰」改「初六，履霜」，據魏志；坎象「樽酒簋貳」删「貳」字，據陸德明釋文；案：澄注明言舊本有「貳」字，陸氏釋文無之，今世所行張弧、陸希聲本皆同。是傳文已删去「貳」字。徐氏通志堂本乃劖補刊板，增入「貳」字，是顧湄等校正之時以不誤爲誤也。謹附訂於此。繫辭上傳「繫辭焉而明吉凶」下補「悔吝」二字，據虞翻本；繫辭下傳「何以守位？曰仁」改「何以守位？曰人」，據王肅本；「耒耨之利」改「耒耜之利」，據王昭素本；「以濟不通」下删「致遠以利天下」六字，據陸德明釋文；序卦傳「故受之以履」下補「履者，禮也」四字，據韓康伯本。皆援引古義，具有源流，不比師心變亂。其餘亦多依傍胡瑗、程子、朱子諸説，澄所自爲改正者，不過數條而已。惟以繫辭傳中説上、下經十六卦十八爻之文定爲錯簡，移置於文言傳中，則悍然臆斷，不可以爲訓矣。然其解釋經義，詞簡理明，融貫舊聞，亦頗賅洽。在元人説易諸家，固終爲巨擘焉。

易纂言外翼八卷

永樂大典本

元吴澄撰。澄所著易纂言，義例散見各卦中，不相統貫。卷首所陳卦畫，亦粗具梗概，未及詳言，因復作此書以暢明之。纂言有通志堂刻本，久行於世。此書則傳本漸罕，近遂散佚無存。朱彝尊經義考云見明崑山葉氏書目載有四册，而亦未睹其書。今惟永樂大典尚分載各韻之下。考澄所作小序，原書蓋共十二篇：一曰卦統，以八經卦之純體、合體者爲經，六十四卦之雜體者爲緯，乃上、下經篇之所由分。二曰卦對，以奇偶反易成二卦，成上、下篇相對。三曰卦變，言奇偶復生奇偶，其用無窮。四曰卦主，因无妄傳而推之，以明一經之義。五曰變卦，言剛柔交相變，而一卦可爲六十四卦。六曰互卦，言中四爻復具二卦，以爲一卦。七曰象例，凡經之取象皆類聚之，以觀其通。八曰占例，言元、亨、利、貞、吉、凶、无咎，其義皆本於天道。九曰辭例，乃象例、占例所未備，而可以互見者。十曰變例，言揲蓍四營十八變之法。十一曰易原，明河圖、洛書，先、後天圖。十二曰易流，備舉揚雄以下擬易之書。今缺卦變、變卦、互卦三篇，易流缺半篇，易原疑亦不完。然其餘尚首尾整齊，無所遺失。自唐定正義，易遂以王弼爲宗，象數之學，久置不講。澄爲纂言，一決於象。史謂其能盡破傳注之穿鑿，故言易者多宗之。是編類聚區分，以求其理之會通。如卦統、卦對二篇，言經之所以釐爲上、下，乃程、朱所未及。象例諸篇，闡明古義，尤非元、明諸儒空談妙悟者可比。雖稍有殘缺，而宏綱巨目，尚可推尋。謹依原目編次，析爲八卷，俾與纂言相輔而行焉。

易原奥義一卷周易原旨六卷 内府藏本

元寶巴撰。案：「寶巴」，舊本作「保八」，今改正。寶巴字普菴，色目人，居於洛陽。是書前有進太子牋，結銜稱「太中大夫、前黄州路總管、兼管内勸農事」。又有任士林序，稱「貳卿寶公」。不知其終於何官也。牋末不題年月。黄虞稷千頃堂書目稱舊有方回、牟巘二序。案回、巘皆宋末舊人，則寶巴爲元初人矣。是書原分三種，統名易體用，本程子之説，即卦體以闡卦用也。朱彝尊經義考載：「易原奥義一卷，存。周易原旨六卷，存。周易尚占三卷，佚。」考陳繼儒彙祕笈中有周易尚占三卷，書名與卷數竝符。書前又有大德丁未寶巴序，人名亦合。然序稱爲瑩蟾子李清菴撰，不云寶巴自作。其書乃用錢代蓍之法，以六爻配十二時、五行、六親、六神，合月建日辰以斷吉凶，亦非尚占之本義。序文鄙陋，尤不類讀書人語。蓋方技家傳有是書，與寶巴佚書其名偶合。明人喜作僞本，遂撰寶巴序文以影附之。不知寶巴説易，竝根柢宋儒，闡發義理，無一字涉京、焦讖緯之説，其肯以此書當古占法哉？今辨明其妄，別存目於「術數類」中。而寶巴原書則仍以所存二種著録。庶闕而真，猶勝於全而僞焉。

周易程朱傳義折衷三十三卷

浙江吴玉墀家藏本

元趙采撰。采字德亮，號隆齋，潼川人。其書用注疏本，節録程子易傳、朱子本義之説，益以語録諸書，列之於前，而各以己説附於後，所謂「折衷」也。所注僅上、下經，殆以程子所傳不及繫辭以下歟？前有采自序，稱：「有康節邵子推明羲、文之卦畫而象數之學著，有伊川程子推衍夫子之意而卦畫之理明。洎武夷朱文公作本義，釐正上、下經，十翼，而還其舊。作啓蒙，本邵子而發先天。雖本義專主卜筮，然於門人問答，又以爲易中先儒舊説皆不可廢。但互體、飛伏、納甲之類，未及致思耳。故愚以爲今時學者之讀易，當由邵、程、朱三先生之説泝而上之。」云云。故其書雖以宋學爲宗，而兼及於象數變互，尚頗存古義，非竟暖暖姝姝守一先生之言也。顧炎武日知録謂：「割裂本義以入程傳，始於胡廣之修大全。」然董楷已用程子之本而附以本義，采又因之，則其來有漸矣。炎武專責胡廣，殆未見二書歟？

周易衍義十六卷

浙江吴玉墀家藏本

元胡震撰。震自署曰「廬山深溪」，又題「將仕佐郎、南康路儒學致仕教授」。書前有自序，作於大德乙巳，蓋成宗九年也。又有其子光大識語，稱幾成書而下世，後十年，始克纂集成編。則其書實成於光大之手矣。書中於乾、坤二卦卦辭下接彖傳，繼以釋彖之文言，次大象，次爻辭，下接小象，繼以釋爻之文言，又置雜卦於序卦之前，序次頗爲顛倒。昔李過作西谿易説，改乾、坤二卦經文次第，割裂文言分附卦爻，胡一桂譏其混亂古經，此書實同其病。前後脱簡，亦不一而足。或傳寫者失其原次，故錯紊若此歟？其於經文訓詁，大都皆舉史事以發明之，不免太涉泛濫，非説經家謹嚴之體。然議論尚爲平正，所引諸儒之解，亦頗詳核，多可以備參考。視言理而空談玄妙，言數而漫衍奇耦者，猶爲此善於彼焉。

易學濫觴一卷 兩淮鹽政採進本

元黄澤撰。澤字楚望，資州人，家於九江。大德中嘗爲景星書院山長，又爲東湖書院山長，年逾八十乃終。故趙汸生於元末，猶及師事之，其易與春秋之學皆受之於澤者也。澤垂老之時，欲注易、春秋二經，恐不能就，故作此書及春秋指要發其大凡。卷首有延祐七年吴澄題辭。據其所言，二書蓋合爲一帙。今春秋指要亦無傳本，惟此書僅存。朱彝尊經義考載此書，注曰「已佚」，則彝尊亦未及見，知爲稀遘之本矣。其説易以明象爲本，其明象則以序卦爲本，其占法則以左傳爲主。大旨謂王弼之廢象數，遁於玄虚，漢儒之用象數，亦失於繁碎。故折中以酌其平。其中歷陳易學不能復古者，一曰易之名義，一曰重卦之義，一曰逆順之義，一曰卦名之義，一曰卦變之義，一曰卦名，一曰易數之原，一曰易之辭義，一曰易之占辭，一曰蓍法，一曰占法，一曰序卦，一曰脱誤疑字，凡十三事，持論皆有根據。雖未能勒爲全書，而發明古義，體例分明，已括全書之宗要。因其説而推演之，亦足爲説易之圭臬矣。

大易緝説十卷　内府藏本

元王申子撰。申子字巽卿，邛州人。其始末未詳。據卷首載田澤刊書始末，惟稱其皇慶二年行省劄付充武昌路南陽書院山長，又稱其寓居慈利州天門山，垂三十年始成春秋類傳及此書。澤爲申送行省，咨都省移翰林國史院勘定，令本處儒學印造而已。其説春秋，主有貶無褒之説，今未之見。其説易則力主數學，而持論與先儒迥異。大旨以河圖配先天卦，以洛書配後天卦，而於陳摶、邵子、程子、朱子之説一概辨其有誤。於古來説易七百餘家中，惟取六家：一河圖、洛書，二伏羲，三文王，四周公，五孔子，六周子太極圖也。其自命未免太高，不足爲據。同時有玉井陽氏者，案：陽氏佚其名字，惟其姓見申子此書中，字爲「陰陽」之陽，蓋宋陽枋之族也。朱彝尊經義考作「楊氏」，誤。謹附訂於此。受易於朱子門人晏淵，已傳五世，著易説二卷以駁之。申子又一一辨答，其大端具見於書中。蓋萬事不出乎奇偶，故圖書之學，縱横反覆，皆可以通，彼亦一是非，此亦一是非耳。然考申子之繳繞圖書者，僅前二卷。至於三卷以後，詮解經文，仍以辭變象占比應乘承爲説，絶不生義於圖書。其言轉平正切實，多有發明。然則又何必繪圖作解，纚纚然千萬言乎？讀是書者，取其詁經之語，而置其經外之旁文可也。所解惟上、下經爲詳，繫辭稍略，説卦、雜卦尤略，序卦一傳則排斥非孔子之言，但録其文而無一語之詮釋。蓋自李清臣、朱翌、葉適以來，即有是説，不始於申子。其論易中錯簡、脱簡、羡文凡二十有四，但注「某某當作某某」，而不改經文。亦尚有鄭氏注書之遺意，與王柏諸人毅然點竄者異焉。

周易本義通釋十二卷　編修勵守謙家藏本

元胡炳文撰。炳文字仲虎，號雲峰，婺源人。嘗爲信州道一書院山長，再調蘭溪州學正，不赴。元史儒學傳附載其父一桂傳中。程敏政新安文獻志所謂「篤志朱子之學」者也。是書據朱子本義，折衷是正，復採諸家易解，互相發明。序題「延祐丙辰」，蓋仁宗之三年。初名精義，後病其繁冗，删而約之，改名通釋。所著雲峰集中有與吴澄書曰：「本義通釋，郭文卿守浮梁時爲刊其半。出之太早，今悔之無及也。刊本今以呈似，中有謬戾，閣下削之繩之，幸甚。」云云。考炳文生於宋理宗淳祐十年，其與澄書時稱年七十，則當在延祐七年庚申，在作序之後三年。其所悔者改正與否，則不可考矣。王懋竑白田雜著曰：「今刻雲峰本義通釋，上、下經解極詳，以大全本考之，增多者十之三四。象傳以後，語皆與大全同，無增多者。疑通釋自彖傳後已失去，後人鈔集大全所載以續之耳。又大全序例謂『胡氏通釋既輒變古易，又於今易不免離析先後』。考今刻乃一依古易，此不可曉，或者今刻非原本歟。」云云。案此本前有明潘旦序，稱：「書經兵燹，多至亡佚。其九世孫珙及弟玠募遺書，得上、下經而闕十翼，乃復彙蒐諸集中以補之。」然則今本十翼乃珙、玠所裒録，非炳文之舊。懋竑蓋未見旦序，故有此疑。惟大全稱炳文輒變古易，又離析今文之先後，則彖傳、象傳必附經文之中。何以解傳者佚而解經者不佚，又何以珙、玠所得舊本上、下經文釐然完具，而不參以象傳、彖傳，此則誠不可曉。然大全爲胡廣等龐雜割裂之書，所言亦不盡可據也。

周易本義集成十二卷　兩江總督採進本

元熊良輔撰。良輔字任重，號梅邊，南昌人。延祐四年嘗領鄉薦，其仕履未詳。是書前有良輔自序，稱：「丁巳以易貢，同志信其僭説，閔其久勤，出工費鋟梓。」丁巳即延祐四年。元舉鄉試始於延祐甲寅，是科其第二舉也。考元史選舉志，是時條制，漢人、南人試經疑二道、經義一道，易用程氏、朱氏，而亦兼用古注疏。不似明代之制，惟限以程、朱，後併祧程而專尊朱。故其書大旨雖主於羽翼本義，而與本義異者亦頗多也。黄虞稷千頃堂書目稱良輔是書外有易傳集疏，不傳。考易傳集疏，元熊凱撰。江西通志載：「凱字舜夫，南昌人，以明經開塾四十年，時稱遥谿先生。同邑熊良輔受業焉。」良輔序中亦稱受易於遥谿熊氏，與通志合，截然兩人、兩書。虞稷以同姓、同里、同時，遂誤合爲一耳。

大易象數鉤深圖三卷　内府藏本

元張理撰。理字仲純，清江人。延祐中官福建儒學提舉。是書上卷太極圖，即周子之圖。其八卦方位圖，則本乎説卦。又有乾知大始、坤作成物、參天兩地及大衍五十五數諸圖，又有仰觀俯察、剛柔相摩、八卦相盪諸圖，而皆溯源於河、洛。中卷天地數、萬物數二圖，仍即大衍策數。又有元會運數、乾坤大父母、復姤小父母、八卦生六十四卦、八卦變六十四卦圖，又有反對變與不變諸卦圖。以下則六十四卦之圖，分見於中、下二卷。而參伍錯綜，序卦、雜卦亦皆爲之圖。蓋純主陳摶先天之學，朱子所謂「易外別傳」者也。其書初少傳本，通志堂經解刻本與劉牧之書均從道藏録出。諸家著録卷帙亦復不同。朱睦㮮授經圖載理之書有周易圖三卷，易象數鉤深圖六卷，易象圖説六卷。焦竑經籍志書目與授經圖同，而鉤深圖則作三卷。朱彝尊經義考止載易象圖説六卷，而不載此書之名。蓋由未見其本，但據書目傳鈔，故輾轉岐誤。白雲霽道藏目録以易數鉤隱圖與理此書竝屬之劉牧，亦由但據標題繕録，未及核作者之異同。今以徐氏刻本定著三卷，併詳考舛異之故，以袪來者之疑焉。

學易記九卷

兩江總督採進本

元李簡撰。簡里貫未詳。自序稱「己未歲，承乏倅泰安」。己未爲延祐六年，蓋仁宗時也。其書所採自子夏易傳以逮張特立、劉肅之説，凡六十四家，一一各標姓氏。其集數人之説爲一條者，亦注曰「兼采某某」。其不注者則簡之新義矣。大抵仿李鼎祚集解、房審權義海之例。自序稱：「在東平時，與張中庸、劉佚菴、王仲徽聚諸家易解節取之。張與王意在省文，劉之設心務歸一説。僕之所取，寧失之多，以俟後來觀者去取。」又稱：「己未歲，取向所集重加去取。」則始博終約，蓋非苟作，故所言多淳實不支。其所見楊彬夫五十家解、單渢三十家解，今竝不存。即所列六十四家遺書，亦多散佚。因簡所輯猶有什一之傳，則其功亦不在鼎祚、審權下也。

周易集傳八卷

浙江巡撫採進本

元龍仁夫撰。仁夫字觀復，廬陵人，吉安府志作永新人，官湖廣儒學提舉。事蹟附載元史儒學傳劉訦傳內。是書成於至治辛酉。董真卿周易會通稱其有自序一篇，此本無之。朱彝尊經義考於舊序例皆全録，而亦無是篇，則其佚已久矣。吉安府志云：「仁夫周易集傳十八卷，立説主本義，每卦爻下各分變象辭占。今觀所注，雖根據程、朱者多，而意在即象詁義，於卦象、爻象互觀析觀，反覆推闡，頗能抒所心得，非如胡炳文等徒墨守舊文者也。」吉安府志又稱其謂雜卦爲占筮書，引春秋傳「屯固」「比入」「坤安」「震殺」，皆以一字斷卦義爲證。其説似創而有本，亦異乎游談無根者。元史稱仁夫所著周易，多發前儒之所未發，殆不誣矣。原書十八卷，今僅存八卷。然上、下經及彖、象傳皆已全具。朱彝尊曝書亭集有是書跋，謂：「通志堂刻經解時，以其殘闕，故未開雕。」云云。夫傳録古書，當問其義理之是非，不當論其篇頁之完闕。殘編斷簡，古人尚且蒐輯。仁夫是書，上、下經裒然俱完，而以不全棄之，何其傎也！況傅寅禹貢説斷、程大昌禹貢圖説、林之奇三山書傳，今以永樂大典校之，皆非完帙，而徐氏仍登棃棗，是又何説歟？今特録存之，俾重著於世，庶於經義有所裨焉。

讀易考原一卷　兩淮馬裕家藏本

元蕭漢中撰。漢中字景元，泰和人。此書成於泰定中。凡三篇，一論分卦，一論合卦，一論卦序。不敢顯攻序卦傳，而亦不用序卦之説。大旨以圓圖乾、坤、坎、離居四正爲上經之主卦，兑、艮、巽、震居四隅爲下經之主卦。復案圖列説，申明上經三十卦、下經三十四卦，多寡分合之不可易；

及乾、坤之後受以屯、蒙，屯、蒙之後受以需、訟，次序之不可紊。卷後論三十六宫陰陽消長之機，以互明其義。漢中書不甚著，明初朱升作周易旁注，始采録其文，附於末卷。升自記稱：「謹節縮爲上、下經二圖於右，而録其原文於下，以廣其傳。」則是書經升編輯，不盡漢中之舊。今升書殘缺，而漢中書反附以得存。此本即從升書中録出别行者。朱彝尊經義考作三卷，蓋以一篇爲一卷，實無别本也。其説雖亦出於邵氏，而推闡卦序，頗具精理。蓋猶依經立義，視黑白奇偶蔓衍而不可極者，固有殊焉。

易精藴大義十二卷 永樂大典本

元解蒙撰。蒙字求我，吉水人。江西通志作字來我，蓋字形相近而誤也。中天曆乙巳江西鄉試。與兄子尚字觀我者，竝以善易名於時。子尚所著周易義疑通釋，久無傳本。朱彝尊經義考載蒙此書，亦注曰「佚」。今檢永樂大典所引蒙説尚多，自豫、隨、无妄、大壯、睽、蹇、中孚七卦及晉卦之後四爻外，其他皆文義完備，釐然具存。其例於彖、爻之下，采輯先儒之説，而末乃發明以己意，各以「蒙謂」二字别之。雖原爲場屋經義而作，而薈萃羣言，頗能得其精要。凡所自注，亦皆簡明。如頤六三云：「頤養之道，以安靜爲無失。二、三動體，故顛拂而凶；四、五靜體，故顛拂亦吉。震三爻凶，艮三爻吉可見。」恒彖云：「恒有二義，利貞者不易之恒，所以體常；利有攸往者不已之恒，所以盡變。天地聖人所以能恒者，以其能盡變也。」其義雖多根柢前人，而詮釋明晰，亦殊有裨於後學。至所引諸家之説，往往不署名氏，蓋用朱子詩集傳例。雖不能盡考其由來，要皆宋元以前諸經師之緒論也。謹依文排比，正其譌舛，釐爲十二卷，著之於録。解縉春雨堂集稱是書爲易經精義，經義考稱是書爲周易精蘊。考永樂大典所題，實作解蒙周易精蘊大義，二人皆偶誤記也。今據以爲斷，庶不失其本名焉。

易學變通六卷　永樂大典本

元曾貫撰。貫字傳道，泰和人。天曆辛巳舉於鄉，官紹興府照磨。元季兵亂，棄官家居，鄉人推率義軍。後禦龍泉寇，戰敗抗節死。事蹟見江西通志。所著四書類辨、學庸標旨諸書，俱湮没不傳。惟朱彝尊經義考載有周易變通之名，亦以爲已佚。今檢永樂大典所録周易各卦下，收入貫説尚多，其標題實作易學變通。知彝尊未見原書，故稱名小誤矣。謹裒輯彙次，釐爲六卷。其豫、隨、无妄、大壯、晉、睽、蹇、中孚八卦爲永樂大典所原闕者，今無可校補，亦姑仍其舊。是書純以義理説易，其體例每篇統論一卦六爻之義，又舉他卦辭義之相近者參互，以求其異同之故。如乾卦云：「乾六爻不言吉，無往而非吉也。初九處之以『勿用』，即初九之吉。上九處之以『无悔』，即上九之吉。二之『見』，五之『飛』，三、四之『无咎』皆然。蓋位或過於中，而聖人處之則無不中；位或失於正，而聖人處之則無不正。所謂『剛健中正，純粹精』者，吉有大於此乎。」坤卦云：「或疑六三『王事』爲六五之事。然乾主君道，坤主臣道，『王事』乃九五『大人』之事。故坤卦三、五，聖人皆有戒辭者，其所以正人臣之體，爲慮深矣。」艮卦云：「敦臨、敦艮皆吉，何也？曰敦者，厚道也。厚於治人則人無不服者，臨是也；厚於治己而已無不修者，艮是也。人之自處容可處於薄乎？」凡此諸條，立義皆爲純正。其他剖析微細，往往能出前儒訓解之外。間取互體立説，兼存古義，尤善持平。在説易諸家，可謂明白而篤實。且其成仁取義，無愧完人。而元史忠義傳失於記載，殊傷漏略。今蒐輯遺文，著之於録。非惟其書足重，亦因以表章大節，發潛德之幽光焉。

周易會通十四卷 内府藏本

元董真卿撰。真卿字季真，鄱陽人。嘗受學於胡一桂。斯編實本一桂之纂疏而廣及諸家，初名曰周易經傳集程朱解附録纂注。蓋其例編次伏羲、文王、周公之經而翼以孔子之傳，各爲標目，使相統而不相雜。其無經可附之傳，則總附於六十四卦之後，是爲「經傳」。又取程子之傳、朱子之本義夾注其下，是爲「集解」。其程子經説、朱子語録各續於傳之後，是爲附録。又取一桂纂疏而增以諸説，是爲纂注。其後定名會通者，則以程傳用王弼本，本義用吕祖謙本，次第既不同，而或主義理，或主象占，本旨復殊。先儒諸説，亦復見智見仁，各明一義，齗齗爲門户之爭。真卿以爲諸家之易，途雖殊而歸則同，故兼搜博采，不主一説，務持象數、義理二家之平。即蘇軾、朱震、林栗之書爲朱子所不取者，亦並録焉。視胡一桂排斥楊萬里易傳，不肯録其一字者，所見之廣狹，謂之「青出於藍」可也。惟其變易經文，則不免失先儒謹嚴之意，可不必曲爲之詞耳。

周易圖說二卷

浙江吴玉墀家藏本

元錢義方撰。義方字子宜，湖州人。嘗舉進士，其仕履則不可考矣。是書成於至正六年。上卷爲圖者七，下卷爲圖者二十。朱彝尊經義考作一卷，疑傳寫誤也。其説謂河圖爲作易之本。大傳云：「河出圖，洛出書，聖人則之。」乃聖人即理推數，二者可以相通，故竝言之，非謂作易兼取洛書。又引朱子之説，謂圓圖有造作，且欲挈出方圖在圓圖之外。又謂：「朱子易本義於先天、後天卦位必歸其説於邵子，似歉然有所未足。是以不揆其陋，而有所述。」云云。其説較他家爲近理，然猶據陳摶以來相傳之圖書言之。其實河圖、洛書雖見經傳，而今之五十五點、四十五點兩圖，其爲古之圖書與否，則經傳絶無顯證。援左傳有三墳，而謂即毛漸之書；援周禮有連山、歸藏，而謂即劉炫之書，考古者其疑之矣。且繫辭言洛書，不言即九疇；洪範言九疇，不言即洛書。盧辯注大戴禮記，始云明堂九室法龜文，其説起於後周。阮逸僞作關朗易傳，因而述之。於是洛書之文始傳爲四十五點，而九疇亦遂併於易。義方知九疇之非易，而不知洛書本非九疇，其辨猶爲未審。至其謂自漢以來惟孟喜本易緯稽覽圖，推易離、坎、震、兑各主一方，餘六十卦每卦主六日七分爲有圖之始。寥寥千載，至陳摶始本易有太極、兩儀、四象、八卦，「因而重之」及「天地定位」等説，爲横、圓、大、小四圖，傳穆、李以及邵子。又本「帝出乎震」之説，爲後天圓圖。内大横圖之卦爲否、泰，反類方圖。則於因易而作圖，非因圖而作易。本末源流，粲然明白。不似他家務神其説，直以爲古聖之制作，可謂獨識其真矣。其所演二十七圖，亦即因舊圖而變易之。奇偶之數，愈推愈有。人自爲説，而其理皆通。譬之自古至今，弈無同局，固亦不妨存之以備一家焉。

周易爻變義藴四卷

浙江吴玉墀家藏本

元陳應潤撰。應潤，天台人。始末未詳。黄溍集有是書序，稱其字曰澤雲。又稱其延祐間由黄巖文學起爲郡曹掾，數年調明掾，至正乙酉調桐江賓幕。卷首應潤自序題「至正丙戌」，案：經義考載此序，題「至治丙戌」。至治有「壬戌」無「丙戌」，干支不合。且黄溍序題「至正丙戌」，序中稱：「延祐間余丞寧海。又數年，余爲越上監運。三年，余乞老金華」。溍，延祐二年進士，下距「至治壬戌」僅六年，安有乞老之事？此必經義考刊版之譌，非此本傳寫之誤也。謹附訂於此。則是書成於桐江也。其書大旨謂義理玄妙之談，墮於老莊，先天諸圖雜以參同契「爐火」之説，皆非易之本旨。故其論八卦，惟據説卦傳「帝出乎震」一節，爲八卦之正位，而以「天地定位」一節，邵氏指爲先天方位者，定爲八卦相錯之用。謂文王演易，必不顛倒伏羲之文，致相矛盾。其論太極、兩儀、四象，以天地爲兩儀，以四方爲四象，謂未分八卦，不應先有揲蓍之法，分陰、陽、太、少。周子無極、太極、二氣、五行之説，自是一家議論，不可釋易。蓋自宋以後，毅然破陳摶之學者，自應潤始。所注用王弼本，惟有上、下經六十四卦，據春秋傳某卦之某卦例。如乾之姤曰「潛龍勿用」、乾之坤曰「見羣龍无首，吉」之類，故名曰「爻變」。其稱一卦可變六十四卦，六爻可變三百八十四爻，即漢焦贛易林之例。蓋亦因古占法而推原其變通之意，非臆説也。每爻多證以史事，雖不必其盡合，而因卦象以示吉凶，以決進退，於聖人作易垂訓之旨實有合焉。在宋、元人易解之中，亦翹然獨秀者矣。

周易參義十二卷

浙江巡撫採進本

元梁寅撰。寅字孟敬，新喻人。元末辟集慶路儒學訓導，以親老辭。明年兵起，遂隱居教授。明初徵修禮樂書，將授以官，復以病辭歸，結屋石門山。學者稱曰「梁五經」。著有禮書演義、周禮考注、春秋考義諸書。此乃所作周易義疏，成於至元六年，前有寅自序。其大旨以程傳主理，本義主象，稍有異同。因融會參酌，合以爲一，又旁採諸儒之説以闡發之。其分上、下經，十翼，一依古易篇次，即朱子所用吕祖謙本。其詮釋經義，平易近人，言理而不涉虛無，言象而不涉附會。大都本日用常行之事，以示進退得失之機，故簡切詳明，迥異他家之轇轕。雖未能剖析精微，論其醇正，要不愧爲儒者之言焉。

周易文詮四卷

兩淮馬裕家藏本

元趙汸撰。汸字子常，休寧人。師事黄澤，受易象、春秋之學。隱居著述，作東山精舍以奉母。洪武二年召修元史，不願仕，乞還，未幾卒。事蹟具明史儒林傳。此書大旨源出程、朱，主於略數言理。然其門人金居敬跋稱其「契先天内外之旨，且悟後天卦序之義」，則亦兼用邵氏學也。經義考載八卷，此本舊鈔止四卷，然首尾完具，不似有所闕佚，或後人合併歟？原書上方，節節標題細字，詳其詞意，不類汸筆，或後來讀者所題識，於經義亦無所發明，今併從删削。汸平生學力，多在春秋，所著說春秋之書亦最多，竝已別著於録。其說易衹有此本，流傳頗罕。其中詮釋義理，大抵宋儒緒論爲多，不及其春秋諸書之深邃。然其於天道人事、吉凶悔吝之際，反覆推闡，亦頗明暢。觀其名書曰「文詮」，其宗旨固可見矣。

欽定四庫全書總目卷五

經部五

易類五

周易大全二十四卷　内府藏本

明胡廣等奉敕撰。考明成祖實録，永樂十二年十一月甲寅，命行在翰林院學士胡廣、侍講楊榮、金幼孜脩五經四書大全，十三年九月告成。成祖親製序，弁之卷首，命禮部刊賜天下。賜胡廣等鈔幣有差，仍賜宴於禮部。同時預纂脩者，自廣、榮、幼孜外，尚有翰林編脩葉時中等三十九人。此其五經之首也。朱彝尊經義考謂廣等「就前儒成編，雜爲鈔録，而去其姓名。易則取諸天台、鄱陽二董氏，雙湖、雲峯二胡氏，於諸書外未寓目者至多」云云。天台董氏者，董楷之周易傳義附録；鄱陽董氏者，董真卿之周易會通；雙湖胡氏者，胡一桂之周易本義附録纂疏；雲峯胡氏者，胡炳文之周易本義通釋也。今勘驗舊文，一一符合。彝尊所論，未可謂之苛求。然董楷、胡一桂、胡炳文篤守朱子，其説頗謹嚴；董真卿則以程、朱爲主而博采諸家以翼之，其説頗爲賅備。取材於四家之書，而刊除重複，勒爲一編，雖不免守匱抱殘，要其宗旨則尚可謂不失其正。且二百餘年以此取士，一代之令甲在焉。録存其書，見有明儒者之經學，其初之不敢放軼者由於此，其後之不免固陋者亦由於此。鄭曉今言曰：「洪武開科，五經皆主古注疏及宋儒：易，程、朱；書，蔡；詩，朱；

春秋，左、公羊、穀梁，程、胡、張；禮記，陳。後乃盡棄注疏，不知始何時。或曰始於頒五經大全時，以爲諸家説優者采入故耳。然古注疏終不可廢也。」是當明盛時，識者已憂其弊矣。觀於是編，未始非千古得失之林也。

易經蒙引十二卷

江蘇巡撫採進本

明蔡清撰。清字介夫，號虚齋，晉江人。成化甲辰進士，官至南京國子監祭酒。事蹟具明史儒林傳。是書專以發明朱子本義爲主，故其體例以本義與經文並書。但於本義每條之首加一圈以示别，蓋尊之亞於經也。然實多與本義異同。如經分上、下，朱子云：「以其簡袠重大，故分爲上、下二篇。」清則云：「六十四卦何以不三十二卦爲上經，三十二卦爲下經，而乃上經三十卦，下經三十四卦也？」「用九，見羣龍无首」，朱子云：「『用九』是諸卦百九十二陽爻之通例，『見羣龍无首』是此卦六爻皆用九者之占辭。」清則云：「孔子象傳及文言，節節皆是主六爻皆用九者言，但本義不主此説。」又云：「若依朱子之説，則於用九之下又當添『六爻皆用九者』一句。」「知至至之，知終終之」，朱子説：「上句『知』字重，下句『終』字重。」清則云：「此未必是本文之意。本文下句一『知』字，豈偶然哉？豈姑以對上句而無所當哉？」其他不肯委曲附和，大率類此。朱子不全從程傳，而能發明程傳者莫若朱子；清不全從本義，而能發明本義者莫若清。醇儒心得之學，所由與爭門户者異歟？

讀易餘言五卷 副都御史黄登賢家藏本

明崔銑撰。銑字仲鳧，一字子鍾，安陽人。弘治乙丑進士，官至南京禮部侍郎，謚文敬。事蹟具明史儒林傳。是書以程傳爲主，而兼采王弼、吴澄之説，與朱子本義頗有異同。大旨舍象數而闡義理，故謂陳摶所傳圖象皆衍術數，與易無干。諸儒卦變之説亦支離無取。其上經卦略、下經卦略、大象説皆但標卦名，不載經文，繫辭輯、説卦訓則備録傳文。蓋書非一時所著，故體例偶殊。且經有卦名，而繫辭、説卦則無章名，其勢亦不能不異也。惟删説卦廣象八章，而别以蔡清之説增損之。又序卦、雜卦、文言三傳一槩從删，則未免改經之嫌。要其篤實近理，固不失爲洛、閩之傳矣。朱彝尊經義考載銑讀易餘言五卷，又載銑易大象説一卷。考此書第三卷即大象説，彝尊以其别本單行，遂析爲二，偶未考也。今附著於此，不更複出焉。

易學啓蒙意見五卷 浙江汪啓淑家藏本

明韓邦奇撰。邦奇字汝節，朝邑人。正德戊辰進士，官至南京兵部尚書，謚恭簡。事蹟具明史本傳。是編因朱子易學啓蒙而闡明其説。一卷曰本圖書，二卷曰原卦畫，皆推演邵氏之學，詳爲圖解。三卷曰明蓍策，亦發明古法，而附論近世後二變不掛之誤。四卷曰考占變，述六爻不變及六爻遍變之舊例。五卷曰七占，凡六爻不變、六爻俱變及一爻變者皆仍其舊，其二爻、三爻、四爻、五爻變者則别立新法以占之。所列卦圖，皆以一卦變六十四卦，與焦延壽易林同。然其宗旨則宋儒之易，非漢儒之易也。

易經存疑十二卷　福建巡撫採進本

明林希元撰。希元字茂貞，號次崖，同安人。正德丁丑進士，官至廣東提學僉事。見自序及王慎中序。泉州府志稱官至大理寺丞，誤也。明史儒林傳附載蔡清傳中。是書用注疏本。其解經一以朱子本義爲主，多引用蔡清蒙引。故楊時喬周易古今文謂其「繼蒙引而作，微有異同」。其曰「存疑」者，洪朝選序謂其「存朱子之疑以羽翼程、朱之傳、義也」。自序謂：「今必下視程、朱，則吾之説焉能有易於彼。無已則上宗鄭、賈，鄭、賈之説其可施於今乎？」蓋其書本爲科舉之學，故主於祧漢而尊宋。然研究義理，持論謹嚴，比古經師則不足，要猶愈於剽竊庸膚，爲時文弋獲之術者。蓋正嘉以前，儒者猶近篤實也。原刻漫漶，此本爲乾隆壬戌其裔孫廷玣所刻。舊有王慎中、洪朝選二序，載朱彝尊經義考，廷玣删之。所言皆無大發明，今亦不復補録焉。

周易辨録四卷　山東巡撫採進本

明楊爵撰。爵字伯脩，富平人。嘉靖己丑進士，官至山東道監察御史。以上疏極論符瑞，下詔獄，繫七年始得釋。事蹟具明史本傳。其書前有自序，題「嘉靖二十四年乙巳」，蓋即其與周怡、劉魁等在獄中講論所作，故取繫辭「困德之辨」一語爲名。明史本傳作周易辨説，其名小異。然藝文志仍作周易辨録，蓋刊本字誤也。所釋惟六十四卦，每卦惟載上、下經卦辭。然其訓解則六爻及彖傳、象傳皆兼及之，特不列其文耳。其説多以人事爲主，頗剴切著明。蓋以正直之操，處杌陧之會，幽居遠念，寄託良深，有未可以經生常義律之者。然自始至終，無一字之怨尤，其所以爲純臣歟？

易象鈔四卷

兩淮鹽政採進本

明胡居仁撰。居仁字叔心，號敬齋，餘干人。事蹟具明史儒林傳。是書前有居仁自序，稱：「讀易二十年，有所得輒鈔積之，手訂成帙，取先儒圖書論説合於心得者録之。」三卷以下則皆與人論易往復劄記及自記所學，又爲隱括歌辭以舉其要。居仁之學雖出於吴與弼，而篤實則遠過其師。故在明代，與曹端、薛瑄俱號醇儒。所著居業録，至今稱道學正宗。其説易亦簡明確切，不涉支離玄渺之談。考萬曆乙酉御史李頤請以居仁從祀孔子廟庭疏，稱：「所著有易傳、春秋傳，今頗散佚失次。」朱彝尊經義考載有居仁易通解，注曰「未見」，而不載此書，豈此書一名易通解歟？然李頤時已稱散佚失次，何以此本獨完？疑後人裒其緒言，重爲編次，非居仁手著也。

周易象旨決録七卷

浙江巡撫採進本

明熊過撰。過字叔仁，號南沙，富順人。嘉靖己丑進士，官至禮部祠祭司郎中。明史文苑傳附載陳束傳中，稱過及陳束、王慎中、唐順之、趙時春、任瀚、李開先、吕高爲「嘉靖八才子」。然過研思經訓，實不止以文章名。是書據過自序，初名易象旨，後遂加「決録」之名。案三輔決録，名始趙岐，而命名之義，古無傳説。以意推之，蓋定本之謂也。自序又稱：「初聞閩人蔡清善爲易。

購得其書，惟開陳宗義，不及象，於是稍記疑者爲贅言。辛丑謫入滇，晤楊慎，勸成此書。」蓋初讀宋易，覺不合，乃去而爲漢易，故其説以象爲主。考左傳韓起適魯，見易象、春秋。古人既以「象」名，知象爲易之本旨。故繫辭傳曰：「易者，象也。象也者，像也。」王弼以下變而談理，陳摶以下變而言數，所謂各明一義者也。後人併而一之，概稱象數。於是喜爲杳冥之説者併而埽之，乃諱言象數。明人之易，言數者入道家，言理者入釋氏，職是故矣。過作此書，雖未能全復漢學，而義必考古，實勝支離恍惚之談。其據舊説以證今文者，凡證字一百有一，證音三十有八，證句二十有六，證脱字七十有九，證衍文三十，證當移置者三十有二，證舊以不誤爲誤者三。所據之書，如郭京之僞託舊本、吴澄之妄改古經者，概用引援，不免輕信。又如坤卦小象，但知魏志之作「初六，履霜」，不知後漢書之實作「履霜堅冰」，亦閒有未審。然皆據前文，非由臆撰。又但注某字據某書當作某，亦不敢擅更一字，猶屬謹嚴。在明人易説之中，固卓然翹楚矣。

易象鉤解四卷　兩淮馬裕家藏本

明陳士元撰。士元字心叔，應城人。嘉靖甲辰進士，官至灤州知州。是編專闡經文取象之義。前有士元自序，稱：「朱晦菴、張南軒善談易者，皆謂互體、五行、納甲、飛伏之類俱不可廢。蓋文、周象爻，雖非後世緯數瑣碎，而道則無不冒焉。傳注者惟以虚玄之旨例之，有遺論矣。」其履卦注又曰：「京房之學授受有自，今之學士大夫擯斥不取。使聖人不因卜筮而作易，惟欲立言垂訓，則畫卦揲蓍何爲哉？朱子曰：『易之取象，固必有所自來，而其爲説必已具於太卜之官，今不可復考，亦不可謂象爲假設。』然則京氏之學安知非太卜所藏者耶。」云云。案太卜之法雖不可考，然左傳所載變爻、互體諸占，猶可以見其崖略。漢易自田何以下無異説。孟喜「六日七分」之學，云出田王孫，而田王孫之徒以爲非；焦贛「直日用事」之例，云出孟喜，而孟喜之徒又以爲非；劉向校書，亦云「惟京氏爲異黨」。漢書儒林傳源委秩然，可以覆案。京氏書雖多散佚，而易傳三卷猶存，其占法亦大概可考，與左傳所載迥殊。士元以京氏易當太卜所藏，殊爲無據。且京氏之法絶不主象，引以爲明象之證，亦失其真。然其謂易以卜筮爲用，卜筮以象爲宗，則深有合於作易之本旨。故所論雖或穿鑿，而犁然有當者爲多，要勝於虚談名理、荒蔑古義者矣。是書每卷標目之下皆題歸雲别集，卷數自五十八至六十一。蓋當時編入全集，如李石方舟集收易互體之例。其序又稱：「往爲彙解二卷，括其大凡」。考明史藝文志載士元易象鉤解四卷，易象彙解二卷，則彙解亦發明象學者。今以未見其書，故不著録焉。

周易集注十六卷

浙江巡撫採進本

明來知德撰。知德字矣鮮，梁山人。嘉靖壬子舉人，萬曆三十年總督王象乾、巡撫郭子章薦授翰林院待詔，知德以老疾辭，詔以所授官致仕。事蹟具明史儒林傳。知德自鄉舉之後，即移居萬縣深山中，精思易理。自隆慶庚午至萬曆戊戌，閲二十九年而成此書。其立説專取繫辭中「錯綜其數」

以論易象，而以雜卦治之。錯者陰陽對錯，如先天圓圖乾錯坤，坎錯離，八卦相錯是也。綜者一上一下，如屯、蒙之類本是一卦，在下爲屯，在上爲蒙，載之文王序卦是也。其論「錯」有四正錯，有四隅錯。論「綜」有四正綜，有四隅綜，有以正綜隅，有以隅綜正。其論「象」，有卦情之象，有卦畫之象，有大象之象，有中爻之象，有錯卦之象，有綜卦之象，有爻變之象，有占中之象。其注皆先釋象義、字義及錯綜義，然後訓本卦、本爻正意。皆由冥心力索，得其端倪，因而參互旁通，自成一説，當時推爲絶學。然上、下經各十八卦本之舊説，而所説中爻之象亦即漢以來互體之法，特知德縱横推闡，專明斯義，較先儒爲詳盡耳。其自序乃高自位置，至謂：「孔子没後而易亡，二千年有如長夜。」豈非伏處村塾，不盡覩遺文祕籍之傳，不盡聞老師宿儒之論，師心自悟，偶有所得，遽夜郎自大哉？故百餘年來，信其説者頗多，攻其説者亦不少。然易道淵深，包羅衆義，隨得一隙而入，皆能宛轉關通，有所闡發，亦不必盡以支離繁碎斥也。

讀易紀聞六卷　浙江吴玉墀家藏本

明張獻翼撰。獻翼字幼于，崑山人。後更名敉，嘉靖中國子監生。明史文苑傳附見皇甫涍傳末。此書乃其早年讀書上方山中所著。獻翼放誕不羈，言行詭異，殆有狂易之疾。而其説易乃平正通達，篤實不支，祧莊老之玄虛，闡程、朱之義理，凡吉凶、悔吝、進退、存亡足爲人事之鑒者，多所發明，得聖人示戒之旨。朱彝尊經義考載獻翼易注凡五種，惟讀易韻考注「存」。其讀易約説三卷、易雜說二卷、讀易臆說二卷及此書六卷，均注曰「未見」。今蒐採遺編，惟得讀易韻考及此書。韻考紕漏殊甚，如盲談黑白，聾辨宮商，已別存目。此書不載經文，但逐節拈說，有如劄記之體。江南通志文苑傳稱：「獻翼好易，十年中箋注凡三易。」蓋亦積漸研思而始就者。殆中年篤志之時，猶未頽然自放歟？

八白易傳十六卷　湖北巡撫採進本

明葉山撰。山字八白，里貫未詳。經義考引張雲章之言曰：「八白本末無所考見，詳其自序，當是一老諸生。」是書屢易其稾，自序凡四。其初序略云：「予十歲讀周易，越十年能厭學究語。又十四年爲嘉靖丁卯，又六年從鹿田精舍見楊誠齋易傳，又九年爲今壬子。」云云。再序題「癸丑六月」，三序題「丁巳三月」，四序題「嘉靖三十九年七月」。攷壬子爲嘉靖三十一年，由壬子逆數十六年，當爲丁酉。序云「丁卯」者，由原本「酉」字用古體作「丣」，故傳寫誤也。據其所言，此書始於壬子，迄於庚申，凡九年而蕆事。以初序年月考之，山當生於弘治十七年甲子。至庚申書成時，年已五十七矣。其書專釋六十四卦爻辭，而於彖、象、文言、十翼皆不之及。大旨以誠齋易傳爲主，出入子史，佐以博辨。蓋借易以言人事，不必盡爲經義之所有。然其所言亦往往可以昭法戒也。

洗心齋讀易述十七卷　兩江總督採進本

明潘士藻撰。士藻字去華，號雪松，婺源人。萬曆癸未進士，官至尚寶司少卿。事蹟附見明史李沂傳。

其書上、下經十卷，繫辭至雜卦七卷。每條皆先發己意，而采綴諸儒之説於後。前有焦竑序，稱：「主理莫備於房審權，主象莫備於李鼎祚，士藻裒而擇之。」則所據舊説，惟采周易義海、周易集解二書。然大旨多主於義理，故取義海者較多，集解所載如虞翻、干寶諸家涉於象數者，率置不録。蓋以房書爲主，而李書輔之也。案義海一百卷久佚，今所存者乃李衡撮要十五卷，非其舊本。竑序云云，豈萬曆中舊本猶存耶？然宋志已不著録，陳振孫書録解題亦云僅見四卷。其一百卷者未見，士藻安得而見之？竑殆夸飾之詞。然衡所編者其源本出於房氏，即謂之房氏書亦可也。

像象管見九卷　内府藏本

明錢一本撰。一本字國瑞，武進人。萬曆癸未進士，官至福建道監察御史，以建言罷歸。天啓初，追贈太僕寺卿。事蹟具明史本傳。一本研究六經，尤邃於易。是書不取京、焦、管、郭之説，亦不取陳摶、李之才之義，惟即卦爻以求象，即象以明人事，故曰「像象」。象者天道，像其象者盡人合天之道也。大旨謂由辭得象，而後無虚懸説理之病；知象爲像，而後有神明默成之學。而深闢言象遺理，言理遺象，彷彿其象而仍不知所以爲象之弊。雖間有支蔓，而篤實近理者爲多。自稱用力幾二十年，亦可謂篤志矣。

周易劄記三卷　山東巡撫採進本

明逯中立撰。中立字與權，號確齋，聊城人。萬曆己丑進士，由行人擢給事中，以建言貶陝西按察使司知事。事蹟具明史本傳。是書明史藝文志不著録，朱彝尊經義考亦不載。蓋當時編次無法，與其兩垣奏議合爲一書，故録經解者無自而著其名也。其書首爲啓蒙集略，次分上經爲一卷，下經爲一卷，繫辭以下爲一卷。不載經文，但標卦名、篇名。隨筆記録，采之諸家者爲多，其以己意論著者僅十之四五。然去取頗爲精審，大旨以義理爲主，不失純正。至中孚、復、姤諸卦，亦參用易緯「卦氣起中孚」及「一卦值六日七分」之説。蓋平心論義，不立門户之見者也。

周易易簡説三卷

江蘇巡撫採進本

明高攀龍撰。攀龍字雲從，無錫人。萬曆己丑進士，官至左都御史，贈太子少保兵部尚書，謚忠憲。事蹟具明史本傳。是書詮解易義，每條不過數言。自序云：「其知易知，其能簡能，易簡而天下之理得。」又曰：「五經注於後儒，易注於夫子，説易者明夫子之言而易明矣。」是其著書大旨也。攀龍之學出入朱、陸之間，故以心言易。然其説曰：「天下有非易之心，而無非心之易，是故貴於學也。學也者，知非易則非心，非心則非易；易則吉，非易則凶悔吝」云云。則其説主於學易以檢心，非如楊簡、王宗傳等引易以歸心學，引心學以歸禪學，務屏棄象數，離絶事物，遁於恍惚窅冥，以爲不傳之祕也。是固不得謂以心言易爲攀龍之失矣。

易義古象通八卷

浙江巡撫採進本

明魏濬撰。濬字蒼水，松溪人。萬曆甲辰進士，官至右僉都御史，巡撫湖廣。是書前有明象總論八篇，一曰原古象，二曰理傳象，三曰八卦正象，四曰六爻位，五曰卦爻畫，六曰卦變，七曰互體，八曰反對動爻。大旨謂文、周之易即象著理，孔子之易以理明象。又於漢、魏、晉、唐諸人所論象義，取其近正者，故名古象通。而冠以「易義」，言即象以通義也。朱彝尊經義考改曰周易古象通，則與濬名書之意不合矣。明自萬曆以後經學彌荒，篤實者局於文句，無所發明；高明者騖於玄虛，流爲恣肆。濬獨能博考舊文，兼存古義。在爾時說易之家，譬以不食之碩果，殆庶幾焉。

周易像象述五卷

浙江吴玉墀家藏本

明吴桂森撰。桂森字叔美，無錫人，萬曆丙辰歲貢生。嘗從顧憲成、高攀龍講學東林，又從武進錢一本學易。一本嘗著像象管見諸書，桂森本其意而推闡之，以成是書，名曰像象述，明師承也。經文用注疏之本，惟删其卦首六畫。卷首列像象金鍼一篇，標舉大旨。卷中所注皆一字一句，究尋義理，頗有新意可參。據桂森自序，是書成於天啓乙丑。其上方朱字評語，稱「景逸高先生批」者，高攀龍筆；稱「錢師批」者，錢一本筆也。考攀龍以天啓丙寅家居時聞逮自裁。乙丑在前一年，當猶及見。一本在萬曆中爲御史，建言黜死。天啓辛酉已追贈太僕寺少卿，不應及見此書。蓋桂森以萬曆丁巳從一本於龜山，此書業已屬草，自序所謂「間有所述以呈先生，先生爲面訂之，惜未及半而先生曳杖」是也。然則桂森是書具有淵源，非師心自用者矣。

易用五卷　福建巡撫採進本

明陳祖念撰。祖念字脩甫，連江人，陳第子也。第所著毛詩古音考、屈宋古音義，發明引證，一洗吳棫諸家之陋，於韻學爲大有功。而所作伏羲圖贊則支離穿鑿，一無可取。祖念學不及其父，而說易乃勝其父。其書不載經文，但於每卦詳論其義，繫辭諸傳則各標章目而詮釋之。其每卦之論，皆逐爻尋理，務以切於人事爲主，故名曰「用」。前有原序曰：「義理無窮，非言之所能盡。故傳注於漢，疏義於唐，議論於宋，日起而日變，而易之用則隨時隨事可以自察。是以君子居則觀象玩辭，動則觀變玩占，聖人所以言易者，如是而已。傳曰：『精義入神，以致用也。利用安身，以崇德也。』朱文公言：『人能取易一卦若一爻熟讀而深玩之，推於事而反於身，則吉凶消長之理、進退存亡之道，無所求而不得，無所處而不當。』此則致用、利用之義也。」云云。其序後半佚脱，不知誰作，然一書大旨具在於斯矣。每卦之末率總論取象之義，多采互體之說。蓋其學於漢儒、宋儒無所偏附云。

易象正十六卷　福建巡撫採進本

明黄道周撰。道周字幼玄，一字螭若，漳浦人。天啓壬戌進士，崇禎中官至少詹事。明亡後，爲唐王聿鍵禮部尚書，督師出婺源。師潰被執，不屈死。事蹟具明史本傳。乾隆乙未賜謚忠端。此書孟應春謂崇禎庚辰道周在西庫始創爲之，成二十四圖。逮過北寺，毒痛之下，指節初續，又爲六十四象正。劉履丁則云三十年前道周即有易本象八卷，疇象八卷。蓋是書之稾本也。道周初作三易洞璣，以卦圖推休咎，而未及於諸爻之變象。是編則於每卦六爻皆即之卦以觀其變。蓋即左氏內、外傳所列古占法也。其自序曰：「凡易自春秋、左、國暨兩漢名儒，皆就動爻以論之；虞、王而下，始就本卦正應以觀攻取，只論陰陽剛柔，不分七八九六。雖易有『剛柔雜居』之文，而卦無不動玩占之理。象正專就動爻以明之。」此其述作之大旨。前列目次一卷，則以漢人分爻直日之法，按文王之卦序，以推歷代之治亂。後二卷則以河圖、洛書之數自相乘除，爲三十五圖。其詩斗差圖、詩斗差退限圖、詩元命圖、春秋元命圖，則本漢人緯書「四始」「五際」之説，而別衍之以爲推測之術。與所著三易洞璣相爲表裏。雖其以大傳所釋十一爻俱爲明之卦而作，未免附會。故朱朝瑛曰：「易象正，道周之自爲易也。孔子之所不盡言，言之不盡意者也。」然引伸觸類，要亦易之一隅。宋儒沈該之易傳、都挈之易變體義，皆發明之卦，與是書體例相似。而是書則每爻之下先列本卦之彖辭，次列本卦之象辭，然後列本爻之象辭，與沈氏、都氏之書又各不同。存之以爲二家之外傳，亦無不可也。

案：此書及三易洞璣皆邵氏皇極經世之支流也。三易洞璣全推衍於易外，故入之數學。此及倪元璐易內外儀，有轇轕於易外者，猶有據經起義發揮於易中者。且皆忠節之士，當因人以重其書。故此二編仍附録於經部焉，非通例也。

兒易内儀以六卷兒易外儀十五卷　浙江巡撫採進本

明倪元璐撰。元璐字玉汝，上虞人。天啓壬戌進士，歷官户部尚書，兼禮部尚書、翰林學士。崇禎甲申殉難，世祖章皇帝賜謚文貞。事蹟具明史本傳。是書内儀以專以大象釋經，每卦列卦爻辭至大象而止。以六十四卦大象俱有「以」字，「以」之爲言「用」也，故以名書。外儀則有原始、正言、能事、盡利、曲成、申命六目，而又别爲小目以紀之。皆取繫辭中字義名篇，篇各有圖。朱彝尊經義考曰：「倪氏元璐兒易内儀六卷，外儀十五卷。」内儀之下無「以」字。然此編爲當時刊本，實有「以」字，則經義考誤脱也。其名兒易者，蔣雯階序謂：「公作兒易，『兒』者，姓也。」攷説文「倪」「兒」本二字，惟漢書兒寬傳「兒」與「倪」同，則是古字本可通用。然考元璐自序實作「孩始」之義，其文甚明，則雯階不免於附會。萬曆中紫溪蘇濬已先有兒易，豈亦寓姓乎？元璐是書作於明運阽危之日，故其説大抵憂時感世，借易以抒其意，不必盡爲經義之所有。然易興於中古，而作易者有憂患。其書不盡言，其言不盡意，而引伸觸類，其理要無不包。春秋繁露其言不盡比附春秋，而儒者至今尊用之，爲其大義與春秋相發明也。元璐是書可作是觀，蓋與黄道周三易洞璣等書同爲依經立訓者也。其人足竝傳，其言亦足竝傳。必以章句訓詁核其離合，則細矣。

卦變考略一卷　浙江巡撫採進本

明董守諭撰。守諭字次公，鄞縣人。天啓甲子舉人。是書成於崇禎癸未。大旨以卦變之説出於漢學，程子始廢斥之。朱子謂伊川不信卦變，故於「柔來文剛」等處無依據。於是兼采其説，又以意變之，凡十九卦，今本義第九圖是也。然朱子上經釋變卦者九，唯訟卦與卦變圖同。餘則如隨自困、噬嗑、未濟來，據圖則自否、泰來。下經釋變卦者十，唯晉卦與圖同。餘則如復變師、姤變同人之類，例以復初上爲師之二，復二下爲師之初，姤初上爲同人之二，姤二下爲同人之初，及與初九變爲初爻之八，初六變爲初爻之七，皆不免前後異例。於是上考郎顗、京房、蜀才、虞翻諸家之説，定爲此圖。每卦皆參列古法，斷以己意，宋、元諸儒以及明來知德之屬亦參考焉。其言率有根據，不同他家之穿鑿。其證以象文，雖不免有所附會。然如謂屯本坎卦，初六升二，九二降初，是爲剛柔始交；比本師卦，一陽居二，則爲師衆所宗，故爲師，變而居五則爲天下所附，故爲比；謙卦乾之上九來居坤三，是天道下濟而光明，坤之六三上升乾位，是地道卑而上行；豫卦復初變五體比象，故利建侯。復初升二體師象，故利行師。於經文亦往往巧合。惟其篇末有曰：「或謂變乃易中之一義，非畫卦作易之本旨，愚獨以爲不然。」則主持未免太過。夫乾、坤之生六子，猶陰陽之生五行也。其配而爲六十四卦，猶干支之配爲甲子也。其因卦而推奇偶之變，猶干支相配而推衝合制化也。駁卦變者謂不應先有某卦，後有某卦，是猶談五行者謂水生於庚辛，不化於丙辛；火生於甲乙，不化於戊癸也。主卦變者以此爲作易之本，六十四卦皆自此來，是又猶以化氣爲本氣，亦乖五行相生之旨矣。故卦變之説不可謂非易之一義，亦不可謂爲本義。漢以來儒者相傳，要必有取，竝存以備參考可矣。

古周易訂詁十六卷　浙江巡撫採進本

明何楷撰。楷字玄子，晉江人。天啓乙丑進士，官至吏科給事中。唐王聿鍵起兵於閩，以爲禮部尚書。旋爲鄭芝龍所軋，憤恚而卒。事蹟具明史本傳。是書成於崇禎癸酉，蓋其筦榷江南時所作。卷末附以答客問一篇，借詁經以言時事也。觀其自序，論分經合傳之非古，然復引魏淳于俊對高貴鄉公語，則又未始不以分附爲便。故其前分上、下經爲六卷，而彖、象、繫辭諸傳之文仍隨卦分列，猶祖費直之意。而七卷後則仍列十翼原文，以還田何之舊。蓋分經分傳以存古本，而經下所列十翼之文則引以互證，故皆低一格書之，以別於後之正文。其仍以「古周易」標目，蓋以是也。惟於上、下經內又別立初、中、終諸名，則自我作古耳。楷之學雖博而不精，然取材宏富，漢、晉以來之舊說，雜采竝陳，不株守一家之言。又辭必有據，亦不爲懸空臆斷、穿鑿附會之說，每可以見先儒之餘緒。明人經解，空疎者多。棄短取長，不得已而思其次，楷書猶足備采擇者，正不可以駁雜廢矣。

周易玩辭困學記十五卷　山東巡撫採進本

明張次仲撰。次仲字元岵，海寧人。天啓辛酉舉人。是書前有自序，謂：「賦性顓愚，不敢侈談象數，又雅不信讖緯之說。惟於語言文字間求其諦當有益身心者，輒便疏録，歲久成帙。」經二十餘年，凡六七易稾而後成，持論最爲篤實。於乾卦遵用王弼本，以便解詁，而仍列鄭康成本於簡端。前集諸儒之論及己論數十條爲讀易大意。其所論辨，如謂八卦因重之法，自十六、三十二以至六十四，卦變某卦自某卦而來，皆夫子所不言。河圖、洛書之外，別無他圖，後人依託夫子之言而支離蔓衍。又謂一卦六爻如主伯亞旅，無此以爲君子，彼以爲小人，反背錯綜之理。蓋掃除轇轕之説，獨以義理爲宗者。雖盡廢諸家義例，未免開臆斷之門。然其盡廢諸圖，則實有劃削榛蕪之力。且大旨切於人事，於學者較爲有裨。視繪畫連篇，徒類算經、弈譜，而易理轉置不講者，勝之遠矣。

欽定四庫全書總目卷六

經部六

易類六

易經通注九卷 湖北巡撫採進本

國朝大學士傅以漸、左庶子曹本榮奉敕撰。首載順治十三年十二月十五日諭旨，次載順治十五年十月以漸等進書表，次爲以漸恭撰序文。恭繹世祖章皇帝聖訓，謂自魏王弼、唐孔穎達有注與正義，宋程頤有傳，朱熹本義出，學者宗之。明永樂間，命儒臣合元以前諸儒之説彙爲大全。皆於易理多所發明。但其中同異互存，不無繁而可删，華而寡要。且迄今幾三百年，儒生、學士發揮經義者亦不乏人。當加採擇，折衷諸論，簡切洞達，輯成一編，昭示來兹。仰見聰明天亶，睿鑒高深，萬幾餘閒，遊心經術。洋洋謨訓，發四聖之精微，衡諸儒之得失，斟酌乎象數義理，折以大中，非儒生株守專門，斤斤一家之言者所能窺見萬一。以漸等恪遵指授，亦能鎔鑄衆説，薈萃微言，詞簡理明，可爲説經之圭臬。緣其書上備乙覽，外間莫得而窺，僅有原稾尊藏曹本榮子孫之家。今奉皇上求書明詔，湖北巡撫乃繕録進呈。原本未標書名，恭閲五朝國史傅以漸舊傳，有「順治十三年十月纂修易經通注」之文，謹據以補題。伏思此書推闡聖經，發明精義，雖編摩於衆手，實稟受於聖裁。允宜寳軸琅函，昭示無極，俾天下萬世共仰世祖開天明道之功。且以見國家文治，超邁古今，本本元元，一皆欽承祖訓。故重熙累洽百有餘年，而有今日之極盛焉。

日講易經解義十八卷

康熙二十二年，聖祖仁皇帝御定。易爲四聖所遞傳，則四聖之道法、治法具在於是。故其大旨在即陰陽往來、剛柔進退，明治亂之倚伏，君子小人之消長，以示人事之宜。於帝王之學，最爲切要。儒者拘泥章句，株守一隅，非但占驗機祥，漸失其本。即推奇偶者言天而不言人，闡義理者言心而不言事，聖人立教，豈爲是無用之空言乎？是編爲講幄敷陳，睿裁鑒定，其體例與宋以來奏進講義大致略同。而於觀象之中，深明經世之道。御製序文所謂「以經學爲治法」者，實括是書之樞要，亦即括六十四卦、三百八十四爻之樞要。信乎帝王之學，能見其大，非鯫生一知半解所能窺測高深也。

御纂周易折中二十二卷

康熙五十四年，聖祖仁皇帝御纂。自宋以來，惟説易者至夥，亦惟説易者多歧。門户交爭，務求相勝，遂至各倚於一偏。故數者易之本，主數太過，使魏伯陽、陳摶之説竄而相雜，而易入於道家；理者易之藴，主理太過，使王宗傳、楊簡之説溢而旁出，而易入於釋氏。明永樂中官修易經大全，龐雜割裂，無所取裁，由羣言淆亂，無聖人以折其中也。我聖祖仁皇帝道契羲文，心符周孔，幾餘典學，深見彌綸天地之源。詔大學士李光地採摭羣言，恭呈乙覽，以定著是編。冠以圖説，殿以啓蒙，未嘗不用數，而不以盛談河、洛致晦玩占觀象之原；冠以程傳，次以本義，未嘗不主理，而不以屏斥讖緯併廢互體變爻之用。其諸家訓解，或不合於伊川、紫陽而實足發明經義者，皆兼收竝采，不病異同。惟一切支離幻渺之説，咸斥不録，不使溷四聖之遺文。蓋數百年分朋立異之見，至是而盡融；數千年畫卦繫辭之旨，乃至是而大彰矣。至於經、傳分編，一從古本，尤足正費直以來割裂綴附之失焉。

御纂周易述義十卷

乾隆二十年奉敕撰。凡卦爻四卷，彖傳一卷，象傳二卷，繫辭傳二卷，文言傳、説卦傳、序卦傳、雜卦傳共一卷。以多推闡御纂周易折中之藴，故賜名曰述義。所解皆融會羣言，擷取精要，不條列姓名，亦不駁辨得失。而遺文詮釋，簡括宏深。大旨以切於實用爲本。故於乾卦發例曰：「諸爻皆龍而三稱君子，明易之立象，皆人事也。」全書綱領，具於斯矣。又於取象則多從古義。如解乾九二曰：「九二剛中，變離，文明。」解坤初六曰：「變震爲足，有履象焉。」解屯六二曰：「變兑爲女，柔正，故貞。」凡斯之類，皆取於變爻也。解屯六三曰：「震、坎皆木，聚於艮山，故爲林。」解屯九五曰：「陷陰互艮，止而不動。」解需九五曰：「坎水兑口，故爲酒食。」凡斯之類，皆取於互體也。解蒙六三曰：「三變互兑，故爲女。」解訟九二曰：「坎，坤體，故爲邑。又互離，户象也。三百，離數也。」解訟九四曰：「乾初，復體，互巽爲命，變艮爲渝，艮止，貞也。」凡斯之類，皆兼取變與互也。故解繫辭傳「若夫雜物撰德，辨是與非，則非其中爻不備」，曰：「物謂八卦之爻，雜謂自其中四爻雜而互之，又撰成兩卦之德也。是非者時物之是非，皆於中爻辨之。正體則二爲内卦之中，五爲外卦之中；互體則三爲内卦之中，四爲外卦之中。故皆謂之中爻。」云云。誠爲根據先儒，闡明經義。蓋漢易之不可訓者在於雜以讖緯，推衍機祥。至其象數之學，則去古未遠，授受具有端緒。故王弼不取漢易，而解「七日來復」，不能不仍用六日七分之說。朱子亦不取漢易，而解「羝羊觸藩」，亦不能不仍用互兑之義。豈非理有不可易歟？諸臣仰承指授，於宋易、漢易酌取其平，探羲、文之奥藴，以決王、鄭之是非。千古易學，可自此更無異議矣。

讀易大旨五卷　浙江巡撫採進本

國朝孫奇逢撰。奇逢字啓泰，號鍾元，又號夏峯，容城人。前明萬曆庚子舉人。是書乃其入國朝後流寓河南時所作。前有自序云：「至蘇門始學易，年老才盡，偶據見之所及，撮其體要，以示門人子弟。」原非逐句逐字作解，故曰「大旨」。其門人耿極爲之校訂。末附兼山堂問答及與三無道人李𡵻論易之語，别爲一卷。𡵻，雄縣人，奇逢所從學易者也。後奇逢曾孫用正復取其論易之語散見他著述者五條，彙冠卷首，題曰義例。跋稱原本序文、凡例皆闕，故以是補亡。案奇逢說易，不顯攻圖書，亦無一字及圖書。大意發明義理，切近人事，以象傳通一卦之旨，由一卦通六十四卦之義。凡所訓釋，皆先列己說，後附舊訓。其平生之學主於實用，故所言皆關法戒，有足取焉。

周易稗疏四卷附考異一卷

湖南巡撫採進本

國朝王夫之撰。夫之字而農，號薑齋，漢陽人。前明舉人。是編乃其讀易之時隨筆劄記，故每條但舉經文數字標目，不全載經文。又遇有疑義，乃爲考辨，故不逐卦逐爻一一盡爲之説。大旨不信陳摶之學，亦不信京房之術，於先天諸圖、緯書雜説皆排之甚力，而亦不空談玄妙，附合老莊之旨。故言必徵實，義必切理，於近時説易之家爲最有根據。其中如解訟卦「鞶帶」云：「帶無鞶名，鞶者鞶纓，車飾也。帶所以繫佩璲及芾者。」考左傳「后之鞶鑑」，杜預訓「鞶」爲「帶」，説文「鞶」字，許慎亦注爲「大帶」，安得曰「帶無鞶名」？又「何天之衢」，梁武帝解「何」爲「荷」，見於經典釋文。夫之雖亦以爲負荷之義，乃引莊子「負雲氣」爲證，而不援梁武之説，亦偶然失考。至於「舊井无禽」，訓「禽」爲「獲」，尤不免於穿鑿附會。然如引禮「人君至，命士黃裳，下士雜裳」以證「黃裳」之美，引左傳「班馬」證「乘馬班如」當讀「乘」爲去聲，引兵法「前左下，後右高」證「師左次」，與論「帝乙」非紂父、「王用亨于西山」非文王，以及臨之「八月」、復之「七日」、易之逆數、河圖蓍策之辨，皆具有條理。卷帙雖少，固不失爲徵實之學焉。

易酌十四卷

直隸總督採進本

國朝刁包撰。包字蒙吉，祁州人。前明天啓辛卯舉人。是書用注疏本，以程傳、本義爲主。雖亦偶言象數，然皆陳摶、李之才之學，非漢以來相傳之法也。原序稱陸隴其官靈壽時，欲爲刊板，不果。雍正初，其孫顯祖又以己意附益之。卷首凡例、雜卦諸圖及卷中細字稱「謹案」者，皆顯祖筆。原序又稱此書爲「經學之津梁，亦舉業之準的」。考包在國初，與諸儒往來講學，其著書一本於義理，惟以明道爲主，絶不爲程試之計。是書推闡易理，亦大抵明白正大，足以羽翼程、朱，於宋學之中實深有所得。以爲科舉之書，則失包之本意多矣。

田間易學十二卷　副都御史黄登賢家藏本

國朝錢澄之撰。澄之原名秉鐙，字飲光，自號田間老人，桐城人。家世學易，又嘗問易於黄道周。初撰一書曰易見，因避兵閩地，失其本。又追憶其意撰一編，曰易火傳。既而亂定歸里，復得易見舊稾，乃合併二編，删其重複，益以諸家之説，勒爲此書。其學初從京房、邵康節入，故言數頗詳，蓋黄道周之餘緒也。後乃兼求義理，參取王弼注、孔穎達疏、程子傳、朱子本義，而大旨以朱子爲宗。其説不廢圖，而以陳摶先天圖及河、洛二圖皆因易而生，非易果因此而作。圖中奇偶之數，乃揲蓍之法，非畫卦之本。持論平允，與元錢義方之論合，而義尤明暢。故卷首圖象雖繁，而不涉支離附會之弊。獨其「周易雜考」一條，既深慨今本非朱子之舊，而徒以彖傳、象傳篇首之注推其説，竟不能更其次第，以復古本。蓋劉亯舊刻，國初尚未得見。故知其誤而不能改，仍用注疏本也。

易學象數論六卷　浙江巡撫採進本

國朝黄宗羲撰。宗羲字太沖，號梨洲，餘姚人。前明御史尊素之子。康熙初，薦修明史，以老疾未赴。

是書宗羲自序云：「易廣大無所不備，自九流百家借之以行其説，而易之本義反晦。世儒過視象數以爲絶學，故爲所欺。今一一疏通之，知其於易本了無干涉，而後反求程傳，亦廓清之一端。」又稱王輔嗣注簡當而無浮義，而病朱子添入康節先天之學爲添一障。蓋易至京房、焦延壽而流爲方術，至陳摶而岐入道家，學者失其初旨，彌推衍而轇轕彌增。宗羲病其末派之支離，先糾其本原之依託。前三卷論河圖、洛書、先天、方位、納甲、納音、月建、卦氣、卦變、互卦、筮法、占法，而附以所著之原象爲内篇，皆象也。後三卷論太玄、乾鑿度、元包、潛虚、洞極、洪範數、皇極數以及六壬、太乙、遁甲爲外篇，皆數也。大旨謂聖人以象示人，有八卦之象、六爻之象、象形之象、爻位之象、反對之象、方位之象、互體之象，七者備而象窮矣。後儒之爲僞象者，納甲也，動爻也，卦變也，先天也，四者雜而七者晦矣。故是編崇七象而斥四象，而七者之中又必求其合於古，以辨象學之譌。又遁甲、太乙、六壬三書，世謂之「三式」，皆主九宮，以參詳人事。是編以鄭康成之太乙行九宮法證太乙，以吴越春秋之占法、國語泠州鳩之對證六壬，而云後世皆失其傳，以訂數學之失。其持論皆有依據。蓋宗羲究心象數，故一一能洞曉其始末，因而盡得其瑕疵。非但據理空談，不中窾要者比也。惟本宋薛季宣之説，以河圖爲即後世圖經，洛書爲即後世地志，顧命之「河圖」即今之黄册，則未免主持太過。至於矯枉過直，轉使傳陳摶之學者得據經典而反脣，是其一失。然其宏綱巨目，辨論精詳，與胡渭易圖明辨均可謂有功易道者矣。

周易象辭二十一卷附尋門餘論二卷圖書辨惑一卷

浙江巡撫採進本

國朝黄宗炎撰。宗炎字晦木，餘姚人。宗羲之弟也。其説易力闢陳摶之學。故其解釋爻象，一以義理爲主。如釋坤象曰：「乾既大矣，坤能配乎乾而與之齊，是乾之大，坤亦至焉，故曰至哉。蓋乾以元施而坤受之，即爲坤之元，非别有元也。」其義爲前人所未發，而於承天時行之旨、无成有終之道，皆分明融洽。他如解豫六二「介於石」，謂「處地之中，得土之堅」，取象極爲精確。解剥六五「貫魚」，引儀禮「魚每鼎用十五頭，昬禮用十四頭，其數多，必須貫」，亦頗有根據，不爲牽合。解解卦初六「无咎」云：「難之初解，人人喜補過之有地。此非人力，乃天時也，故直云无咎。」尤能得文外之意。其他詮釋大都類此，皆可備易家之一解。至於「歸妹以須」，須爲女之賤者，舊解本無可易，而宗炎謂「須附頤以動」，則以爲「須髮」之須，未免傷於好奇。又於易之字義多引篆文以釋之，亦不免王氏新義務用字説之弊。當分别觀之可也。後附録尋門餘論二卷、圖書辨惑一卷，宗旨大略相同。尋門餘論兼排釋氏之説，未免曼衍於易外。其詆斥宋儒，詞氣亦傷太激。然其論四聖相傳，不應文王、周公、孔子之外别有伏羲之易爲不傳之祕；周易未經秦火，不應獨禁其圖，轉爲道家藏匿二千年，至陳摶而始出。則篤論也。圖書辨惑謂陳摶之圖書乃道家養生之術，與元陳應潤之説合。見應潤所作爻變義藴。謂周子太極圖説圖雜以仙真，説冒以易道，亦與朱彝尊、毛奇齡所考略同。彝尊説見經義考二百八十三，奇齡説見所作太極圖説遺議。至謂朱子從而字析之，更流於釋，則不免有意深文，存姚江朱、陸之門户矣。二書各有别本單行。然考周易象辭目録，實列此二書，謂之附録，則非别自爲編也。今仍合之，俾相輔而行焉。

周易筮述八卷 陝西巡撫採進本

國朝王弘撰撰。弘撰字無異，號山史，華陰人。康熙己未嘗舉薦博學鴻詞。弘撰以朱子謂易本卜筮之書，故作此編以述其義。其卷一曰原筮、曰筮儀、曰蓍數。筮儀本朱子，竝參以汴水趙氏。其卷二曰揲法。其卷三曰變占。尊聖經，黜易林，稽之左傳，與朱子大同小異。其卷四曰九六、曰三極、曰中爻。中爻即互體。其卷五曰卦德、曰卦象、曰卦氣。卦氣本邵子、朱子，竝附太乙祕要。其卷六曰卦辭。其卷七曰左傳國語占、曰餘論。其卷八曰推驗。采之陸氏，其涉於太異可駭者弗載。其書雖專爲筮蓍而設，而大旨闢焦、京之術，闡文、周之理，立論悉推本於經義。較之方技者流，實區以别。故進而列之易類，不以術數論焉。

仲氏易三十卷 浙江巡撫採進本

國朝毛奇齡撰。奇齡一名甡，字大可，號秋晴，一曰初晴，又以郡望稱西河。蕭山人。康熙己未以廪監生召試博學鴻詞，授檢討。初，奇齡之兄錫齡邃於易，而未著書，惟時時口授其子文輝。後奇齡乞假歸里，錫齡已卒，乃摭文輝所聞者，以己意潤飾成是書。或傳奇齡假歸之後，僦居杭州，一日著一卦，凡六十四日而卦成。雖以其兄爲辭，實即奇齡所自解。以理斷之，或當然也。大旨謂易兼五義：一曰變易，一曰交易，是爲伏羲之易，猶前人之所知。一曰反易，謂相其順逆，審其向背，而反見之，如屯轉爲蒙，咸轉爲恒之類。一曰對易，謂比其陰陽，絜其剛柔，而對觀之，如上經需、訟與下經晉、明夷對，上經同人、大有與下經夬、姤對之類。一曰移易，謂審其分聚，計其往來，而推移上下之。如泰爲陰陽類聚之卦，移三爻爲上爻，三陽往而上陰來則爲損；否爲陽陰類聚之卦，移四爻爲初爻，四陽來而初陰往則爲益之類。是爲文王、周公之易，實漢、晉以來所未知。故以序卦爲用反易，以分篇爲用對易，以演易繫辭爲用移易，其言甚辨。雖不免牽合附會、以詞求勝之失，而大致引據古人，終不同於冥心臆測者也。

推易始末四卷　浙江巡撫採進本

國朝毛奇齡撰。奇齡既作仲氏易，復取漢、唐、宋以來言易之及於卦變者，别加綜核以爲是書。其名「推易」，蓋本繫辭傳「剛柔相推」一語，仍仲氏易「移易」義也。大旨謂朱子本義雖載卦變圖於卷首，而止以爲孔子之易，未著其爲文、周之易。因上稽干寶、荀爽、虞翻諸家，凡有卦變、卦綜之説與宋以後相生反對諸圖具列於卷，而以推易折衷之圖系於後。朱子謂卦變乃易中之一義，而奇齡則以爲演畫繫辭之本旨，未免主持太過。然易義廣大，觸類旁通，見知見仁，各明一理，亦足與所撰仲氏易互相發明也。

春秋占筮書三卷　浙江巡撫採進本

國朝毛奇齡撰。其曰「春秋」者，摭春秋傳所載占筮，以明古人之易學。實爲易作，不爲春秋作也。自漢以來言占筮者不一家，而取象玩占存於世而可驗者，莫先於春秋傳。奇齡既於所著仲氏易、推易始末諸書發明其義，因復舉春秋内、外傳中凡有得於筮占者彙記成書，而漢、晉以下占筮有合於古法者亦隨類附見焉。易本卜筮之書，聖人推究天下之理，而即數以立象。後人推究周易之象，而即數以明理。羲、文、周、孔之本旨如是而已。厥後象、數、理岐爲三家，而數又岐爲數派。孟喜、焦贛、京房以下，其法不可殫舉，而易於是乎愈雜。春秋内、外傳所紀，雖未必無所附會，而要其占法則固古人之遺軌。譬之史書所載，是非褒貶，或未盡可憑，至其一代之制度，則固無僞撰者也。奇齡因春秋諸占以推三代之筮法，可謂能探其本，而足關諸家之喙者矣。

易小帖五卷　浙江巡撫採進本

國朝毛奇齡説易之語，而其門人編次成書者也。奇齡所著經解，惟仲氏易及春秋傳二種是其自編，餘皆出其門人之手，故中間有附入門人語者。此小帖凡一百四十三條，皆講易之雜説，與仲氏易相爲引伸。朱彝尊載之經義考，云：「皆西河氏紀説易之可議者。」今觀其書，徵引前人之訓詁以糾近代説易之失，於王弼、陳摶二派，攻擊尤力。其間雖不免有强詞漫衍，以博濟辨之處，而自明以來申明漢儒之學，使儒者不敢以空言説經，實奇齡開其先路。其論子夏易傳及連山、歸藏，尤爲詳核。第五卷所記皆商搉仲氏易之語。初稾原附載仲氏易末，後乃移入此編。舊目本十卷，今本五卷，蓋其門人編録有所刊削。考盛唐所爲西河傳，又稱易小帖八卷。蓋十卷刪爲八卷，又刪爲五卷也。儒者尊奉一先生，每一字一句奉爲蓍蔡，多以未定之説編入語録。故二程遺書朱子有疑，朱子語類又每與四書章句集注、或問相左，皆失於簡汰之故。若盛唐者，可謂能愛其師矣。

喬氏易俟十八卷

山東巡撫採進本

國朝喬萊撰。萊字石林，寶應人。康熙己未召試博學鴻詞，官至翰林院侍讀。是書雜采宋元後諸家易説，而參以己意。前列諸圖，不主陳摶河圖、洛書、先天、後天、方圓、横直之説。於卦變亦不取虞翻以下諸家，而取來知德之反對。其解經多推求人事，參以古今之治亂得失。如謂履卦六三爲成卦之主，而引莽、卓、安、史解「咥人」之凶；謂三百八十四爻惟離九四最凶，而引燕王旦、建成、元吉、高煦爲證；謂小畜九三爲小人籠絡君子，而引温體仁、文震孟近事爲説。蓋誠齋易傳之支流。假借牽合，或所不免，而理關法戒，終勝莊老之玄談也。於經文兼注古韻，亦得失互陳。如觀卦六四象下備引顧炎武方音之説，則非未見音學五書者。而象傳協韻仍從吴棫之舊，則棄取有不可解者矣。經文用王弼之本，惟解上經、下經，繫辭以下一概闕如。蓋宗旨主於隨爻闡義，故餘不及焉，非脱佚也。

讀易日鈔六卷 山東巡撫採進本

國朝張烈撰。烈字武承，大興人。康熙庚戌進士，授内閣中書。己未召試博學鴻詞，改翰林院編修，歷官左春坊左贊善。是書一以朱子本義爲宗。謂：「易者象也，言有盡，象無窮。伏羲畫爲奇偶，再倍而三，因重而六。文、周逐卦繫象，逐畫繫爻，全是假物取象，不言理，不指事，而萬事萬理畢具。」大旨在因象設事，就事陳理，猶説易家之不支蔓者。前有其子益孫、升孫紀實，云：「此稾已删潤四十餘過。至易簀前數日，尚合蒙引、通典、存疑諸書，考訂『知來』『藏往』二義，旋加改補。」云云。則其用力亦可謂勤矣。烈之没也，門人私謚曰志道先生。楊允長作私謚議一篇，冠於此書之首。昔宋儒張載之没，門人欲爲作私謚，司馬光力言其非。當時手帖，猶載張子全書之首。古人以禮處人，不欲妄相尊重，干國家易名之典，其謹嚴如是。允長等未之聞乎？今録是書而削除是議，用杜標榜之漸焉。

周易通論四卷 兩江總督採進本

國朝李光地撰。光地字厚菴，安溪人。康熙庚戌進士，官至大學士，謚文貞。是書綜論易理，各自爲篇。一卷、二卷發明上、下經大旨。三卷、四卷則發明繫辭、説卦、序卦、雜卦之義。冠以易本、易教二篇，次及卦爻、象彖、時位、德應、河圖、洛書以及占筮挂扐，正變環互，無不條析其意，而推明其所以然。在宋學中可謂融會貫通，卓然成一家之説。其論復、无妄、中孚、離四卦爲聖賢之心學，亦皆以消息盈虛觀天道而脩人事，與慈湖易傳以心言易者迥殊。光地作大學古本説序，稱：「於易之卜筮灼然無疑。」蓋宗旨既明，則卮言不得而淆之矣。其學一傳爲楊名時，有周易劄記二卷。再傳爲夏宗瀾，有易義隨記八卷，易卦劄記二卷。雖遞相祖述，而其宏深簡括，則皆不及光地也。

周易觀象十二卷

浙江巡撫採進本

國朝李光地撰。光地嘗奉命纂修周易折中，請復用朱子古本。是編乃仍用注疏本，蓋成書在前也。其語録及榕村全集所載，頗申明先天諸圖。而是編則惟解説卦傳「天地定位」一章，附舉此義，然亦不竟其説。餘皆發明易理，兼證以易象，而數則略焉。蓋亦謂邵子之學爲易外別傳也。其解繫辭傳「知者觀其彖辭，則思過半矣」二句，曰「彖辭所取，或有直用其爻義者，或有通時宜而爻義吉凶準以爲決者。故以是觀之，不中不遠。惟其合始終以爲質，故時物不能外」云云，「觀象」之名蓋取諸此。其解九四「重剛而不中」句，不以「重」字爲衍文；解「履霜堅冰，陰始凝也」句，不從魏志作「初六，履霜」；解「後得主而有常」句，不從程傳增「利」字；解「蓋言順也」句，不以「順」爲「愼」。以及「比，吉也」句、「比之匪人」句、「同人曰」句、「小利有攸往，天文也」句、「震驚百里，驚遠而懼邇也」句、「漸之進也」句、「上九鴻漸于陸」句與「地之宜」句，皆不從程傳、本義脱誤之説。惟據漢律曆志移「天一地二」二十字，從程傳；「能研諸侯之慮」句，「侯之」二字衍文，從本義耳。案：光地謂「諸」爲「侯之」合音，想以古經旁注字切而誤增。不知反切始自孫炎，古經安得注字切，其說殊誤。謹附訂於此。蓋尊信古經，不敢竄亂，猶有漢儒篤守之遺。其大旨雖與程、朱二家頗有出入，而理足相明，有異同而無背觸也。

周易淺述八卷 内府藏本

國朝陳夢雷撰。夢雷字省齋，閩縣人。順治己丑進士，官翰林院編修。緣事謫戍，後蒙恩召還，校正銅板。復緣事謫戍，卒於戍所。是編成於康熙甲戌，乃其初赴尚陽堡時所作。大旨以朱子本義爲主，而參以王弼注、孔穎達疏、蘇軾傳、胡廣大全、來知德注。諸家所未及及所見與本義互異者，則别抒己意以明之。蓋行篋乏書，故所據止此。其凡例稱：「解易數千家，未能廣覽。」道其實也。然其說謂：「易之義蘊不出理、數、象、占，顧數不可顯，理不可窮，故但寄之於象。知象則理、數在其中，而占亦可即象而玩。」故所解以明象爲主。持論多切於人事，無諸家言心言天、幻窅支離之說。其詮理雖多尊朱子，而不取其卦變之說；取象雖兼采來氏，而不取其錯綜之論，亦頗能掃除轇轕。惟卷末所附三十圖乃其友楊道聲所作，穿鑿煩碎，實與夢雷書不相比附。以原本所載，姑仍其舊存之，置諸不論不議可矣。

易原就正十二卷 直隸總督採進本

國朝包儀撰。儀字羽脩，邢臺人。拔貢生，其始末無考。觀其自序稱早年聞有皇極經世而無由求得其書。自順治辛卯至康熙己酉，七經下第，貧不自存，薄遊麻城，乃得其書於王可南家。至江寧寄食僧寺，玩求其旨者一年，始有所得。蓋亦孤寒之士，刻志自立者也。儀之學既從邵子入，故於陳摶先天圖信之甚篤。其凡例併謂：「行世易説，種不勝數，要皆未嘗讀皇極經世。無怪乎各逞私智，而總非立象盡意、觀象繫辭之本旨。」其持論尤膠於一偏。然其書發揮明簡，詞意了然，乃非抛荒經義，排比黑白，徒類算經者可比。其謂洛書無與於易，則差勝他家之繳繞。每爻皆注所變之卦，亦尚用左氏筮法，頗爲近古。蓋其學雖兼講先天，而實則發明易理者爲多。其盛推圖學，特假以爲重焉耳。

大易通解十五卷附録一卷　直隸總督採進本

國朝魏荔彤撰。荔彤字念庭，柏鄉人，大學士裔介之子。官至江常鎮道。是編乃其罷官後所作，其論畫卦，謂與河圖、洛書，祇可謂其理相通，不必穿鑿附會。又以乾一兑二離三震四巽五坎六艮七坤八非生卦之次序。其論爻則兼變爻言之，謂占法二爻變者以上爻爲主，五爻變者占不變爻，四爻變者占二不變爻，仍以下爻爲主，餘占本爻與象辭。至論上經首乾、坤，中間變之以泰、否，下經首咸、恒，中間交之以損、益，尤得二篇之樞紐，皆頗有所見。惟不信先儒扶陽抑陰之説，反覆辨論。大意謂：「陰陽之中，皆有過、不及，皆有中正和平。德皆有美凶，品皆有邪正，非陽定爲君子，陰定爲小人，陰陽中皆有君子、小人。陽之美德剛健，其凶德則暴戾；陰之美德柔順，其凶德則姦佞。陰陽之君子俱當扶，小人俱當抑。陰陽二者，一理一氣，調濟剛柔、損益、過不及，務期如天地運化均平之時。此四聖人前民之用，贊化之心，而易所以作也。」云云。其說甚辨。然觀於乾、坤、姤、復之初爻，聖人情見乎詞矣，荔彤究好爲異論也。

易經衷論二卷　浙江巡撫採進本

國朝張英撰。英字敦復，桐城人。康熙丁未進士，官至文華殿大學士。謚文端。是書專釋六十四卦之旨，而不及繫辭、說卦、序卦、雜卦。每卦各爲一篇，詮解大意而不列經文。大抵以朱子本義爲宗，然於坎卦之「貳用缶」句，又以本義爲未安，而從程傳以「樽酒簋貳」爲句，則固未嘗如胡炳文等膠執門户之見也。其立說主於坦易明白，不務艱深。故解乾彖「元亨利貞」云：「文王繫辭本與諸卦一例。」解乾、坤文言云：「聖人舉乾、坤兩卦，示人以讀易之法。如此擴充體會。」蓋以經釋經，一掃紛紜轇轕之見，大旨具是矣。漢書儒林傳稱費直惟以彖、象、繫辭十篇文言解說上、下經。知漢代專門，不矜繁説。英作是書，其亦此志歟？

易圖明辨十卷　浙江巡撫採進本

國朝胡渭撰。渭原名渭生，字朏明，號東樵，德清人。是書專爲辨定圖書而作。初，陳摶推闡易理，衍爲諸圖。其圖本準易而生，故以卦爻反覆研求，無不符合。傳者務神其說，遂歸其圖於伏羲，謂易反由圖而作。又因繫辭「河圖」「洛書」之文，取大衍算數作五十五點之圖，以當河圖；取乾鑿度太乙行九宮法造四十五點之圖，以當洛書。其陰陽奇偶，亦一一與易相應。傳者益神其說，又真以爲龍馬、神龜之所負，謂伏羲由此而有先天之圖。實則唐以前書絶無一字之符驗，而突出於北宋之初。夫測中星而造儀器，以驗中星無不合，然不可謂中星生於儀器也；候交食而作算經，以驗交食無不合，然不可謂交食生於算經也。由邵子以及朱子，亦但取其數之巧合，而未暇究其太古以來從誰授受。故易學啓蒙及易本義前九圖皆沿其説，同時袁樞、薛季宣皆有異論。然考宋史儒林傳，易學啓蒙朱子本屬蔡元定創稾，非所自撰。晦菴大全集中載答劉君房書曰：「啓蒙本欲學者且就大傳所言卦畫蓍數推尋，不須過爲浮説。而自今觀之，如河圖、洛書亦不免尚有剩語。」至於本義卷首九圖，王懋竑白田雜著以文集、語類鉤稽參考，多相矛盾，信其爲門人所依附，其説尤明。則朱子當日亦未嘗堅主其説也。元陳應潤作爻變義藴，始指先天諸圖爲道家假借易理以爲修煉之術。吴澄、歸有光諸人亦相繼排擊，各有論述。國朝毛奇齡作圖書原舛編，黄宗羲作易學象數論，黄宗炎作圖書辨惑，爭之尤力。然皆各據所見，抵其罅隙，尚未能窮溯本末，一一抉所自來。渭此書，卷一辨河圖、洛書，卷二辨五行、九宫，卷三辨周易參同、先天太極，卷四辨龍圖、易數鉤隱圖，卷五辨啓蒙圖書，卷六、卷七辨先天古易，卷八辨後天之學，卷九辨卦變，卷十辨象數流弊。皆引據舊文，互相參證，以箝依託者之口。使學者知圖書之説，雖言之有故，執之有理，乃修鍊、術數二家旁分易學之支流，而非作易之根柢。視所作禹貢錐指，尤爲有功於經學矣。

合訂删補大易集義粹言八十卷 兩江總督採進本

國朝納喇性德編。相傳謂其稿本出陸元輔，性德歿後，徐乾學刻入九經解，始署性德之名，莫之詳也。性德原作成德，字容若，滿洲正黃旗人。康熙丙辰進士，官至乾清門侍衛。是書乃取宋陳友文大易集義、方聞一大易粹言案：此書原本誤作曾穜，今考正。二書而合輯之。友文書本六十四卷，所集諸儒之説凡十八家，又失姓名兩家。聞一書本七十卷，所集諸儒之説凡七家。以二書校除重複外，集義視粹言實多得十一家。惟粹言有繫辭、説卦、序卦、雜卦，而集義止於上、下經，故所引未能賅備。性德因於十一家書中擇其論繫辭諸傳者，以補其闕，與粹言合爲一編，又删其繁蕪，勒成此本。今粹言尚有傳本，已著於録。集義流播較希，尚藉此以見梗概。其中理、數兼陳，不主一説。宋儒微義，實已略備於斯。李衡删房審權之書，俞琰鈔李心傳之説，竝以取精擷要，有勝原編。此書之作，其功亦約略相亞矣。

周易傳注七卷附周易筮考一卷 直隸總督採進本

國朝李塨撰。塨字剛主，號恕谷，蠡縣人。康熙庚午舉人，官通州學正。是編大旨謂聖教罕言性、天，乾、坤四德，必歸人事。以下屯「建侯」、蒙「初筮」，每卦亦皆以人事立言。陳摶龍圖、劉牧鉤隱以及探無極、推先天者，皆使易道入於無用；參同契、三易洞璣諸書，皆異端方技之傳，其説適足以亂易。即五行勝負、分卦直日、一世二世三世四世諸説，亦皆於三聖所言之外再出枝節。

故其説頗爲淳實，不涉支離怳惚之談。其駁卦變之説，發例於訟卦彖辭；駁河圖、洛書之説，發例於繫辭傳；駁先天八卦之説，發例於説卦傳。其餘則但明經義，不復駁正舊文。其凡例論先儒辨難，卷不勝載，惟甚有關者，始不得已而辨之也。大抵以觀象爲主，而亦兼用互體。於古人多採李鼎祚集解，於近人多取毛奇齡仲氏易、圖書原舛編，胡渭易圖明辨。其自序排擊諸儒雖未免過激，然明自隆、萬以後，言理者以心學竄入易學，率持禪偈以詁經；言數者奇偶與黑白遞相推衍，圖日積而日多，反置象占辭變、吉凶悔吝於不問。其蠹蝕經術，實弊不勝窮。塨引而歸之人事，深得聖人垂教之旨。其矯枉過直，懲羹吹齏者分別觀之，不以詞害意可矣。

周易劄記二卷　兩江總督採進本

國朝楊名時撰。名時字賓實，江陰人。康熙辛未進士，官至禮部尚書，謚文定。是編乃其讀易所記，前後無序跋，未詳其成書年月。觀書中所引證，蓋猶在欽定周易折中之後也。名時本李光地所取士，故其易學多得之光地。雖説卦傳及附論啓蒙之類頗推衍先天諸圖，尚不至於支離附會。至其詮解經傳則純以義理爲宗，不涉象數。大抵於程、朱之義不爲苟異，亦不爲苟同。在宋學之中，可謂明白而篤實矣。名時爲雲南巡撫時，夏宗瀾嘗從之問易。所作易説，皆質正於名時，其問答具載宗瀾書中。然宗瀾所説，如漸卦「禦寇」證以「孤雁打更」之類，頗爲膚廓，不及名時所論，猶有光地之遺也。

周易傳義合訂十二卷

江西巡撫採進本

國朝朱軾撰。軾字若瞻，高安人。康熙甲戌進士，官至大學士，謚文端。是編因程子易傳、朱子易本義互有異同，爲參校以歸一是，不復兩可其説，以滋岐貳。惟兩義各有發明，可以竝行不悖者，仍俱録焉，而附以諸儒之論。其諸儒之論有實勝傳、義者，則竟舍傳、義以從之，軾所見亦各附於後。其凡例有曰：「遺象言理，自王輔嗣始。然易者象也，有象斯有理，理從象生也。孔子彖、象二傳，何嘗非言象？雷、風、山、澤以及乾馬、坤牛、震龍、巽雞之類，皆象也。即卦之剛柔上下、應比承乘，亦何莫非象乎？舍是而言理，不知所謂理者安在矣。易道之取類大，精粗巨細，無所不有。即納甲、飛伏等術數之學，不可謂非易之一端也。况中爻、互卦、倒巽、倒兑、厚離、厚坎之象，皆卦體之顯而易明者乎？」又稱：「卦有對易、反易。反易之義，先儒言之已備，來知德謂之卦綜，謬矣。」又稱：「程子不取卦變，謂凡卦皆自乾、坤來。然合之彖傳，究未盡協。今一遵朱子『一陰一陽自姤、復』之説。」又稱：「宋元以來易圖不下數千，於四聖人之精義，全無干涉，今一概不録。止縷析朱子各圖之義而圖仍不載。」云云。其全書宗旨，具見於斯。較之分門别户，尊一先生之言，而先儒古義無不曲肆掊擊者，其識量相去遠矣。其書軾存之日未及刊行，乾隆丁巳，兩廣總督鄂彌達始爲校付剞劂，恭呈御覽。蒙皇上篤念舊學，親灑宸翰，弁於編首，稱其：「簡而當，博而不支，鉤深探賾而不鑿。蓋玩之熟，故擇言也精；體之深，故析理也密。」天藻表揚，昭垂日月。非惟是書仰託以不朽，即天下萬世伏繹聖謨，亦均能得讀易之津梁，窺畫卦之閫奧，曉然知所向方也。又豈獨軾一人之幸哉！

周易玩辭集解十卷

浙江巡撫採進本

國朝查慎行撰。慎行字初白，號悔餘，海寧人。康熙癸未進士，官翰林院編修。慎行受業黃宗羲，故能不惑於圖書之學。卷首河圖説二篇，一謂河圖之數聖人非因之以作易，乃因之以用蓍，自漢、唐以下未有列於經之前者。一謂河圖出於讖緯，而附以朱子亦用河圖生蓍之證。次爲横圖圓圖方圖説，論其順逆加減，奇偶相錯之理。次爲變卦説，謂變卦爲朱子之易，非孔子之易。次爲天根月窟考，列諸家之説凡六，而以爲老氏雙脩性命之學無關於易。次爲八卦相錯説，謂相錯是對待，非流行。又謂相錯只八卦，非六十四卦相錯。次爲辟卦説二，一論十二月自然之序，一論陰陽升降不外乾、坤。次爲中爻説，以孔穎達用二、五者爲是。次爲中爻互體説，謂正體則二、五居中，互體則三、四居中，三、四之中由變而成。次爲廣八卦説，謂説卦取象不盡可解，當闕所疑。其言皆明白篤實，足破外學附會之疑。經文次序用注疏本，乾卦之末有注曰：「案胡雲峯本義通釋乾、坤二卦，自文言起至末，別爲一卷，編在説卦之前。竊意本義原本當如是，而通釋遵之。今原本不復見矣。」云云。蓋未見劉玄刻本者。案玄之舊刻，聖祖仁皇帝特命開雕，慎行侍直內廷，何以不見，其理殆不可解。然其説經則大抵醇正而簡明，在近時講易之家，特爲可取焉。

易說六卷　陝西巡撫採進本

國朝惠士奇撰。士奇字仲儒，吴縣人。康熙己丑進士，官至翰林院侍讀。是書雜釋卦爻，專宗漢學，以象爲主。然有意矯王弼以來空言説經之弊，故徵引極博，而不免稍失之雜。如釋訟卦，引荀爽説「訟之言凶也」，則以丹朱之「嚚訟」爲「嚚凶」；釋「弟子輿尸」，引左傳「龡子尸之」，以尸爲軍中元帥；釋「觀國之光」，引聘禮「請觀」及左傳季札觀樂、韓宣子觀書以證「觀國」，皆失之拘。釋「繫于苞桑」，以「桑」字爲「喪亡」之「喪」，而無所考據；釋「先張之弧，後説之弧」，以下「弧」字改爲「壺」，引昏禮「壺尊」、太玄「壺婦」爲證，皆愛博嗜奇，不能自割。至編端論乾象傳「大明終始」，引莊子在宥篇「我爲女遂於大明之上矣，至彼至陽之原也；爲女入於窈冥之門矣，至彼至陰之原也」，謂莊周精於易，故善道陰陽，先儒説易者皆不及，尤未免失之不經。然士奇博極羣書，學有根柢。其精研之處，實不可磨，非暖暖姝姝守一先生之言者所可彷彿。一二微瑕，固不足累其大體也。

周易函書約存十八卷約注十八卷别集十六卷　刑部尚書胡季堂家藏本

國朝胡煦撰。煦字曉滄，光山人。康熙壬辰進士，官至禮部侍郎。是書原本一百十八卷。其詮釋經文者四十九卷。冠以原圖八卷，用解伏羲之易。原卦三卷，用解文王之易。原爻三卷，用解周公之易。又取先儒論説，集爲原古三十六卷，謂之首傳。共九十九卷，爲周易函書正集。外有函書約三卷，易學須知三卷，易解辨異三卷，篝燈約旨十卷，共十九卷，爲别集。别集先已刊板。正集因卷帙浩繁，艱於剞劂，乃取詮釋經文之四十九卷，約爲十八卷，名曰函書約注。又取首傳五十卷，約爲十六卷，附以續約旨二卷，共十八卷刊之，名曰續集。皆煦所手訂也。其正集原本，煦門人李學裕欲爲校刊，攜其稾去。會學裕病卒，遂散佚。後别集、續集板竝漫漶，其子季堂重爲校訂。因正集未刊，續集之名無所緣起，且續集之原圖、原卦、原爻、原古即删取正集之要語，非别有所增，未可目之以續。而别集内之函書約三卷，亦即正集之原圖、原卦、原爻撮其大義，更不可附入别集。遂以續集編爲十五卷，取函書約三卷弁首，共十八卷，名爲約存。蓋以正集既佚，其大義僅存於是也。又以續約旨二卷，依篝燈約旨原目，散附各篇之内，合易學須知三卷，易解辨異三卷，仍爲别集。其釋經文之十八卷，仍名約注。共爲五十二卷，即此本也。煦研思易理，平生精力盡在此書。其持論酌於漢學、宋學之間，與朱子頗有異同。然考朱子語録有曰「某作易本義，欲將文王卦辭大概略説，至其所以然之故，於孔象辭中發之。如此乃不失文王大意，但未暇整頓爾」云云，是朱子於本義蓋欲有所改定而未能，則後人辨訂，亦未始非朱子之志也。陸游渭南集有朱氏易傳跋，曰：「易道廣大，非一人所能盡。堅守一家之説，未爲得也。元晦尊程氏至矣，然其爲説亦已大異，讀者當自知之。」斯可謂天下之通論矣。

易箋八卷

山東巡撫採進本

國朝陳法撰。法字定齋，貴州安平人。康熙癸巳進士，官至直隸大名道。其書大旨以爲易專言人事，故彖、爻之辭未嘗言天地，雷、風諸象亦竝不言陰陽。考震彖言「震驚百里」，即象震雷，諸卦彖言「利涉大川」，即象坎水。法所云彖辭不言象者，未爲盡合。然其持論之大旨，則切實不支。至來知德以伏卦爲錯，反對之卦爲綜，法則謂大傳所云「錯綜」者，以揲蓍而言，錯綜其七、八、九、六之數，遂定諸卦之象。今以錯綜諸卦定象，是先錯綜其象也，又以錯綜言數，是錯綜其象以定數也。先儒雖言卦變，未有易其陰陽剛柔之實，顛倒其上下之位者。今以乾爲坤，以水爲火，以上爲下，混淆汩没，而易象反自此亡矣。其辨最爲明晰。又論筮法云傳所謂「挂」者，懸之四揲之外，原以象三，而非與奇數同歸於扐，以象閏也。其曰「再扐而後挂」，是三變之中有不挂者矣。夫一變之中，初扐之挂不待言矣。惟再扐不挂，故曰「再扐而後挂」。故知再扐爲指第二變、第三變而言也。其説與郭、朱迥異。而前一變挂一，後二變不挂，其挂一之策不入歸奇之中，則三變皆以四、八爲奇偶，不用五、九借象，與經義似有發明。固亦可備一解也。

楚蒙山房易經解十六卷

江西巡撫採進本

國朝晏斯盛撰。斯盛字一齋，新喻人。康熙辛丑進士，官至湖北巡撫。是書凡學易初津二卷，易翼宗六卷，易翼説八卷。學易初津爲全書之宗旨，謂今所傳圖書乃大衍之數，因大傳之言而圖之，不取河洛奇偶之説，所見最確。又謂辭占不遺象辭，而不取卦變、互體之説，則盡廢漢易之古法，未免主持稍過。易翼宗以經文爲主，而割十翼散附於句下，意在以經解經，頗傷破碎。又每爻之首，畫一全卦而間以一動爻，奇作〇，偶作〇，亦自我作古。易翼説全解十翼，而先繫辭，次説卦，次序卦，次雜卦，次彖傳，次文言，次象傳，非古非今，更不知所據何本。然不廢象數而不爲方技術數之曲説，不廢義理而不爲理氣心性之空談。在近日説易之家，猶可云篤實近理焉。

周易孔義集説二十卷　編修周永年家藏本

國朝沈起元撰。起元字子大，太倉人。康熙辛丑進士，官至光禄寺卿。是書大旨以十翼爲夫子所手著，又未經秦火，其書獨完，故學易者必當以孔傳爲主。因取明高攀龍周易孔義之名別加纂集，於古今説易諸書，無所偏主，惟合於孔傳者即取之。其篇次則仍依今本，以彖傳、象傳系於經文之下，謂易之亡不亡，不係於古本之復不復。王氏以傳附經，亦足以資觀玩。惟大象傳往往別自起義，文言則引伸觸類以闡易蘊，皆無容附於本卦，故別出之。前列三圖，一爲八卦方位圖，一爲乾坤生六子圖，一爲因重圖，皆據繫辭、説卦之文。至於河圖、洛書、先天、後天、方、圓諸圖，則謂此陳、邵之易，非夫子所本有，概從删薙，頗能掃除紛紜轇轕之習。其中亦多能推驗舊説，引伸新義。如乾彖傳「大明終始」，王注、程傳、朱子皆未有確解。起元獨取侯行果「大明，日也」之説，而證以晉彖傳之「順而麗乎大明」、禮記之「大明生於東」，於經義頗有根據。觀六三、九五、上九之「觀我生」「觀其生」，自孔疏以「動出」爲生，而後儒遂以「動作施爲」解之，俱不免於牽强。起元獨取虞翻「生謂坤生民也」之説，尤有合於九五象傳「觀民」之旨。其釋大象傳比類求義，於字句相似而義不同者，推闡更爲細密。在近來説易家中，亦可云有本之學矣。

易翼述信十二卷　直隸總督採進本

國朝王又樸撰。又樸字介山，天津人。雍正癸卯進士，官至廬州府同知。是編經傳次序悉依王弼舊本，而冠以讀易之法，終以所集諸儒雜論。其大旨專以彖、象、文言諸傳解釋經義，自謂篤信十翼，述之爲書，故名曰易翼述信，而以朱子所云「不可便以孔子之説爲文王之説」者爲非。其徵引諸家，獨李光地之言爲最夥，而於本義亦時有異同。蓋見智見仁，各明一義，原不能固執一説以限天下萬世也。至其注釋各卦，每爻必取變氣，蓋即之卦之遺法。其於河圖、洛書及先天、後天皆不列圖，而敘其説於雜論之末，特爲有識。其時、位、德、大小、應比、主爻諸論，亦皆恪遵御纂周易折中之旨，闡發證明，詞理條暢，可取者亦頗多焉。

周易淺釋四卷　江蘇巡撫採進本

國朝潘思榘撰。思榘字補堂，陽湖人。雍正甲辰進士，官至福建巡撫。是書皆即卦變之法以求象，而即象以明理。每卦皆注自某卦來，謂之「時來」。蓋易道廣大，無所不該，其中陰陽變化，宛轉關生，亦具有相通之理。故漢學如虞翻諸家，皆有是説；宋學即程子、朱子，亦闡明是理。雖非易之本義，要亦易之一義也。前有白瀛序，稱思榘「點勘通志堂所刊易解四十二家，竭畢生之力以成此書。比其没也，力疾屬草，尚闕乾、坤二卦未注，遂以絶筆」。故此本所説惟六十二卦。其彖傳、象傳則以用注疏本附經併釋，而文言、繫辭、説卦、序卦、雜卦則未之及。蓋主理者多發揮十翼，主象、主數者多研索卦爻，其宗派然也。後有松江沈大成與其門人福唐林迪光二跋。迪光述思榘之言曰：「彖多言象，而變在其中；爻多言變，而象在其中。不明時來，不知卦之來處；不求爻變，不知卦之去處。爻無所不包，舊説一概講入身心政治上去，遺卻許多道理。不如就其淺處説，而深處亦可通也。」固足括是書之大旨矣。

周易洗心九卷

編修勵守謙家藏本

國朝任啓運撰。啓運字翼聖，荆溪人。雍正癸丑進士，官至宗人府府丞。是編大旨謂讀易者當先觀圖象，故首卷備列諸圖。自朱子、邵子而外，如國朝李光地、胡煦所作諸圖，皆爲採入，而又以己見推廣之，端緒頗爲繁賾。自序謂：「其要不外論語『五十以學易』之言，文、周卦畫自羲圖出，羲圖自河、洛出。五十者，圖書之中也。學易不以五十，失其本矣。」其説頗務新奇。然其詮釋經義，則多發前人所未發。大抵觀象玩辭，時闡精理，實不盡從圖書生解。其文句異同，亦多從馬、鄭、王弼、王肅諸家之本。即或有不從舊本，必注某本作某字，以存古義，亦非圖書以外廢訓詁而不言。然則其研尋奇偶，特好語精微而已，非如張行成等竟舍經而談數也。

豐川易說十卷 兩江總督採進本

國朝王心敬撰。心敬字爾緝，鄠縣人。乾隆元年薦舉賢良方正，以老病不能赴京而罷。心敬受業於李顒，而謹嚴不逮其師。所注諸經，大抵好爲異論，書及春秋爲尤甚。惟此編推闡易理，最爲篤實。其言曰：「學易可以無大過，是孔子明易之切於人身，即是可以知四聖人繫易之本旨，竝可以識學易之要領。」又曰：「易是道人事之書，陰陽消長，只是借來作影子耳。故曰：『易者，象也，象也者，像也。』於陰陽消長處看得不明，是影子不真。若徒泥陰陽消長而無得於切己之人事，亦屬捕風捉影。」又曰：「置象言易，是謂懸空；執象舍義，是爲泥跡。象義雙顯，則體用一源，顯微無間。」又曰：「中庸一書，是子思爲當日之言道者視爲高深玄遠，故兩引中庸之說以明道。易翼十篇，是孔子爲當日之言易者視爲高深玄遠，故重申『易簡』之說以明易。後儒往往索諸隱深，欲以張皇易妙，而不知反失其本旨。」又曰：「若易不關象，不知義於何取；不屬卜筮，不知設蓍何爲。」又曰：「學者讀易不知求設教之本旨，讀書不知洪範經世之宏猷，每於河圖、洛書穿鑿附會，何切於實事實理？」又曰：「大抵漢、唐之易，只成訓詁；宋、明之易，多簸弄聰明。訓詁非易而易在，聰明亂易而易亡。」又曰：「義言象占，同體共貫，廢一不得，泥一不得。後儒紛紛主象、主數、主理、主卜筮、主錯綜之變，是舍大道而入旁蹊。」云云。其說皆明白正大，故其書皆切近人事，於學者深爲有裨。至於互卦之說，老陰、老陽始變之說，錯綜之說，卦變之說，皆斥不信，併左氏所載古占法而排之。雖主持未免太過，要其立言之大旨，則可謂正矣。

周易述二十三卷　浙江吴玉墀家藏本

國朝惠棟撰，棟字定宇，號松崖，元和人。其書主發揮漢儒之學，以荀爽、虞翻爲主，而參以鄭玄、宋咸、干寶諸家之説，融會其義，自爲注而自疏之。其目録凡四十卷。自一卷至二十一卷，皆訓釋經文。二十二卷、二十三卷爲易微言，皆雜鈔經典論易之語。二十四卷至四十卷，凡載易大義、易例、易法、易正譌、明堂大道録、禘説六名，皆有録無書。其注疏尚闕下經十四卷及序卦、雜卦兩傳，蓋未完之書。其易微言二卷，亦皆雜録舊説以備參考。他時蕆事，則此爲當棄之糟粕，非欲別勒一編，附諸注疏之末。故其文皆未詮次。棟殁之後，其門人過尊師説，竝未定殘稾而刻之，實非棟本意也。自王弼易行，漢學遂絶。宋、元儒者類以意見揣測，去古寖遠。中間言象數者又岐爲圖書之説，其書愈衍愈繁，而未必皆四聖之本旨。故説經之家莫多於易與春秋，而易尤叢雜。棟能一一原本漢儒，推闡考證。雖掇拾散佚，未能備睹專門授受之全。要其引據古義，具有根柢。視空談説經者，則相去遠矣。

易漢學八卷　光禄寺卿陸錫熊家藏本

國朝惠棟撰。是編乃追考漢儒易學，掇拾緒論以見大凡。凡孟長卿易二卷，虞仲翔易一卷，京君明易二卷，干寶易附見。鄭康成易一卷，荀慈明易一卷。其末一卷則棟發明漢易之理，以辨正河圖、洛書、先天、太極之學。其以虞翻次孟喜者，以翻別傳自稱五世傳孟氏易；以鄭玄次京房者，以後漢書稱玄通京氏易也。荀爽別爲一卷，則費氏易之流派矣。考漢易自田王孫後，始岐爲施、孟、梁丘三派。然漢書儒林傳稱：「孟喜得易家候陰陽災變書，詐言田生且死時，枕喜𦠆獨傳。而梁丘賀疏通證明，謂『田生絶於施讐手中。時喜歸東海，安得此事？』」又稱：「焦延壽嘗從孟喜問易，京房以爲延壽即孟氏學，而翟牧、白生不肯，皆曰非也。劉向亦稱諸易家説皆祖田何、楊叔、丁將軍，大義略同，惟京氏爲異黨。」則漢學之有孟、京，亦猶宋學之有陳、邵，均所謂易外別傳也。費氏學自陳元、鄭衆、馬融、鄭玄以下，遞傳以至王弼，是爲今本。然漢書稱：「直長於卦筮，無章句，徒以彖、象、繫辭十篇、文言解説上、下經。」隋志「五行家」有直易林二卷、易内神筮二卷、周易筮占林五卷，則直易亦兼言卜筮。特其爻象承應陰陽變化之説，與孟、京兩家體例較異。合是三派，漢學之占法亦約略盡此矣。夫易本爲卜筮作，而漢儒多參以占候，未必盡合周、孔之法。然其時去古未遠，要必有所受之。棟采輯遺聞，鉤稽考證，使學者得略見漢儒之門徑，於易亦不爲無功矣。孟、京兩家之學，當歸術數。然費氏爲象數之正傳，鄭氏之學亦兼用京、費之説，有未可盡目爲讖緯者。故仍列之經部焉。

易例二卷

桂林府同知李文藻刊本

國朝惠棟撰。棟所作周易述目録，列有易微言等七書。惟易微言二卷附刊卷末，其餘並闕。此易例二卷，即七書中之第三種，近始刊本於潮陽，皆考究漢儒之傳以發明易之本例。凡九十類，其中有録無書者十三類。原跋稱爲未成之本。今考其書，非惟采摭未完，即門目亦尚未分。意棟欲鎔鑄舊説，作爲易例。先掇草本，采摭漢儒易説，隨手題識，筆之於册，以儲作論之材。其標目有當爲例而立一類者，亦有不當爲例而立一類者；有一類爲一例者，亦有一類爲數例者。如既有「扶陽抑陰」一類，又有「陽道不絶陰道絶義」一類，又有「陽無死義」一類。此必欲作「扶陽抑陰」一例，而雜録於三處者也。曰「中和」，曰「詩尚中和」，曰「禮、樂尚中和」，曰「君道尚中和」，曰「建國尚中和」，曰「春秋尚中和」，分爲六類，已極繁複。而其後又出「中和」一類，「君道中和」一類，卷末更出「中和之本」一類。此亦必欲作「易尚中和」一例，而散見於九處者也。「古者有聖人之德，然後居天子之位」一類，徵引繁蕪，與易理無關，而題下注曰：「即二升坤五義。」此必摭爲「乾升坤降」之佐證，而偶置在前者也。又如「初爲元士」一類，即「貴賤」類中之一。乾爲仁、震爲車、艮爲言三類，即諸例中之三。「天地之始」一類，即「卦無先天」一類之復出。皆由未及排貫，遂似散錢滿屋。至於史記讀易之文、漢書傳易之派，更與易例無與，亦必存爲佐證之文，而傳寫者誤爲本書也。此類不一而足，均不可據爲定本。然棟於諸經深窺古義，其所捃摭，大抵老師宿儒專門授受之微旨，一字一句，具有淵源。苟汰其蕪雜，存其菁英，因所録而排比參稽之，猶可以見聖人作易之大綱，漢代傳經之崖略。正未可以殘闕少緒，竟棄其稾矣。

易象大意存解一卷　編修程晉芳家藏本

國朝任陳晉撰。陳晉字似武，號後山，亦曰以齋，江蘇興化人。乾隆己未進士，官徽州府教授。是編不載經文，惟折衷諸家之説，明易象之大意，故以爲名。考左傳韓起聘魯，見易象、春秋，則易之主象，古有明文。陳晉以象爲宗，實三代以來舊法。卷首標凡例七則，多申尚象之旨。書中首論太極、五行，兼談河、洛、先天諸圖，然發揮明簡，惟標舉其理所可通，凡一切支離推衍，布算經而繪弈譜者，翦除殆盡。其凡例有曰：「後之言象數者流入藝術之科，其術至精，而其理亦更奥澀。然偏於一隅，似反涉形下之器。」可云篤論。次論象、論爻、論象，不廢互體之説，蓋以雜卦傳爲據。次論六十四卦，各括其大旨，亦大抵切人事立言。終以繫辭、序卦、説卦、雜卦，其文頗略。蓋著書之意在於六十四卦，餘皆互相發明耳。

大易擇言三十六卷　兩江總督採進本

國朝程廷祚撰。廷祚字綿莊，號青溪，上元人。是編因桐城方苞緒論，以六條編纂諸家之説。一曰正義，諸説當於經義者也。二曰辨正，訂異同也。三曰通論，謂所論在此而義通於彼，與别解之理猶可通者也。四曰餘論，單辭片語可資發明者也。五曰存疑，六曰存異，皆舊人謬舛之文，似是者謂之疑，背馳者謂之異也。六條之外，有斷以己意者，則以「愚案」别之。其闡明爻象，但以説卦健、順、動、入、陷、麗、止、説八義爲八卦真象，八者之得失則以所值之重卦爲斷。其明爻義則求之本爻，而力破承乘比應諸舊解。其稽六位則專據繫辭「辨貴賤者存乎位」之旨，凡陽爻陰位、陰爻陽位之說，亦盡芟除。蓋力排象數之學，惟以義理爲宗者也。

周易辨畫四十卷　安徽巡撫採進本

國朝連斗山撰。斗山字叔度，潁州人。是書大旨謂一卦之義在於爻，爻畫有剛有柔，因剛柔之畫而立之象，即因剛柔之畫而繫以辭，其道先在於辨畫，故以爲名。末有輯圖一卷，則即朱子舊圖而略爲損益之。其說專主卦畫立義。如屯之大象云：「四偶以次條列如絲，中貫一奇如梭。上互艮，手，下動震，足，如織紝然。故有經綸之象。」未免穿鑿太甚。然其逐卦詳列互體，剖析微渺，亦頗有合於精理者。蓋即爻論爻，乃能以易詮易。雖間有附會之失，而錯綜變化之本旨，猶可藉以參觀。固與高談性道以致惝怳無歸者，尚較有實際焉。

周易圖書質疑二十四卷　安徽巡撫採進本

國朝趙繼序撰。繼序號易門，休寧人。乾隆辛酉舉人。其書以象數言易，而不主陳、邵河、洛之說。謂作圖者本於易，而反謂作易者本於圖，蓋因錢義方之說而暢之。全書不分卷數，首爲古經十二篇。次逐節詮釋經義而不載經文，但標卦爻，用漢儒經、傳別行之例。次爲圖三十有二，各系以說，而終以大衍象數考、春秋傳論易考、易通曆數、周易考異、卦爻類象。又一篇辨吴仁傑本、費直本而不立標題，列於周易考異前。疑即考異之末簡，傳寫顛倒也。全書多從卦變起象，而兼取漢宋之說，持論頗平允。惟以「帝出乎震」爲夏之連山，「坤以藏之」爲殷之歸藏，本程智之説而推衍之，未免曲解夫子所贊周易也。豈忽攙説舊法，自亂其例乎？

周易章句證異十一卷　江蘇巡撫採進本

國朝翟均廉撰。均廉字春沚，仁和人。乾隆乙酉舉人。官内閣中書舍人。是書取周易古今諸本同異之處，互相考證。如李鼎祚卦辭前分冠序卦；周燔卦辭前列大象，卦辭後列彖傳；趙汝楳卦辭前列大象，卦辭後列彖傳，次文言，次爻辭；李過、方逢辰乾卦卦辭後列彖傳，次文言釋彖處，次大象，次爻辭；蔡淵卦辭後列大象，次彖傳，文言别爲一傳，傳低一字；王洙於篇中不載卦辭，别爲一篇之類。此篇章之同異也。如乾卦三爻，孟喜作「夕惕若夤」句，「厲无咎」句；荀爽、虞翻、王弼作「夕惕若厲」句；邵子、朱震、朱子作「夕惕若」句。此句讀之同異也。逐卦逐爻，悉爲臚列，間或附以己意，以「廉案」二字别之。古今本異同之處，校勘頗爲精密。雖近時之書，而所言皆有依據。轉勝郭京舉正以意刊改，託言於王、韓舊本者也。

附録

乾坤鑿度二卷　永樂大典本

案乾坤鑿度，隋、唐志，崇文總目皆未著録。至宋元祐間始出，紹興續書目有倉頡注鑿度二卷。後以鄭氏所注乾鑿度有别本單行，故亦稱此本爲巛鑿度。程龍謂「隋焚讖緯，無復全書，今行於世惟乾、坤二「鑿度」者是也。其書分上、下二篇。上篇論四門四正，取象取物，以至卦爻蓍策之數。下篇謂坤有十性，而推及於蕩配、陵配。又雜引萬形經、地形經、制靈經、蓍成經、含靈孕諸緯文，詞多聱牙不易曉。故晁公武疑爲宋人依託，胡應麟亦以爲元包、洞極之流。而胡一桂則謂：「漢去古未遠，尚有祖述，有裨易教。」評騭紛然，真僞莫辨。伏讀御製題乾坤鑿度詩，定作者爲後於莊子，而舉應帝王篇所云「儵忽」「混沌」，分配乾坤、太始，以推求「鑿」字所以命名之義。援据審核，折衷至當。臣等因考列子、白虎通、博雅諸書，皆以太易、太初、太始、太素爲氣、形、質之始，與鑿度所言相合。獨莊子於外篇天地略及「泰初有無」之語，而其他名目，概未之見。則「儵忽」「混沌」，實即南華氏之變文，作鑿度者復本其義而緣飾之耳。仰蒙聖明剖示，精確不刊，洵永爲是書定論矣。案七經緯皆佚於唐，存者獨易，逮宋末而盡失其傳。今永樂大典所載易緯具存，多宋以後諸儒所未見，而此書實爲其一。謹校定譌闕，釐勘審正，冠諸易緯之首，而恭疏其大旨於簡端。

周易乾鑿度二卷

永樂大典本

案周易乾鑿度，鄭康成注，與乾坤鑿度本二書。晁公武竝指爲倉頡修古籀文，誤併爲一，永樂大典遂合加標目。今考宋志有鄭康成注易乾鑿度三卷，而不及乾坤鑿度，則知宋時固自單行也。説者稱其書出於先秦，自後漢書、南北朝諸史及唐人撰五經正義，李鼎祚作周易集解，徵引最多。皆於易旨有所發明，較他緯獨爲醇正。至於太乙九宫、四正四維，皆本於十五之説，乃宋儒戴九履一之圖所由出。朱子取之，列於本義圖説。故程大昌謂：「漢、魏以降，言易學者皆宗而用之，非後世所託爲。」誠稽古者所不可廢矣。原本文字斷闕，多有譌舛。謹依經史所引各文，及旁采明錢叔寶舊本互相校正，增損若干字。其定爲上、下二卷，則從鄭樵通志之目也。

易緯稽覽圖二卷

永樂大典本

案後漢書樊英傳注舉「七緯」之名，以稽覽圖冠易緯之首。隋志鄭康成注易緯八卷，唐志宋均注易緯九卷，皆不詳其篇目。宋志有鄭康成注稽覽圖一卷，通志七卷。而馬氏經籍考載易緯七種，亦首列鄭注稽覽圖二卷。獨陳振孫書録解題別出稽覽圖三卷，稱：「與上易緯相出入，而詳略不同。」似後人掇拾緯文，依託爲之者，非即康成原注之本。自宋以後，其書亦久佚弗傳。今永樂大典載有稽覽圖一卷，謹以後漢書郎顗、楊賜傳，隋書王劭傳所見緯文及注參校，無不符合，其爲鄭注原書無疑。惟陸德明釋文引「無以教之曰蒙」、太平御覽引「五緯各在其方」之文，此本皆闕如。則意者書亡僅存，已不免於脱佚矣。其書首言「卦氣起中孚」，而以坎、離、震、兑爲四正卦，六十卦卦主六日七分。又以自復至坤十二卦爲消息，餘雜卦主公、卿、侯、大夫，候風雨寒温以爲徵應。蓋即孟喜、京房之學所自出。漢世大儒言易者，悉本於此，最爲近古。至所稱軌筭之數以及世應遊歸，乃兼通於日家推步之法。考唐一行推大衍之策，以算術本於易，故其本議言代軌德運，及六卦議言一月之策九六七八，發斂術言中節候卦，皆與稽覽圖相同。獨所云天元甲寅以來至周宣帝宣政元年，則似甄鸞所推甲寅元曆之術。而又有云「太初癸巳」，則古無以此爲元者。其他雜引宋永初、元嘉，魏始光，唐上元、先天、貞元、元和年號，紛錯不倫。蓋皆六朝迄唐術士先後所附益，非稽覽圖本文。今審覈詞義，退文附書，以爲區別。竝援經注史文，是正譌舛。依馬氏舊録析爲上、下二卷，庶言易學者或有所考見焉。

易緯辨終備一卷　永樂大典本

案辨終備，一作辨中備。後漢書樊英傳注易緯凡六，爲稽覽圖、乾鑿度、坤靈圖、通卦驗、是類謀，而終以此篇。馬氏經籍考皆稱爲鄭康成注，而辨終備著録一卷。今永樂大典所載僅寥寥數十言，已非完本。且其文頗近是類謀，而史記正義所引辨中備孔子與子貢言世應之説，與此反不類。或其書先佚而後人雜取他緯以成之者，亦未可定也。然別無可證，姑仍舊題云。

易緯通卦驗二卷　永樂大典本

案易緯通卦驗，馬端臨經籍考及宋史藝文志俱載其名。黄震日抄謂其書大率爲卦氣發，朱彝尊經義考則以爲久佚，今載於説郛者，皆從類書中湊合而成，不逮什之二三。蓋是書之失傳久矣。經籍考、藝文志舊分二卷，此本卷帙不分。核其文義，似於「人主動而得天地之道，則萬物之蘊盡矣」以上爲上卷，「曰：凡易八卦之氣，驗應各如其法度」以下爲下卷。上明稽應之理，下言卦氣之徵驗也。至其中譌脱頗多，注與正文往往相混。其字句與諸經注疏、續漢書劉昭補注、歐陽詢藝文類聚、徐堅初學記、宋白太平御覽、孫穀古微書等書所徵引，亦互有異同。第此書久已失傳，當世並無善本可校。類書所載，亦輾轉譌舛，不盡可據。謹於各條下擬列案語，其文與注相混者，悉爲釐正，脱漏異同者，則詳加參校，與本文兩存之。蓋通其所可知，闕其所不可知，亦闕疑仍舊之義也。

易緯乾元序制記一卷　永樂大典本

案乾元序制記，後漢書注七緯名，並無其目。馬氏經籍考始見一卷。陳振孫疑爲後世術士附益之書。今考此篇首簡「文王比隆興始霸」云云，孔穎達詩疏引之，作是類謀。疏又引坤靈圖「法地之瑞」云云，今坤靈圖亦無其文，而與此篇文義相合。又隋書王劭傳引坤靈圖「泰姓商名宫」之文，亦在此篇。至其所言風雨寒温消息之術，乃與稽覽圖相近。疑本古緯所無，而後人於各緯中分析以成此書者。晁公武謂其本出於李淑，當亦唐、宋間人所妄題耳。

易緯是類謀一卷　永樂大典本

案是類謀，一作筮類謀。馬氏經籍考：「一卷，鄭康成注。」其書通以韻語綴輯成文，古質錯綜，别爲一體。藝文類聚、太平御覽諸書引其文頗多，與此本參校並合，蓋視諸緯略稱完備。其間多言機祥推驗，並及於姓輔名號，與乾鑿度所引易曆者義相發明。而隋書律曆志載周太史上士馬顯所上表亦有「玉羊、金雞」之語。則此書固隋以前言術數者所必及也。

易緯坤靈圖一卷

永樂大典本

案坤靈圖，孫穀謂配乾鑿度名篇。馬氏經籍考著録一卷。今僅存論乾、无妄、大畜卦辭及史注所引「日月連璧」數語，則其闕佚者蓋已夥矣。考後漢書注，易緯坤靈圖第三，在辨終備、是類謀之上。而王應麟玉海謂：「三館所藏有鄭注易緯七卷，稽覽圖一，辨終備四，是類謀五，乾元序制記六，坤靈圖七，二卷、三卷無標目。」永樂大典篇次亦然。今略依原第編否，蓋從宋時館閣本也。

案儒者多稱讖緯，其實讖自讖，緯自緯，非一類也。讖者詭爲隱語，預決吉凶。史記秦本紀稱盧生奏録圖書之語，是其始也。緯者，經之支流，衍及旁義。史記自序引易「失之毫釐，差以千里」，漢書蓋寬饒傳引易「五帝官天下，三王家天下」，注者均以爲易緯之文是也。蓋秦漢以來，去聖日遠，儒者推闡論説，各自成書，與經原不相比附。如伏生尚書大傳、董仲舒春秋陰陽，核其文體，即是緯書。特以顯有主名，故不能託諸孔子。其他私相撰述，漸雜以術數之言，既不知作者爲誰，因附會以神其説。迨彌傳彌失，又益以妖妄之詞，遂與讖合而爲一。然班固稱：「聖人作經，賢者緯之。」楊侃稱：「緯書之類，謂之祕經。圖讖之類，謂之内學。河洛之書，謂之靈篇。」胡應麟亦謂：「讖、緯二書，雖相表裏，而實不同。」則緯與讖别，前人固已分析之。後人連類而譏，非其實也。右乾鑿度等七書，皆易緯之文，與圖讖之熒惑民志、悖理傷教者不同。以其無可附麗，故著録於易類之末焉。

右易類。一百五十八部，一千七百五十七卷。附録八部，十二卷。皆文淵閣著録。

案盈虛消息，理之自然也。理不可見，聖人即數以觀之，而因立象以著之。以乾一卦而論，積一至六、自下而上者，數也；一潛，二見，三惕厲，四躍，五飛，六亢者，理也，而象以見焉。至於互體變爻，錯綜貫串，易之數無不盡，易之理無不通，易之象無不該矣。左氏所載即古占法，其條理可覆案也。故象也者，理之當然也，進退存亡所由決也；數也者，理之所以然也，吉凶悔吝所由生也。聖人因卜筮以示教，如是焉止矣。宋人以數言易，已不甚近於人事，又務欲究數之所以然，於是由畫卦推奇偶，由奇偶推河圖、洛書，由河圖、洛書演爲黑白方圓、縱横順逆，至於汗漫而不可紀，曰此作易之本也。及其解經，則象義、爻象又絶不本圖書立説，豈畫卦者一數，繫辭者又别一數耶？夫聖人垂訓，實教人用易，非教人作易。今不談其所以用，而但談其所以作，是易之一經非千萬世遵爲法戒之書，而一二人密傳玄妙之書矣。經者，常也，曾是而可爲常道乎？朱子以康節之學爲易外别傳，持論至確。其作易學啓蒙，蓋以程子易傳不及象數，故兼備此義以補所闕，非專以數立教也。後人棄置本義而專以啓蒙爲口實，殆倒置其本末矣。今所編録，於推演數學者略存梗概，以備一家。其支離曼衍，不附經文，於易杳不相關者，則竟退置於術數家。明不以魏伯陽、陳摶等方外之學淆六經之正義也。

欽定四庫全書總目卷七

經部七

易類存目一

關氏易傳一卷 内府藏本

舊本題北魏關朗撰，唐趙蕤注。朗字子明，河東人。蕤字大賓，梓州鹽亭人。詳見子部雜家類長短經條。是書隋志、唐志皆不著録。晁公武讀書志謂李淑邯鄲圖書志始有之。中興書目亦載其名，云：「阮逸詮次刊正。」陳師道後山談叢、何薳春渚紀聞及邵博聞見後録皆云阮逸嘗以僞撰之稾示蘇洵，則出自逸手，更無疑義。逸與李淑同爲神宗時人，故李氏書目始有也。吴萊集有此書後序，乃據文中子之説力辨其真。文士好奇，未之深考耳。

方舟易學二卷 浙江吴玉墀家藏本

宋李石撰。石字知幾，資陽人。陸游老學菴筆記載其本名知幾，後感夢兆，改名石，而以知幾爲字。宋史不爲立傳。資川志載其舉進士高第，紹興末以薦任太學博士，黜成都學官。乾道中再入爲郎，後歷知合州、黎州、眉州，皆以論罷，終於成都轉運判官。鄧椿畫繼則載其「少負才名。既登第，以趙逵薦任太學博士，今倅成都」。蓋椿與石同時，故舉其現居之官也。是書專論互體，每卦標兩互卦之名，而以爻詞證之。考漢儒説易，多主象占，後孟喜、焦贛、京房流爲災變，鄭玄又配以爻辰，固不免有所附會。自王弼掃滌舊文，併謂互體、卦變皆無足取，於是棄象不論。夫納甲、五行本非易義所重，棄之可也。若互卦及動爻之變，其説見於繫辭，其法著於左傳，歷代諸儒相承有自，概從排斥，未免偏涉玄虚。故石專闢王弼之學。其上卷詳言互體之義。下卷曰象統，曰明閏。象統但存一序，其説未竟。明閏以六十四卦分月，以明置閏之法也。朱彝尊經義考曰：「方舟集止存二卷，崑山徐秉義家藏有易互體例，卷首不著撰人名氏，但題『門人劉伯熊編』。」此本卷首有「竹垞」二字小印，豈其書後歸彝尊歟？考書録解題載李石方舟集五十卷，後集二十卷，而永樂大典所載左氏君子例、詩如例、詩補遺及此書皆題曰李石方舟集。則是四書皆其集中所載，徐氏惟得其兩卷，故卷端無姓名耳。今方舟集已於永樂大典中裒輯成帙，此四書亦仍其舊例，併入集中。故不復重録，而附存其目於此焉。

周易繫辭精義二卷　兩淮馬裕家藏本

舊本題宋吕祖謙撰。祖謙有古周易，已著録。初，程子作易傳，不及繫辭。此書似集諸家之説，補其所缺，然去取未爲精審。陳振孫書録解題引館閣書目，以是書爲託祖謙之名，殆必有據也。

東萊易説二卷　江西巡撫採進本

舊本題宋吕祖謙撰。朱彝尊經義考亦列其名。今勘驗其文，實吕喬年所編麗澤論説集録之前二卷。書賈鈔出以售僞，非祖謙所自著也。

周易輯説明解四卷

江西巡撫採進本

舊本題宋馮椅撰。椅有厚齋易學，已著録，此其别行之僞本也。案椅原書，宋史藝文志作五十卷，此本卷數懸殊。其不合者一。又朱彝尊經義考載中興藝文志云：「馮椅爲輯注、輯傳、外傳，以程沙隨、朱文公雖本古易爲注，猶未及盡正孔傳名義，乃改『彖曰』、『象曰』爲『贊曰』，又改繫詞上、下爲説卦上、中，以隋經籍志有説卦三篇也。」此本仍作「彖曰」「象曰」，不作「贊曰」，繫詞傳亦仍分上、下，不作説卦上、下。其不合者二。胡一桂易本義附録纂疏曰：「馮厚齋講明夷六五『箕子之明夷』，云『箕』字蜀本作『其』字，此繼統而當明揚之時之象，其指大君當明揚之時而傳之子，則其子亦爲明夷矣。又謂『文王作爻詞，移置君象於上六，以初登於天、後入於地況明夷之主，六五在下而承之，明夷之主之子之象也。子繼明夷之治，利在於貞，明不可以復夷也。後世以其爲箕，遂傳會於文王與紂事，甚至以爻詞爲周公作，而非文王。蓋箕子之囚在文王羑里之後，方演易時，箕子之明未夷也』。李隆山深然其説。」云云。此本解明夷六五、上六二爻，仍用舊説，未嘗改「箕」字爲「其」字。其不合者三。且永樂大典具載椅書，有輯注、輯傳之目，與中興藝文志同其議論，與胡氏之言同。又其以古訓改今文者甚多，如「裳」之爲「常」，「瀆」之爲「黷」，「寵」之爲「龍」，「拯」之爲「承」，皆本説文、釋文諸家。履、否諸卦則以爲舊脱卦名宜補，姤卦則以爲「勿用取」下衍「女」字，漸卦則以「漸之進」，「之」字爲「漸」字之譌。今此書皆無其文。又輯注、外傳所引諸家如司馬光、王安石凡二三十家，多外間所未有，今并無之。至其各卦講解，多沿襲本義，與永樂大典所載全殊。其爲僞託，更無疑義。今椅之全書業已重編成帙，此本已可不存。以外間傳寫已久，恐其亂真，故存其目而論之焉。

水村易鏡一卷

兩江總督採進本

宋林光世撰。光世字逢聖，莆田人。館閣續録載其淳祐十一年以易學召赴闕，充祕書省檢校文字。十二年，教授常州，文字職事如舊。寶祐二年，補迪功郎，添差江西提舉司幹辦公事。閩書則謂淮東漕臣黄漢章上所著易鏡，由布衣召爲史館檢閲，遷校勘，改京秩，自將作出知潮州。開慶元年召爲都官郎中，入爲司農少卿，兼史館。官階頗有異同。又稱其景定二年賜進士出身，在都官郎中後二年，均未詳孰是也。是書序稱丙午，蓋成於理宗淳祐六年。大旨據繫詞之語，謂諸儒詁易，獨遺仰觀、俯察之義。因居海上，測驗天文，悟天、澤、火、雷、風、水、山、地八宫之星，皆自然有六十四卦，遂以星配卦。先取繫詞所列自離至夬十三卦，推闡其旨，以發大凡。所列星圖，穿鑿附會，自古説易之家未有紕繆至此者。夫庖犧仰觀天文，亦揆其盈虚消息之運耳，何嘗準列宿畫卦哉！後永豐陳圖作周易起元，又以名山大川分配六十四卦，謂之察於地理。充乎其類，殆不至以鳥獸配卦不止矣。

易序叢書十卷 浙江吴玉墀家藏本

舊本題宋趙汝楳撰。汝楳有周易輯聞六卷，易雅一卷，筮宗三卷，總謂之易序叢書，已著於録。此本亦分十卷，卷各爲目。惟首二卷爲易雅、筮宗。自第三卷至七卷則言兵法，所載營陳隊伍圖法甚備，皆與易絶不相涉。又所題衍義、拾遺等目，核之書中，亦多不甚分晰。其中惟第八卷六日七分論及第九卷、十卷辨方、納甲二篇，尚頗存漢學之舊，然文字亦多脱誤。疑好事者偶得其殘本，不知完帙尚存，雜鈔他書以足十卷之數也。卷首有董其昌名印，則其來已久。殆明人所雜編歟？

周易上下經解殘本四卷 兩淮鹽政採進本

宋丁易東撰。易東有易象義，已著録。此即易象義殘本，傳鈔者改其名也。十翼惟存彖傳、象傳，其餘皆佚。上經自乾卦至泰卦僅有一頁，尤爲殘缺。惟下經晉、大壯、睽、蹇、中孚五卦爲永樂大典所佚者，此本獨完。今已採掇補録，而别存其目於此，俾世知與易象義非兩書焉。

大易衍説無卷數 安徽巡撫採進本

舊本題元李簡撰。簡有學易記，已著録。是編即以學易記序冠於卷首，而書則絶不相同。核其文義，與今村塾講章相類。朱彝尊經義考亦未載其名，蓋書肆僞託之本也。

大易法象通贊七卷 浙江吴玉墀家藏本

元鄭滁孫撰。滁孫字景歐，處州人。宋景定間進士。嘗知温州樂清縣，遷宗正丞、禮部郎官。入元，以薦召授集賢直學士。事蹟具元史儒學傳。此書首爲諸圖，次以中天述考、述衍等説，終以甲辰、乙巳、丙午三年所作習坎書院旅語。其中天圖後署曰：「至元三十年十一月吉日，宣召赴闕，儒人臣鄭滁孫。」蓋即其被薦時所進也。其序自言「年踰五十，探索先天圖，忽得中天玄景」云云。案「中天」之説，始見於干寶周禮注，朱元昇衍之爲三易備遺。然滁孫所謂「中天玄景」與干寶之説又異。大旨謂中天即天也，由其運用合一居中，故曰中天；由其在生兩之後，用九之前，故曰中天。其象藏於互體，而義發見於文王、周公、孔子之辭。其説大抵皆幽渺恍惚，不可究詰。計滁孫登第，自宋景定至元世祖至元中，當已五六十歲。而此書之成在成宗之末，又在進圖後十餘年。逮至嘉興、温州升席説經，年已耄耋矣。其始終敷析者，皆一「中天」之義。又删周易繫辭傳以遷就已説，而牽合諸經以證之。支離曼衍，終無歸宿。自來以奇偶推易者病於穿鑿，以老莊談易者病於虚無。此書更以穿鑿之數附會於虚無之理，兩家流弊兼而有之，可謂敝精神於無用者矣。

周易訂疑十五卷序例一卷易學啓蒙訂疑四卷周易本義原本十二卷　山東巡撫採進本

舊本題董養性撰。不著時代。考元末有董養性，字邁公，樂陵人。至正中嘗官昭化令，攝劍州事。入明不仕，終於家。所著有高閒雲集。或即其人歟？是書前有自序，謂用力三十餘年乃成。其説皆以朱子爲宗，不容一字之出入。蓋亦胡一桂、陳櫟之末派也。

學易舉隅三卷 浙江吴玉墀家藏本

元鮑恂撰。恂字仲孚，崇德人。登至元乙亥進士。薦爲翰林，不就。王禕造邦勳賢録稱洪武初嘗應召至京師，授文華殿大學士，輔導東宫。明史吴伯宗傳則稱與吉安余詮、高郵張長年、登州張紳同薦。恂年八十，詮年亦七十，竝命爲文華殿大學士。皆以老疾固辭，遂放還。惟紳授鄠縣教諭，後官至布政使。則恂固未嘗仕明。造邦勳賢録載陶珽續説郛中，疑爲僞託，當以史爲據。又陶宗儀輟耕録載鮑恂以妻父建德知縣俞鎮之力，夤緣中浙江鄉試第十四名。考其籍乃嘉興，其年乃至正甲申，蓋名姓偶同，非此鮑恂也。是書略舉讀易之法，分析門目，指陳綱要，大抵皆約舉舊文。卷首有寧王權序，題曰「旃蒙單閼」，蓋宣德十年乙卯也。序稱「程蕃伯昌重加訂正」，而稱蕃生於至元十七年丁酉。考後至元無十七年，惟順帝至正十七年歲在丁酉，則「至元」乃「至正」之誤也。是書本名學易舉隅，權爲刊板，始更名大易鉤玄。然朱彝尊經義考載之，仍曰舉隅。考所言僅粗陳崖略，不足當「鉤玄」之名。題曰舉隅，於義爲近，故今亦仍恂原目著録焉。

周易旁注圖説二卷 山東巡撫採進本

明朱升撰。升字允升，休寧人。元至正乙酉舉於鄉，授池州路學正，秩滿歸里。丁酉太祖兵至徽州，以升從軍。吴元年拜侍講學士，洪武中官至翰林學士。事蹟具明史本傳。是書原本十卷，冠以圖説上、下二篇。上篇凡八圖，下篇則全録元蕭漢中讀易考原之文。萬曆中姚文蔚易其旁注，列於經文之下，已非其舊。此本又盡佚其注，獨存此圖說二篇。漢中書已別著録。餘此八圖，僅敷衍陳摶之學，蓋無可取矣。

八卦餘生十八卷

江西巡撫採進本

明鄧夢文撰。夢文字志文，安成人。是書前有永樂甲辰自序，稱著是書時，夢神授以八卦餘生之名，覺而不識其所謂。但既有所受之，則不敢不以是名之。其說甚怪。其書卷首列總論五條。一曰偶感，記經文之有會於心者，凡十九處。二曰記臆，指程子、蘇軾二家之說大不合於經者七十處。三曰論應，斥諸家某爻應某爻之非，而取其不謬於理者十一處。四曰論五位，辨諸家以五爻爲君之非，凡九處。五曰論變，謂卦不必至三爻而變，凡三處。其大旨主於以身爲易，不假蓍筮而自然與造化相符。多掊擊前人之說，而攻程傳爲尤甚。至繫辭諸傳，則併攻傳文。如繫辭「成性存存」二句，則注曰：「其語意頗似老子，不類夫子口氣。」「刳木爲舟」節，則注曰：「自神農、黄帝、堯、舜時始有舟楫。而當堯之時，天下猶未平，洪水横流，不知神農以前天下之民何以涉河？」「服牛乘馬」節，則注曰：「牛馬之用，似不待取諸卦象而後然。」「古之葬者」節，則注曰：「本義云『送死大事而過於厚。』然則聖人制葬埋之禮，蓋亦自爲大過矣。則於墨子之薄葬又何譏焉？」「易之興也，其當殷之末世」節，則注曰：「此節與易道似無甚發揮，而又皆前經之所已言者。」又曰：「夫子殷人也，紂之事所不忍言。即贊文王不須以紂，以紂贊文王亦非文王之所願聞也。」說卦傳「昔者聖人之作易也，將以順性命之理」節，則注曰：「仁知之不足以盡道也久矣，此云爾，似亦不合。」「帝出乎震」節，則注曰：「此節似弄字法。」序卦傳「飲食必有訟」二句，則注曰：「訟何必專始於飲食？」「訟必有衆起」六句，則注曰：「物自蒙之時必有所依附而後成立，比似莫切於此時，且不比何以成師，亦似在師之前。」「有大而能謙必豫」二句，則注曰：「必待大有能謙而後樂其爲樂也，不亦隘乎？」「豫必有隨」二句，則注曰：「同人而物歸之，已大有矣，於此而始隨乎？」「有事而後可大」一句，則注曰：「然則大有者非人乎？」「物大然後可觀」句，則注曰：「然則同人、大有之時，尚不可觀乎？」「賁者飾也」三句，則注曰：「大有、臨、觀，尚未足亨乎？必待飾而後亨耶？」「復則不妄矣」句，則注曰：「然則剥以前諸卦皆妄乎？」「物畜然後可養」句，則注曰：「然則需不已早乎？」「故受之以坎」三句，則注曰：「既曰陷矣，而可受乎？聖人豈欲陷人者哉？」「遯者，退也」四句，則注曰：「有是理否也？」「物不可以終壯」句，則注曰：「既不終壯而又晉，將欲何之？」「傷於外者必反其家」句，則注曰：「似非確論。」「升而不已必困」句，則注曰：「困乎下者柰何？」「震者，動也」四句，則注曰：「何待不可終動而後受之以艮耶？」「旅而無所容」句，則注曰：「然則不毁方耶？」「巽者，入也」四句，則注曰：「是不得入則終不説矣。」「渙者，離也」二句，則注曰：「然則是離、渙一卦也，以渙繼坎，不亦可乎？」如是之類，不能殫舉。是其所見，殆欲出十翼上矣。恐無此事也。

石潭易傳撮要一卷　江西巡撫採進本

明劉髦撰。髦字孟恂，永新人，永樂戊子舉人。是書大旨以程子之全體大用具於易傳，朱子嘗欲將其要處别寫爲書，而竟未成編。髦因摘録其文，分類排纂，定爲本性道、精公私、正身心、施政治四門。又分子目三十有三。前有蕭鎡序，云總爲四卷，而此刻則僅有一卷。然門目與鎡序皆符，知無所佚闕。朱彝尊經義考亦作一卷，蓋重刻者所合併也。

易經圖釋十二卷　江西巡撫採進本

明劉定之撰。定之字主敬，號呆齋，永新人。正統丙辰進士，官至禮部侍郎，兼翰林院學士。謚文安。事蹟具明史本傳。其書用古本，以上、下經及十翼釐爲十卷。惟象傳則以大象爲象傳上，以小象爲象傳下，又與古本小異。然以爲象分大小，猶之雅分大小，出於孔子所定，則於古無徵，不足信也。卷首列先天、後天諸圖，率同本義，惟不列卦變圖。蓋卦變之説從程子，不從朱子。亦不列河圖、洛書。蓋其説皆由太極、兩儀、四象、八卦互推，不甚用奇偶方位。其伏羲先天六十四卦方位圖下注云：「此圖二經十傳，皆無明文可見。」又圖末總注云：「已上諸圖，昔者學易之家失其傳，而異端方士祕藏焉。邵子始復取歸於易。程子與之同時，而於易傳向置之不論，豈未嘗得見此於邵子歟？」則雖堅主陳摶之學，而亦微覺其未安矣。上經、下經每卦六爻各總爲一圖，各以儷偶之辭括其爻義。左右上下，以次排列，而以墨線分合交貫之，頗類坊本講章之節旨。彖傳則上經、下經各爲一總圖，横行六十四卦，而以卦德、卦象、卦體、卦變直列四格，以經文分隸之，如史家之年表；大象則以大學三綱領、八條目横行爲綱，以經文相類者分配其下；小象則爲列一韻圖，以三百八十四爻爲經，四聲十九部爲緯，如等韻之譜，皆與經義渺不相關。文言、繫辭則或一節爲一圖，或總括數節爲一圖，各標其語脈相貫之處。説卦傳前數節仍以先天、後天諸説作圖，其取象諸節又作一表，經以八卦，緯以天象、地法、人身、物類、草木、鳥獸六格，填列傳文，亦毫無取義。序卦僅附反對一圖，而雜卦則不爲圖，遂不置一語。蓋大旨在標六爻之義，餘皆蔓衍成書，取盈卷帙而已。

玩易意見二卷 浙江汪啓淑家藏本

明王恕撰。恕字宗貫，三原人。正統戊辰進士，官至吏部尚書，謚端毅。事蹟具明史本傳。恕於弘治壬戌養疴家居，因搆一軒名「玩易」。於程、朱之説有所未愜於心者，劄記以成此書。前有自序，作於正德丙寅，時年已九十一矣。其説頗自出新意，然於文義有不可通者，輒疑經文有譌，殊不可訓。凡上經一卷，下經合繫辭爲一卷，而不及其餘。蓋意有所見乃筆之，故不盡解全經云。

學易象數舉隅二卷 安徽巡撫採進本

明汪敬撰。敬字思敬，一字益謙，婺源人。宣德癸丑進士，官户部主事。所著有易傳通釋及此書。明史藝文志不著録。朱彝尊經義考載此書四卷，而通釋則闕其卷數。江南通志載之，則均無卷數。

此本二卷，似尚非完書也。其書專明象數，自天地自然之易至邵子經世書，全數皆列圖於前，而繫説於後。大抵皆因襲舊文，糾纏奇偶。中間論「大衍之數」一條，證以陳摶龍圖之説。不知龍圖準易數以作，非易數出於龍圖也。其上卷圖書象數，下卷九卦及觀象玩辭、觀變玩占四篇，皆標通釋之名。豈本與其所謂易傳通釋者共爲一帙，後來通釋殘缺，傳寫者誤併爲一書，而標題則未及改歟？是不可詳矣。

周易傳義約説十二卷　兩江總督採進本

明方獻夫撰。獻夫初名獻科，字叔賢，南海人。弘治乙丑進士，案：朱彝尊經義考引姓譜以獻夫爲正德辛巳進士，誤也。官至武英殿大學士，謚文襄。事蹟具明史本傳。是書用朱子所定古經本，以上、下經、十翼各自分篇，兼取程傳、本義而參以邵子之學，頗以象數爲主，其説務在簡明。然大抵依違舊説，不能別有發明。末附易雜説四則，深辯爻辭非周公作。蓋本元胡炳文之論，亦未能確有所據也。

圖書紀愚一卷　福建巡撫採進本

明阮琳撰。琳字廷佩，號晶山，莆田人。嘗官教諭，其人在成化、弘治間。朱彝尊經義考列諸嘉靖之末，由未見其書故也。經義考載此書不著卷數，注曰「未見」。其書首載太極、河、洛諸圖，次及六十四卦橫方圖，終之以五行生尅。大率因前人舊説，無所發明。

易圖識漏無卷數　浙江范懋柱家天一閣藏本

明黄芹撰。芹字德馨，號畏菴，龍巖人。蔡清之弟子也。正德九年以歲貢生官海陽縣訓導。是編爲發明先天圖學而作。前有正德丁卯自序，稱易圖凡二十七面，而今書新、舊諸圖凡二十有八。蓋以陳真晟天地聖人之圖、君子法天之圖總名爲心學圖也。其謂伏羲八卦横圖、八卦圓圖皆爲贅設，乃後人因繫辭、説卦之語而誤加之，則未嘗不知後人因易以作圖。又謂胡一桂於伏羲六十四卦圓圖分配節氣，非其本旨，其伏羲本河圖以作易圖、先天八卦合洛書數圖，皆穿鑿可疑，於圖書之學亦未嘗不覺其不安。而堅信先天圖出自伏羲，推而至於心學，推而至於曆法，曼衍支離，殊不可解。鈔本亦黑白混淆，奇偶參錯，殆不可辨識。此真覆瓿之書也。

周易説翼三卷　江西巡撫採進本

明吕柟撰。柟字仲木，號涇野，高陵人。正德戊辰進士第一，官至南京禮部右侍郎。事蹟具明史儒林傳。是編乃柟平時講授，其門人馬書林、韋鸞、滿潮等録其問答之語而成。每卦皆有論數條，專主義理，不及象數。前有嘉靖己亥王獻芝序，後有李遂跋。

易經大旨四卷　浙江吴玉墀家藏本

明唐龍撰。龍字虞佐，蘭谿人。正德戊辰進士，官至吏部尚書，謚文襄。事蹟具明史本傳。此書其提學陜西時所作，專爲舉業而設，故皆擇科場擬題釋之，凡九百八十五條。

周易議卦一卷　編修程晉芳家藏本

明王崇慶撰。崇慶字德徵，開州人。正德戊辰進士，官至南京吏、禮二部尚書。是書泛論卦名、卦義，間亦推及爻辭。自序謂以六十四卦大義本諸象，質諸象，而又參諸人事。然所得頗淺。本載所著五經心義中，曹溶摘入學海類編。考明史藝文志亦載崇慶周易議卦二卷，則當時已別行矣。

讀易索隱六卷　浙江巡撫採進本

明洪鼐撰。鼐字廷器，壽昌人。正德庚午舉人，官國子監助教。朱彝尊經義考載有是書，注曰「未見」。此本紙墨尚新，蓋刻於彝尊後也。其書不載經文，但隨意標舉某節某句而說之。大旨主於良知之學，故於朱子本義、蔡清蒙引頗有所辨駁云。

古易考原三卷　兩淮鹽政採進本

明梅鷟撰。鷟，旌德人。正德癸酉舉人，官南京國子監助教，終鹽課司提舉。是書謂伏羲之易已有文字畫卦在前，河圖後出，伏羲但則之以揲蓍；大衍之數當爲九十有九，以五十數爲體，以四十九爲用，無有中五乘十，置一不用之理，論殊創闢。然於古無所授受，皆臆撰也。

周易贊義七卷　浙江范懋柱家天一閣藏本

明馬理撰。理字伯循，三原人。正德甲戌進士，官至南京光禄寺卿。事蹟具明史儒林傳。其書雖參用鄭玄、王弼及程、朱二家之説，然大旨主於義理，多引人事以明之。朱睦㮮序稱此書「發凡舉例，闡微摘隱，博求諸儒異同，得十餘萬言」。原書十有七卷，其門人涇陽龐俊繕録藏於家，河南左參政莆田鄭絅爲付梓。今本僅存七卷，繫辭上傳以下皆佚。案朱彝尊經義考已注曰「闕」，則其來久矣。

易問箋一卷　兩江總督採進本

明舒芬撰。芬字國裳，進賢人。正德丁丑進士第一，授翰林院修撰。以諫南巡廷杖，謫福建鹽課司副提舉。嘉靖初復職，又以爭議大禮廷杖。尋遭母憂歸，卒。萬曆間追謚文節。事蹟具明史本傳。芬嘗裒生平著作爲梓溪文鈔，凡十八卷，分内、外集。外集爲雜文，内集則皆所著諸書，是編其首也。大抵以意推衍，泛言義理，而多有牽合之病。如解「潛龍勿用」，謂「用則動，動則變而之姤」，引韓愈詩「賢愚同一初，乃一龍一豬」爲證。又如解「鼎，利貞」，謂重器不可以輕舉，春秋書「納宋郜鼎」爲不知利貞之訓。凡若斯類，於經義皆無當也。

易學四同八卷別録四卷　浙江巡撫採進本

明季本撰。本字明德，山陰人。正德丁丑進士，官至長沙府知府。是編以「四同」爲名，蓋以朱子本義首列九圖，謂有天地自然之易，有伏羲之易，有文王之易，有孔子之易，四者不同。本極以其説爲不然，故以「四同」標目，亦間有闡發。然其大旨乃主於發明楊簡之易，以標心學之宗，則仍不免墮於虚渺。至於祖歐陽脩之説，以繫辭爲講師所傳，非孔子所作，故多割裂經文，從吴澄所定之本。上傳第七章「易其至矣乎」五字，删「子曰」二字，屬「易簡之善配至德」以下。第八章「聖人有以見天下之至賾」至「擬議以成其變化」九十五字，謂前五十六字重出，後三十五字移并於第十二章。「鳴鶴在陰」七節及古本十二章「易曰：自天祐之」五十一字，與下傳古本第五章合。乾、坤文言另歸一卷，附繫辭之後。下傳「夫乾，確然示人易矣」三節，分爲二章。「天地之大德曰生」一節，合第十章「將叛者其辭慙」爲第三章。雜卦末「大過，顛也」一節，本亦以卦不反對，從吴澄所採蔡本爲定。考澄説多可取，而其謬則在於改經，原爲瑕瑜竝存。本之理不及澄，而改經則效之，益無取矣。其别録則爲圖文餘辨二卷，分内、外二篇。内篇辨朱子「九圖」之誤。其論後天圖非文王所作是矣，至謂先天圓圖亦尚有可疑，則仍糾繞於圖之中，不能確定也。外篇雜論術數之數，如皇極經世、易林、京房易傳、火珠林、太玄、潛虚、洪範、九九數、參同契之類皆辨之，至於梅花數亦與詰難，則泛濫矣。又著法别傳二卷，自序謂發明著法本旨者，定爲占辨、占例、占戒、占斷，合卜筮論爲内篇。若象占取應於易詞之中，物類增分於易象之外，及以己意斷占有驗而非出於易理之自然者，爲外篇。朱彝尊經義考云二書各一卷，此本乃各二卷，或刊本誤「二」字爲「一」字。彝尊又載古易辨一卷，此本無之，則當由脱佚矣。

圖書質疑無卷數　河南巡撫採進本

明薛侃撰。侃字尚謙，號中離，揭陽人。正德丁丑進士，官至行人司司正。事蹟具明史本傳。是書爲侃門人所記。前列卦位、河圖、太極、洛書等十三圖，圖各有説。後爲圖書總解及與諸生答問。其大旨謂即數爲圖，即圖成卦，皆造化自然之理。其答問中所論格致、體用、虛實及儒釋之辨，皆守姚江良知之説。史稱侃「師事王守仁於贛州，歸語兄助教俊。俊大喜，率羣子姪宗鎧等往學焉。自是王氏學盛行於嶺南」。蓋不誣云。

易經淺説八卷　內府藏本

明陳琛撰。琛字思獻，晉江人。正德丁丑進士，官至吏部考功司主事，乞終養歸。嘉靖中起授貴州提學僉事，不赴。再起江西提學僉事，亦不赴。事蹟附見明史蔡清傳。是書一名易經通典，原刻作六卷。此本乃其後人擬欲重刻之稾本，分爲八卷。中多塗乙，有標某句爲後人增改者，有標採入折中者。然文言傳「知至至之」一條標採入折中，而折中實未採，則亦有所假借依託，不盡可據矣。琛易學出蔡清，故大旨主於義理。然欲兼爲科舉之計，故順講析講，全如坊本高頭講章。較清易經蒙引，可謂每況愈下矣。

易象解四卷　浙江鄭大節家藏本

明劉濂撰。濂字濬伯，南宮人。正德辛巳進士，由杞縣知縣擢監察御史。是書惟解上、下經文，而無十翼。自序謂：「十翼之辭不盡出於聖門，故其言多無謂，且叛於三聖之教。」云云。蓋襲歐陽脩之説，而益加甚焉。所謂象占亦多悖謬。濂嘗著樂經元義八卷，駁樂記與周禮大司樂。此書復駁十翼，亦可謂勇於自用者矣。

補齋口授易説無卷數　浙江巡撫採進本

不著撰人名氏，題曰門人永豐周佐編次。蓋補齋乃其師之號，佐録所講授以成書。朱彝尊經義考題曰周氏佐補齋口授易説，蓋如胡瑗口義題倪天隱之名，非佐所撰也。補齋不知何許人，佐亦不詳其始末。經義考據聚樂堂書目定爲正、嘉以前人，亦約度之詞耳。所言皆科舉之學，止乾、坤二卦及繫辭上、下傳，似乎尚非完本也。

周易古經無卷數　浙江吴玉墀家藏本

明雷樂編。樂，建安人。嘉靖間由貢生官廣州訓導。是書明史藝文志不著録，朱彝尊經義考亦不載。所據乃宋吴仁傑本，稱爲費直之所傳。首列沿革一篇，歷載前儒古易之式，凡初本、費直本、鄭玄本、王弼本、胡旦、胡瑗本、吕大防本、邵子本、晁説之本、程迥本、吕祖謙本、朱子本，共十二家。至十二家外尚有王樂據吴仁傑本爲費氏之易，原無確證。且朱子本即吕祖謙本，亦未可分爲二家。至十二家外尚有王洙、周燔、馮椅諸本，未及載入，亦殊挂漏。末闕雜卦一篇，蓋傳寫佚之。然吴仁傑本具在，正不假此本以傳也。

周易不我解二卷　浙江鄭大節家藏本

明徐體乾撰。體乾字行健，長淮衛人，嘉靖癸未進士。自序謂嘗得青山易半卷，希夷易一卷，其法以天星配四時。解乾卦六龍即指龍星，解坤爲牛，亦指犧牛星。蓋即林光世水村易鏡之説而變幻之，殊爲附會。書中多引邵子及左傳占法，而以青、陳、左、邵竝稱。其名「不我解」者，言解不以我也。然陳摶之易但有龍圖一卷，載於宋志，今未見其書，而尚見其序，絶無仰觀星象之説。青山易則更莫知所自來，其亦在影響有無間矣。序稱爲書六卷。朱彝尊經義考引黄百家之言曰：「是編流傳者寡，余家止存乾、坤一卷，後五卷訪之不得。」此本乾、坤二卦一卷，與百家所言合。又有古易辨諸條別爲一卷，則百家之所未言。蓋殘闕之餘，所存者互有詳略，故其本不同。百家又云：「其易本陳希夷、趙青山。」然體乾自序云「青山不知何許人」，未審百家何以知其姓趙。殆因趙文號青山，而以意揣之歟？

周易義叢十六卷　浙江巡撫採進本

明葉良佩撰。良佩字敬之，台州太平人。嘉靖癸未進士。官至刑部郎中。是編用王弼本，採輯古今易説，自子夏傳迄元龍仁夫，凡一百七十七家。或自抒己見，則稱「測曰」，以附於後。諸家皆有去取，惟程傳全録，諸家皆以時世爲次，惟朱子本義則升列衆説之首。其大旨可以概見也。

古易世學十七卷　兩淮鹽政採進本

明豐坊撰。坊字存禮，鄞縣人。嘉靖癸未進士，除禮部主事。免官家居，坐法竄吴中，改名道生。事蹟附見明史豐熙傳。坊平生喜作僞書，於諸經皆竄亂篇第，別爲訓詁，詭言古本以欺世。此其一也。

書中正音、略説、傳義託之於遠祖稷、曾祖慶、父熙而已自爲考補。其實皆坊一手所作，當代已灼知其妄。惟石經大學、子貢詩傳、申培詩説三書，以篆籀寫之，一時頗爲所惑，久之乃能辨定。詳具各本條下，兹不具論云。

易辨一卷　浙江鄭大節家藏本

明豐坊撰。此書以孔子授易於商瞿，文言諸傳凡「何謂也」皆以爲商瞿問辭，「子曰」以下皆瞿録夫子之答辭。又以周公爻辭謂之易繫。其論筮法則以彖專爲卜，繫專爲筮，大抵無根之談。其論太極圖説，謂朱子得之葛長庚，託名周子，尤爲誣説。考朱子太極圖傳及通書解成於乾道九年癸巳，見於年譜。長庚生於紹熙五年甲寅，見瓊琯集長庚事實。是注太極圖後二十一年長庚乃生，安得指爲長庚所授歟？

易脩墨守一卷　浙江汪啓淑家藏本

明唐樞撰。樞字惟鎮，歸安人。嘉靖丙戌進士，官刑部主事。以疏爭李福達事，斥爲民。隆慶初復官，以年老加秩致仕。事蹟具明史本傳。其書以連山爲文王八卦圖，以歸藏爲伏羲方圖，於義頗疎。樞文集中已載之，此其初出別行之本也。

易象大旨八卷　浙江巡撫採進本

明薛甲撰。甲字應登，江陰人。嘉靖己丑進士，官至江西按察司副使。是書經文之外，惟象傳全文分列六爻之前，象傳則删大象而存小象，分綴六爻之下。文言、繫辭、説卦、序卦、雜卦諸傳則全删焉。變亂經文，殊乖古義。其大旨主於因象以明理。如解訟卦「元吉中正」、解升卦「亨於岐山」之類，頗出新意。然如解乾卦「潛龍勿用」爲「泯思慮，忘知識」，解坤卦「括囊无咎」爲「將迎意必之私，一無所容於中」之類，則闌入老莊之説矣。

胡子易演十八卷

浙江汪啓淑家藏本

明胡經撰。經號前岡，廬陵人，嘉靖己丑進士。明史藝文志載胡經易演義十八卷。此本但稱易演，疑史衍文也。其書用注疏本，移乾象傳「大明終始」三句於「乃利貞」之下，謂是周易原本得之於師者；蒙卦六爻皆主君臣。凡若此類，大約喜爲新説，務與朱子立異。夫朱子之易固不能無所遺議，然經以尋章摘句之學，於古義無所考證而漫相牴牾，則過矣。

周易卦變圖傳二卷

安徽巡撫採進本

明吕懷撰。懷字汝愚，號巾石，永豐人。嘉靖壬辰進士，官至南京太僕寺少卿。事蹟附見明史洪垣傳。是書主卦變之學，其例有宫變，有卦變，有爻變。大旨謂六十四卦者，八卦之重也。天四卦，各重八卦，乾八卦爲太陽，兑八卦爲少陰，離八卦爲少陽，震八卦爲太陰；地四卦，各重八卦，坤八卦爲太陰，艮八卦爲少陽，坎八卦爲少陰，巽八卦爲太陽。八卦各變天地陰陽太少，變者七，不變者一。天太陽八卦，不變者乾，少陰八卦，不變者中孚，少陽八卦，不變者離，太陰八卦，不變者頤；

地太陰八卦，不變者坤，少陽八卦，不變者小過，少陰八卦，不變者坎，太陽八卦，不變者大過。計六宫，各變七卦，通計五十六卦。而不變之八卦又自陽卦變陰，陰卦變陽，以統五十六卦之變。蓋八卦以卦變，五十六卦以爻變，八卦以體變，五十六卦以用變。其爻變之例，若乾上九變爲夬上六，夬九五變爲大有六五，大有九四變爲小畜六四，小畜九三變爲履六三，履九二變爲同人六二，同人初九變爲姤初六之類。大抵支離牽合，若有意義而實非易之本旨也。

易經中説四十四卷　浙江巡撫採進本

明盧翰撰。翰字子羽，潁州人。嘉靖甲午舉人，官兖州府推官。其講易專主人事，而證以卜筮。每爻皆列變卦之圖，而雜引經語史事之近似者，類附於下，頗爲冗雜，亦多附會。又立圖太多，每成蛇足。如「雲行雨施」「六位時成」諸句，亦繪畫縱横，明其相配之義。覺理本簡易，圖反治絲而棼之。愛奇嗜博，無關經義，其亦可已不已矣。

看易凡例圖説一卷　江西巡撫採進本

明龍子昂撰。子昂，泰和人。嘉靖庚子舉人，官知縣。是編不標書名，前列讀易凡例共三十二條，後列圖説，則解河圖、洛書及朱子本義九圖象數之理。疑爲全書之首卷，非完本也。

周易私録無卷數　江蘇巡撫採進本

明王樵撰。樵字明逸，號方麓，金壇人。嘉靖丁未進士，官至刑部侍郎，改南京都察院右都御史，諡恭簡。事蹟具明史本傳。是書凡三册。前二册編次一依東萊吕氏所定古本，酌取程子之傳、朱子之本義録於前，兼採諸家之説録於後，亦間以己意折衷之。卷端有題記數條，其一曰：「周易經傳十二篇，手録，自嘉靖壬戌，至萬曆己丑春，修潤粗定，尚俟有所進，特恐精力不逮耳。成予之志者，其冐堂乎？」其餘多標示繕寫體例，蓋僅脱初稾，猶未全定之本也。後一册題曰：「方麓先生周易程傳私録原稾。」注其旁曰：「震卦以下闕。」然檢核其稾，乃六十四卦皆全，未喻其故。後又别爲一卷，題曰：「方麓先生原稾。」所列爲朱子九圖及説，附項氏卦變綱領五贊，陸子易説正義、大象説，王弼略例，胡廷芳舉要、揲蓍、占法、筮法、易學傳授，而總題曰附録。蓋全書之末卷，裝輯者誤置程傳私録稾後也。自此而下又全録元蕭漢中讀易考原一卷、像象金鍼一卷，而終以河圖、洛書。糾紛無緒，是又鈔録備用之稾，其後人誤以爲所著書矣。

九正易因 無卷數

江蘇周厚堉家藏本

明李贄撰。贄本名載贄，晉江人。嘉靖壬子舉人，官至姚安府知府。坐妖言逮問，自殺。事蹟附見明史耿定向傳。是書每卦先列經文，次以己意總論卦象，又附録諸儒之説於每卦之後。書止六十四卦。其文言、繫辭等傳皆未之及。經文移大象於小象之後，則贄臆改也。朱彝尊經義考載其原序述馬經綸之言曰：「樂必九奏而後備，丹必九轉而後成，易必九正而後定。」故有是名。贄所著述，大抵皆非聖無法。惟此書尚不敢詆訾孔子，較他書爲謹守繩墨云。

今文周易演義十二卷 江蘇巡撫採進本

明徐師曾撰。師曾字伯魯，吴江人。嘉靖癸丑進士，官至吏科給事中。師曾初從吕祖謙本，爲古文周易演義一書。後以明代取士用注疏本，乃復爲此書。大旨以闡發本義爲主。初刻於杭州，隆慶戊辰又修改而重刻，即此本也。

周易傳義補疑十二卷 編修勵守謙家藏本

明姜寶撰。寶字廷善，號鳳阿，丹陽人。嘉靖癸丑進士，官至南京禮部尚書。是編大旨以程子易傳主理、朱子易本義主占，其初頗有所疑。既而研究十五年，乃定從傳、義者十之八九，旁及諸家者十之一二。於傳、義或有所疑者亦以己意斷之，故曰「補疑」。卷端有孫承澤題識印記，卷中亦多塗乙標注之處。蓋承澤説易，以是書爲稾本云。

顧氏易解無卷數 浙江吴玉墀家藏本

明顧曾唯撰。曾唯字一貫，號魯齋，吴江人，嘉靖癸丑進士。朱彝尊經義考載顧曾唯周易詳藴十三卷，而無易解之名。此書用注疏本，止上、下經。卷首載元蕭漢中讀易考原、明朱升邵子三十六宫圖説，而皆不著其姓氏。其自序一篇，則即宋楊簡慈湖易解之序，稍爲節鈔而題以曾唯之名。大抵出於依託，非彝尊著録之原本。至解經亦多支離。如乾、坤二卦之名妄加「純乾」「純坤」之目，解「乾元」二字至引道家之「混元」、禪家之「妙明心元」，其虚誕可知矣。

淮海易譚四卷 兩淮鹽政採進本

明孫應鼇撰。應鼇字山甫，貴州清平籍，南直隸如皋人。嘉靖癸丑進士，官至南京工部尚書，謚文恭。是書謂天地萬物，在在皆有易理，在乎人心之能明。故其説雖以離數談理爲非，又以程子不取卦變爲未合。而實則借易以講學，縱横曼衍，於易義若離若合，務主於自暢其説而止，非若諸儒之傳惟主於釋經者也。自説卦「乾坤六子」以下即置而不言，蓋以八卦取象之類無可假借發揮耳。其宗旨可知矣。

易經淵旨一卷 山西巡撫採進本

舊本題吴郡歸有光撰。有光字熙甫，嘉靖乙丑進士，官至太僕寺丞。事蹟具明史文苑傳。案文苑傳及明史藝文志均不載此書，朱彝尊經義考亦不著録。惟江南通志載有光易圖論上下篇、大衍解二書，而無淵旨之目，真僞蓋莫可知也。其書每卦摘論數條，大抵剿襲舊説。其中自出新義者，如説卦傳「坤爲布」，因九家尚有「坤爲帛」而以布爲泉貨；「震爲龍」，因九家已有「乾爲龍」而以爲當從虞、干本作駹，蓋虞云「蒼色」、干云「雜色」也。「艮爲黔喙之屬」，以黔喙爲「口有鈐如蟋蟀、螳螂、蛸蛑之類，惟蟲屬有之」，因引爾雅注「螳螂，有斧蟲」爲證。蓋「黔」與「鈐」通，較冷氏注謂爲「鳴喙」似屬有據。然僅數條耳。

周易古今文全書二十一卷　内府藏本

明楊時喬撰。時喬字宜遷，號止菴，上饒人。嘉靖乙丑進士，官至吏部侍郎，謚端潔。事蹟具明史本傳。此書凡分六部，曰論例二卷，古文二卷，今文九卷，易學啓蒙五卷，傳易考二卷，附龜卜考一卷。每部皆有自序。其大意在薈萃古今，以闢心學説易之謬，所宗惟在程、朱。雖兼稱古、今文，而所發明者古文略而今文詳。中多互見其義，故間有繁複，不害宏旨。然周易古文本無可考，郭忠恕汗簡所引古周易諸字，已不能究所自來。時喬此本更古篆、籀文，隨意填綴，往往竄入譌字，殊不免杜撰之訾。又或竄改經文，如「旁行而不流」句下加「正行而不泥」一句，自經典釋文以後，未見此文，竟不知其何所本。而其解今文卷中又置之不論，竟似乎經所本有，殊近於誣。至傳易考二卷，分宗傳、衍傳、正傳、輔傳、異傳、别傳等名，亦類於門户之見。王守仁、湛若水兩家弟子各述師承，競分途轍，此書正以闢其非，而轉區分名目，是以鬭解鬭矣。朱彝尊經義考摘所引諸家姓氏譌舛，猶其小焉者爾。

六爻原意一卷　編修鄭際唐家藏本

明金瑶撰。瑶字德温，號栗齋，休寧人。嘉靖辛卯選貢生，授會稽縣丞，再補盧陵縣丞。遷桂林中衛經歷，以母老不赴。教授鄉里，年九十七乃卒。是書成於萬曆辛巳，乃其晚年所作。其曰「原意」者，原周公爻辭之意也。每卦皆先列六爻於前，而爲統論於後。前有自序，謂：「周公作爻辭，必先得一卦之意，然後因爻而布之。此爻是此意，則以此意屬此爻，彼意合彼爻，則以彼爻系彼意。」云云。然易本天地自然之數，聖人因其盈虚消息、過與不及而以人事準之，明其吉凶悔吝，以決進退存亡。如瑶所論，是聖人先立一説而牽引易象以合之，假借易數以證之。施於此處不可通者，移其説於彼，施於彼處不可通者，又移其説於此。反覆遷就，務申己意而後已。此後世著書之法，非聖人演易之本旨也。

易疑三卷

江蘇周厚堉家藏本

明陳言撰。言字獻可，號東涯，海鹽人。嘉靖丁酉舉人。其書用周易注疏本，題上經曰「經之上」，題下經曰「經之下」，題繫辭、説卦、序卦、雜卦四傳曰「經之旁」，殊爲杜撰。其名易疑者，據其自述有曰：「吾疑乎庖犧之卦非使人卜筮也，吾疑乎卜筮之因卦而作也。吾又疑乎文王、周公卦爻之詞未有占也，卜筮者占之也。吾疑乎卦詞論卦之吉凶，爻詞論爻之得失而已也。吾又疑乎繫辭之傳不必上下，其章不必皆十有二也。吾又疑乎卦爻之詞間有未安者也。吾又疑乎馬、鄭、王弼、孔穎達輩明其義而疎，希夷、康節精矣，而一於數。伊川得易之用，紫陽得易之深。吾又疑乎羲、文之一理而通之者也。」云云。其持論甚高，而其書乃無甚精義。蓋不知古聖人之立教不託空言，必假一事以寓之，遂妄疑易非卜筮之書，而生種種似是而非之論耳。經義考作四卷。此本三卷，江蘇採進之本亦三卷，疑或尚有所佚脱，抑或經義考誤「三」爲「四」歟？

易學十二卷　江西巡撫採進本

明沈一貫撰。一貫字肩吾，號蛟門，鄞縣人。隆慶戊辰進士，官至中極殿大學士，案：明史本傳作建極殿大學士，蓋字之誤。語詳史部詔令奏議類敬事草條下。謚文恭。事蹟具明史本傳。是書掃除先天之說，惟偶及象與卦變，亦不甚以爲主。大旨斟酌於伊川易傳、東坡易傳之間，惟以人事爲主，較糾紛奇偶者尚爲篤實近理。然頗借以寓其私意。如說「亢龍有悔」曰：「夫以龍德而亢極，猶有悔也。時之既極，無論德矣。」此自解固位招攻之意也。其解訟卦大象曰：「人每以其客氣流爲健訟。」說訟九二曰：「夫人之訟，未必其身自爲之也，亦因羣從在旁操持之而不得休。」此解臺諫掊擊之事也。其他借經抒意，往往如此。他如解「日中爲市，取諸噬嗑」，謂「噬嗑」與「市合」同音之類，亦頗穿鑿。經義考引陸元輔之言，以此書爲進呈講義。案顧起元序稱：「予告歸田且十年，研摩編削又不知凡幾，更乃版而行之，而先生遂厭人間世矣。」則其晚年所作，非進呈本也。

圖卦億言四卷　江西巡撫採進本

明賀沚撰。沚字汝定，廬州人。隆慶庚午舉人，官至蘇州府同知。是書以圖書爲易原本。首卷圖書八卦說，卷二六十四卦說、太極圖說，皆剿掇朱子緒論，無所發明。卷三卦繫雜言，卷四圖卦續言，則皆其所自撰也。如以河圖爲先天體，洛書爲後天用，不知八卦之有先天圖，本道家「抽坎填離」之說，猶有所本。至圖書亦分先、後天，則前人所未有也。又引陰符經所稱「五賊」證五行。

陰符經出自李筌，稱傳自北魏寇謙之，本道家之僞本。用以説易，相去愈遠矣。

大象觀二卷　浙江吴玉墀家藏本

明劉元卿撰。元卿字調父，安福人。隆慶庚午舉人，萬曆中官至禮部主事。明史儒林傳附見鄧元錫傳中。史稱所著有山居草、還山續草、諸儒學案、賢弈編、思問編、禮律類要、大學新編，而不及此書，蓋偶未見。然是書詮釋易象，謹依文訓詁，不足盡示人用易之義。至其以雜卦爲序，尤爲顛倒。夫雜者，相錯之餘義也，綴十翼之末，明非正經也。經文不以爲次，而元卿改經以從傳，然則序卦可不用矣。

周易象義四卷　河南巡撫採進本

明唐鶴徵撰。鶴徵號凝菴，武進人。隆慶辛未進士，官至太常寺少卿。凡例中屢稱先君，蓋右都御史順之之子也。事蹟附見明史順之傳中。是編用王弼本，故不注繫辭以下。大旨述順之之説，主於以象明理。卷首所載讀易法六：一曰「易須象與理合，象與爻合」，二曰「上下卦宜分看」，三曰「一卦必有主爻」，四曰「互卦最有關繫」，五曰「倒體亦有關繫」，六曰「每卦各有大意」，則是書之綱領也。所解如屯六二，謂二以五爲屯膏之主，非可事者，故守貞不字而字初。以爻辭觀之，則「匪寇婚媾」「女子貞不字」，指五之坎而言也。「十年乃字」者，謂二不字五，至四互坤得十年之象，乃下應初，故六四亦云「求婚媾」也。訟九二，謂二既歸則下復成坤，坤衆三爻，有三百户象。坎多眚，變坤則不爲坎，故無眚。六三在二既歸之後，坎復坤體，全有坤德，故曰「食舊德」，觀「或從王事」亦坤三舊文可見矣。雖自出新解，而於經義亦足相發。至於陽極而亢，陰極而戰，乾、坤二上爻其義相近。而鶴徵解乾之上爻以「反本還元、歸根復命」爲説，已涉道家之旨。於坤之上爻謂「龍戰」爲懼而戰慄，以過時退居，故稱「野」，以貶損自傷，故稱「血」，則穿鑿而不當理矣。

易象會旨一卷　浙江巡撫採進本

舊本題曰「延伯生述」，不著名氏。前有萬曆己酉熊惟學序，稱爲「同年臨川文臺吴君」，亦不著其名。考惟學爲隆慶辛未進士，是年榜有臨川吴撝謙，或即其人歟？其説取反對之卦，如乾坤、屯解、蒙蹇之類，合兩卦大象辭而會釋之，故曰「會旨」。大象統論一卦，又每卦皆有「以」字示人用易之方，初無取於對卦。其對卦乃易中之一義，不能標舉以詁全經。是書所論，殊非易之本旨也。

易象管窺十五卷　浙江巡撫採進本

明黄正憲撰。正憲字懋容，秀水人。與其兄少詹事洪憲皆喜談易。洪憲有周易集説三卷，今未見傳本，惟正憲此書存。所用乃王弼之本，所注專主於義理。前有膚見七條，即其凡例也。正憲自記稱是書始於乙未，成於壬寅，凡六易稾。每早起則讀金剛經，終朝則讀周易，且以西方、北方聖人竝言，則其書概可知矣。

蠙衣生易解十四卷　江西巡撫採進本

明郭子章撰。子章字相奎，號青螺，又自號曰蠙衣生，泰和人。隆慶辛未進士，官至兵部尚書。是編成於萬曆丁巳，其歸田以後所作也。卷一爲易論六篇。卷二至卷九，六十四卦各爲總論，少者一篇，多者至八篇。總論之外，又標舉文句，發揮其義。自師、謙、噬嗑、復、頤、大過、咸、恒、損、萃、革、鼎、旅、節、中孚、未濟十六卦無所標舉外，餘卦少者一條，多者至五條。十卷至十四卷，則雜論繫辭、説卦，而序卦以下不及焉。其易論以繫辭「生生之謂易」一句爲本，而以人性當生生之理。其諸卦所論，乃皆不歸此義，往往牽合時事，或闌入雜説。如論謙卦云：「漢文、宋仁皆謙德之君也，尉佗自王，元昊自帝，皆非撝謙之臣，故佗、昊後俱削弱。王導、劉裕皆勳勞之臣也，周顗之不顧導，劉毅之不敬裕，皆非撝謙之友，故顗、毅終見誅戮。」其論已不切當日情事。至論遯卦謂：「懷、愍不遯，故青衣行酒；徽、欽不遯，故獻俘金廟。當時固執死社稷之説，爲晉、宋大臣不學之過。」尤紕繆不足與辨。他如論震卦而及於雷之擊人，已非經義。又謂雷之所擊皆治其宿生之業，孔氏之門安得是言哉！

學易舉隅六卷　浙江汪啓淑家藏本

明戴廷槐撰。廷槐，長泰人，隆慶中貢生。其説謂易自商瞿而後，斯道遂晦，至宋三子而後大明。其漢魏至唐諸儒，則概目爲不知易，持論頗偏。且其謂日月爲易，本參同契之文，而六十四卦圓圖即參同契「六十卦周張布爲輿」之説。既謂之不知易矣，何爲又陰襲其義乎？

易傳闡庸一百卷　江蘇巡撫採進本

明姜震陽撰。震陽字復亨，自稱曰東楚，蓋淮、泗間人也。其書以朱子本義爲主，附綴諸説於其下，而經文次第仍用王弼之本。蓋惟見坊刻本義，未見朱子原書也。其説皆循文衍義，冗沓頗甚，不出坊刻講章之習。卷前標曰「十名家批評」，其陋亦可以想見矣。經義考作一百二卷，注曰「未見」。此本惟一百卷，殆彝尊偶誤歟？

今易詮二十四卷　浙江吴玉墀家藏本

明鄧伯羔撰。伯羔字孺孝，常州人。朱彝尊經義考載其古易詮二十九卷，今易詮二十四卷，併載伯羔自序，謂：「詮次成帙，爲上、下經若干卷，爲彖、象、繫辭、文言、説卦、序卦、雜卦諸傳若干卷，一遵東萊古易。其外詮則以廣未盡之旨。」云云。今觀此二十四卷，前無自序，而有自述例十條云：「前詮從古，此改從今。」則彝尊所引，蓋其古易詮之序也。然此書雖用注疏本，而其總論一卷，外詮一卷，則仍與前序之言相應。經義考又載史孟麟序云：「先是輯今人言爲今述若干卷，藏於家。兹乃裒古今人言及己所論著合爲一帙，命曰易詮。」此本但有今易詮，非完帙矣。

羲經十一翼二卷　浙江巡撫採進本

明傅文兆撰。文兆，金谿人。其書凡分五篇。上古易第一，觀象篇第二，玩詞篇第三，觀變篇第四，觀占篇第五。其論爻辭，以爲文王所作。其大旨專主圖、書、象、數之學。其稱十一翼者，蓋以孔子傳易爲十翼而已又翼孔子，故曰「十一」也。核其名稱，殊爲僭妄。明史藝文志載此書五卷，經義考亦注曰「存」。此本僅有上古易一卷、觀象篇一卷，其玩辭、觀變、觀占三卷竝闕。其近時始佚歟？

欽定四庫全書總目卷八

經部八

易類存目二

周易象通八卷

浙江吴玉墀家藏本

明朱謀㙔撰。謀㙔字鬱儀，寧獻王七世孫。萬曆間以中尉攝石城王府事。是書惟釋上、下經文，不及十翼。大旨欲稍還古義，而轉生臆説。如不用陳摶先天圖，亦不用周子太極圖，是矣。而别造河圖四，謂：「三代以來世藏祕府以爲寶，學者莫得而窺。迨宋徽宗考古搜奇，始出示於外。」是出何典記乎？邵、陳以前無論矣，耿南仲、張根諸家皆徽宗時人，王湜以下諸家皆徽宗後人，何不一見也？其説易以象，象取於互體、變體是矣。然如謂乾居西北，當奎婁白虎之尾，故曰「履虎尾」，已穿鑿附會。至於解既濟云：「涉者多繫匏以防危。離爲大腹匏瓜之象，則涉者也，坎爲川瀆，則津濟也。」因外卦爲離而生大腹，因大腹而生匏瓜，因匏瓜而牽合於繫匏涉水，以遷就既濟之象。易果若是之迂曲乎？又解困卦初爻、二爻云：「坎爲叢棘，初其株也。六三居泉谷之間，故爲石梁。株木、石梁皆因未涸而爲橋梁，是急於濟渡而遭困也。」因坎生叢棘，因在初爻而變文曰株木，因六三在兑、坎之間生泉谷，因泉谷而生石梁，而省文曰石。易果若是之晦澀乎？上經始乾、坤而終坎、離，下經始咸、恒而終既濟、未濟，確有義理。序卦即不出孔子，亦必漢以前經師所傳。謀㙔乃合上、下經而一之。易未經秦火，譌脱甚少，而謀瑋或隨意改字，或動稱錯簡、衍文。甚至漸卦上九併經文改爲「鴻漸于逵」，竝不言舊作「鴻漸于陸」，其武斷尤甚。謀瑋以博洽名，此書尤爲曹學佺所推許。然其實多出臆見，不爲定論。學佺序詮釋易中諸字，如王安石字説，亦可笑也。

易學識遺一卷　內府藏本

明朱睦㮮撰。睦㮮字灌甫，號西亭，周定王六世孫。萬曆五年舉宗正，領宗學事。事蹟附見明史周王橚傳。是書大旨皆辨論諸家説易之異同，雖薈萃不多，而頗有卓見。如乾之四德，謂程傳本文言，視本義爲勝；乾九二「利見大人」不專指九五；明夷九三「不可疾貞」，從項安世以「貞」字爲句；「井泥」之「泥」讀平聲；「勿幕」之「幕」即「冪」字；「數往者順」用王安石解，皆於經傳有裨，非同剿説雷同者。然明史藝文志不載此書。核校其文，即睦㮮五經稽疑中説易之一卷。或其初出別行之本，抑或書賈作僞，改題此名歟？

易經疑問十二卷　浙江巡撫採進本

明姚舜牧撰。舜牧字虞佐，烏程人。萬曆癸酉舉人，歷官新興、廣昌二縣知縣。考舜牧生於嘉靖癸卯，其五經疑問皆年過六十所撰。迨年過八十，又重訂詩、禮二經及此書，其序竝載所著來恩堂集中。歲月先後，一一可考。計其一生精力，殫於窮經。然此書率敷衍舊説，實無可取，間出己意，亦了不異人。蓋其學從坊刻講章而入，門徑一左，遂終身勞苦而無功耳。

易測十卷 江蘇巡撫採進本

明曾朝節撰。朝節字植齋，臨武人。萬曆丁丑進士，官至禮部尚書。是編取王弼注、孔穎達疏、程子傳、朱子本義及楊氏易傳之説，參互考訂，惟解上、下經、彖、象、文言、繫辭，而置説卦、序卦、雜卦。又倣王弼略例之意，别作説凡一卷，附於末。大旨主於觀辭玩占，一切卦圖、卦變之説，悉所不取，頗足掃宋易之葛藤。然其去取衆説，則未能一一精審也。

周易冥冥篇四卷 兩淮鹽政採進本

明蘇濬撰。濬字君禹，號紫溪，晉江人。萬曆丁丑進士，官至廣西布政司參政。此書惟解上、下經、繫辭、説卦，删序卦、雜卦。大旨主王弼虚無之説，一切歸之於心學，非惟廢卜筮之説，乃併宋儒言理而偶及數者亦以爲執泥牽拘。其訓「潛龍勿用」，以爲心之寂然不動；訓「大明終始」，以爲心之靈明不昧。而於繫辭之末，以易主忘言爲歸宿。觀其以「冥冥」名書，則其説之遁於二氏，不問可知矣。

易經兒説四卷 浙江吴玉墀家藏本

明蘇濬撰。濬周易冥冥篇恍惚支離，頗涉異學。及作是書，乃墨守朱子本義，尺寸不踰。其首先曰「講」者，詮釋文句也，次曰「意」者，推闡大旨也，次曰「總論」，則一卦之綱領也。又間出旁注，以一二語標題。蓋專爲科舉之學而設。因在家塾以此書爲子姪講授，故稱「兒説」。萬曆中嘗刊行，板後散佚。康熙丁卯，其裔孫堯松等重刊之。

續韋齋易義虚裁八卷　浙江巡撫採進本

明涂宗濬撰。宗濬字鏡原，南昌人。萬曆癸未進士，官至兵部尚書，謚恭襄。是編用注疏本，彙前儒之説以作解。大旨依傍程朱傳、義，而亦時有所糾正。如坤六五一爻，駁程子女媧、武后之説是也。所説頗潔淨，而隨文生義，罕所發明。其首列易圖，以河圖作旋毛，洛書作拆甲，蓋本吴澄之説，非所臆造。然澄説實臆造也。

易會八卷　浙江鄭大節家藏本

明鄒德溥撰。德溥字汝光，安福人。萬曆癸未進士，官至司經局洗馬。明史儒林傳附見其祖守益傳末。是書用注疏本。其説多主義理，亦兼言象，自繫辭以下所解甚略。自序謂就心所會者述之，故名易會。然往往亦借以寓意。如解「亢龍有悔」曰：「亢而曰龍，則亢乎其所不得不亢也。蓋人處時勢之極，固有必亢而後濟者。惟聖人純乎天德，無一毫全軀保命之思，雖履盛滿，蒙譏謗，冒天下之不韙而弗之避也。即勢且至於悔，亦爲天下甘之矣。若慮其有悔而先自處於不亢之地，則智士之所爲耳，何龍德之云乎？」此明季清流之見，以愧選愞則可矣，實非經義也。

像鈔六卷　内府藏本

明錢一本撰。一本有像象管見，已著録。是書雖以「像」爲名，實則衍陳摶之數學。凡卦圖二卷，附録書札及雜吟二卷，上、下經解二卷。其卦圖以朱子本義所列九圖衍爲三十二圖，圖各有説，縱横比對，自謂言象而理在其中。然孔子所謂「象者像也」，即指卦爻。朱子所列九圖，後儒已不免異同。一本借以旁推，尤爲支蔓。雖易道廣大，隨拈一義皆有理可通，然究非聖人設教之本旨也。

四聖一心録六卷　兩淮馬裕家藏本

明錢一本撰。是書於像鈔之外，又舍數而言理。其言理，舍天而言人，其言人，又舍事而言心，推闡之以至於性命。體例近乎語録，其論亦多支離。如謂許由讓王爲能知河、洛之道，又謂序卦傳爲格物之學，大抵皆無根之高論也。

易筌六卷附論一卷　江蘇巡撫採進本

明焦竑撰。竑字弱侯，應天旂手衛籍，山東日照人。萬曆己丑進士第一，授翰林院修撰。尋遷東宫講讀官，謫福寧州州同。事迹具明史文苑傳。是書大旨欲以二氏通於易，每雜引列子、黄庭内景經、抱朴子諸書以釋經。史稱竑講學以羅汝芳爲宗，而善耿定向、耿定理及李贄，時頗以禪學譏之。蓋不誣云。

周易正解二十卷　浙江吴玉墀家藏本

明郝敬撰。敬字仲輿，京山人。萬曆己丑進士，歷官縉雲、永嘉二縣知縣，擢禮科給事中，遷户科，尋謫宜興縣丞，終於江陰縣知縣。明史文苑傳附見李維楨傳末。所著有九經解，此即其一。用王弼注本。凡上、下經十七卷，其説較詳，繫辭以下僅三卷，則少略焉。大旨以義理爲主，而亦兼及於象。其言理多以十翼之説印正卦爻，其言象亦頗簡易。然好恃其聰明，臆爲剏論。如釋蠱卦爲武王之事，而以先甲、後甲爲取象「甲子昧爽」。其他亦多實以文、武之事。蓋本「作易者其有憂患」一語而演之，遂横生穿鑿。其所著經解，大抵均坐此弊也。

易領四卷　浙江鄭大節家藏本

明郝敬撰。是書專釋卦序之義，自序謂冠以序卦傳，如衣之挈領，故以「領」名。卷前標「山草堂集第二内編」。蓋敬所著九經解皆編入文集，此其集中之第二種耳。

易學飲河八卷　兩淮馬裕家藏本

明張納陛撰。納陛字以登，宜興人。萬曆己丑進士，官禮部主事。事蹟附見明史顧允成傳。納陛以爭立封去官，乃閉門注易。其書惟解上、下經，每卦皆注互體而不甚發互體之義。如解「亢龍有悔」，謂：「處亢之時，不得不亢，不得不悔，何病乎亢龍。」則取鄒德溥之説。解「龍戰于野」，謂：「戰者懼也，栗也。非與陽爭戰，乃疑於陽而自爲戰懼也。」則取唐鶴徵之説。皆苟務趨新，乖違古義。又删除上、下經之名，以咸、恒二卦移附坎、離二卦之末，尤竄亂舊次，割裂聖文。至六十四卦惟否與未濟二卦置而不注，蓋納陛丁明末造，以否爲亂世，未濟爲窮時，託不言以寓其慨也。前有錢一本序，其詞頗譎，大抵不得志而著書之意。則是書不必盡以經義核矣。

周易旁注會通十四卷

浙江吴玉墀家藏本

明姚文蔚撰。文蔚字養谷，錢塘人。萬曆壬辰進士，歷官南京太僕寺少卿。初，休寧朱升作周易旁注，用王弼本。後程應明更定，從朱子本。文蔚以經傳相離，不便誦習，且旁注細字難讀，於是改爲此本。於原文一無增損，但易旁注爲直下，又仍取十二篇舊文列之於前。以其可以通今，題曰會通。蓋專爲諧俗訓蒙而設也。

古易彙編十七卷

浙江汪啓淑家藏本

明李本固撰。本固字維寧，臨清州人。萬曆壬辰進士，官至太僕寺少卿。案易自費直以十翼解經而鄭康成以象傳連經文，於是十二篇之序始紊，如今乾卦是也。至王弼，又自坤卦以下每卦、每爻取傳辭連綴經文之下，竝取文言入乾卦、坤卦之中，即今注疏本是也。後王洙、吕大防、周燔、吴仁傑輩，遞有考核，而晁説之、吕祖謙所定爲善，故朱子本義參用二家。至吴澄，又謂繫辭内「居室」一七條、「祐助」一條、「何思」十一條，實文言之文。由王弼既取乾、坤文言入乾卦、坤卦，其無可附者，後人竝入繫辭内，而孔疏復曲爲之説。復古易者但取乾、坤文言别爲一卷，而散入繫辭者未之改也。故其作易纂言，取此諸條入文言。是書篇第悉依朱子本，而文言則用澄本，故曰「古易」。然朱子本於古有據，吴澄説自昔未聞，以杜撰之説目爲古本，於義殊爲乖剌也。其書分爲三集，一曰意辭，二曰象數，三曰變占。意辭之目凡八，曰古易，附見書前；曰辭會，即經傳十二卷，自第十三卷以下另爲一編，有胡國鑒序，曰明意，曰釋名，曰詳易，曰玩辭，曰誤異，曰易派。象數之目亦八，曰圖書象，曰圖書數，曰總論，曰畫象，曰三易，曰廣象，曰觀象，曰衍數。變占之目凡十，曰蓍變，曰之變，曰反對，曰變例，曰辨成，曰觀變，曰不卜，曰玩占，曰卜筮，曰斷法。

玩易微言摘鈔六卷　浙江巡撫採進本

明楊廷筠撰。廷筠字仲堅，錢塘人，萬曆壬辰進士。是編採諸家説易之言，彙集成帙，故曰「摘鈔」。首卷載論易大旨十餘條，亦皆徵引前人論説，未嘗自立一義，蓋仿李鼎祚集解之例。而鼎祚所採，多漢以來不傳之佚文，足資考證。廷筠此書，特撮録近代講義而已。

易引九卷　江蘇周厚堉家藏本

明方時化撰。時化字伯雨，歙縣人。萬曆甲午舉人，官至敘州府同知。時化傳其高祖社昌之易學，著書六種，其子龐彙輯合刊。此其第一種也。共一百有一篇。前後泛論易理，中則每卦爲一篇，兼及繫辭各章。大旨以佛經解易，根本已謬，其是非不待辨也。

周易頌二卷　江蘇周厚堉家藏本

明方時化撰。其易學之第二種也。上卷九十頌，下卷亦九十頌。前後泛言象數，中間每卦爲一頌，亦有兩卦爲一頌者。其體格頗倣焦氏易林，要不脱佛家之宗旨。

學易述談四卷 江蘇周厚堉家藏本

明方時化撰。其子龐筆而志之，故以「述談」爲名。其易學之第三種也。分密義述二十則，名象述十二則，卦爻述四十則，凡例述十二則。總以禪機爲主，故首卷之末有佛家「三乘」之説也。

易指要繹三卷 江蘇周厚堉家藏本

明方時化撰，初，時化高祖社昌嘗著周易指要五卷，至時化乃取而繹之。每段之下，凡稱「繹曰」者，皆時化之言。其易學之第四種也。

易疑四卷 江蘇周厚堉家藏本

明方時化撰。其易學之第五種也。首卷密義疑二十一則，二卷名象疑十二則，三卷卦爻疑三十六則，四卷凡例疑二十四則。所分四類與易學述談相同，皆別無精義。

易通一卷 江蘇周厚堉家藏本

明方時化撰，其易學之第六種也。多取通書、正蒙之言發明易理。案通書一名易通，正蒙亦多詮解造化陰陽之妙，其理本自相貫。然一經時化之發揮，則儒言悉淆於異學。蓋其紕繆在宗旨之間，故不免貌同而心異也。

周易鐵笛子一卷 兩江總督採進本

明耿橘撰。橘字庭懷，獻縣人。萬曆甲午舉人，官至監察御史。是書每卦畫六爻而繫爻辭於畫下，又取反對之卦爻辭倒書之，自謂古易，蓋據税與權之本。其於十翼則取文言「乾元者」以下六十六字，「坤至柔」以下三十四字，謂當入象；取文言「潛龍勿用，下也」以下一百七字，謂當入象。又分繫辭傳爲上、中、下三段。則皆無據之説也。

易經通論十二卷　浙江巡撫採進本

明曹學佺撰。學佺字能始，侯官人。萬曆乙未進士，官至四川按察使。以著野史紀略削籍。崇禎初，起廣西按察司副使，不就。後爲朱聿鍵禮部尚書。聿鍵敗，學佺自殺。事蹟具明史文苑傳。是書專釋各卦彖詞、六爻，融會一卦之意。其釋「鳴鶴在陰」「藉用白茅」諸句，頗有前人所未發之義。惟於河圖、洛書推求不已，則以家在閩中，習聞漳浦之學也。然漳浦之學本别傳於易外，學佺拾其緒論，愈衍愈支，既不及其術數之精，而又無當於經義，是進退無據矣。朱彝尊距學佺最近，而經義考注曰「未見」，殆當時已不甚行歟？

周易可説七卷　浙江巡撫採進本

明曹學佺撰。是書以象占爲主，於前人中多采來知德易注，而深疑朱子本義。如謂：「凡辭皆象也，本義一辭而分爲象、占。如『潛龍勿用』本一句，而以『潛龍』爲象、『勿用』爲占者，非。」其説頗允。又謂：「陰變爲陽，陽變爲陰，只是剛柔相推而變化在中，非真陰變爲陽，陽變爲陰。譬如男子有時行陰柔的事，即可變作婦人否？婦人有時行剛方的事，即可變作男子否？」云云，則殊膠固。不知變論其德，不論其人也。又謂：「如小畜之下三爻，本義云以君子欲上進見畜於小人，上三爻則云以柔順之君子畜止剛暴之小人。遯之二陰浸長，則陽遯矣。爻之初六、六二，則云君子之遯在後與夫固守必遯者。一卦之中乍賢乍佞，何可以訓。」云云，不知易之理變動不拘，隨爻取象，不可以一格繩也。亦自爲一家之說而已矣。

易經澹窩因指八卷 安徽巡撫採進本

明張汝霖撰。汝霖字明若，山陰人。萬曆乙未進士，官至江西布政司參議。其書隨文訓釋，蓋專爲科舉制藝而作。

周易古文鈔二卷 浙江巡撫採進本

明劉宗周撰。宗周字起東，號念臺，山陰人。萬曆辛丑進士，官至左都御史。南都破後，絶粒而死。事迹具明史本傳。乾隆乙未賜謚忠介。宗周與漳浦黄道周，明末俱以善易名。道周長於數，宗周長於理。其學多由心得，故不盡墨守傳義。其删説卦、序卦、雜卦三傳，雖本舊説，已失先儒謹嚴之義。至於經文序次，每以意移置，較吴澄纂言更爲無據，亦勇於竄亂聖經矣。故其人可重，而其書終不可以訓焉。

周易宗義十二卷 浙江吴玉墀家藏本

明程汝繼撰。汝繼字志初，朱之蕃序又稱其字曰敬承，蓋有二字也。婺源人。萬曆辛丑進士。官至袁州府知府。是書前有自述凡例云：「以朱子本義爲宗，故名曰宗義。」然亦往往與朱子異。朱之蕃序稱：「萬曆辛卯，遇汝繼於天界禪林，方以易學應制舉。」又稱：「比擢南曹，乃得乘其政暇，羅列諸家之説，不泥古，不執今，句櫛字比，必求其可安於吾心，以契諸人心之所共安，而後録之。」蓋其初本從舉業而入，後乃以意推求，稍參別見，非能元元本本究易學之根柢者，故終不出講章門徑云。

周易象義十卷　江蘇巡撫採進本

明章潢撰。潢字本清，南昌人。萬曆乙巳以薦授順天府學訓導，時年已七十九，不能赴官，詔用陳獻章例，官給月米。後至八十二歲，終於家。明史儒林傳附載鄧元錫傳末。是書主於言象，故引張行成説以駁晁公武主理之論。大抵以漢上易傳爲椎輪，雜引虞翻、荀爽九家易及李鼎祚、鄭汝諧、林栗、項安世、馮椅、徐大爲、吕樸卿諸家，而參以己意。其取象之例甚多，約其大旨，不出本體、互體、伏體三者。雖多本古法，而推衍頗爲繁碎，未能一一盡得經義也。

易經會通十二卷　浙江巡撫採進本

明王邦柱、江柟同撰。邦柱字砥之，萬曆丙午舉人，柟字楚餘，皆休寧人。其所徵引至一百七十餘家。然大旨本爲舉業而設，故皆隨文衍義，罕所發明。其所標舉，有全彖合旨、有六爻合旨、有二卦合旨、有繫辭合旨，亦皆不出講章窠臼。至於卷首列取象之義，分正體、互體、變體、複體、積體、移體、半體、似體、反體、伏體、對體諸例，自謂偶有巧合者，録其一二。實則横生枝節，隨意立名。蓋冗瑣無當，徒生轇轕而已。

易芥八卷　浙江吴玉墀家藏本

明陸振奇撰。振奇字庸成，仁和人。萬曆丙午舉人。是書經義考作十卷，與此本不符。然所引鄭之惠説稱陸庸成爲諸生時著易芥八卷，與此本合，則「十卷」乃字之誤也。書中不載經文，其訓詁專主義理，每卦多論反對之意。其論「用九」謂非六爻皆變，與左傳蔡墨所稱「乾之坤」者顯相乖剌，知其不以古義爲宗矣。

易林疑説無卷數　浙江汪啓淑家藏本

明楊瞿崍撰。瞿崍字稚實，晉江人。萬曆丁未進士，官至江西提學副使。先是，瞿崍之父著易經蒙筌，未就而卒。瞿崍承其家學，考索諸家，有疑即爲之説，故名曰「疑説」。其論「九疇」子目脗合河圖，謂洛書可以敘疇，亦可以畫卦，以及横圖、圓圖、逆數、順數、八卦序次、五行生尅，皆繳繞旁文，無關經義。明史藝文志作十卷。今此本止三册，不分卷數，疑就其初成稾本傳寫者也。

易經勺解三卷　浙江汪啓淑家藏本

明林欲楫撰。欲楫字平菴，晉江人。萬曆丁未進士，官至禮部尚書，兼掌詹事府事。是書乃其子華昌所録。其説專主人事，以發明理義爲主，不及象數。欲楫與楊瞿崍同里同年，又同説易，而持論各局於一偏，豈相激而相反歟？然瞿峽似探易之本原，實牽合於易之外；欲楫似得易之皮毛，猶尋求於易之中也。

松蔭堂學易六卷　内府藏本

明賈必選撰。必選字直生，上元人。萬曆己酉舉人，官户部主事，以辯倪嘉慶冤謫外。旋陞南京工部郎中。其解易以數爲本，於河圖、洛書之異同，先天、後天之分别，上經、下經之反對，皆發明邵子之説。

易略三卷　兩江總督採進本

明陸夢龍撰。夢龍字君啓，會稽人。萬曆庚戌進士，官至山東按察司副使。調陝西，進布政司參政，分守固原。以奮擊土寇戰殁，贈太僕寺卿。事蹟附見明史張問達傳。是書隨筆標識，不載經文，頗融會宋儒之説，而參以史事。大抵亦推尋文句之學。惟不取河圖、洛書之説，則頗有卓見。

易臆三卷　浙江鮑士恭家藏本

明鄭圭撰。圭字孔肩，錢塘人。是書成於萬曆庚戌。前二卷以六十四卦各爲一論，後一卷則於繫辭諸傳中標舉字義發明之。如論乾卦「閑邪存誠」云：「心者，人中龍也。其剛明不息，渾然乾也，著一物焉則不化，著一念焉則不神，所自邪也。邪識愈多，邪行愈妙，而赤子之心愈失，人道息矣。」又云：「天運不已，以其無著；天體無著，以其純乾。」論屯卦云：「侯爲國主，心爲人主。心有主，心境自開朗；世界有主，世界自開朗。」論蒙卦云：「屯者混沌之世宜治也，蒙者混沌之心可教也。」論離卦云：「坎陽内，心學也；離陽外，治道也。」論繫辭「洗心藏密」云：「易有太極，聖有心極。」其言皆近於二氏。觀其論「精變神」一條，引楊簡「心之精神謂之聖」，則源出慈湖，概可見矣。其他亦多涉明季時事。如論師卦謂：「汲長孺與公孫弘，其忠佞相去天淵。然汲悻忠，不能善道，故不相。世路通塞，雖得之有命，亦求之有道。」論否、泰二卦云：「非中行之臣不能包容小人，包容小人不得，如何消得小人。」論大過卦謂：「過而不過者，郭林宗、陳仲弓；以過濟過者，梁伯鸞、徐孺子。」論遯卦云：「舜、禹與四凶雜處堯朝，曾不見一毫同異之蹟。故所謂肥遯者，舜、禹是也。」持論皆不純粹。大抵有爲言之，亦非經之本旨也。

重訂易學説海八卷 福建巡撫採進本

明郭宗磐撰。宗磐號鵬海，晉江人。是書成於萬曆辛亥。用注疏本，順文推衍，專主義理，不及象數。大抵以本義爲宗，而雜采諸家講義，貫以己説。於本義亦時有辨證，然不多見也。其曰「重訂」者，蓋此書先經付梓，後覺其未善，復自加釐正云。

周易易簡編無卷數 江蘇巡撫採進本

明陸起龍撰。起龍字雲從，上海人。萬曆壬子舉人，官永寧縣知縣。是書自序謂采漢、唐、宋以來注疏暨家藏未刻本，多至充棟，筆之成帙。猶病其賾而雜，遂歸根易簡，融會精理，彙而成編。

又謂其學淵源所出在屠隆與歸有光。有光篤志宋儒，隆則希蹤兩晉，二家學問分道揚鑣。書中義理切實之處，當由宗法於歸；詞旨輕儁之處，當由漸染於屠矣。

易學殘本十二卷　浙江巡撫採進本

明卓爾康撰。爾康字去病，仁和人。萬曆壬子舉人，官至工部屯田司郎中，謫常州府檢校，後終於兩淮鹽運通判。據明史藝文志載，爾康易學五十卷。此本僅存圖一卷，圖說六卷，及說卦傳二卷，序卦傳二卷，雜卦傳一卷。每卷首但有「卷之」二字，而空其數，蓋刻刊未竟之本也。其大旨附會河、洛，推演奇偶，紛紜轇轕，展卷如曆家之數表。所謂聖人因象示教之本旨，渺不知其所在。以此爲作易之奧，則老算博士人人皆妙契先天矣。其首列爲起數之根者，有古河圖、古洛書。陳希夷龍圖別傳：「古河圖、今河圖、古洛書、今洛書。」豈龍馬所負一圖，而有此四本；神龜所呈一書，而有此兩本耶？抑後人以意造作也。爲書如是，其完也不足貴，其闕也亦不足惜矣。

易窺無卷數　浙江汪啓淑家藏本

明程玉潤撰。玉潤字鉉吉，常熟人。萬曆癸丑進士。據經義考所引倪長玗語，知其嘗官部郎，始末則未能詳也。然經義考但載程玉潤周易演旨六十五卷，而無易窺之名。又此書僅有十册，不分卷數，亦與六十五卷不合。惟所解止上、下經，與程子易傳同。其大意在申暢程傳，凡傳義與朱子本義異同者，多調停其說。與倪長玗所稱「取正叔先生傳而增益之」者，宗旨相符。或原名易窺，後改演旨，此猶其初稾。後以一卦爲一卷，併總論爲六十五卷，此稾則尚未分卷歟？今未見演旨，其爲一爲二，莫之考矣。

易學管見無卷數　浙江吴玉墀家藏本

明洪啓初撰。啓初字爾還，南安人。萬曆癸丑進士，官兵部主事。是書用注疏本，大抵訓詁之恒言。至於繫辭、説卦每章之首，皆標首句爲章名，亦非古式也。

易學五卷　浙江巡撫採進本

明吴極撰。極字元無，漢陽人。萬曆丙辰進士，嘗官知縣，而其所官之地則不可考。是編首有天啓丙寅自序，謂初好讀易，即尋究萬廷言易原一書，恍然有得。迨三仕南中，官邸多暇，日以樂玩爲業。研證既久，繙搜亦侈。其不甚異意者，於程子易傳外，獨楊簡之己易、蘇軾之易解、焦竑之易筌、鄒德溥之易會。以故編中多采四家之書云。

周易揆十二卷　浙江巡撫採進本

明錢士升撰。士升字抑之，嘉善人。萬曆丙辰進士第一，官至文淵閣大學士。事蹟附見明史錢龍錫傳。是書用注疏本，雜采前人之説，斷以己意。許譽卿序云：「邵子揆諸氣，程子揆諸理，朱子揆諸象。」此書自屯以下，於每卦前設互卦，後設對卦，舉氣與理象而兼融之，此「揆」之所以名也。在明人易解中，持擇尚爲詳審。特溺於河、洛反對之説，體例糾紛，未能盡除錮習耳。

周易時論合編二十二卷　安徽巡撫採進本

明方孔炤撰。孔炤字潛夫，號仁植，桐城人。萬曆丙辰進士，官至右僉都御史，巡撫湖廣。爲楊嗣昌劾罷逮治，謫戍，久之釋歸。崇禎末起故官，屯田山東、河北，兼理軍務。事蹟附見明史鄭崇儉傳。是書即其罷官後所著。凡圖象幾表八卷，上、下經、繫辭、説卦、序卦、雜卦十五卷。其立説以時爲主，故名時論。蓋孔炤初筮仕，即攖璫禍。及膺封疆之任，值時事孔棘，又遭齮齕。有所憂患而發於言，類多證據史事，感慨激烈。其講象數，窮極幽渺，與當時黄道周、董説諸家相近。孔炤自著凡例，稱：「少侍先廷尉，教以三陳九卦。」案孔炤父大鎮，字君靜。萬曆己丑進士，官大理寺少卿。著有易意四卷，載朱彝尊經義考。則易固其家學也。是編刊於順治庚子，前有李世洽序。經義考作十五卷，或朱彝尊所見之本無圖象幾表歟？

易就六卷　兩淮鹽政採進本

明徐世淳撰。世淳字中明，嘉興人。萬曆戊午舉人，官至隨州知州。張獻忠之亂，城破巷戰死。贈太僕寺卿。事蹟具明史忠義傳。是書前有張溥序，比之王弼、胡瑗、王安石三家，而序多微辭，頗寓不滿之意。光時亨序則稱：「易當從自己性徹入，不可依傍先儒。」蓋世淳命意如此。故其書似儒家之語録，又似禪家之機鋒，非説經之正軌也。

伏羲圖贊二卷 浙江巡撫採進本

明陳第撰。第字季立，連江人。以諸生從軍，官至薊鎮遊擊。是書上卷於奇耦之數，皆以黑白爲陰陽，兩儀、四象、八卦，皆規方而爲圓。於先儒所傳卦畫方位，先、後天方圓諸圖，一一辨其所失。下卷爲圖贊二十一，末附圖向一篇。大抵皆臆造之説，不足爲據。惟雜卦傳古音考一篇，用其所長，轉勝於全書。如傳文「屯見而不失其居，蒙雜而著」，第謂「居」古讀「倨」，引詩蟋蟀「無已大康，職思其居。好樂無荒，良士瞿瞿」、漢韋玄成戒子孫詩「昔我之墜，畏不此居。今我度兹，戚戚其懼」爲證。考周禮春官：「凡以神仕者掌三辰法，以猶鬼神示之居。」鄭注：「居，謂坐也。」故春官釋文：「居，紀慮反。」則與「踞」通。前漢趙禹傳「爲人廉倨」，亦通作「居」。郅都傳「丞相條侯至貴居」，則「居」與「倨」通。與第説皆足以相合，知其考辨之確，而惜非大旨之所存。如移以附所作古音考，則庶幾矣。

風姫易遡五卷 江西巡撫採進本

明王宣撰。宣字紀卿，一字虚舟，金溪人。其書止上、下經卦爻辭。前有自序曰：「風，伏羲姓。遡風者，溯卦。姫，文、周姓。溯姫者，溯象。爻獨不遡孔者，余觀象家，非舉業家也。」如其所言，則孔子十翼竟爲舉業而作，其妄謬殆不足道。此因四聖人各自有易之説，而報讎流爲行劫者也。所言多主於象，亦破碎支離，不盡合於經義。

周易古本一卷 浙江鮑士恭家藏本

明華兆登編。兆登，無錫人。是書成於萬曆中。分文王卦辭上、下，周公爻辭上、下爲四篇。以孔子彖傳、象傳、爻傳、文言、繫辭、說卦、序卦、雜卦爲八篇，以合十二篇之數。其所謂象傳即今大象、爻傳即今小象也。附古本辯一篇、記疑六條，皆自述更定編次之意。案周易十二篇見於漢書藝文志，其十二篇之次第不可知。顏師古注曰：「上、下經及十翼，故十二篇。」孔穎達周易正義曰：「十翼謂上彖、下彖、上象、下象、上繫、下繫、文言、說卦、序卦、雜卦。」自宋以來，復古易者甚多，皆各有更定，彼此互異，然未有以卦辭、爻辭分篇者。兆登據馬融、陸績之說以爲爻辭周公作，故應與文王異卷，究爲單辭孤證，經傳別無明文。且孔子明言「二篇之策」，今以上、下經爲四篇，亦無證據。至六爻有爻畫，見於吳仁傑之費氏古易，朱子已譏其重複。今用爻畫而刪初九、初六之文，則孔子傳內稱「九六」者何所自昉，豈孔子所見尚非古本乎？名爲復古，實則臆說而已矣。

易經增注十卷 直隸總督採進本

明張鏡心撰。鏡心字用晦，磁州人。天啓壬戌進士，官至兵部尚書。是編用注疏之本，隨文闡發，多釋義理。無弔詭之詞，亦無深微之論，說易家之墨守宋儒者也。

繫辭十篇書十卷　江蘇巡撫採進本

明陳仁錫撰。仁錫字明卿，長洲人。天啓壬戌進士第三，官至南京國子監祭酒。事蹟具明史文苑傳。此編以「十篇」爲名。今核其數，曰翼易書，曰太極書，曰河洛書，曰羲易書，曰文易書，曰文序書，曰孔易書，曰蓍占書，曰卦爻書，僅有九名。其首冠以繫辭説，不入目録。文易書下附以羲文合論，而翼易書分上、下，不知以何一篇足爲十也。其書立名詭異，至其所説則不過掇拾舊文，編綴成帙而已。

易經頌十二卷　副都御史黄登賢家藏本

明陳仁錫撰。是書多剖析字句，以發揮意義，亦間與本義異同。大抵據文臆斷之處多，而研究古訓之處少。蓋仁錫文士，於經學本非專門也。

易思圖解無卷數　江西巡撫採進本

明劉日曦撰。日曦字仲升，彭澤人。天啓壬戌進士。是書以邵子大横、大圓二圖爲先天，横排、圓排爲大成，其小横爲太極，陰陽卦序小圓爲先天小成，文王卦位爲後天小成，漢儒卦氣圖加以四正之卦爲後天大成，雜卦之次則爲孔子序卦與文王序卦一例。後附以河圖、洛書及周子太極圖、邵子皇極經世陰陽剛柔四象圖與一元消長數，各爲之説。大抵出於臆撰。其序卦、雜卦二圖，非方非圓，尤不知其何所受也。

易傭十四卷　兩江總督採進本

明文安之撰。安之字鐵菴，夷陵人。天啓壬戌進士，官至國子監祭酒。朱由榔僭號粵西，以爲大學士。告歸，尋卒。事蹟具明史本傳。是書乃其官南京司業時所刊行。首列諸儒著述，次以伏羲卦位明易之數，以文王卦位明易之氣。又以先、後天之圖一上一下反覆合之，以明「對待流行」之體。大槩本來知德之説。然其詮釋經文又多主義理，不本諸圖以立論。往往求高而涉於玄虚，求深而病於穿鑿，不能盡歸醇正也。

易史象解二卷　江蘇巡撫採進本

明林允昌撰。允昌字爲磐，號素菴，晉江人。天啓壬戌進士，官至吏部郎中。案朱彝尊經義考載允昌周易耨義六卷，稱：「莆田有金石社，允昌集子弟月三會，自崇禎庚辰四月至十一月，凡二十二會。門人張拱辰、何承都等輯而成編。因允昌以『請學爲圃』名齋，故曰耨義。」此書書名、卷數皆不符，當各自一書，彝尊失載也。其説取易象大義各摭史事以配之，每一卦爲一解。自序爲本程傳、朱義、誠齋、紫溪諸説，而參以己見。然牽合附會處頗多，所謂必求其人以實之，則鑿矣。

周易纂六卷　浙江巡撫採進本

明朱之俊撰。之俊字滄起，汾陽人。天啓壬戌進士，官至翰林院侍講。是編用注疏本，彙先儒舊説，融以己意。兼主義理、象數，亦采來注錯綜之例。詞旨頗爲淺顯，而隨文敷衍者多。

易學統此集二十卷　兩江總督採進本

明孫維明撰。其子越續成之。維明字克晟，江寧人。前有天啓四年維明自序。其書多取宋、元以來諸説，皆別爲標識，亦無奧旨。越所補入各條及引述其父之言，不甚考究古義。每節之下皆敷衍語氣，如坊刻講章之式。

易經小傳二十卷　浙江吴玉墀家藏本

明鄭友玄撰。卷前有自序，自稱其號曰澹山，不著歲月。明史畢自嚴傳稱：「時有詔縣令行取者，先核其錢穀。華亭知縣鄭友玄已入爲御史，先任青浦，逋金花銀二千九百。帝以詰户部尚書畢自嚴，自嚴飾辭辨，遂下自嚴獄，遣使逮友玄。」又湖廣通志：「鄭友玄字元章，京山人。天啓乙丑進士，官御史。」當即其人也。其書於乾卦經文卦辭下即接彖傳，而分文言之釋彖者附之，次大象，次爻辭，下接小象，而分文言之釋爻辭者附之，未免汩亂古經。其以爻辭爲文王作，亦與先儒之論不合也。

周易爻物當名二卷　兩淮馬裕家藏本

明黎遂球撰。遂球字美周，番禺人。天啓丁卯舉人。從朱由榔起兵，後守贛州，城破巷戰死。其書惟載三百八十四爻，以互變推求其象。然互體、變卦雖古法，而遂球所推則自出新意。往往支離曼衍，附會成文，不必盡當名辨物之本旨也。

廣易筌四卷　浙江巡撫採進本

明沈瑞鍾撰。瑞鍾字德培，平湖人。自序言先嘗爲易意筌，十九年後復爲廣易筌。而書中又有稱「家先生古筌」者，則述其父之説。其間經文次序用注疏本，惟乾卦分節解之，自坤以下，每卦爲一説，繫辭以後，每章爲一説。多主人事，不取象數之學。凡上經、下經、繫辭傳上下各爲一卷，而説卦、雜卦乃附諸下繫之後。朱彝尊經義考作易廣筌二卷，與此不合，殆僅見上、下經耶？自宋李光、楊萬里以來，多以史事證易義，瑞鍾是書蓋亦是意。然逐卦逐爻務求比例，牽强既所不免，且於當代時事概行闌入，尤爲駁雜。造語遣詞亦多涉明季纖佻之習。蓋沿李氏、楊氏之餘波而失之泛濫者也。

周易獨坐談五卷　兩淮馬裕家藏本

明洪化昭撰。化昭自號日北居士，新都人。經義考列之馬元調前，則啓、禎間人也。是書明史藝文志著録，然無卷數。今本五卷，不知何人所分。其説以説卦、序卦、雜卦三傳皆爲漢儒所增入，故置而不言，惟説上、下經、繫辭。然雜引古事，語皆粗鄙。如周公作歌招夷齊，夷齊答歌之類，雜以俳諧，殊乖説經之體。至謂文王八卦退乾於西北者，乃因岐在西北，意在以天自處，尤穿鑿矣。其自述乃曰：「日北居士談易，每一卦六爻，合成一片，不知者以爲迂，而非迂也；發揮文王、周公心事，不知者以爲鑿，而非鑿也。謂之獨坐談，聊以自娱，而不可以語人也。」何其果於自信歟！

雪園易義四卷圖說一卷 浙江巡撫採進本

明李奇玉撰。奇玉字元美，嘉善人。崇禎戊辰進士，官至汝寧府知府。是編惟解六十四卦，議論縱橫，而詞勝於理。前列增補四易圖說、參訂圖說、進退變化圖、對待流行圖、生生暨圖、卦變圖、納甲圖說，皆推衍先天之學。其因雲林傅氏之說，以先天爲歸藏，後天爲連山，又出邵氏本論之外矣。

易疏五卷 浙江吴玉墀家藏本

明黄端伯撰。端伯字元公，江西新城人。崇禎戊辰進士，除寧波府推官。福王時官禮部儀制司郎中。南京破，死難。事蹟附見明史高倬傳。乾隆乙未，賜謚忠節。其書專主京房易傳，卷首所列諸圖，皆以發明京氏卦變之義。旁及陰符、乾鑿度、握奇、遁甲等書，其説頗近荒渺。又先天圖震、巽互易，後天圖乾、艮互易，亦從來所未有也。

苑洛易學疏四卷 浙江巡撫採進本

明周一敬撰。一敬，衢州人。崇禎戊辰進士，官至監察御史。初，韓邦奇作啓蒙意見五卷，推闡河、洛之義與卜筮之法，一敬因而疏之。自萬曆甲寅至崇禎壬午，凡二十九年乃成。於原書次序稍爲易置，亦頗有删削。自序謂「韓子以開明初學爲心，故疏從其詳。此書以溯源明理，竊附前人，故多遺末而尋本」云。

易鼎三然無卷數　江蘇周厚堉家藏本

明朱天麟撰。天麟字震青，吴江人，寄籍崑山。崇禎戊辰進士，由兵部主事改授編修。後桂王由榔僭號，以天麟爲大學士，卒於廣西。是書成於崇禎庚午，以讀易譬之食味。遡周易之旨者曰「庖然」，發歸藏之義者曰「漱然」，闡連山首艮之藴者曰「飶然」，已爲怪異。其子目有混沌譜、中化逵、氣穴、孫孫等三十六名，無一非弔詭之辭，於經義絲毫無當也。

周易廣義四卷　浙江鄭大節家藏本

明鄭敷教撰。敷教字汝敬，吴縣人。崇禎庚午舉人。是編用注疏本，以程傳、朱義爲主，而推廣其説，故名廣義。凡諸儒之説與傳、義合者取之，稍有不合者則去之。朱彝尊經義考載敷教易經圖考十二卷，而不載是書，殆偶未見歟？

尺木堂學易誌三卷　山西巡撫採進本

明馬權奇撰。權奇字巽倩，會稽人。崇禎辛未進士，官兵部主事。王亹序稱權奇才高召忌，甫閲仕版，在繫者數月，縶維邸舍者三年。後事白歸里，因成是編。其説皆詮釋大旨，不規規於訓詁。間引莊子、文中子諸説，旁及經史、禪乘以證之。蓋憂患之餘借抒憤懣，固不以説經論矣。

十願齋易説一卷霞舟易箋一卷　浙江鄭大節家藏本

明吴鍾巒撰。鍾巒字巒稚，武進人。崇禎甲戌進士，官桂林府推官。魯王監國，以爲禮部尚書。

後自焚死。乾隆乙未賜謚忠烈。是編每卦摘箋數語，止有上經三十卦，而無下經，似非足本。朱彝尊經義考惟載鍾繼周易卦説，不著卷數，注曰「未見」，而無此書名。江南通志儒林傳所載亦同。殆輾轉傳聞，相沿而誤歟？此本前有小引，題曰霞舟易箋，又題曰十願齋全集。以易説爲卷一，易箋爲卷二，蓋編入文集之中，如李石方舟集例。今僅存此兩卷耳。

易經説意七卷 浙江吴玉墀家藏本

明陳際泰撰。際泰字大士，臨川人。崇禎甲戌進士，官行人司行人。明史文苑傳附見艾南英傳中。際泰本以時文名，故其説經亦即用時文之法，中間或有竟作兩比者。自有訓詁以來，一二千年無此體例也。

周易翼簡捷解十六卷附羣經輔易説一卷 浙江巡撫採進本

明陳際泰撰。是編謂河圖、洛書體用相爲附麗，表裏經緯，悉師羲易。首卷載古今諸圖，中十六卷爲捷解，末卷又爲圖説二十四條，拾遺九條，散漫支離，未得要領。附載羣經輔易説一卷，僅十四頁。大旨謂大學、中庸諸書皆所以明易，而西方之教獨與之背。蓋明末心學横流，大抵以狂禪解易，故爲此論以救之，所見特爲篤實。其八比高出一時，亦由其根柢之正也。

易辰九卷 江西巡撫採進本

明賀登選撰。登選號濟餘，鄱陽人。崇禎甲戌進士，官至監察御史。是書以三百八十四爻取象之義，雜引史事以證經。蓋仿誠齋易傳之例，而深切則不及之。其以乾初爻爲象人心，乾四爻爲象太子之類，亦頗穿鑿。自序謂「易無象而三百八十四爻其象，辰無象而三百六十五度其象」，故以「辰」名其書焉。

易序圖說二卷 浙江巡撫採進本

明秦鏞撰。鏞字大音，無錫人。崇禎丁丑進士，官清江縣知縣。是書以序卦言義理而不及象數，因合先後天而求之。上經分五節，象陽，下經分四節，象陰。每節中又一一分析而引雜卦及彖、象、爻辭以爲之解。案序卦、雜卦先儒多疑非孔子之書，故言易諸家往往粗陳梗槩。至元蕭漢中讀易考原，述分卦、序卦之義，始詳爲發明。是書較漢中所言推闡加密，而穿鑿附會亦以過密而生。蓋此類皆易之末義，必求其說，亦皆有理之可通。然謂四聖本旨在是，則殊不然也。

讀易略記無卷數 浙江鄭大節家藏本

明朱朝瑛撰。朝瑛字美之，號康流，又號罍菴，海寧人。崇禎庚辰進士，官旌德縣知縣。其易學出於黄道周，此書亦間引道周之語，然持論與道周又異。其言象數，不主邵子之説，又别爲先天、後天之圖，取一索、再索之序爲先天，取對卦、化氣爲後天，殊爲刱見。鈔本不分卷數，朱彝尊經義考作一卷。然細字至二百五十一頁，必非一卷。疑彝尊所見或不完之本耶？

讀易隅通二卷 浙江巡撫採進本

明來集之撰。集之字元成，蕭山人。崇禎庚辰進士，官安慶府推官。是書多觸類旁推以求其融貫。自序言一隅之通，故謂「隅通」。其論四時五行，多本之皇極經世書。又謂後天卦圖爲周家全象，龍亢上應天星，皆不免於穿鑿。

卦義一得無卷數 浙江巡撫採進本

明來集之撰。是編於每卦約舉大義，所發明不過數語，故名「一得」。其中頗有精澈之語，然支離處亦復不少。如釋訟謂：「天開於子，水歸於壑，見其始而不見其終，此天水訟之可以謀始而不可以成終也。」釋師謂：「五行之用莫大於水，土有衆多之義，而五行之用土又尅水，有勝負之義。且土在上者爲高，水在下者爲深，即兵法之『右背山林，前阻水澤』也。」亦未免失之纖巧矣。

易圖親見一卷 浙江巡撫採進本

明來集之撰。此書取序卦、雜卦以及三陳、九德、先天、後天之義爲圖四十有五，而各爲之說。用力雖勤，然究不免於牽强湊合。至上繫所引中孚等七爻亦爲之圖，而下繫所引十一爻即不能爲說。亦可見其出於臆度，而非本自然矣。

讀易緒言二卷 浙江巡撫採進本

明錢棻撰。棻字仲芳，嘉善人。崇禎壬午舉人，文淵閣大學士士升子也。士升嘗作易揆，棻作是編，復推衍其未盡之意，故曰緒言。首以八宮各統八卦爲説八篇。次於六十四卦，卦爲一説。次爲繫傳箋略，附以圖書説、先後天説、上下篇説、觀象説、觀變説、錯綜互代説，反對説、大小象象爻辭説、六爻主輔説、順逆説。大旨兼取象數，以推求易理。其間牽强附會，多不能免。又如以「師出以律」爲律呂之律，「包羞」爲小人羞惡之良心，「觀我生」爲長養之生，亦未免好求新異。至於君子小人、陰陽消長之際，多有感於明末門户分爭之禍，借以發洩其不平，亦不必與經義盡相比附也。

易憲四卷　編修勵守謙家藏本

明沈泓撰。泓字臨秋，華亭人。崇禎癸未進士，官刑部主事。是編隨文詮義，不載本義原文，而全書宗旨一一與本義合。在舉業家則可謂之簡而有要矣。

説易十二卷　直隸總督採進本

明喬中和撰。中和字還一，内丘人。崇禎中由拔貢生官至太原府通判。是書前列圖説，次卦象，次彖傳，次爻象，次文言，次繫辭，次説卦，次序卦，次雜卦，次附録。其分卷前後與古今本皆不合，頗近臆斷。第二卷先列卦象，以孔子之易移於文、周之前，尤乖次序。案朱彝尊經義考載中和易林補四卷，又名大易通變。今此書名説易，版心又標躋新堂集，疑即從文集中析出單行。而其卷數不止四卷，則易林補又當在此書之外也。

桂林點易丹十六卷 兩江總督採進本

明顧懋樊撰。懋樊字霖調，仁和人。其自題「桂林」者，乃舉所居之地而言也。崇禎中副榜貢生，其科分則未詳。是書前有其父七寶山解易影數則并諸儒姓氏考一卷。所臚列自周至明幾數百家，而頗多前後失次。蓋以摭録示富，未必悉覩原書。其所訓解，大都順文敷衍，不出講章門徑。經義考引張雲章之説，斥其以聖經比之道家爐火，亦特據其書名而言。實則無一字涉丹經也。

周易説統十二卷 浙江巡撫採進本

明張振淵撰。振淵字彦陵，仁和人。是編大旨宗程朱傳、義，凡諸儒説理可互證者，亦旁採竝存，標爲四例。其與本義相左而理有闡發者，曰附異；其互有異同與傳、義相發明者，曰附參；其出自獨見者，曰附别；其可以觸類旁通者，曰附餘。凡所援引，各標姓氏，間或附以己意，則以「彦陵氏」别之。

周易去疑十一卷 兩江總督採進本

明舒弘諤撰。弘諤字士一，旌德人，老於授徒。故鈔撮講章，纂而成帙，以便課誦。其舉例有五：曰演脈，曰闡旨，曰互參，曰摹象，曰注字。初梓於池氏。後版燬於火，蔣時機又重刊之，而改其體例，卷首又題「蔣先庚增補」。標目雜糅，不可究詰。大抵書賈射利之本也。

四易通義六卷　内府藏本

明程觀生撰。觀生字仲孚，歙縣人。流寓嘉興。崇禎中知天下將亂，即棄去諸生，以相地之術自給。朱彝尊静志居詩話載其事蹟頗詳。然經義考惟載其易内三圖注三卷，注曰「已佚」，而不及此書。蓋遺書散失，此編幸而僅存，久乃復出，彝尊未及見也。其意以説易者多以我解易，而不能以易解易，故其義轉爲傳疏所淆，因作是編。首列横圖方圖圓圖合參要旨，次卦象爻定辭微旨，而於每卦每爻下各系錯綜互變所在以貫通之。其大旨主於明人事。自序謂時當大亂，非藉四聖之力不足以救。故每發一義以舉今之非，而折衷於易理之是，類多隱切明季時勢立言。至釋晉之上九，乃極稱封建爲良法，且言天地一日不改，此法終不可易。則立論未免迂僻矣。

易發八卷　編修王汝嘉家藏本

明董説撰。説字雨若，湖州人。黄道周之弟子也。後爲沙門，名南潛。其論易專主數學，兼取焦、京、陳、邵之法，參互爲一，而推闡以己意。其根柢則黄氏三易洞璣也。其研索具有苦心，而究不免失之雜。如飛龍訓一篇，歷引堯、禹、周、孔，謂皆以飛龍治萬世。而復舉圓覺、道德二經，以爲釋迦、老子亦然，未免援儒入墨。又黄鸝河洛徵謂黄鸝一聲，即河、洛之全機大用；杏葉飛龍表謂黄鐘之律爲杏葉之正位，其説皆近於怪誕。極其博辨之才，洸漾自喜則可矣；謂易之精奥在是，則殊不然也。

周易時義注無卷數　浙江巡撫採進本

明章佐聖撰。佐聖字右臣，歙縣人。其書依經訓解，而以卦圖一卷附於後。大旨主於言理，而徵引蕪雜，頗乏持擇。書成於崇禎甲申正月。前有自序，謂：「以明經獲雋，而烽火交訌，行路艱阻，因坐臥小樓，自爲箋注，大都自憂患中來。」蓋有託而爲之，故其言頗譏切時事云。

易參五卷　浙江巡撫採進本

明錢彭曾撰。彭曾號覺龕，錢塘人。是書用注疏本而不載經文，但標每節之目。首爲圖説，其方圓黑白雖皆易外之枝節，而自宋以來猶有所受。又旁及曆法、推步、奇門、九宫、干支、納音，雖不得漢儒之本法，而其説猶有所傳。又廣而推及五岳地形、禹貢水道、堪輿、律吕、井田、兵法、道家、佛家、選擇、六壬，殊泛濫龐雜，無所紀極。然則五藏六府亦配陰陽，將曰易爲醫作乎？方罫圓棋亦合奇偶，將曰易爲弈作乎？至所詮解則與圖渺不相關，仍不過摘句尋章，循文推演，間或自出新意，又往往乖舛。如謂乾爲四月之卦，猶未分龍，雨未時行，故曰「潛龍」；坤之「履霜堅冰」乃指忠臣孝子而言，其初發一念爲「履霜」，歷久不變爲「堅冰」。自有易以來無此説也。

易旨一覽四卷　江蘇周厚堉家藏本

明蔣時雍撰。時雍字繩武，江都人。其書訓詁字句，乃村塾課蒙之本。

周易辨正一卷　浙江巡撫採進本

明喻國人撰。國人字春山，郴州人。其書大旨謂先儒多是非倒置，以十爲圖，九爲書，因作辨十九章，以九爲圖配天，以十爲書配地，且及河圖主生、洛書主尅之理。蓋仍祖劉牧之舊説。第十七辨言古人左圖右書，左陽也，故左字五畫；右陰也，故右字六畫，殊爲悠謬。書中率皆類此。其凡例乃云：「秦漢諸儒昧其則者千餘年，宋元諸儒枉其則者五百年，國人辨正，四聖知必冥慰。」何其誕也！

河洛定議贊一卷　浙江巡撫採進本

明喻國人撰。其説以伏羲則河圖畫乾、坎、艮、震四卦，則洛書畫巽、離、坤、兑四卦。由河圖四卦得訟、遯十六陽卦，由洛書四卦得家人、中孚十六陰卦。合河、洛迭爲上下而得否、姤、履、泰三十二陰陽配合之卦。且以揲蓍之數不惟康節茫然，即一行亦屬妄附。自以河、洛之議，至此書而始定。書成，且祭河、洛之神及天地四聖，爲文以告。其誕至此，又何異於中風狂走者乎？

全易十有八變成卦定議一卷　浙江巡撫採進本

明喻國人撰。大旨謂數九則滿，滿則損；數六則謙，謙則益。故大易總不外乾九損三，變爲坤六；坤六益三，變爲乾九。或乾九、坤六交相損益，十有八變以成卦而已。

周易對卦數變合參一卷　浙江巡撫採進本

明喻國人撰。謂朱子不知易中「十年」「三年」「七日」「八日」之旨，及訟九二「三百户」之數，國人乃於反對兩卦得之。合屯、蒙二卦，以屯下蒙上，謂屯二爻爲一年，逆數之至蒙五爻，歷十爻爲十年。合需、訟二卦，以需下訟上，謂訟二畫九，即九十户，訟初畫六，即六十户，需上畫六，即六十户，五畫九，即九十户。合之得三百户。以爲此意數千年不明。真穿鑿附會之説也。

河洛真傳一卷 浙江巡撫採進本

明喻國人撰。其説謂天地十二會真數不出五十五，惜陳、邵俱未發明。因演天地五十五數圖，卷末復附以河洛真傳説數頁。辨「蓍短龜長」之説，謂記云「假爾泰龜有常」「假爾泰筮有常」，原龜筮竝重。朱子妄更祝詞，故重視泰筮。然所引證據，仍不過廣輿記、本草圖經諸書而已。

周易生生真傳一卷 浙江巡撫採進本

明喻國人撰。謂先儒解易爲變易，爲交易，總不如繫辭「生生之謂易」五字最確。又謂伏羲則河九、洛六，始畫八卦，以木德王也。木主仁，仁爲生生真種子。每卦六爻，推演五行相生之數以配合之。

三易大傳七十二卷 江西巡撫採進本

明李陳玉撰。書分二册。一曰先天古易，以解圖畫，又每篇繫以贊語。其最異者，以無極、太極、無極而太極分爲三圖，而先天八卦配以英輔九星之名，後天八卦配以疏附先後之名。支離破碎，全無理據。一曰後天周易，以解經傳。雖言象數，而皆出臆説。附以易導、易鈐、易眼諸書。其易鈐有云：「若欲易學了澈，直須將一切訓詁辭章盡情剗却，即孔文之語亦不過易象一端之論，方有入處。」可謂敢爲大言。蓋言圖畫者病於支離破碎，談心性者病於杳冥恍惚。陳玉兼二家之説，而各得二家之極弊，真所謂誤用其心者也。

易經補義四卷　浙江巡撫採進本

明方芬撰。芬字舒林，歙縣人。其書全列本義於前，而以己所發明附贅於末，皆標「補」字以別之。所得頗爲膚淺。其凡例云述其王父有度所撰易旨正宗及其父希萊易經要旨而爲之。今二書皆未見。然觀芬之書，其大略可睹矣。

讀易鏡六卷　兩江總督採進本

明沈爾嘉撰。爾嘉字公亨，常熟人。是書悉依今本次序，每一卦一節，列經文於前，列講義於後，而講義高經文一格，全爲繕寫時文之式。其説皆循文敷衍，別無發揮。經文旁加圈點，講義上綴評語，亦全以時文法行之，即其書可知矣。

易學古經正義十二卷　湖北巡撫採進本

明鄒元芝撰。元芝字立人，竟陵人。自費直合十翼於上、下經，唐用王弼易注作正義，易遂用王弼之本。宋晁説之、吕祖謙諸家始倡爲復古之説，互有考訂，而亦互有異同。至朱子之本義，始定從吕本，分爲經二篇，傳十篇，至今與王本竝行。元芝是書，欲駕出朱子之上，謂孔子十翼與經竝尊，不得抑之稱傳，遂臆爲分別。如乾卦以「乾，元亨利貞」五字爲本經之彖，割「天行健」三字爲本經之象，而綴以六爻。他皆倣此。其十翼則仿制藝之體，經文反低二格，而彖辭、小象之辭各冠以「彖曰」「象曰」字，跳行頂格書之。其大象「天行健」「地勢坤」諸句，因删之不能成文，遂既以爲本經之文，又複見於象辭之内。一文兩屬，莫定所歸。皆有意立異，而詭稱復古，不知所據何古本也。其説經大旨，則以羲、文之易爲卜筮之書，孔子之易爲盡性至命之書，故所注皆舍象數而言義理。蓋借尊孔子之名以劫伏衆論，實則茫無確證，徒見其割裂聖經而已。

射易淡詠二卷 江蘇周厚堉家藏本

不著撰人名氏，卷端惟題「西農」二字。前有陳愫索射易書一篇，稱其字曰孝若。考愫至國朝尚存，嘗與丘象隨等共注李賀昌谷集。又書中稱張九山青衣得射易半部於虎丘僧舍，乃録寄尹子求者。考明尹伸字子求，宜賓人。萬曆戊戌進士，官至湖廣布政使。崇禎甲申，張獻忠部賊陷敘州，伸殉節死。此書既云寄伸，則是時伸尚無恙，當爲明末人作矣。其説易但解六十四卦，每卦但標「象」「象」及「第幾爻」字，不列經文。大抵皆借經發議，其言辨博自喜，而詞勝於理。又喜作似了非了語，類禪宗之機鋒，殊乏先儒明白淳實之意。每卦之末，各系以五言古詩一首，以發明一卦之大義，蓋即所謂「淡詠」者。自古以來，亦無此説經之體例也。

大易衍説無卷數 安徽巡撫採進本

不著撰人名氏，亦不著時代，乃明人舊録藏本也。其書乃鄉塾講義，隨文敷衍，不能發明大旨，亦姑存之可耳。

原易二卷　兩江總督採進本

不著撰人名氏。上卷原太極、圖、書，凡十一條，下卷原六十四卦。皆剿襲舊文，别無搠獲，不足以言著書也。

易傳義十二卷　内府藏本

不著編輯者名氏。取程子易傳、朱子易本義合爲一書，冠以圖説、綱領各一篇。皆從易經大全中録出，故改朱本之次第以從程本。版式字畫頗爲工楷，曹寅楝亭書目亦載有此書一函，蓋明代經廠本也。

易象與知編一卷圖書合解一卷　兩淮馬裕家藏本

題曰「天山道人撰」。不著名氏，不知何許人也。其書惟論河圖、洛書、八卦方位及對待流行之義、五行生成之理，皆於諸家易解之中鈔合成帙。蓋欲講陳、邵之學而僅掇拾其糟粕者。

欽定四庫全書總目卷九

經部九

易類存目三

讀易蒐十二卷 浙江吴玉墀家藏本

國朝鄭賡唐撰。賡唐，縉雲人。前明天啓丁卯舉人，官至福建按察使僉事。是書序稱丁亥，蓋成於順治四年。經文全用注疏本，每卦之末附論一篇，多經生之常義。至繫辭舊雖分章，然自漢、晉以來未有標目。賡唐直加以「天尊章」「設位章」諸名，則是自造篇題，殊乖古式。又説卦章次亦加删併而不言所以改定之故，更不免變亂之譏。蓋猶明季諸人輕改古經之餘習也。

大易則通十五卷閏一卷 湖北巡撫採進本

國朝胡世安撰。世安字處靜，别號菊潭，井研人。前明崇禎戊辰進士，歷任少詹事。入國朝，官至大學士。是書專主闡明圖學，彙萃諸家之圖，各爲之説。雖亦及於辭變象占，而總以數爲主。其閏卷則續採明羅喻義讀易珊瑚筋及劉養貞易遺象義之説也。

周易感義無卷數 兩江總督採進本

此書爲未刻稾本，中多朱墨塗乙。其撰人姓名，墨筆題「東海衲民岳嵐墨山氏述」，蓋所自書；朱筆題「江西兵憲岳虞巒衡山氏述」，爲其同里魯釗所書。攷太學題名碑録前明崇禎辛未科有岳虞巒，南直隸武進人。又江南通志儒林傳稱：「虞巒字舜牧，官至江西按察使。晚尤好易，撰有周易感及春秋平義二書。」書中云幼時及見熹廟初年，時代亦復相合。然則所謂周易感者，當即此書，特刻板誤脱「義」字耳。書中又云「丙申五月著稾」，則成於國朝順治十三年。疑其明亡以後，變服爲僧，改名岳嵐，故自號「東海衲民」也。是書惟解六十四卦，分作八巨册，而朱筆又間有標「二編第幾卷」者。殆本有初編、二編，經刓删併爲今本耶？其説詳於取象，近錢一本之學。然皆參以佛氏，如稱「西域之有迦文，猶中國之羲、文、周、孔」云云，謬妄非一。刓雖多所刊削，欲滅其迹，而能潤飾其字句，究不能改易其宗旨。蓋於王宗傳、沈作喆之説又變本加厲矣。

易學筮貞四卷　浙江吴玉墀家藏本

國朝趙世對撰。世對字襄臣，衢州人。兹編論易爲卜筮之書，故經秦火而獨存。命之曰「筮貞」，謂以筮而貞萬世之變也。不載經文，惟采先儒議論，分類編輯。一卷曰綴集本旨，曰易學源流，曰圖書節要。二卷曰蓍法指南。三卷曰占變詳考。四卷曰易道同歸。論筮法與占變，條理頗爲詳明，蓋純以數言易者也。

周易明善録二卷　江西巡撫採進本

國朝徐繼發撰。繼發字繩武，貴溪人。其書專以後天諸圖爲主，由占筮卦氣而蔓衍於律吕等韻。前有自序，謂：「後天之道以致用爲主，而造化之流行有常有變。常者宰之於帝，變者藏之於神。履其常者以卦爲體，通其變者以筮爲用。是故帝者流行一定之極，而神者造化不測之機也。」其推闡亦頗極苦心。然與講先天之圖者亦同一關紐，總爲易外之別傳而已。

麗奇軒易經講義無卷數　編修勵守謙家藏本

國朝紀克揚撰。克揚字武維，號六息，文安人。是編用注疏本，不録經文，但每卦約詁數條，皆略象數而談義理。詳其文義，蓋標識於經傳之上，而其後人録之成帙者也。

義畫憤參二十五卷　浙江巡撫採進本

國朝陸位時撰。位時字與偕，錢塘人。在前明嘗官鄞縣訓導。是書成於順治丙戌。前有位時自序，稱：「小憤小悟，大憤大悟，不憤不悟。憤之云者，心求通而未得之意，故云『憤參』。」其書專闡河、洛之數而附益以先天之時令、後天之節序。首列卦爻象彖諸解、圖書諸説。每條之首，設「卦難」數條，卦畫之下，列「卦旨」數條，卦後列「六爻總論」一篇，而以字義諸説別標題目，參錯於經文之中，體例頗爲龐雜。前又有黄道周序，不署年月，中有「時值鼎革」語。考順治乙酉、丙戌之間，黄道周方從朱聿鍵稱兵閩中，勢不暇爲位時作序。況方輔聿鍵僭號改元，亦決不肯自稱「鼎革」。其爲依託無疑。蓋以道周喜談象數，與此書宗旨相近，故假借之以爲重耳。

周易辨疑無卷數　山東巡撫採進本

國朝李開先撰。開先字傳一，長壽人。與嘉靖中太常寺卿李開先名姓偶同，非一人也。其易學受於鄉人來知德。案：知德雖嘉靖三十一年舉人，其授待詔則在萬曆三十年，下距明亡僅四十年，故其門人能至順治初尚在。故其書詮解象數，多推闡其師錯綜之例，惟卦變之説與知德不合。其中駁本義者頗多。如九三「重剛而不中」、九四「重剛而不中」，本義謂九四「重」字疑衍。開先則謂三畫卦重爲六畫，自四畫始，卦重則剛亦重。其説近鑿。又如坤六二「直方大」，本義：「賦形有定，坤之方也。」開先謂方即徑一圍四，伏羲方圖之方，尤爲不倫。至所自立之新義，如説卦「乾爲馬」而爻詞取象于龍，朱子以爲理會不得。開先則謂「伏羲時龍馬負圖，乾雖爲馬而非馬，乃龍馬也。周公略去『馬』字而止言龍，非擬之以馬，又擬之以龍也」云云。按乾與震合德，龍與馬同性，故説卦傳乾、震皆取馬象。至震之爲龍亦以一索得男，體從乾化，故二卦皆取龍象。聖人繫易，偶舉一端，不得膠此以疑彼，而委曲以遷合之也。且爻詞「潛」「見」「飛」「躍」諸義，豈能施之龍馬耶？亦好異而不顧其安矣。

易存無卷數　大理寺卿王昶家藏本

國朝蕭雲從撰。雲從字尺木，蕪湖人。前明崇禎己卯副榜貢生。是書乃雲從年八十時所撰。以數言易，而其數乃以律吕、曆算爲宗，旁及於三命、六壬之術。前列易存四學一條，稱：「學者先讀易卦爻詞、大傳蓍法，次學卦氣以及支干陰陽、五行生尅、氣運衰旺，次學算歸、除、因、乘，次學音律、詞曲、聲調、管弦以及翻切諸法方得。」其説頗屬支離。夫奇偶陰陽爲萬事萬物之根本，故易道廣大，推之無所不通。律吕爲易中之一理，非因律吕作易，亦非因易作律吕也。曆算亦易中之一理，非因曆算作易，亦非因易作曆算也。即以醫術而論，榮衛者陰陽也，七竅者奇偶也，心腎者坎、離之宅也，其消長則姤、復之機，其升降則既濟、未濟之象也。至於五運六氣，司天在泉，無一不與易理通。亦將曰因醫有易，因易有醫乎哉！王士禛池北偶談嘗記雲從作杜律細一書，凡吴體拗句，俱强使協於平仄。如「盤渦浴鷺底心性」句，則讀「底」爲「高低」之「低」；「江草日日喚愁生」句，則讀「草」爲離騷之「騷」。此書言易，殆亦類斯與？連江童能靈作律呂古義二卷，純以河圖、洛書爲聲音之本者，均可謂誤用其心矣。

周易説略四卷 山東巡撫採進本

國朝張爾岐撰。爾岐字稷若，濟陽人。篤守朱子之學，因作此書以發明本義之旨。内惟第四卷分爲二，故亦作五卷。李焕章作爾岐傳云「八卷」者，誤也。

周易纂解正宗六卷 江西巡撫採進本

國朝謝復莌撰。復莌字菁來，吉水人。其書先列朱子本義，以直解、大全、蒙引諸家之説各系於其下。其子能立以圖説未備，重加纂訂，别爲一編，附之於後。蓋里塾講授之本也。

周易塵談無卷數 兩淮馬裕家藏本

不著撰人名氏。朱彝尊經義考載孫應龍有周易塵談十二卷，疑此本是也。應龍字海門，餘杭人。順治丁亥進士，官隰州知州。其書多引先儒語録，排比成文，或標曰「注」，或標曰「解」，或標曰「傳」，每章之中三名疊見，竟莫得而詳其例也。

周易纂注無卷數　江蘇巡撫採進本

國朝朱奇穎撰。奇穎字九愚，嘉定人。順治辛卯拔貢生，官平遥縣知縣。此書大槩依附朱子本義而稍參以己說。後有附録一卷，則其子所刻墓誌、行狀也。

易史參録二卷　江西巡撫採進本

國朝葉矯然撰。矯然字思庵，閩縣人。順治壬辰進士，官樂亭縣知縣。是書於每卦象爻各證以史事，蓋仿李光、楊萬里二家易傳之意，而所舉不免於偏枯。夫易道廣大，無所不包，而不膠滯於一二事。文王、箕子偶引以明卦義，無所不可。至於每象、每爻必求其事以實之，則挂漏牽合，固其所矣。

大易疏義五卷　江蘇巡撫採進本

國朝王芝藻撰。芝藻字淇瞻，溧水人。順治甲午舉人。其書論九疇本於洛書，謂萬物之生始於五行，故五行居一。皇建有極爲天地人物之主，故皇極居中。天時人事之應盡於五福六極，故福極居九。三八政，王者所以治明。七稽疑，王者所以合幽。此中央四正所以立其幹也。五事盡乎人事，五紀考乎天時，故居肩之左右。三德以輔皇極，庶徵以驗五行，故居足之左右。宋人九疇自九疇，洛書自洛書之說，未足以窺易書之奧。蓋芝藻泣主象數，故立論如此。然繫辭雖有洛書之名，而所爲洛書者其文實不可考。後人影附太乙九宮之法以造洛書，因而牽洛書以解易。是徒借洛書之名，而非孔子所謂洛書也。夫連山、歸藏，名見周禮，可以劉炫之書當之乎？芝藻亦眩於舊文，未之深考耳。

周易滴露集無卷數　直隸總督採進本

國朝張完臣撰。完臣字良哉，平原人。順治乙未進士。是書皆訓釋文句，不及象數。大旨取朱子本義爲主，而附益以諸家之説，於吴璉訂疑、蔡清蒙引、姚舜牧疑問所引尤多，間亦附以己意。所注僅上、下兩經，而無繫辭以下，蓋用程子本也。

周易疏略四卷　河南巡撫採進本

國朝張沐撰。沐字仲誠，上蔡人。順治戊戌進士，官資縣知縣。沐於五經、四書皆有疏略。其解周易，自謂悉本孔子十翼之義。所注多取舊文，融以己意，不復標古人名氏。書中力排京房、陳摶、邵康節之學，而摶等所造河圖、洛書及伏羲、文王諸圖仍列於卷首。其「洛書」條下注曰：「聖人因之，以明吉凶，著於易之首。」是竟以今本九圖爲孔子所定也。又揲蓍求卦必自内而外，由初而上，故古本相傳，卦畫之下所注皆先下後上。沐獨用朱睦㮮之例，改爲先上後下，於卦爻之始初終上、繫辭之小成大成，俱無一可通。前有康熙庚申趙御衆序，稱：「韋編以來，易學久晦，得此書乃明。」又有王渭序，稱：「『孔子之説有不可易，則張先生之説亦不可易。』」沐自謂朱子所不能解者，「繹諸孔訓，恍然來告，敢曰獨信」，亦談何容易乎！

加年堂講易十二卷　編修戈岱家藏本

國朝周漁撰。漁字大西，興化人。順治己亥進士，官翰林院編修。是書前有自序，稱與朱子本義、程子傳及古今來言易之家大相違戾。謂：「直接加年寡過之學，漁不敢當也。」謂：「四聖人覺世明道之旨，不欲終晦於天下，賴四聖人之靈，竅吾之聰，鑿吾之明，假吾之心慮口宣，以代爲發之也，是則何能辭？」其自命甚高。今觀其書，非惟盡反漢、宋諸家之説，併繫辭、文言亦指爲非孔子之説，横加排詆。即象傳亦有所去取。末附一卷，闢洛書之僞。首弁一卷，别衍河圖之奇偶，而深斥繫辭「太極生兩儀，兩儀生四象，四象生八卦」之文。所解六十四卦，亦多創論。如謂乾卦以龍喻性，六爻皆言見性盡性。「見羣龍無首」，猶言見性而實無所見。要之性亦强名，見亦落見，故增此以掃六爻名象之迹。謂復卦言賢人之去就，先儒作「復善」解，不知何所見而云然。其翻新出奇，大率類此，亦可謂好怪矣。

讀易近解二卷　江西巡撫採進本

國朝湯秀琦撰。秀琦號弓菴，臨川人。順治中以歲貢生官鄱陽縣訓導。是編取周易圖説爲之發明，使淺顯易解。舊有圖者，因圖而推衍之；舊有説而無圖者，補圖以證佐之。蓋於易專主數，於數專主宋學者也。

周易郁溪記十四卷　江西巡撫採進本

國朝郁文初撰。文初號郁溪，蘄州人，官至肇慶府知府。此書爲河間賈棠所刊。凡總論一卷，上、下經九卷，繫辭上傳三卷，而繫辭下傳至雜卦傳則皆標「卷下」以統之，不復分析卷目。蓋編次者之失也。書中首推河、洛，縱橫曼衍，不出常談。至於各卦象、爻，立論尤多僻異。大率以五行生尅、精氣骨肉爲言。如解「需于血，出自穴」，則云：「乾者精氣之極，而血脈之生通之，中行需是已；坤爲血脈之極，而精氣之生通之，中行晉是已。『出自穴』者，謂人自有生以來，耳穴已有，而今則天地通，水自穴中出也。目苞之啓，亦猶是也。」解「入於左腹，獲明夷之心于出門庭」，則云：「明之入也，自右腹而下，自左腹而上，意巽也。火復則風生，心開則意隨。」蓋愈鑿而障礙愈多矣。

周易起元十八卷　江西巡撫採進本

國朝陳圖撰。圖字寄巖，永豐人。是書以太極、先天、河、洛諸圖合而演之，支離曼衍，不可究詰。如周子太極圖以無極作一空圈，此則變爲一純黑圈形，以爲陽含於陰。至於太極圖，乃爲半黑半白圈，是先生陰而後生陽，非太極生陰陽也。又以名山大川分配六十四卦之陰陽，尤爲牽合。昔林至水村易鏡以卦配星，以爲「仰觀天文」，此更以卦配地，以爲「俯察地理」。此非惟聖人作易慮不及此，即邵子、周子傳陳摶之圖，豈料其末流至此耶？其詮釋經文，每句皆隨意叶韻，如象傳「天行健，君子以自强不息」，則以「天行」爲一句，「健」爲一句，「君子以自强」爲一句，「不息」爲一句，而注曰「行叶杭，息叶襄」。坤卦初爻則注曰：「六叶翕，至叶室」，殆不知其何據。他如「雲行雨施」「飛龍在天」之類，必破爲二字一句，雖嫌煩碎，理尚可通。至於乾卦三爻以「君子終日」爲一句，「乾乾夕惕」爲一句，「若厲」爲一句，「无咎」爲一句，則「君子終日」四字，不知是何文義矣。

易贅二卷　安徽巡撫採進本

國朝王艮撰。艮字無悶，號不菴，歙縣人。是書每條皆泛論易理，不標經文。凡與人問答書中有論及易者，亦節録附入。自序云：「漢儒亂其數，宋儒鑿其理，其有合於易而不失厥旨者，要非全易所蔽圖，作純黑壺盧形。上段分布五小白圈，中書「人欲一萌，血自攻心」云云四言詩十二句，下段則書「慾海茫茫不計深，其中灼灼産黄金」云云七言詩八句。左右注「致知格物」四字，下注云：「此亦黑體用陰文」。其圖大抵皆類此，真不知意欲何爲也。

又經文之中多間以圖，其圖皆奇形怪狀。如文言傳「見龍在田」節下，附一物欲

易大象説録二卷　浙江吴玉墀家藏本

國朝吴舒鳧撰。舒鳧一名逸，字吴山，吴縣人。是書惟釋大象，蓋因杭人施相周易大象頌而作，每

矣。」然大旨仍主義理而不言象數。經義考作一卷，稱其友始安吴懷、鄱陽史白序之。今二序並存，而卷分爲二，題曰「王煒」，蓋艮之初名也。

條附以贊語。其中改「天行健」爲「天行乾」，「天地交」爲「地天交」之類，其子向榮跋語述其父言，稱「不闕疑而改經文，獲罪千古」，蓋已自知之矣。前有施相傳，謂崇禎乙卯相年十七。明崇禎無乙卯，當是己卯之譌也。

周易惜陰録四十六卷 兩江總督採進本

國朝徐世沐撰。世沐字爾瀚，江陰人。江南通志列之儒林傳中，稱其與陸隴其相契。考隴其三魚堂集中有世沐四書惜陰録跋，蓋亦講學家也。其解經皆以變爻爲主，蓋宋都絜之緒論。其法爲太卜舊法，其説則空談義理，不出語録之窠臼。

周易存義録十二卷 兩江總督採進本

國朝徐世沐撰。其文與周易惜陰録並同。蓋自覺其冗雜，删爲此本，非别一書也。

周易惜陰詩集三卷 兩江總督採進本

國朝徐世沐撰。是書取經傳字義，分題賦咏，或爲四言贊，或爲五言、七言詩，多至一千餘首。蓋本張九成論語詩例而益曼衍之。其惜陰録用吕祖謙本。此集所列彖、爻、象傳次第，則仍用王弼本。其文皆體近歌括，不可入於詩集，今仍附之易類焉。

圖易定本一卷 江蘇周厚堉家藏本

國朝邵嗣堯撰。嗣堯，郇陽人。康熙庚戌進士，官至江南提學副使。其言易，「以河、洛之數一乘一除之。小圓圖即小横圖之『順往逆來』，大横圖即小横圖之『因重成爻』，大圓圖即小圓圖之『運行寒暑』，方圖即大圓圖之『乾君坤藏』，文王二圖實由此變而通之。」蓋本於皇極經世者爲多。末附以揲蓍之法。自序謂一刻於都門，再刻於上谷，三刻於襄陽，屢有改易。此本刻於康熙甲戌，凡四易槀始爲定本云。

易經述無卷數　浙江巡撫採進本

國朝陳詵撰。詵字叔大，號實齋，海寧人。康熙壬子舉人，由中書科中書官至禮部尚書，謚清恪。其書取六十四卦每兩卦爲一篇，前列經文而綴總論於其後。前無序文，亦無凡例。觀其兩卦合併之意，有以陰陽相反言者，乾、坤，剥、夬，復、姤，坎、離，震、巽，艮、兑，臨、遯是也；有以上下反對言者，屯、解，蒙、蹇，需、訟，師、比，泰、否，未濟、既濟，同人、大有，隨、歸妹，无妄、大壯，晉、明夷是也；有以卦名比合言者，小畜、大畜，小過、大過，損、益是也；有以雜卦連合言者，咸、恒，家人、睽，豐、旅，涣、節，萃、升是也。至於履與謙、豫與漸、蠱與困、觀與頤、噬嗑與中孚、賁與革、井與鼎，則未審其所以合竝之意矣。

周易廣義六卷　江蘇周厚堉家藏本

國朝潘元懋撰。元懋字友碩，鄞縣人。是書成於康熙壬子。以朱子本義爲主，逐句發明，如注之有疏。又以章旨、節旨及敷衍語氣者冠於上方。所謂坊刻高頭講章也。

大易蓄疑七卷 陝西巡撫採進本

國朝劉蔭樞撰。蔭樞字喬南，韓城人。康熙丙辰進士，官至貴州巡撫。是編用王弼之本，但有六十四卦而無繫辭以下。其説多用朱子本義而小變之。然措語蹇滯，多格格不能自達其意。

易論無卷數 浙江范懋柱家天一閣藏本

國朝徐善撰。書首有沈廷勷序，稱爲「南州徐敬可」，則當爲南昌人，而善自署曰「嘉禾」。考朱彝尊曝書亭集有徐敬可左傳地名考序，又閻若璩潛丘劄記亦稱「秀水徐勝敬可，爲人作左傳地名考」云云。其字與里貫皆合，惟名有異，未知爲一人二人也。其書成於康熙丙辰。不載經文，亦不及十翼，惟六十四卦各爲一篇，條舉其義而論之。才辨縱横，而頗浸淫於佛老。

周易應氏集解十三卷 浙江吴玉墀家藏本

國朝應撝謙撰。撝謙字嗣寅，錢塘人。康熙己未嘗舉博學鴻詞。是書朱彝尊經義考作十七卷。此本僅十三卷，然首尾完具，不似有所佚脱。或彝尊偶誤耶？其注雜采諸説，故名集解。所取多依文訓詁之説，未爲精密。首列諸圖，謂上經三十卦，下經三十四卦，多寡不均。乃創爲上經三十六卦往來之圖，下經三十六卦往來之圖，一往一來，共成七十二卦。尤爲枝節。

易原無卷數 江蘇巡撫採進本

國朝趙振芳撰。振芳字香山，山陰人。是書列古本圖書、古本易經爲首卷，列諸圖與説爲次卷。其古本周易集諸家舊本而考其異同，於章句文字頗有釐訂。惟所載圖説自河、洛、蓍法、五行、卦氣而外，竝及天行地勢之類，則不免曼衍支離。夫易爲象數之總，推而衍之，三才萬物無不貫通。故任舉一端，皆能巧合，然於聖人立象設教之旨則究爲旁義也。

易或十卷　江蘇巡撫採進本

國朝徐在漢撰。在漢初名之裔，字天章，晚年乃易今名，字寒泉。歙縣人。初與趙振芳同著易原，後復自作是編。曰「或」者，疑不自信之意也。書中不載經文，止按其節次，自爲解義。復兼采諸儒之説，皆未見精要。卷首列觀玩要領一篇，其第二條謂爻辭係於文王，而非周公。然文王作彖辭、周公作爻辭，自馬融、陸績以來，相沿無異。在漢乃欲去周公而存三聖，亦過於臆斷矣。

易經辨疑七卷　浙江巡撫採進本

國朝張問達撰。問達字天民，江都人。前有康熙己未廣平冀如錫序，稱其得力於陽明良知之學。故其書黜數崇理，而談理一歸之心，力掃卜筮之説，未免主持太過。問達自序首推王弼，又引王守仁「箇箇人心有仲尼」及「求諸我心之是」諸語。是即陸九淵「六經注我」之説也，宜有取於弼之虛無矣。

周易通十卷　浙江巡撫採進本

國朝浦龍淵撰。龍淵字潛夫，吳縣人。嘗佐洪承疇幕，以承疇薦，授城步縣知縣。其書名易通者，謂六爻之義本一理，四聖之旨本一貫，自說易者解以己意，遂致卦辭不通於象辭，下卦之辭或不通於上卦之辭。故六十四卦各立論發揮，於卦義、爻義或逐條剖析，或連類推闡，務使相通而後已。其說不爲無見。然卦爻之義宛轉相通，亦猶一人之身，脈絡孔穴宛轉相通也。必從一脈以通百脈，由一穴以通百穴，則必有所隔礙於其際。故龍淵所說有時而融洽，亦不免有時而穿鑿。至既欲牽合於理學，又欲比附於史事，縱橫曼衍，辨而太華，是又作論之才，非詁經之體也。

周易辨二十四卷 浙江吴玉墀家藏本

國朝浦龍淵撰。茲編因繫辭「包犧氏王天下」之文，遂謂六十四卦無一非帝王師相之事，乃明主良臣所以致太平之書。因乾卦「六位時成」之文，謂六爻中君臣上下各有攸司，周公分位繫辭，正名定分，皆取諸此。歷來一切圖書、象數、卦變等說，皆略而不論。夫人事準乎天道，治法固易理之所包。然謂帝王師相之學當求於易則可，謂易專爲帝王師相作則主持太過矣。朱彝尊經義考載此書作二十八卷。此本少四卷，疑亦經義考傳寫之誤也。

周易義參六卷 浙江巡撫採進本

國朝于琳撰。琳，平湖人。茲編皆因仍舊說，依文訓釋，罕所發明。末列三十三圖，亦皆勦襲舊圖而小變其貌。其自作者，如在天成象圖，以日星霞露虹左列爲陽，以月漢風霜雪右列爲陰，而以雲雨雷電雹霧居中爲兼陰陽，殊爲無理。在地成形圖，以水金山右列爲柔，土火石左列爲剛，木絲轂鹽竝列於中爲兼柔剛，尤不可解。而成男成女圖作⊙○之形，一陰一陽謂之道圖又作○●形，益怪誕矣。

身易實義五卷　浙江巡撫採進本

國朝沈廷勱撰。廷勱字克齋，嘉興人。康熙中由副貢生授欒城縣知縣，官至商州知州。是書一以程、朱爲宗。凡宋明諸儒稱引程、朱之説者，摭拾無遺，其別有發明者，概屏勿録。前有自序云：「以心言易，未若以身體易之爲實。以身體易，又必以易見諸用之爲實。」故名其書爲身易實義云。

河圖洛書原舛編一卷　浙江巡撫採進本

國朝毛奇齡撰，奇齡有仲氏易，已著録。河圖、洛書，辨者既非一家，駁者亦非一説。奇齡謂今之河圖即大衍之數，當名「大衍圖」，而非古所謂河圖；今之洛書則太乙行九宫之法，亦非洪範九疇。既著其説於前，更列其圖於後。其排擊異學，殊有功於經義。顧其所列之圖又復自生名例，轉起葛藤。左右佩劍，相笑無休。是仍以鬬解鬬，轉益其鬬而已矣。

易宗集注十二卷　兩江總督採進本

國朝孫宗彝撰。宗彝，高郵人。是書成於康熙庚申。以象、數、理各有宗，因象而測其數，因數而測其理，而所宗者以中爲主。故卷首冠以中論三篇。其説謂河圖、洛書五皆居中。中，五象之宗也，五，數之中也，中，理之宗也。故名易宗。案易所言「中」，皆指中畫，過與不及，皆因象示戒，則謂易爲用中，未始不可。然必執河圖、洛書之五位以爲用中之本，則横生枝節，附會經義矣。注中於變爻、變卦及反對、互體之義獨詳，而卷首兼論歲運。其學蓋出於黄道周而參以他説小變之。中間詆斥先儒，殊爲已甚。又每節之下必注「宗彝曰」，云以擬象傳，尤無謂也。

周易清解 無卷數 浙江巡撫採進本

國朝江見龍撰。見龍字壽水，杭州人。康熙中諸生。其説易，主象與理而略於數。如解屯六四四止而初動，有班如之象；大壯九三「用壯」「用罔」之故；旅六二「得童僕」爲得三爻。此類凡數十條，皆於經傳有裨。惟經前傳後，次序昭然。漢、晉以來，或亦析傳以附經，從無後經而先傳。見龍乃移繫辭、説卦、雜卦、序卦於上、下經之前，分爲二卷，名曰孔子讀易傳。則欲尊孔子而不知所以尊矣。

周易本義述蘊四卷 江蘇巡撫採進本

國朝姜兆錫撰。兆錫字上均，丹陽人。康熙庚午舉人，乾隆初薦充三禮館纂修官。是書取名述蘊者，蓋取通書「聖人之精畫卦以示，聖人之藴因卦以發」之義。大旨恪遵朱子本義，如解屯卦六二「匪寇婚媾」句，解否卦「否之匪人」句，舍本義而從程傳、孔疏者，亦偶有之，非其通例也。其經傳之次第，則於卦畫之後繼以彖辭、彖傳，於彖辭、彖傳之後繼以象辭、象傳，而乾、坤二卦則又割文言傳爲二段，分綴於彖、象二傳之下。其以大、小象傳列彖傳後者，自謂用今本乾卦之例；列彖傳於彖辭後者，自謂用今本坤卦之例也。然割裂文言，又用何例乎？既非今本，又非古本，殊爲進退無據。又既解本義之九圖，而卦變一圖其説與本義互異者，置不一言，亦爲疎漏。至訂定雜卦大過以下八卦，本蔡淵之説而小變之，以漸、歸妹、既濟、未濟四卦相次爲隔句韻體，亦殊勇於改經也。

周易藴義圖考二卷　江蘇巡撫採進本

國朝姜兆錫撰。是編主先天之學，皆根柢圖書，演錯綜互變之旨，大抵推闡舊説也。

硯北易鈔十二卷　編修勵守謙家藏本

國朝黄叔琳撰。叔琳字崑圃，大興人。康熙辛未進士，官至詹事府詹事。乾隆辛未，恩加吏部侍郎銜。是編用注疏本，以程傳、本義爲主，雜采諸説附益之。中多朱墨校正商搉之處，蓋猶未定之稾也。

宋元周易解提要附易解别録無卷數　副都御史黄登賢家藏本

不著撰人名氏，前署「養素堂纂本」。又有黄叔琳名字二私印，蓋即叔琳所録也。其書蓋仿李鼎祚周易集解之例，但裒諸説，不加論斷，然所采録頗簡。且書名既題「宋元」，而書中復録子夏易傳語十數條，未免失於斷限。又宋時説易者如王湜易學、林至易裨傳、鄭汝諧易翼傳、趙汝楳易敘叢書、林光世水村易鏡之類，傳於世者尚多，兹皆未録。而元人説易者竟未採一家。其書未分卷帙，亦無序目，殆猶未成之本也。後附易解别録一册，竝旁采異説，亦僅有宋而無元云。

周易淺解四卷 江蘇巡撫採進本

國朝張步瀛撰。步瀛字翰仙，河南新安人，康熙辛未進士。是編題其父含命意而步瀛筆受者，昔房融譯楞嚴經稱爲「筆受」，此注經而襲佛氏之稱，蓋偶未檢。其凡例稱家傳易學已歷六世，自其曾祖至其父與伯叔父及其弟姪，均以易得科名。又稱：「易家自明嘉、隆以後，穿鑿附會，置本義、程傳不顧，惟喜新奇異説。見之文者，蒙混支離。大象傳孔子所著，庚辰房書竟認作周公語」云云。蓋其家傳科舉之學也。

易經詳説無卷數 山東巡撫採進本

國朝冉覲祖撰。覲祖字永光，中牟人。康熙辛未進士，改庶吉士。是書兼用程傳、本義，謂朱子分象占，程傳説理，二書不可偏廢。故兼取二家之説，低一格以别於經。又采諸儒之説互相發明者，再低一格以别於二家。覲祖時有所見，亦附著焉，其中亦間有與朱子異者。如朱子謂左傳穆姜筮遇艮之八法，宜以「係小子失丈夫」爲占，而史妄引彖辭爲非。覲祖則謂艮卦只二不變，當爲隨。既以二爲八，則非六二矣，當以彖辭爲是，史非妄也。又謂文王八卦方位未必分配父母男女，較量卦畫陰陽。朱子從後推論，未必是文王當日之意。又不取卦變之説。蓋大旨不出程朱，而小節則兼采諸論也。至所論卦變，謂來知德爲姚江之支派餘裔，創立異説，以翻程朱傳、義之案。考王守仁未嘗講易，知德亦不傳姚江之學。黄宗羲明儒學案列之諸儒案中，謂其與陽明相異，而惜其獨學無朋，師心自用，可爲明證。覯祖以門户餘習，見近似者而咻之，亦考之未審耳。

易學參説二卷　浙江巡撫採進本

國朝馮昌臨撰。昌臨字與肩，嘉興人。是書分内、外二編。内編爲説六篇，自先天八卦圖以至八卦納甲。外編亦六篇，自天干化氣五行以至七政四餘。蓋欲從漢學而不究古法，遂以後世斗首化曜之説參雜而敷演之，可謂逐影而失形矣。

易象二卷　陝西巡撫採進本

國朝王明弼撰。明弼字亭二，陝西人。康熙間官鳳翔府教授。是編取六十四卦大象，列本義於前而各敷衍數語於後，殊無所發明。

易宫三十八卷　浙江巡撫採進本

國朝吴隆元撰。隆元號易齋，歸安人。康熙甲戌進士，官至太常寺少卿。其書前後無序跋，末闕雜卦傳，其中亦多闕文、闕卷，又頗有塗乙，或注「未定本」字，或注「非先生手授本」字。則隆元草創未竟之書，其門人追録之也。大旨取來知德之説，以不反對之卦爲錯，反對之卦爲綜。錯者一卦自爲一宫，綜者兩卦合爲一宫。上經三十卦不反對者六，合之爲十八卦。下經三十四卦不反對者二，合之亦十八卦。總二篇分配之數，適符邵子三十六宫之義，故以名書。中多從吴澄纂言，改易經文，頗傷於輕信。

讀易管窺五卷 浙江巡撫採進本

國朝吴隆元撰。是編卷一爲考略，次列河圖、洛書諸圖。其河圖旋毛、洛書坼甲二圖，云得之朱升易經旁注。然升洪武時人，非伏羲時人，不知何自而見之。案：旋毛、坼甲二圖乃吴澄所傳，非始於朱升。卷二爲先天後天卦圖。卷三爲蓍數太極圖、卦象太極圖、性理太極圖。性理即周子之圖也，餘二圖，隆元所造也。卷四爲參伍錯綜圖，爲納甲，爲卦變。卷五爲啓蒙三十二圖，而附以占例私言。大抵力闡陳摶之學。其辨歸有光先天圖晚出一條，謂舜典首二十八字齊建武時始出，學者未嘗疑之，豈先天四圖不可出於太平興國時？是又未考經典釋文之語矣。

讀易約編四卷 内府藏本

國朝朱江撰。江字東注，江都人。是書成於康熙丁丑。其凡例有云：「是編原爲便舉子業，凡可備大小試題者，著其精意，餘止存經文。」蓋鄉塾課蒙之本也。

孔門易緒十六卷 山西巡撫採進本

國朝張德純撰。德純字能一，號松南，長洲人。康熙庚辰進士，官常山縣知縣。是書專以十翼解經。其説謂經本無陰陽、剛柔之名及天、地、風、雷、水、火、山、澤之象，皆夫子所顯示以闡經，故曰孔門易緒。爲目凡三：曰經緒，説上、下經也。曰傳緒，説繫辭、説卦、序卦、雜卦也。曰緒餘，則以諸家易圖爲未善而以己意推衍，自立新圖、新譜也。別以引緒冠於首，則總論也。其説與諸家迥異。蓋易道廣大，隨引一端推衍之，皆可成理耳。

易韋二卷　兩淮鹽政採進本

國朝朱襄撰。襄，無錫人。是書成於康熙庚辰。卷首爲易圖說，凡十二圖。其以九數爲河圖，宗劉牧之說。而以洛書爲八卦，又與牧異。其尚占一圖，獨有圖而無說，殆傳寫佚之歟？次爲讀易字義，凡十四篇。其說無一不與前人相反。蓋不究聖人立教之本，而惟黑白奇偶之是求，其勢必至於此，不足異也。其讀易字義序稱命之曰易韋，而撮取大傳中之字，推明其義凡十四則，冠於易韋之前。然則易韋別有全書，此特其卷首圖說及字義耳。

周易闡理四卷　浙江吳玉墀家藏本

國朝戴虞皋撰。虞皋號遯軒，崑山人。是編原稾凡三、四百紙，虞皋自以爲太繁，删存十之一二。其子孫貽又以爲太簡，復采原稾補其遺闕，即此本也。書成於康熙壬午。前有孫貽序，後有虞皋從子鑑跋。大旨黜象數而明義理，故名曰闡理。首冠授易源流一篇，分言數、言理二宗，於漢以來諸儒之學皆有所排擊，惟推尊郝敬之書，持論頗偏。其述數學，以爲老子傳鬼谷子，後焦延壽得之以傳京房，陳摶得之以授穆脩、李之才以及邵子。按老子與孔子同時，鬼谷子與蘇秦同時，相距百有餘年，邈乎無涉，不知老子之易何以得傳鬼谷子。又漢書載焦贛之學莫知所出，自稱出於孟喜，而喜弟子施讎等力攻其非，無所謂得之鬼谷子者。至焦、京乃占候之術，而陳摶所傳先天諸圖，則以道家爐火之説推衍陰陽奇偶，其法截然不同，亦無所謂得之焦、京者。虞皋所云，均不知其何本。其述理學，以爲孔子授商瞿後，分田何、費直二家。田何學傳晁説之、吕祖謙，費直學傳鄭玄，玄傳王弼。至宋而爲周、程、朱三家之學。至明而爲胡廣之大全、蔡清之蒙引、林希元之存疑、陳深之通典，而郝敬之書獨能脱盡陳腐。案鄭玄、王弼，截然兩派，一漢一魏，時代又殊，無玄傳於弼之事，所考尤疎矣。

易盪二卷 安徽巡撫採進本

國朝方鯤撰。鯤字羽南，桐城人。其書不載經文，不依周易卦次。惟據大傳「八卦相盪」之義，縱横圖之，八卦相重，一卦盪爲八卦，故名曰易盪。每卦各爲之説，説後附以自注、集注及補遺。卷首有自序二，一在康熙癸未，一在戊戌。蓋成書之後又十六年，復加訂定云。

易説要旨二卷 江蘇巡撫採進本

國朝李寅撰。寅字東崖，吴江人。是書用王弼本，僅解上經、下經。前有康熙甲申自序，云「法紫陽本義」。然語多龐雜，往往竝本義原旨而失之。

易象數鉤深圖三卷 山西巡撫採進本

國朝張文炳撰。文炳字明德，絳州人。康熙中以實録館供事議敘，授高唐州州判，終於泗州知州。近世胥吏之能著書者，文炳及泰安聶鈫而已。是編稱本之成氏五經講義，而不著其名。考通志堂所刻經解，皆冠以納蘭成德之序。其中如劉牧易數鉤隱圖、張理易象圖説、雷思齊易圖通變，皆發明數學。文炳蓋會萃諸書以成一編，以其不明纂述體例，故誤以宋元經解統名曰五經講義。又不著成氏之名。不知滿洲氏族源流，故誤以納蘭爲其自號，成德爲其姓名，而稱爲成氏也。其書由割裂而成，頗爲龐雜。間有文炳所附論，亦皆捃拾之學。

周易象義合參十二卷　江西巡撫採進本

國朝吴德信撰。德信字成友，九江人。是書以繫辭、文言、説卦、序卦、雜卦各自爲篇，而以彖傳、象傳仍散附經文之内，蓋用宋人所傳鄭氏之本。其例以本義大書，而發明本義者夾注句下。每節之末又隨文衍説，如舉業家之講章。前有康熙丙戌自序，稱「淮安舟次，中宵假寐，忽因『剛柔相摩』句，恍悟河圖本有八卦，特假伏羲畫出」云云。是其學本從圖書而入，真以爲先有此五十五點黑白之圖，伏羲乃因之作易。又卷首伏羲八卦次序圖後附注云「按説卦傳『是故易逆數也』，在『天地定位』章末，似承上文通解圓圖之辭」云云，是又真以爲方、圓二圖爲在孔子之前，孔子作傳以解之。故根本先已轇轕，枝葉從而曼衍。卷首所列新舊圖説至於四十有二。其河、洛二圖各有本文，各有朱子之本，其奇偶陰陽方位竝同。惟朱子本則作黑白圈，本文則河圖作旋毛，洛書作坼裂之狀。考「河圖」字始見於書，古注不言其質。似不應以馬革一片從伏羲流傳至周，久而不腐，始以此五十五圈畫於尺簡之上，即傳爲重寶。似又於事理不然。至於龜文之説，僅見後周盧辯大戴禮注，爲經典之所不載。

果有其物，不應周人棄之，專寶河圖。果無其物，則古書別無繪象，何由覩其文理？朱謀垏等摭拾吴澄僞作，造爲宣和内府秘本之説，鑿空無證，德信乃摹而傳之。至所列太極自然圖，如今工匠刻鏤器物所畫，蓋即來知德所作。德信不能言其授受，但以「相傳」二字注於其下，足知其罕所考證矣。

周易通義十四卷 浙江巡撫採進本

國朝方菉如撰。菉如字葯房，淳安人。是書悉取四書成語以證周易。古無此體，徒標新異而已，於經義無關也。

周易本義晰無卷數 湖北巡撫採進本

國朝胡良顯撰。良顯字忠遂，别號得岭，漢陽人。康熙辛卯舉人，官武城縣知縣。是編皆推衍朱子本義之旨，而經傳次序仍用王弼之本。至於經文字句，如坤卦初六小象「履霜堅冰」句上增「初六」二字，文言傳「後得主而有常」句中增入「利」字，漸卦彖傳「漸之進也」句，刊除「之」字。雖其説本於朱子，然本義但注於句下，未敢逕改。良顯乃據以筆削，亦可謂信傳不信經矣。

易説十卷 山西巡撫採進本

國朝田嘉穀撰。嘉穀字樹滋，陽城人。康熙壬辰進士，官翰林院編修。是書以本義爲主，而取程傳輔之。凡他説之羽翼本義者，乃採緝彙編。然所見未廣，引用之語不外永樂周易大全一書。自序謂：「學者應舉，由是求之，庶乎不迷所往。」則本不爲發明經義作矣。

先天易貫五卷

直隸總督採進本

國朝劉元龍撰。元龍字凝焉，饒陽人。是編前有康熙壬辰自序，又有雍正癸卯補序。蓋其書先成三卷，刊於江南，後又續增二卷，故兩序也。元龍自稱歷三十年乃成書。其首卷即數以言理，首河圖，次洛書，附以妙合而凝之圖。次卷即象以言理，首畫卦圖，次太極圖，次儀象卦爻錯變圖，附以易貫圖。三卷即氣以言理，首變卦圖，次八卦圖、綜卦圖，附以致知格物圖。四卷、五卷即六十四卦以言理，標舉伏羲大象、孔子大象傳，附以錯卦、互卦之解。蓋惟講陳、邵之學者也。其謂易不爲卜筮而作，所言似高，而實不然。夫聖人立教，隨時寓義，初不遺於一事一物。三代以上，無鄙棄一切，空談理氣之學問也。故詩之教，理性情，明勸戒，其道至大，而謂詩非樂則不可；春秋之教，存天理，明王政，其道亦至大，而謂春秋非史則不可。聖人準天道以明人事，乃作易以牖民。理無迹，寓以象；象無定，準以數；數至博而不可紀，求其端於卜筮。而吉凶悔吝、進退存亡於是見之，用以垂訓示戒。曰蓍曰龜，經有明文；曰揲曰扐，傳亦有成法。豈取盡性至命之書而褻而玩之哉？俗儒但見拋玟擲錢之爲卜筮，又見夫方技之流置義理而談趨避，遂以爲侮我聖經，乃務恢其説，欲離卜筮而談易。然則四聖人中，周公居一。公作周官，以三易掌之太卜，無乃先不知易乎？是猶觀優伶歌曲，而謂聖人必不作樂；觀小説傳奇，而謂聖人必不作史也。

易經纂言無卷數　兵部侍郎紀昀家藏本

國朝王士陵撰。士陵字阿瞻，武邑人。康熙癸巳舉人，官翁源縣知縣。是編用注疏本，大旨以本義爲宗而雜引衆説以相印證。蓋鄉塾講章也。

周易本義拾遺六卷　湖南巡撫採進本

國朝李文炤撰。文炤字朗軒，長沙人。康熙癸巳舉人。其書用朱子古本併爲六卷。自序謂本義於辭多得之，而於象未深考，因爲補葺。釋經則以象數爲主，釋傳則以義理爲歸。各條載本義全文，而以己説附於後。於變爻互體，言之特詳，而所釋諸象則大抵隨文傅會。至於爻辭之首各冠以本卦六畫，而以所值之畫陽作○、陰作×以別之，如世傳錢卜動爻之式。其法雖見賈公彦周禮疏中，乃卜筮者臨時之所記，用以詁經則非矣。

易經釋義四卷　浙江巡撫採進本

國朝沈昌基撰。昌基字儒珍，烏程人。其書删節本義，敷衍成文，前列擬題三頁。其自序云先世多以易發解成名。蓋所講乃科舉之術也。

易鏡無卷數　浙江吴玉墀家藏本

國朝戴天章撰。天章字漢文，湖州人。所著僅上經、下經，惟言卜筮。其解釋甚略，而皆雜以互變、納甲、五行之説，蓋言數而流於術矣。又沿漢學而失之者也。

心易一卷　浙江汪啓淑家藏本

國朝戴天恩撰。天恩字福承，蕭山人。是書成於康熙癸巳。自太極至八卦變六十四卦，爲圖十五，而各爲説於其後。卷末爲象説、字義、統義三篇。其所圖所説，皆前人所有。所附三論，亦無所發明。

易經粹言三卷　江西巡撫採進本

國朝應麟撰。麟字囿呈，宜黄人，康熙丁酉舉人。是編不載經文。首卷總論卦圖，上、下二卷依上、下經卦次解之，十翼則略焉。河圖、洛書，數學也，邵子之傳也；吉凶、法戒，理學也，程子之傳也；兼而言之，是朱子之傳也。麟講圖書與所説卦爻不相關，其講卦爻與所説圖書又不相關。兼而取之，又分而治之，亦足見先天之説與爻象爲兩事矣。

易互六卷　江蘇巡撫採進本

國朝楊陸榮撰。陸榮字采南，青浦人。是書卷一曰卦互，若乾坤反對是也。卷二曰爻互，若小畜、大有、大畜、需、大壯、夬、泰，下卦皆三畫，陽則相互；姤、同人、履、遯、訟、无妄、否，上卦皆三畫，陽則相互，而皆統以乾。推之巽、離、兑、艮、坎、震、坤七卦皆然。卷三曰卦爻互，若姤初爻陰與復初爻陽互，夬上爻陰與剥上爻陽互是也。卷四、五曰雜説上、下。卷六曰輯參，乃經文及句讀異同者。大抵本何楷、黄道周之餘論也。

成均課講周易無卷數　山西巡撫採進本

國朝崔紀撰。紀原名珺，字君玉，後更今名，字南有，永濟人。康熙戊戌進士，官至副都御史。此書乃乾隆辛酉紀官國子監祭酒時所著。其説以本義爲主，而亦間有異同。至其以經文專主卜筮，十翼專言義理，謂孔子恐人惑於吉凶禍福之説，要求趨避之術，故專以義理言。則似傳非以解經，惟以補救夫經矣。

索易臆説二卷　兩江總督採進本

國朝吴啓昆撰。啓昆字宥函，江寧人。康熙辛丑進士，官翰林院編脩。其書惟總論易之大旨，不復爲章解句釋。如上、下經之分篇，諸卦之命名，以及先天、後天、圓圖、方圖等類，各爲一篇，以闡其義。其卦變一篇，謂：「象傳所云『剛來柔進』之類，必本卦貞悔二體實有此象而云然，非本卦所無，外卦所有，而必假之以得解也。在本義逐爻細推，以爲此自某卦而來，不過兼此一説，欲使經無賸義，非真先有彼卦而後方有此卦也。後人尊信本義，遂誤以餘意爲正意。」又如分宫卦象次序一篇，謂：「天地之造化不離五行，八卦率領諸卦，分掌五行以用事。術家以父子、才官、兄弟論生尅制化，而不知其所以然。然剛柔者，立本者也，綱領之八卦是也；變通者，趨時者也，所屬之諸卦是也。一切往來屈伸之理，無一不在此六十四卦變通之中。」其發明象數皆爲有見。然所言皆宋以來之象數，非漢以來之象數，故不離乎圖書之説焉。

陸堂易學十卷　浙江巡撫採進本

國朝陸奎勳撰。奎勳字坡星，平湖人。康熙辛丑進士，官翰林院檢討。是編講易，宗朱子者十之六，宗諸儒者十之四。間以己意訓釋，於前人亦無大異同。惟謂伏羲但畫八卦而無卦名；黃帝始立蓍數，乃名以乾、坤、震、巽、坎、離、艮、兑；堯舜始增加屯、蒙諸卦名，更定方圖卦位；文王始定序卦之錯綜與夫揲蓍用九、用六。於是首列伏羲方圖、黃帝方圖、唐虞方圖、連山圓圖、歸藏圓圖、周易卦序圖。其説新異，所引據亦皆未確。

周易録疑無卷數　福建巡撫採進本

國朝陳綽撰。綽字文裕，福安人。是編用注疏本而不載經文，上、下經但標卦名，繫辭、説卦標章次，序卦、雜卦則但標篇名而已。所解皆循文生義，罕所考證。每條之下多有標「湜附」二字者。湜字亦徵，綽之子也。

欽定四庫全書總目卷十

經部十

易類存目四

易義隨記八卷 江蘇巡撫採進本

國朝夏宗瀾撰。宗瀾字起八，江陰人。由拔貢生薦授國子監助教。是編乃宗瀾恭讀御纂周易折中，意有所會，即標記之，多因集説而作。時宗瀾方從楊名時於雲南，以修周易折中時，李光地爲總裁官，而名時爲光地門人，故參互以光地榕村易解，就正於名時，以成此書。其體例在講章、語録之間，凡問者皆宗瀾語，答者皆名時語也。兩江總督採進本內，末有附刻一卷，皆從名時文集中採録。其鄉賢夏君傳一篇，即爲宗瀾之父調元作。此本無之，殆以其疣贅刪除歟？

易卦劄記四卷 江蘇巡撫採進本

國朝夏宗瀾撰。是書惟解上、下二經，不及繫辭以下。前列易例舉要一篇、讀易指要一篇。其指要有曰：「要明易理，須先將伏羲畫卦次序方位，文王八卦方位，及先、後天，方、圓諸圖反覆記看，令其曉然，再説卦傳記得極熟。然後讀易，方有入手處。」其宗旨不外是矣。

程氏易通十四卷 江蘇巡撫採進本

國朝程廷祚撰。廷祚有大易擇言，已著録。是書凡易學要論二卷，周易正解十卷，易學精義一卷，又附録占法訂誤一卷，易通其總名也。其要論盡去漢人爻變、互體、飛伏、納甲諸法，未免主持稍過。然舉宋人河、洛、先天諸圖及乘承比應諸例，掃而空之，則實有芟除轇轕之功。其正解則經傳之義疏，不用今本，亦不用古本，以彖傳、小象散入經文，十翼併爲六翼，頗嫌變亂，而詮釋尚爲簡明。其精義統論易理，通其説於道學，略如語録之體。其占法訂誤謂：「畫有奇偶九六，而上下進退於初、二、三、四、五、上之際，所謂『六爻發揮』者，易之變惟在於此。之卦則所以識別動爻之用，而所取仍在本卦。」故以洪範之説爲占法，而以春秋内、外傳所載爲附會，變亂不與易應。然箕子殷人，未睹周易，「太卜掌三易之法」，則三易異占，灼然可證。左氏所紀，其事或有附會，其占法則當代所用，卜史通行，斷不至實無此法而憑虚自造。是則信理黜數，至於矯枉過直者矣。

易説辨正四卷　江蘇巡撫採進本

國朝程廷祚撰。此書蓋其中年所作，在大易擇言、易通二書之前，後多附入二書中。然亦時有采取未盡者。蓋所見隨年而進，故不一一盡執其舊説也。

學易闡微四卷　福建巡撫採進本

國朝羅登標撰。登標字子建，寧化人。康熙間舉人，官松溪縣教諭。是書皆辨易中疑義，凡爲論者七十四，爲考者五，爲解者三十三，共一百十二篇，多循前人之説。其首卷第一篇論畫前有易，不免膚辭。卷三中以三百八十四爻割隸八卦，於全卦之義反有未融。至卷四中以六十四卦之五爻配歷代帝王解一篇，亦屬挂一漏百。其以恒五爻「婦人吉，夫子凶」擬武后之幽囚太子，竊弄神器，尤爲悖理。夫武后可稱「婦人吉」乎？

讀易質疑二十卷 浙江巡撫採進本

國朝汪璲撰。璲字文儀，號默菴，休寧人。其書置象數而專言理，其凡例有云：「今説易之家謂易以道陰陽，務以圓妙幽渺，籠罩影響，如捕風，如捉影，無當實用。故愚以爲學易當就平實切近處用功」云云，其宗旨可見。故隨文詮釋，無所穿鑿，而亦無所發明。卷末雜卦一篇有録無書，疑裝緝者偶脱云。

周易會緝無卷數 山東巡撫採進本

國朝吴映撰。映字沐日，晉江人。其書大旨皆宗朱子本義，而折衷於蒙引、存疑諸書，持論亦頗平實。然取材太寡，用意太拘，尚未能深研精奥也。

大易闡微録十二卷 直隸總督採進本

國朝劉琯撰。琯字獻白，棗强人。先天之圖於周易之上别尊羲易，其傳出自陳摶，自參同契以外别無授受之確證。故邵子之學，朱子以爲易外别傳。自元以來，諸儒互有衍説，亦遞相攻擊。至國朝黄宗炎、胡渭諸人，始抉摘根源，窮究依託，渭書考究尤詳。琯未睹黄、胡二家之書，不知其僞之已破。故又因而推衍，加以穿鑿。如謂「人之生𧈪，人止一个，而所生之虱个个有對」，又謂「男女雖是二个，合來仍是一个，故男鰥女寡俗稱『半个人』」，其辭皆不雅馴。於月令「天氣上升，地氣下降，閉塞成冬」及周髀「四游」之説，攻駁尤甚。大抵皆憑臆而談。其敘、跋皆自命甚高，以爲聖賢所未發，過矣。

周易詳説十九卷　陝西巡撫採進本

國朝劉紹攽撰。紹攽，三原人。是書大旨以程傳爲宗，於本義頗有同異，於邵子先天之説亦不謂盡然，不爲無見。惟於漢儒舊訓掊擊過當，頗近於僨。其議論縱横，亦大抵隨文生義，故往往自相矛盾。如卷首「論玩辭」一條，駁諸儒之失，曰「甚有釋傳與彖傳不合，釋象與爻不合，無以自解，則藉口有伏羲之易，有文、周之易，有孔子之易」云云。至開卷「元亨利貞」一條，又主大通而利正固之説，謂：「王弼泥於穆姜之言，以元亨利貞爲四德，後多宗之。殊不知文王有文王之易，孔子有孔子之易，彖辭、彖傳不相牽合者甚多。」云云。是二説者，使後人何所從乎？

周易原始六卷　浙江巡撫採進本

國朝范咸撰。咸字貞吉，號九池，錢塘人。雍正癸卯進士，官至監察御史。其書惟解經文，不及十翼。大旨以理始於象，象始於畫，又以萬物始於陰陽，象始於日月，取繫辭「陰陽之義配日月」之語，而總以陰始於陽爲斷，故名「原始」。其説多採輯古義，不以白圈黑點依託圖書，亦不以禪偈、道經空標心性，較明以來諸家説易頗爲篤實。然其長在盡掃卮言，其短亦在好生新意。如謂「元亨」

之「元」爲陽在下，至於陰卦亦每稱「元」，義有難通者，亦曲伸其說。又謂上經皆陽盛之卦，下經皆陰盛之卦。而上經有剥、復，下經有中孚、大壯，理有所格，亦必强合其義。是又好持己見，務勝先儒之過矣。

易經理解一卷　浙江巡撫採進本

國朝郜煜撰。煜字光庭，汝州人。雍正癸丑進士，官至中書科中書。其書不釋十翼，惟六十四卦每卦撰説一篇，詮釋大意。其大旨欲以義理矯象數之失，以平易救穿鑿之失，以切實救支離泛濫之失，而矯枉不免過直云。

周易撥易堂解二十卷　江蘇巡撫採進本

國朝劉斯組撰。斯組，字斗田，新建人。雍正甲辰舉人，官杞縣知縣。是書前有記略，載梓此書時，其壻夢二童歌詩曰：「不、不、不、不，九六乾坤七四執，黄、農非古世非今，理數瓜分一太極。」又載著是書時，其姪夢閣上有朱題「撥易閣」三字，因以爲名。其事頗涉幻杳，似乎故神其說。又謂「撥」一字有發揮三才之義，不知說文「撥」字在手部，篆作「𢪛」，隸省作「才」，非从「才」也。其書首二卷皆圖說，大抵因舊解而蔓衍之。又謂論語、中庸皆通於易，即陳際泰「羣經輔易」說之意。夫六經一貫，理無不通。至於才辨縱橫，隨心牽引。如解「飛龍在天」曰：「此則唐人所謂『龍池躍龍龍已飛』矣，入天門、開黄道，艮闕亦具爻内。讀易方解詩中寫龍德特全。」是豈詁經之體耶！

周易摘鈔五卷　江蘇巡撫採進本

國朝顧昺撰。昺號虛莊，南匯人。雍正甲辰舉人。是編爲其三經解之一，皆節録御纂周易折中内所集諸儒之説，參以李光地周易觀象通論，故曰「摘鈔」。間附己意，亦罕所發明。

學易大象要參四卷　編修林澍蕃家藏本

國朝林贊龍撰。贊龍字雲澤，侯官人。雍正丙午舉人。是書以發明大象爲主，六十四卦各爲一篇，以上、下經分二卷。而冠以綱領六篇爲一卷，一曰發凡，二曰象例，三曰義理象數，四曰卦爻中相錯陰陽相應，五曰憂患九德，六曰大象有通於四書。殿以附解二篇爲一卷，一曰作易憂患解，二曰雜卦傳解。大旨以大象上一句爲天地萬物之象，下句爲人事，以天象爲人事之則，不言吉凶而言理義，不言神聖而言君子，以明人人可學。故所闡發皆切日用。其綱領有曰：「借易明理，自夫子已然。『學以聚之，問以辨之，寬以居之，仁以行之』，爲乾九二而言也，而乾之九二豈有學、問、寬、仁之義乎？『日月相推而明生焉，寒暑相推而歲成焉』，爲咸九四而言也，而咸之九四豈有日月、寒暑之義乎？」是則借象立言之旨矣。

經義管見一卷　浙江巡撫採進本

國朝饒一辛撰。一辛，字治人，南城人。是書成於雍正丙午。凡圖説七，周易統天旋卦賦一，説卦傳論一，納音五行論一，古今本得失論一。於周子太極圖、邵子先天圖多所攻駁。而其所自造之圖，亦初無所受。至擬歸藏、連山等圖，則以乾北、坤南、坎東、離西、艮東北、兑西南、震東南、巽西北爲位，尤於古無徵。

周易解翼十卷 陝西巡撫採進本

國朝上官章撰。章字闇然，乾州人。是書成於雍正丁未，自稱凡二十六易稾。大旨本京房納甲之法，而以八宫經綸錯綜爲脈絡。一切舊圖皆屏不用，頗爲潔淨不支。然不用古圖，而又重乾、巽、艮、坤四卦十二畫，别立爲圖，以爲河、洛，方、圓，先、後天諸説，皆足以包括。是掃一圖學之障，又生一圖學之障也。

東易問八卷 奉天府尹採進本

國朝魏樞撰。樞字又弼，一字慎齋，承德人。雍正庚戌進士，官永平府教授。乾隆元年，薦舉博學鴻詞，未及試而卒。是書用王弼本，列朱子本義於前，而以己意附於後。其凡例謂生長遼東，日與東人相問答。故敘其原委而集之，以示初學，名之曰東易問，紀其實也。其論卦變曰：「剛柔皆當指卦，不當指爻。如訟之『剛來而得中』者，坎也；隨之『剛來而下柔』者，震下于兑也；蠱之『剛上而柔下』，坎在巽上也；噬嗑、晉、睽、鼎四卦言『柔得中而上行』者，皆離火也；賁『柔來而文剛』，離文乎艮之内也，『分剛上而文柔』，艮文乎離之外也；无妄之『剛自外來』者，震也；大畜之『剛上』者，艮也；咸『柔上而剛下』，兑在艮上也；恒『剛上而柔下』，巽在震下也；

『柔以時升』者，巽也。是凡言剛者皆陽卦，凡言柔者皆陰卦也，則以『剛來』、『柔來』指一爻而言者，固未足以盡其義矣。」云云。其論似近理而不盡然。其論來知德「錯綜」曰：「乾本至健也，以錯言，則又可以謂之順；初爻變巽爲入，以錯言，則又可以謂之動，以綜言，則又可以謂之説；二爻變離爲明，以錯言，則又可以謂之陷；中爻巽可以謂之入，以錯言，則又可以謂之動，以綜言，則又可以謂之説。推之三、四、五、上，莫不皆然。則亦何所不像哉！是故初以在下，變巽而潛，有以爲錯震而躁動者，其將何以應之乎？二以在田，變離而見，有以爲錯坎而隱伏者，其將何以應之乎？」則持論固爲明確矣。

易貫十四卷 江蘇巡撫採進本

國朝張敘撰。敘字鳳岡，太倉人。雍正壬子舉人。是書用注疏本，而以小象總列六爻之後。如乾、坤二卦例，又以大象置彖傳之前。考象辭列六爻後，是吳仁傑所傳鄭本，大象置彖傳前，是周燔本。而敘乃以爲創獲，蓋未知有吳、周二本也。至圖學傳自邵子，其位置皆依説卦，周子太極圖初不言八卦，此書皆强爲牽合。又斥諸儒爻變之説，而以左氏所載占法爲周易未成經時卜筮家雜用以測驗，則又過於疑古矣。

周易緯史無卷數 浙江巡撫採進本

國朝錢偲撰。偲號堅瓠老人，錢塘人。雍正壬子副榜貢生。是書以卦爻分配史事，故曰「緯史」。

夫引事證經，鄭氏易注即有之，至吴園易解、誠齋易傳始大暢厥旨。以人事之成敗證易象之吉凶，是亦以古爲鑑之意，未爲無所發明。至此書所引，則多不考據。如屯六二稱曹操待壽亭侯，需上六稱劉備桃園投結，皆未嘗校以史傳也。

空山易解四卷

直隸總督採進本

國朝牛運震撰。運震字階平，號真谷，滋陽人。雍正癸丑進士，官平番縣知縣。其學博涉羣書，於金石考據爲最深，經義亦頗研究。是編務在通漢、晉、唐、宋爲一，然大旨主理不主數，故於卦氣、值日及虞翻半象、兩象等説皆排抑之。是仍一家之學，不能疏通衆説也。

周易剩義二卷

福建巡撫採進本

國朝童能靈撰。能靈字龍儔，號寒泉，連江人。雍正中貢生。其論易專主河圖，以明象數之學。雖曼衍縱横，旁推曲鬯，亦皆有一説之可通。然云得作易之本旨，則未必然也。其亦張行成之支裔歟？

易學圖説會通八卷

江蘇巡撫採進本

國朝楊方達撰。方達字符蒼，一字扶蒼，武進人。此書自序云：「尋繹宋、元經解及近代名家纂述，見其精研象數，或著爲圖，或著爲説，有裨易學者，類而録之。左圖右説，集成八卷。」一曰太極探原，二曰圖書測微，三曰卦畫明德，四曰變互廣演，五曰筮法考占，六曰律吕指要，七曰外傳附證，八曰雜識備參。大旨以朱子本義九圖爲主，而博采諸家，間附己論，蓋專講先天之學。故前列周子太極圖說，後論律呂八陣圖，而不及乎辭占云。

易學圖說續聞一卷　江蘇巡撫採進本

國朝楊方達撰。方達既爲易學圖說會通，復自出己意成此編。凡三十二條，總不離陳摶之學。其後泛衍及於天文、物理、雜類諸說，皆牽合比附，務使與易相通。荀卿所謂「持之有故，言之成理」者歟？

周易輯說存正十二卷附易說通旨略一卷　江蘇巡撫採進本

國朝楊方達撰。是書分經二篇、傳十篇，一依本義之舊。大旨亦多主本義，惟卦變之說主程而不主朱。其體例以爲必使正義先明，而後以旁義參之，賓主秩然則條理各得。故凡言變、互者，皆列之圈外，使不與正義相混。又以爻位之正不正、有應無應乃卦中之大義，彖辭、爻辭皆從此推出，故每卦卦畫之下即爲注明。末附易說通旨略一卷，雜引先儒象、彖、爻位之說，間亦參以己見。蓋仿王弼略例而爲之也。

周易蛾術七十四卷　户部尚書王際華家藏本

國朝倪濤撰。濤字崐渠，錢塘人。其書於每卦中分尚辭、尚變、尚象、尚占四類，各采録舊説發明之，故又名周易四尚。其言義理多以程傳爲主，其言象占則遵馬、鄭、荀、虞之說，而自稱折衷於朱子。然以世應納甲列圖於每卦之前，乃京氏之學，非朱子之學也。所引諸書，往往止載姓氏而未録其辭，蓋亦編纂未成之稾本耳。

易說一卷 山東巡撫採進本

國朝吴汝惺撰。汝惺，字匪席，德州人。所論十五事，皆闡發宋儒舊説。自序謂漢儒所傳三禮不可盡信，故不主漢易。書中致疑邵子之説，亦不盡主先天諸圖，然未能竟廢圖學也。

易經一説無卷數 浙江巡撫採進本

國朝王俶撰。俶字善思，彭山人。其書大旨以程傳、本義原互相發明，不容偏廢。坊本依費、王之次，已錯亂聖經，復止載本義，不及程傳，注不全而解益艱。因遵朱子十二篇舊次，復參取衆家，歸於一説，使初學易讀易曉。蓋亦爲科舉經義而設也。

周易彙解衷翼十五卷 陝西巡撫採進本

國朝許體元撰。體元字御萬，靈武人。其書大旨以象爲主，每於一卦先觀本象，次觀繫辭所取之象，凡時義德用之所在，胥於象中見之。然謂八卦有本象，有象中之象，有理中之象，又謂象中象、理中象，各有兩端，有自然之象，有懸設之象。多端辨析，未免涉於煩碎也。

易象援古無卷數 浙江巡撫採進本

國朝申爾宣撰。爾宣字伯言，河南人。此書乃其父舒坦命意，而爾宣本之成書。其曰「援古」者，援古事以證易理也。大旨謂程傳引古釋經者六十餘條，朱子本義引古釋經者亦四十餘條。故取三百八十四爻，每爻隸以一事。又復自分甲乙，以圈點四項別之。其中逐爻取譬，如蒙之初爻謂如伊尹之於太甲；需之五爻謂如虞舜恭己無爲，漢文恭修玄默；師之三爻謂如宋伐江南；泰之二爻謂狄仁傑事周之類，多於經義不甚比附也。

大易合參講義十卷　江西巡撫採進本

國朝朱用行撰。用行字翼承，新建人。是書大旨以朱子爲主。首列本義，而以「正義」「析義」次之。「正義」以闡朱子之旨，「析義」則兼採他説。又以象數不可竟廢，間採瞿塘、來知德之説，補於「析義」之後。大抵循文推衍，未能深造自得也。

周易粹義五卷　江蘇巡撫採進本

國朝薛雪撰。雪字生白，號一瓢，蘇州人。自署曰河東，稱郡望也。其書採摭諸説，融以己意，仿朱子論孟集注之例，皆不載所引姓名。詮釋頗爲簡明，而大抵墨守宋學也。

易蓍圖説十卷　河南巡撫採進本

國朝潘咸撰。咸，不知何許人。所著別有音韻源流，中引李漁詩韻，則其人在李漁後矣。是書凡周易大衍蓍六卷，連山易蓍三卷，歸藏易蓍一卷，咸自爲之序。其説謂讀易者當自知蓍始，易有三，蓍亦有三。周易大衍蓍用四十九策，以四爲揲，内含六百八十七萬一千九百四十七萬六千七百三十六卦，共用四千九十六卦。以象、爻二辭占左傳繇辭，皆四千九十六之卦辭也。邵子皇極經世爲連山蓍，用九十七策，以八爲揲，正卦一千一十有六，互卦一千一十有六，變卦三萬二千五百十有二，以數斷不以辭斷，其吉凶一定而不可易。後周衛嵩元包爲歸藏蓍，用三十六策，以三爲揲，以飛伏、世應、渾天、納甲、五行生剋占吉凶，用十二支、十干，爲千有二百兆。又以焦贛易林、參同契月卦，乾坤鑿度軌數及讖緯諸占爲大衍之遺意；以管輅觀枚數、參同契納甲，及奇門遁甲、煇夢契響、鳥鳴辨音、拆字諸占爲連山之遺意；以京房火珠林、翼氏風角、素問五運六氣、揚子太玄，及元珠密語、杯珓、洞靈、望雲、省氣諸占爲歸藏之遺意。其中惟元包云出歸藏，於古有徵。其餘大抵臆説，無所授受，如畫「、」爲少陽，畫「⺀」爲少陰，易卦畫爲點，多與古法相背。其雜卦蓍數圖以四象起卦，反易爲義，本無甚奇特。而託之繙閱舊籍，偶獲一帖，蓋又在豐坊僞經之下矣。

讀易自識 無卷數 江蘇巡撫採進本

國朝金綎撰。綎字絲五，吴縣人。是書隨筆記録，未分卷帙。首爲總論，次爲繫辭、序卦，次乃爲六十四卦，次序與諸本迥異。又序卦論中乃多解説卦，標目亦不相應，蓋未成之稾，後人以意鈔合，遂倒亂無緒也。其説易，好爲新解。如謂：「南華取象率本於易。如逍遥遊曰『鯤』，陰物類也，猶坤卦之象馬也；曰『鵬』，陽物類也，猶乾卦之象龍也。鯤化爲鵬，陰變爲陽，自北溟而徙南溟，蓋自一陽之動於至陰。而歷六位以時成，故曰『六月息』也。曰『九萬里』、曰『六月息』，即卦之用九、用六，以言變也。言『鯤化』而不言『鵬變』，蓋復可喜而變不可言，亦易之扶陽抑陰也。」云云。持論之異，大抵如是，亦可謂之好奇矣。

易觀十二卷　江西巡撫採進本

國朝凌去盈撰。去盈號旭齋，爵里未詳。書中引毛奇齡説，則近時人也。是書主於即象以明理。大旨謂象有三例，有定象、有化象、有互象。一卦之定象如乾爲天、坤爲地是也，其化象如剥皆言牀、漸皆言鴻是也。一爻之定象如陽必爲九、陰必爲六是也，其化象如陽動化陰、陰動化陽是也。又有中爻之互象，如二四互、三五互是也。所引多來知德、毛奇齡之説，而所重尤在化象、互象二義。謂王弼崇卦變，來氏置錯卦，毛氏主推易以求一得之偶當，凡以不知有化象故也。其解乾之九四「或躍在淵」，謂：「四化巽互兑，有『淵』象；乾化巽風，虚薄天表，『躍』所自起。」解屯之初九「磐桓」，謂：「大石曰磐，大柱曰桓。石者土之核。震九以乾陽而爲坤，初索而爲坎。屯鬱而亘處坤下，二、四互坤，有若核然，磐之象也。柱者木之豎。震九以坤索而爲天，三化天，三生木而爲坎。屯鬱而倔强，初下有若豎然，桓之象也。」是皆半附古義，半參臆説，因互體、變爻而穿鑿之，不足爲説易之準也。

周易小疏十四卷　兩江總督採進本

國朝虞楷撰。楷字孝思，號蓼園，里籍未詳。書無序跋，亦不知作於何時。中述周易折中稱聖祖仁皇帝廟號，則近人也。其次序用古本，大旨亦主圖書，而以爲先天寓理於數，後天因數以闡理，文王之易即伏羲之易。其説彌縫調停，變而愈巧。至於掊擊左傳諸占，尤似是而非。夫左氏周人，所述者即周之占法，周之占法所用即太卜之三易。謂其占驗之詞多所附會則可，謂古易占法不如是則不可。居百世之下而生疑竇於百世之上，將周人之法周人不知之，今人反知之乎？

易經貫一二十二卷 兩江總督採進本

國朝金誠撰。誠字閑存，華亭人。是書分元、亨、利、貞四部，元部載略言六則，談餘雜録四卷，易學問徑説，程子易傳序，周子太極圖説，張子西銘，及河、洛卦象諸圖與會講之語。亨、利兩部解上、下經，而亨部之首冠以經文定本四卷及程子篇義。貞部解繫辭、説卦、序卦、雜卦，以用注疏本，故止此四傳也。其大旨以程傳、朱義爲歸。

易觀四卷 大理寺卿陸錫熊家藏本

國朝胡淳撰。淳字厚菴，慶雲人。乾隆丙辰進士，授蒙自縣知縣，未上而卒。是編惟解上、下經。大旨謂聖人作易，使學者研究卦爻，推吉凶悔吝之由，以知進退存亡之道。故孔子稱假年學易，可無大過。至於求諸卜筮，以決從違，乃爲常人設，非爲君子設也。故其説掃除圖學，惟玩六爻。然皆隨文生義，未能融會貫通，其謂繫辭傳「河出圖，洛出書，聖人則之」句爲漢儒言讖緯者所竄入，更主持太過矣。

易象約言無卷數　兩江總督採進本

國朝吴鼐撰。鼐字大年，無錫人。乾隆丙辰進士，官工部主事。是書詮釋文句，頗爲簡明。惟自序言「考究先儒更定諸本，而從其是者」。然以文言分上、下，而彖辭、象辭反不分上、下，又每卦彖辭以卦名割繫卦畫之下，每爻又於句中截斷，體例似皆未允。至於參同契稱「日月爲易」，虞翻注雖亦引之。然核以説文，「易」字實不從日、月。今其末册既以懸象著明，畫𠃧爲圖，而又以此字大書於卷首，據爲宗旨，亦泥古太甚也。

易經提要録六卷　兩江總督採進本

國朝徐鐸撰。鐸字令民，鹽城人。乾隆丙辰進士，官至山東布政使。此書不載經文，第摭古今論易之語。前有總義一卷，又圖象一卷，皆不載其圖，惟存其説。餘各分卦分章，第取總括大意而止。故以「提要」爲名焉。

易讀無卷數　江蘇巡撫採進本

國朝宋邦綏撰。邦綏字逸才，號況梅，長洲人。乾隆丁巳進士，官至兵部左侍郎。是編用注疏之本。其凡例云：「專爲課子而成，故以行文之體爲講書，使孺子易於記誦。」又云是書專奉朱注。自序又稱：「取之方氏時論者十之二三，不敢隱其所自。」其大旨盡是數言矣。

大易理數觀察二卷 江西巡撫採進本

國朝朱如日撰。如日字洞彝，號荷軒，蓮花廳人。是編成於乾隆丁巳。大抵掇拾圖書之陳言。

來易增删八卷 陝西巡撫採進本

國朝張祖武撰。祖武，長安人。乾隆戊午舉人。是編即明來知德易注原本，去其煩冗，間補以易傳、本義諸説。其錯綜、變爻、中爻、大象、卦情、卦畫、卦占之類，則一仍其舊焉。

周易輯要五卷 安徽巡撫採進本

國朝朱瓚撰。瓚字檅雲，全椒人。是書成於乾隆庚申。不言河、洛，亦不取朱子卦變之説，頗能芟除枝蔓。惟逐句詮釋，詞義雖潔淨而未精微。

周易讀翼撰方十卷 浙江巡撫採進本

國朝孫夢逵撰。夢逵字中伯，常熟人。乾隆壬戌進士，官至宗人府主事。是編不取陳摶先天諸圖，深有考證。惟謂孔子作彖傳以釋彖辭，作爻傳以釋爻辭。世所稱小象傳乃爻傳非象傳，當附彖傳之後，而大象則另歸繫辭之後。用吳仁傑本而變之，於歷來諸本之外自爲一例。謂經文經孔子作傳，後人豈能加毫末。故但釋傳而不釋經，於諸家易解之外亦自爲一例。其論揲蓍左扐得一得三爲奇，得四得二爲偶，亦不同於舊解。皆自我作古之説也。

易深八卷　湖南巡撫採進本

國朝許伯政撰。伯政字惠棠，巴陵人。乾隆壬戌進士，官山東道監察御史。是書以爲圖書皆出太昊之世，卦數生於河圖，蓍數生於洛書。又兼取漢人卦氣、納甲及京房易傳火珠林之法，而不用卦變及變占之法。其論卦變曰：「重卦自具兩體，凡傳稱上、下者，如乾下乾上、震下坎上之類；凡稱進退、往來、内外者，如乾九四『上下无常』、『進退无恒』。及否、泰反其類也。泰之『小往大來』，傳曰『内陽外陰』；否之『大往小來』，傳曰『内陰外陽』之類。」皆易例之顯而易見者。又「剛、柔」之稱，有以爻言者、有以卦言者。以義求之，皆象明理顯，無取於卦變之穿鑿。其論變占曰：「啓蒙所論，依傍左、國，參以己意。其實卜筮以衍，忒宜各隨其人、其地、其事、其時而推衍之，乃能旁通其變，曲暢其情，未可先爲例以拘之。左氏卜筮之法，如秦伯伐晉，卦遇蠱，是六爻不變之卦，而其占全不用彖辭。孔成子筮立君，卦遇屯之比。史朝以靈公名元，即以『元亨』屬之；孟縶弱行，即以『利居貞』屬之，皆非繫辭之本旨。」云云。其言甚辨。然所論有合有離，不能一一精確也。

易經講義八卷　河南巡撫採進本

國朝蒉仕周撰。仕周字穆亭，汜水人。乾隆壬戌進士，官宜君縣知縣。是書以程傳及本義爲宗，不用象數之説，於卦變辨之尤力。大旨謂：「凡卦有二體，即有内外、上下，有内外、上下即有上下、往來。凡彖傳言上下、往來者，皆虛象耳。大概在内卦曰來，在外卦則曰往也。」云云。其説與魏樞東易問同。今按賁言「柔來而文剛」「分剛上而文柔」，噬嗑、涣俱言「剛柔分」。分者，是合而分也。不用卦變自泰、否之説，亦當用卦本乾、坤之説，方於「分」字之解有合。以泰、否即乾、坤也。今但云「柔在下爲來，剛在上爲往」「三陰三陽爲平分」，恐可以解上下、往來，而不可解分合也。

周易析義十五卷 江蘇巡撫採進本

國朝張蘭皋撰。蘭皋原名一是，字天隨，武進人。是書初刻於乾隆甲子，至己巳，又改訂八十頁而重刻之，是爲今本。大旨以程子易傳、朱子本義爲宗，而佐證以宋、元諸説。其謂卦必先分而後序，不用古文十二篇之説，蓋從蕭漢中讀易考原。其繫辭以下，略不置解，則用王弼例也。

易説存悔二卷 編修邵晉涵家藏本

國朝汪憲撰。憲字千陂，錢塘人。乾隆乙丑進士，官刑部陝西司員外郎。是書大旨謂學易期於寡過，欲過之寡，惟在知悔，悔存而凶吝漸消，可日趨於吉。故以「存悔」顔其齋，因以名其易説，蓋即耿南仲周易新講義以「无咎」爲主之意。所説唯上、下經，而不及十翼。前有擬議數條，譏自漢以來儒者説易之病在調停經傳。「文王作彖辭，今不求諸彖，而執彖傳以解彖，是有孔子之易無文王之易矣。周公作爻辭，今不求諸爻而執爻傳以解爻，是有孔子之易無周公之易矣。孔子作傳多取言外之意，當别爲孔子之易，雖述而實作」云云，亦朱子不可便以孔子之易爲文王之易之舊説也。夫傳以翼經，必依經以立義，故釋名曰：「傳，傳也。」案：上「傳」字去聲，下「傳」字平聲。以傳示後人也。朱子作詩集傳，不能不依詩立義。即分大學爲一經十傳，亦不能曰此曾子所傳孔子之大學，此門人所傳曾子之大學也。何至於易乃曰孔子之傳必異於文王之經乎？

易義便覽三卷　侍講劉亨地家藏本

國朝向德星撰。德星字雲路，溆浦人。是書前有乾隆丙寅德星自序。大旨以朱子本義爲主，附採大全、蒙引、存疑諸説，取初學易於循省，故以「便覽」爲名。其卷首六十七圖，則德星因舊説而推衍者也。

周易集解增釋八十卷　浙江巡撫採進本

國朝張仁浹撰。仁浹，秀水人。是書前有乾隆戊辰自序。首八卷載諸儒傳授及王氏略例、朱子啓蒙，九卷以後始釋經文。其説惟以朱子本義爲主，故本義與經文一例大書，而雜取前儒諸説合於本義者著於下。如程傳之類與朱子異義者，偶附一二，不以爲例。蓋名爲釋經，實則釋本義也。其首列引用姓氏，特升朱子於漢儒之前，題曰先賢，以示尊崇之義。然所列先賢三人，一曰卜子，實則張弧之易；一曰左氏，考丘明於易未有成書，亦不知其何以特列。至周、程、張、邵五子，則雜於先儒之中，以時代爲序。考邵子爲易外别傳，張子於二程亦尚爲友教。至於朱學本程，程學本周，源流燦然。抑周、程而獨尊朱，似非朱子所樂受。又謂張弧優於周、程，恐亦非周、程所甘矣。

周易曉義九卷　江蘇巡撫採進本

國朝唐一麟撰。一麟，宜興人。由貢生官江寧府學訓導。是書成於乾隆戊辰。大旨主於義理，與本義不甚異同。惟不取朱子卦變之說。

易例舉要二卷　浙江巡撫採進本

國朝吴鼎撰。鼎字尊彝，號易堂，金匱人。乾隆辛未薦舉經學，授國子監司業，官至翰林院侍講學士，後降補侍講。易有義例，繫辭傳、說卦傳已括其要。是書仿御纂周易折中卷首義例，而益加推衍。上卷多輯先儒之說，下卷多出己意，凡一百四十八條。書中惟不及互卦、卦變二義，其自序云：「已詳中爻考、卦變考中。」今書中不載中爻、卦變二考，或別有成書歟？

十家易象集說九十卷　大學士于敏中家藏本

國朝吴鼎撰。是編採宋俞琰，元龍仁夫、吴澄、胡一桂，明來知德、錢一本、唐鶴徵、高攀龍、郝敬、何楷十家之說。其論辨去取，別爲附録十卷。蓋以漢、唐舊說略備於李鼎祚周易集解，宋儒新義略備於董楷周易會通，惟元、明諸解則未有專彙一書者。因裒此十家以繼二書之後。大旨主於明象，其論六十四卦之對體、覆體，雜卦傳非錯簡，出於來易者爲多云。

周易井觀十二卷　編修吴壽昌家藏本

國朝周大樞撰。大樞字元木，號存吾，山陰人。乾隆壬申舉人，官平湖縣教諭。此編論天地之數，謂與大衍相符，必漢儒遞相傳授以及康成。是以古來説易竝無先天八卦，故不取邵子所傳圖位。蓋先天八卦即從所稱後天圖演出，不過取其一畫交易則各成乾坤，乃道家「抽坎填離」之説，不合聖經之旨也。於六十四卦，則尊離重震，各爲之解，爲圓圖以應一歲節候之數，爲方圖以應三才旋轉之象。以雜卦傳爲孔子之序易，取文王所序卦而雜之他卦，皆用文王覆卦。至大過而後獨不覆焉。終之以剛決柔，與卦首之乾相接，即無大過之道，作雜卦傳三十六宮圖以差次之。又創爲兼兩卦，每六畫覆之則爲十二畫，仍可併爲六畫，以盡易之變化。他如用九用六、四象八卦以及蓍策占驗諸説，俱博綜衆論，斷以己意。惟引「性空真火，性火真空，火愈分愈多，愈興愈有」云云，頗涉二氏之旨焉。

大易近取録無卷數　浙江巡撫採進本

國朝邵晉之撰。晉之字敘階，號檀波，仁和人。乾隆丙子舉人。其大旨以朱子本義有「有注而可疑」者、有「可疑而無注」者，偶有所見，即以己意補之。其曰「近取」者，自序謂：「遠取諸物，必俟宏通該博之士，而近取諸身，則人莫不有身也。」首列卦圖初參，自謂所得者淺，或將來更有所見，故以「初參」爲名。次大凡發明，乃著書之義例。其所詮釋，多切人事。自序云「館海州三閲月而成，傳之家塾，爲子弟求釋字義者觀之」云。

周易觀瀾無卷數　山東巡撫採進本

國朝喬大凱撰。大凱字頤菴，濟寧州人。乾隆癸酉舉人。此書每彖、爻之下，皆先列本義、程傳，次列諸儒舊說，而以己意折衷之。其所採掇，不出習見之書，間有自出新義者。如謂「乾之彖辭不設象，坤則曰『利牝馬之貞』；乾無分於先後，無擇於西南東北，坤則不然，爲天道地道、陽全陰半之分」云云，爲先儒之所未發，然亦隨文生義之說。彖不說象，不止乾一卦也。

易經觀玩篇無卷數　山西巡撫採進本

國朝朱宗洛撰。宗洛字紹川，無錫人。乾隆庚辰進士，官天鎮縣知縣。是編凡例謂用費直本。然其書每卦畫六爻於前，而分書初九、九二等字於爻畫之中。右列爻辭，左列小象，而後列卦辭及彖傳，至文言、大象則另録置繫辭前。則是宗洛自定本，非費直本矣。宗洛酷信圖書，故其解經多引參同契爲說。其序卦圖說亦主五行、納甲，其雜卦圖說以爲即古歸藏易，孔子附之易末，如録詩之有商頌。亦無所據也。

易解拾遺七卷附周易句讀讀本二卷　湖南巡撫採進本

國朝周世金撰。世金字仲蘭，衡山人。是書成於乾隆辛巳，大旨以數言易。卷一、卷二衍河圖、洛書、先天、後天之說，務拔奇於舊說之外。卷三、卷四、卷五爲觀玩四法，各繫以圖解。卷六解易象、卦宫及標舉繫辭、説卦、雜卦要義。卷七又別爲十九卦解。據目尚有詩一首、呈一篇，而有録無書，蓋繕寫佚之矣。後附周易句讀讀本，上、下經各注「句」「讀」字，繫辭以下則但以黑、白圈分章、段。其自序謂「句讀有譌，則經旨皆晦，故爲此本以正之」云。

周易集注十一卷圖説一卷

陝西巡撫採進本

國朝王琰撰。琰，渭南人。是書成於乾隆乙酉。自序稱年八十有一，蓋積一生之力爲之也。其論來知德列太極圖於河圖前，所圖黑白各半，明是陰陽，不得謂之太極。論洛書無關於畫卦，繫辭竝舉圖書，猶之竝舉蓍、龜，不過帶言。論伏羲八卦次序及六十四卦次序，竝改邵子之「右陽左陰」爲「左陽右陰」，以合於逆數。論伏羲六十四卦方位，既有圓圖，則方圖可以不作。論文王八卦次序，即「帝出乎震」一節，不得當以「乾坤六子」一節。論羲、文二圖，竝無對待流行之分，不過一明二氣、一明五行。論「易有太極」一節，即生蓍之數，觀不言「天地萬物有太極」，而言「易有太極」，可得其旨。論來知德所謂錯卦即「橫反對卦」，所謂綜卦即「豎反對卦」，不必添立名目。論本義筮儀第一變歸奇之策，通挂一數，不五則九。二、三變去第一變所挂之一而不用，惟於本數策中挂一策，仍復合而通數其奇。是以四、八與初之五、九不同。來知德謂第一變不通挂一數，所見爲是。然謂二、三變竝不挂一，則少「象三」一營，止三營而非四營矣。惟第一變挂一而歸奇，不必通挂一數，二、三變即用第一變所挂之一而歸奇，亦不必通挂一數。斯皆不四則八，無所謂不五則九也。其大旨雖亦糾繞圖學，然所説均自出新意，亦可備一解。惟以十翼兼象辭、爻辭數之，未免於古無稽。其解經亦皆敷衍成文，殊乏精義。蓋所注意惟在圖説而已。

易準四卷 浙江巡撫採進本

國朝曹庭棟撰。庭棟字六吉，嘉善人。是書爲圖學而作。一卷河圖，二卷洛書，三卷大衍圖，四卷蓍法。其於河圖改中宫十點之舊，於洛書信鳳來道士之傳，通洛書大衍之説於易，更分挂扐揲之法於蓍。又皆圖學中後起之説矣。

易圖疏義四卷 江蘇巡撫採進本

國朝劉鳴珂撰。鳴珂字伯容，蒲城人。是書因周易啓蒙本圖書、原卦畫二篇之説，而疏通其義。其稍有異同者，大傳「河出圖，洛出書，聖人則之」，謂聖人兼指羲、文，非專云伏羲。至「則之」之義，既取邵子加一倍法，則如朱子之説可自六十四而加之以至無窮矣。乃復謂：「六十四卦之畫，限以六位，爲三才之義。」又不知乾一兑二之數出於小横圖，而以爲邵子「逐爻漸生」之説與之天然脗合，皆未免彌生繳繞。其解「易逆數也」，謂：「自震一陽歷離、兑二陽至乾三陽，左旋而順；自兑一陰歷坎、艮二陰至坤三陰，左旋而逆。以乾一兑二之序推之，則陽進陰退，皆爲逆數。」則較邵、朱之説頗爲貫穿。然亦易外之旁義。至於本來知德之説，以義易爲錯、文易爲綜，益强生區别矣。

易見九卷 江蘇巡撫採進本

國朝賈渭撰。渭字羨溪，丹陽人。是書前列易序、傳序、諸儒姓氏、易學源流，邵子、程子、朱子綱領及筮儀、五贊，經傳音釋，本義異同，程傳異同，不入卷數。末附啓蒙大旨，亦不入卷數。其解經以本義爲宗，而雜錄先儒舊說以足之。然往往曲相遷就。如坤彖「先迷，後得主」，以文言「後得主而有常」考之，應以「主」爲句，以陽爲陰主故也。渭附合本義「主利」之讀，乃云：「主利者不主於迷，而主於利也。」又漸爻辭九三、九五取象於婦，本義於九五取「六二正應在下」爲解，於九三則云「九三過剛不中，而無應」，於象傳云：「自二至九五位皆得正，故其占爲『女歸吉』」，前後自相牴牾。渭則云「艮非婦，但以二爲陰，故云然耳」，然何以處九三乎？是亦偏主之過也。

易象圖說二卷 山東巡撫採進本

國朝吳脈鬯撰。脈鬯字灌先，蓬萊人。是書櫽括諸圖，各爲之說。以圓圖象天，方圖象地，因創爲豎圖象人，以配三才。復集邵子、朱子詠易諸詩，附以己作及沈時升詩。末附八宮納甲占例，則今以錢代卜者之所用也。

周易後天歸圖四卷 江西巡撫採進本

國朝黎由高撰。由高字鵬翥，通城人。是書專明後天之易六十四卦反對之義，而一歸之於圖。

一卷

總論後天方位，見經之當歸於圖。二卷説乾、坤，爲歸經於圖之綱領。三卷説反對，爲歸經於圖之門户。四卷摘録諸卦，爲歸經於圖之凡例。首卷方位圖，其三四長少序次變爲自右而左，與本義異。大旨以邵子諸説爲宗，而參用本義之解也。

易經輯疏四卷 江西巡撫採進本

國朝黄家杰撰。家杰，臨川人。其書删邵子之横圖，謂此邵子之易，非羲、文之易，而不免仍用先天之説。又謂來知德之卦錯、卦綜勝於卦變，而不免仍用卦變之説。觀其自序稱「來易恐不近於舉業」，是既欲詁經，又牽合以就程試，遂兩者騎牆耳。

易經會意解無卷數 河南巡撫採進本

國朝王芝蘭撰。自序稱伊南人，未詳其仕履。是書首句讀質疑，皆與本義句讀相異者。次辨本義衍文，謂易爲卜筮之書，不經秦火，應無衍文。次乾卦質疑、坤卦質疑，次乾坤以下八卦説。其序六十四卦，專取兩卦相對相反之義，一頁之中分上、下二格。上格列一卦之辭，其文自前左行；下格列其相對相反之卦，其文自後右行。一順一逆，體若回文，爲自來經典所未有。其繫辭傳以下，亦各分篇次。名目有開宗明義篇、綱領篇、申明爻辭篇、彌綸篇、四道篇，尚辭、尚變、尚象、尚占諸篇，先後天圖辨，又有徵時篇、終意篇。亦先儒傳授所未聞也。

河洛先天圖説二卷　江西巡撫採進本

國朝劉天真撰。天真字汝迪，號去僞，興國州人。由歲貢生官安仁縣訓導。其言易大旨謂天數五、地數五，五位相得而各有合。其六、七、八、九之數，乃一、二、三、四倚五而成，蓋即「參天兩地而倚數」之説。張尚瑗序之，以爲後天八卦配洛書若合符契，「帝震」一章是其注脚。不知圖書之數正影附此章而作，即以配河圖亦相脗合，不僅洛書可配也。

周易象訓十二卷　兩江總督採進本

國朝姚球撰。球字頤真，無錫人。其凡例稱：「辛未歲年二十七，始讀周易。二十餘年間，見注疏百三、四十部。」不知爲前辛未、後辛未也。是書雖用古本，分十二篇，而篇數迥異。其分象傳於爻傳之外，本於宋吴仁傑。又分説卦爲三，以繫辭上、下傳爲説卦之第一、第二，以應隋志三篇之目。而合彖、爻傳之上下爲一，以爲古本，殊不見其確據。每卦前之六畫，古本皆先下後上。乃用朱謀㙔之例，標曰上某卦、下某卦，亦非古本之舊也。

易經辨疑四卷　湖南巡撫採進本

國朝鄭國器撰。國器，湘鄉人。是書首爲圖書辨疑，次爲羲易辨疑，以舊傳先天八卦方位衍爲數十圖，頗爲繁碎。

周易剩義四卷　湖南巡撫採進本

國朝黄燐撰。燐字暘谷，湘潭人。其凡例謂「説經者有未備、未當，而作此以補之」，故曰「剩義」。然體例頗近講章所注，亦皆先儒之舊説，無甚新義也。

易經告蒙四卷圖注三卷　侍講劉亨地家藏本

國朝趙世迴撰。世迴字鐸峰，湘潭人。是書凡例稱遵仿本義分卷。然其書仍用注疏本，未喻其故，殆據坊刻本義言之歟？卷首圖注三卷，皆推衍河、洛之義，書中時時附圖。蓋欲以圖書明易，而反以易明圖書者也。

周易懸象八卷　編修周永年家藏本

國朝黄元御撰。元御字坤載，號研農，昌邑人。早爲諸生，因庸醫誤藥損其目，遂發憤學醫。於素問、靈樞、難經、傷寒論、金匱玉函經皆有注釋，凡數十萬言，已別著録「醫家類」中。大抵自命甚高，欲駕出魏、晉以來醫者，上自黄帝、岐伯、秦越人、張機外，罕能免其詆訶者。未免師心太過，求名太急。惟其詁經，乃頗能沿溯古義。其訓釋以觀象爲主，其觀象以説卦爲主，而參以荀九家之説，亦兼用互體。大抵緣象以明理，不糾繞飛伏、納甲之術，亦不推演河、洛、先天之説，在近人易説中猶可謂學有根據。惟好以己意改古書，併彖、象傳於經，而合文言爲一篇，此猶據鄭玄本也。鄭玄本文言自爲一篇，見崇文書目。改乾卦之次序使與坤卦以下同，此猶據王弼本六十三卦之例也。割繫辭十九卦之説移入文言，於古僅吴澄有此説，見易纂言。斯已無據矣。至繫辭全移其次第，併多所删節，又割掇説卦以補之，説卦更多所改正。直以孔翼爲槀本，而筆削其文，别造一經，尤非古法也。

易經本義翼十二卷 編修勵守謙家藏本

不標撰人名氏。惟卷首題籤云「蘇州府學附生曹澐手輯吴敬菴羲經本義二十本，上大宗師鑒定。今呈到十九本，其一本係圖説，因繪畫不及，俟於原本録出補送呈」云云，蓋江南諸生録送提學之本，不知吴敬菴者爲何人也。其書圖説分六編，一曰河洛圖説、二曰卦畫圖説上、三曰卦畫圖説下、四曰明筮圖説、五曰序卦圖説、六曰合纂圖説，而附以易説綱領，皆不入卷數。其解釋經文共十二卷，亦分爲八編，上經乾至履爲一編，泰至觀爲二編，噬嗑至離爲三編，下經咸至解爲一編，損至艮爲二編，漸至未濟爲三編，附以上、下經，分六編説。别以彖傳上下、象傳上下、繫辭傳上下、文言傳分七卷，共爲一編。説卦、序卦、雜卦三傳分三卷，共爲一編。體例頗爲冗碎，大抵以河、洛之説輾轉推衍，其解經則惟以本義爲宗，間有出入，不過百分之一，故名曰「本義翼」云。

讀易隨鈔 無卷數 兩江總督採進本

不著撰人名氏，亦無序目。其書用反對之説，除乾、坤、頤、大過、坎、離六卦兩名竝列外，餘五十八卦皆每二卦順逆相對畫之，所解多參以人事。雖以「隨鈔」爲名，實雜採諸家之言而融貫以己意，不出原採書名也。

卦爻遺稿演一卷 左副都御史黄登賢家藏本

不著撰人名氏。前有小引，乃其子所作。謂其父於易多有論説，未有完書，其子始類次成編，而間附己説於後。其自稱曰「覲」者，即其子之名，而姓則不可考矣。書中每一卦爲一篇，於每爻下具列中、正、應三義，而不載經文。詞旨簡略，殊無心得。

周易觀象疑問二卷大傳章旨二卷 原任工部右侍郎李友棠家藏本

不著撰人名氏。前但署「上谷手授」，莫知爲誰，亦不詳其時代。其書於六十四卦各爲總説，大傳章旨於各章亦總爲疏解，俱無甚奥義。

附録

古三墳一卷 内府藏本

案三墳之名，見於左傳，然周、秦以來，經、傳、子、史從無一引其説者，不但漢代至唐咸不著録也。此本晁公武讀書志以爲張商英得於比陽民舍，陳振孫書録解題以爲毛漸得於唐州，蓋北宋人所爲。其書分山墳、氣墳、形墳。以連山爲伏羲之易，歸藏爲神農之易，乾坤爲黄帝之易，各衍爲六十四卦而繫之以傳，其名皆不可訓詁。又雜以河圖代姓紀及策辭、政典之類，淺陋尤甚。至以燧人氏爲有巢氏子、伏犧氏爲燧人氏子，古來僞書之拙，莫過於是。故宋、元以來，自鄭樵外無一人信之者。至明何鏜刻入漢魏叢書，又題爲晉阮咸注。僞中之僞，益不足辨矣。

案左傳稱倚相能讀三墳、五典、八索、九丘，孔安國書序所解雖出依託，至劉熙釋名，則確屬古書。據所訓釋，則三墳乃書類，非易類也。然僞本既託於三易，不可復附書類中。姑從易緯之例，附其目於諸家易說之末。

右易類。三百十七部，二千三百七十一卷。内四十六部無卷數。**附録一部，一卷。皆附存目。**

欽定四庫全書總目卷十一

經部十一

書類一

書以道政事，儒者不能異説也。小序之依託，五行傳之附會，久論定矣。然諸家聚訟，猶有四端：曰今文、古文，曰錯簡，曰禹貢山水，曰洪範疇數。夫古文之辨，至閻若璩始明。朱彝尊謂：「是書久頒於學官，其言多綴輯逸經成文，無悖於理。」汾陰漢鼎，良亦善喻。吴澄舉而删之，非可行之道也。禹跡大抵在中原，而論者多當南渡。昔疎今密，其勢則然。然尺短寸長，互相補苴，固宜兼收竝蓄，以證異同。若夫劉向記酒誥、召誥脱簡僅三，而諸儒動稱數十；班固牽洪範於洛書，諸儒併及河圖，支離轇轕，淆經義矣。故王柏書疑、蔡沈皇極數之類，非解經之正軌者，咸無取焉。

尚書正義二十卷 内府藏本

舊本題漢孔安國傳。其書至晉豫章内史梅賾始奏於朝。唐貞觀十六年孔穎達等爲之疏，永徽四年長孫無忌等又加刊定。孔傳之依託，自朱子以來遞有論辯。至國朝閻若璩作尚書古文疏證，其事愈明。其灼然可據者，梅鷟尚書考異攻其注禹貢「瀍水出河南北山」一條、「積石山在金城西南羌中」一條，地名皆在安國後。朱彝尊經義考攻其注書序「東海駒驪、扶餘馯貊之屬」一條，謂駒驪王朱蒙至漢元帝建昭二年始建國，安國武帝時人，亦不及見。若璩則攻其注泰誓「雖有周親，不如仁人」，與所注論語相反；又安國傳有湯誓，而注論語「予小子履」一節乃以爲墨子所引湯誓之文。案：安國論語注今佚，此條乃何晏集解所引。皆證佐分明，更無疑義。至若璩謂定從孔傳，以孔穎達之故，則不盡然。考漢書藝文志敘古文尚書但稱「安國獻之，遭巫蠱事，未立於學官」，不云作傳。而經典釋文敘録乃稱「藝文志云：『安國獻尚書傳，遭巫蠱事，未立於學官』」，始增入一「傳」字，以證實其事。又稱：「今以孔氏爲正。」則定從孔傳者乃陸德明，非自穎達。惟德明於舜典下注云：「孔氏傳亡舜典一篇。時以王肅注頗類孔氏，故取王注從『慎徽五典』以下爲舜典，以續孔傳。」又云：「『曰若稽古，帝舜曰重華，協于帝』十二字，是姚方興所上，孔氏傳本無。阮孝緒七録亦云方興本或此下更有『濬哲文明，温恭允塞，玄德升聞，乃命以位』，凡二十八字異。聊出之，於王注無施也。」則開皇中雖增入此文，尚未增入孔傳中，故德明云爾。今本二十八字當爲穎達增入耳。梅賾之時，去古未遠，其傳實據王肅之注而附益以舊訓。故釋文稱：「王肅亦注今文，所解大與古文相類，或肅私見孔傳而祕之乎？」此雖以末爲本，未免倒置，亦足見其根據古義，非盡無稽矣。穎達之疏，晁公武讀書志謂「因梁費甝疏廣之」。然穎達原序稱爲正義者，蔡大寶、巢猗、費甝、顧彪、劉焯、劉炫六家，而以劉焯、劉炫最爲詳雅。其書實因二劉，非因費氏。公武或以經典釋文所列義疏僅甝一家，故云然歟？朱子語録謂「五經疏，周禮最好，詩、禮記次之，易、書爲下」，其言良允。然名物訓故究賴之以有考，亦何可輕也！

洪範口義二卷　永樂大典本

宋胡瑗撰。瑗有周易口義，已著録。是書文獻通考作洪範解，朱彝尊經義考注云「未見」。今其文散見永樂大典中，尚可排纂成書。周易口義出倪天隱之手，舊有明文。晁公武讀書志謂此書亦瑗門人編録，故無銓次首尾。蓋二書同名「口義」，故以例推。其爲瑗所自著與否，固無顯證。至其説之存於經文各句下者，皆先後貫徹，條理整齊，非雜記、語録之比，與公武所説不符。豈原書本無次第，修永樂大典者爲散附經文之下，轉排比順序歟？抑或公武所見又别一本也？洪範以五事配庶徵，本經文所有。伏生大傳以下逮京房、劉向諸人，遽以陰陽災異附合其文，劉知幾排之詳矣。宋儒又流爲象數之學，惟圖書同異之是辯，經義愈不能明。瑗生於北宋盛時，學問最爲篤實，故其説惟發明天人合一之旨，不務新奇。如謂天錫洪範爲錫自帝堯，不取神龜負文之瑞；謂五行次第爲箕子所陳，不辨洛書本文之多寡；謂五福六極之應通於四海，不當指一身而言。俱駁正注疏，自抒心得。又詳引周官之法，推演八政，以經注經，特爲精確。其要皆歸於建中出治，定皇極爲九疇之本辭。雖平近而深得聖人立訓之要，非讖緯術數者流所可同日語也。宋史本作一卷。今校定字句，析爲二卷。

案朱彝尊經義考，凡訓釋一篇者，悉彙載各經之末，不與訓釋全經者敘時代先後。然隋志載繫辭注、洪範五行傳、月令章句、中庸講疏固雜置各經中也。今從古例，不復别編。後均倣此。

東坡書傳十三卷　内府藏本

宋蘇軾撰。軾有東坡易傳，已著録。是書宋志作十三卷，與今本同。萬卷堂書目作二十卷，疑其傳寫誤也。晁公武讀書志稱熙寧以後專用王氏之説進退多士，此書駁異其説爲多。今新經尚書義不傳，不能盡考其同異。但就其書而論，則軾究心經世之學，明於事勢，又長於議論，於治亂興亡披抉明暢，較他經獨爲擅長。其釋禹貢「三江」，定爲南江、中江、北江，本諸鄭康成，遠有端緒。惟未嘗詳審經文，考覈水道，而附益以味別之説，遂以啓後人之議。至於以羲和曠職爲貳於羿而忠於夏，則林之奇宗之；以康王之誥服冕爲非禮，引左傳叔向之言爲證，則蔡沈取之。朱子語録亦稱其解吕刑篇以「王享國百年耄」作一句，「荒度作刑」作一句，甚合於理。後與蔡沈帖雖有「蘇氏失之簡」之語，然語録又稱：「或問：諸家書解誰最好，莫是東坡？曰：然。又問：但若失之太簡？曰：亦有只須如此解者。」則又未嘗以簡爲病。洛、閩諸儒以程子之故，與蘇氏如水火，惟於此書有取焉，則其書可知矣。

尚書全解四十卷　内府藏本

宋林之奇撰。之奇字少穎，號拙齋，侯官人。官至宗正丞。事蹟具宋史儒林傳。之奇辭禄家居，博考諸儒之説，以成是書。宋志作五十八卷。此本僅標題四十卷。考其孫畊後序，稱：「脱稾之初，爲門人吕祖謙持去，諸生傳録，僅十得二三。書肆急於鋟梓，遂譌以傳譌。至淳祐辛丑，畊從陳元鳳得宇文氏所傳書説拾遺手稾一册，乃康誥至君陳之文。乙巳得建安余氏所刻完本，始知麻沙所刻，自洛誥以下皆僞續。又得葉真所藏林、李二先生書解，參校證驗，釐爲四十卷。」然則宋志所載乃麻沙僞本之卷數，朱子所謂「洛誥以後非林氏解」者。此本則畊所重編，朱子所未見，夏僎作尚書解時亦未見，故所引之奇之説亦至洛誥止也。然畊既稱之奇初稾爲吕祖謙持去，則祖謙必見完書，何以東萊書説始於洛誥以下，云「續之奇之書」？毋乃畊又有所增修，託之乃祖歟？自宋迨明，流傳既久，又佚其三十四卷。多方一篇，通志堂刊九經解，竭力購之，弗能補也。惟永樂大典修自明初，其時猶見舊刻。故所載之奇書解，此篇獨存。今録而補之，乃得復還舊觀。之奇是書頗多異説。如以陽鳥爲地名，三俊爲常伯、常任、準人，皆未嘗依傍前人。至其辨析異同，貫穿史事，覃思積悟，實卓然成一家言。雖真贋錯雜，不可廢也。屢經散佚，而卒能完善，亦其精神刻摯有足以自傳者矣。

鄭敷文書説一卷

兩淮馬裕家藏本

宋鄭伯熊撰。伯熊字景望，永嘉人。紹興十五年進士，累官吏部郎兼太子侍讀，進國子司業、宗

前有自序一篇，述尚書始末甚詳，然舛誤特甚。漢書藝文志已明云古文尚書孔安國獻之，遭巫蠱，不立於學官，而用僞孔傳序藏於家之説，併謂劉歆未見；儒林傳明言伏生壁藏其書，漢興，亡數十篇，獨得二十九篇，而用衛宏古文尚書序使女傳言之説，併謂齊語難曉，尤其致謬之大綱。閻若璩諸人已有明辨，兹不具論焉。

正少卿，以直龍圖閣出知寧國府，卒。謚文肅。其詩文有景望集，今已不傳。此乃所作尚書講義，皆摘其大端而論之。凡二十九條，每條各標題其目。浙江通志稱：「伯熊邃於經術，紹興末伊、洛之學稍息，伯熊復出而振起之。」劉壎隱居通義亦謂：「伯熊明見天理，篤信固守，言與行應。」蓋永嘉之學自周行己倡於前，伯熊承於後，吕祖謙、陳傅良、葉適等皆奉以爲宗。是書雖爲科舉而作，而尚不汩於俗學。惟誤信書序，謂真孔子所作。故於太甲序則以爲體常盡變，存正明權，得春秋之法；於泰誓序則以爲經稱十三年者誤，當依序作十一年；於洪範序則以爲所稱勝殷殺紂，亦誅獨夫紂之義。皆未免牽合舊文，失於考證。然其大端醇正。如釋「作服汝明」，則發明服以象德之義；釋「俶擾天紀」，則推言天人相應之機；大禹謨言「謙受益，滿招損」；仲虺之誥言「好問則裕，自用則小」。皆能反覆推詳，以明其説。於經世立教之義亦頗多闡發，有足採焉。

禹貢指南四卷　永樂大典本

宋毛晃撰。晃，宋史無傳，其始末未詳。世傳其增注禮部韻略，於紹興三十二年表進，自署曰「衢州免解進士」，蓋高宗末年人也。是書宋史藝文志不著録。焦竑經籍志載「禹貢指南一卷，宋毛晃撰」，朱彝尊經義考云「未見」。又云：「文淵閣書目有之，不著撰人，疑即晃作。」則舊本之佚久矣。今考永樂大典所載，與諸家注解散附經文各句下。謹綴録成篇，釐爲四卷。以世無傳本，其體例之舊不可見，謹以經文次第標列，其無注者則經文從略焉。其書大抵引爾雅、周禮、漢志、水經注、九域志諸書，而旁引他説以證古今山水之原委，頗爲簡明。雖生於南渡之後，僻處一隅，無由睹中原西北之古蹟，一一統核其真。而援據考證，獨不泥諸儒附會之説。故後來蔡氏集傳多用之。亦言地理者所當考證矣。

禹貢論五卷後論一卷山川地理圖二卷

永樂大典本

宋程大昌撰。大昌有易原，已著録。宋史藝文志載大昌禹貢論五卷，後論一卷，又禹貢論圖五卷。陳振孫書録解題則謂論五十二篇，後論八篇，圖三十一。王應麟玉海則謂淳熙四年七月「大昌上禹貢論五十二篇，後論八篇，詔付祕閣」，不及其圖。蓋偶遺也。今諸論皆存，其圖據歸有光跋稱吴純甫家有淳熙辛丑泉州舊刻，則嘉靖中尚有傳本，今已久佚。故通志堂經解惟刻其前、後論，而所謂禹貢山川地理圖者則僅刻其敘説。今以永樂大典所載校之，祇缺其九州山水實證及禹河、漢河二圖耳。其餘二十八圖，巋然竝在，誠世所未覯之本。今依通志堂圖敘原目，併爲二卷，而大昌之書復完。大昌喜談地理之學，所著雍録及北邊備對，皆刻意冥搜，考尋舊蹟，是書論辨尤詳。周密癸辛雜識載「大昌以天官兼經筵，進講禹貢，闕文疑義，疏説甚詳，且多引外國幽奥地理。阜陵頗厭之，宣諭宰執云：『六經斷簡，闕疑可也，何必强爲之説？且地理既非親歷，雖聖賢有所不知，朕殊不曉其説，想其治銓曹亦如此。』既而補外。」云云，與自序及陳應行後序所言殊相乖剌。夫帝王之學與儒者異，大昌講尚書於經筵，不舉唐、虞、三代之法以資啓沃，而徒炫博奥，此誠不解事理。然以詁經而論，則考證不爲無功。蓋其失在不當於經筵講禹貢，而不在辨定禹貢之山水也。其前論於江水、河水、淮水、漢水、濟水、弱水、黑水皆糾舊傳之誤，後論則專論河水、汴水之患。陳振孫譏其「身不親歷，烏保其皆無牴牾」，亦如孝宗之論。歸有光亦證其以鳥鼠同穴指爲二山之非。要其援據釐訂，實爲博洽，至今注禹貢者終不能廢其書也。

尚書講義二十卷

永樂大典本

宋史浩撰。浩字直翁，鄞縣人。紹興十四年進士。孝宗爲建王，浩以司封郎中兼直講。即位後，遷翰林學士知制誥，累官右丞相，致仕。事蹟具宋史本傳。此書宋史藝文志作二十二卷。文淵閣書目、一齋書目竝載其名，而藏弆家已久無傳本。故朱彝尊經義考亦注云「未見」。惟永樂大典各韻中尚全録其文。謹依經文考次排訂，釐爲二十二卷。案宋館閣書目云：「淳熙十六年正月，太傅史浩進尚書講義二十卷，詔藏祕府。」蓋本當時經進之本，故其說皆順文演繹，頗近經幄講章之體。其說大抵以注疏爲主，參考諸儒，而以己意融貫之。當張浚用兵中原時，浩方爲右僕射，獨持異論。論者責其沮恢復之謀。今觀其解文侯之命一篇，亦極美宣王之勤政復讎，而傷平王之無志恢復，則其意原不以用兵爲非。殆以浚未能度力量時，故不欲僥倖嘗試耶？朱子語類嘗稱：「史丞相說書亦有好處，如『命公後』，衆說皆云命伯禽爲周公之後。史云成王既歸，周公在後，看『公定予往矣』一言，便見得周公且在後之意。」云云。其後命蔡沈訂正書傳，實從浩說。則朱子固於此書有所取。孫應時燭湖集有上史越王書云：「書傳多所發明帝王君臣精微正大之藴，剖抉古今異同偏見，開悟後學心目，使人沛然飽滿者，無慮數十百條。」又云：「欲以疑義請教者，一一疏諸下方。」則浩此書實與應時商搉之，亦非率爾苟作矣。

尚書詳解二十六卷

永樂大典本

宋夏僎撰。僎字元肅，號柯山，龍游人。時瀾作是書序，稱其「少業是經，妙年擷其英，以掇巍第」，則嘗舉進士也。陳振孫書録解題稱是書集二孔、王、蘇、陳、林、程、張及諸儒之説。以時瀾序及書中所引參考之，二孔者，安國、穎達之傳、疏；蘇者，蘇軾書傳；陳者，陳鵬飛書解；林者，林之奇尚書全解；程者，程子書説；張者，張九成尚書詳説。惟王氏，瀾序不之及，蓋王雱新經尚書義，諱言之也。然僎雖博采諸家，而取於林之奇者實什之六七，蓋其淵源在是矣。明洪武間，初定科舉條式，詔習尚書者竝用夏氏、蔡氏兩傳。後永樂中書經大全出，始獨用蔡傳，夏氏之書寖微。亦猶易竝用程朱，後程廢而獨用朱；春秋竝用張、胡，後張廢而獨用胡也。今觀其書，視蔡傳固不免少冗。然其反覆條暢，深究詳繹，使唐、虞、三代之大經大法燦然明白，究不失爲説書之善本。淳熙間，麻沙劉氏書坊有刻版，世久無傳。今惟存鈔帙，脱誤孔多。浙江采進之本，虞書堯典至大禹謨全闕，周書闕泰誓中、泰誓下、牧誓三篇，又闕秦誓之末簡。謹以永樂大典參校，惟泰誓，永樂大典亦闕，無從校補外，其餘所載尚竝有全文。各據以補輯，復成完帙。書中文句則以永樂大典及浙本互校，擇所長而從之。原本分十六卷，經文下多附録重言、重意，乃宋代坊本陋式，最爲鄙淺。今悉删除，重加釐訂，勒爲二十六卷。

禹貢説斷四卷

永樂大典本

宋傅寅撰。寅字同叔，義烏人。嘗從唐仲友游，仲友稱其職方、輿地盡在腹中。是編其所著禹貢圖説也。案朱彝尊經義考有寅所著禹貢集解二卷，通志堂嘗刊入九經解中。而永樂大典載其書，則題曰禹貢説斷，無集解之名。又經解所刊本稱原闕四十餘簡。今檢永樂大典，不獨所闕咸在，且其五服辨三千餘言，九州辨千數百言，較之原注闕文多至數倍。又山川總會及九河、三江、九江四圖，經解俱誤編入程大昌禹貢論中，與其書絶不相比附。而永樂大典獨繫之説斷篇内。蓋當時所見，實宋時原本，足以援據。而經解刊行之本，則已傳寫錯漏，致并書名而竄易之，非其舊矣。書中博引衆説，斷以己意，具有特解，不肯蹈襲前人。其論孟子「決汝、漢，排淮、泗而注之江」爲古溝洫之法，尤爲諸儒所未及，洵卓然能自抒所見者。今取經解刊本與永樂大典互相勘校，補闕正譌，析爲四卷，仍題説斷舊名。而於補闕之起訖，各加注語以别之，庶幾承學之士得以復見完書焉。

書説三十五卷

内府藏本

宋吕祖謙撰。祖謙有古周易，已著録。是編文獻通考作十卷，趙希弁讀書附志作六卷，悉與此本不合。蓋彼乃祖謙原書，未經編次，傳鈔者隨意分卷，故二家互異。此本則其門人時瀾所增脩也。原書始洛誥，終秦誓。其召誥以前，堯典以後，則門人雜記之語録，頗多俚俗。瀾始删潤其文，成二十二卷。又編定原書爲十三卷，合成是編。王應麟玉海云：「林少穎書説至洛誥而終，吕成公書説自洛誥而始。」蓋之奇受學於吕居仁，祖謙又受學於之奇，本以終始其師説爲一家之學，而瀾之所續則又終始祖謙一人之説也。瀾，婺州清江人。厲鶚宋詩紀事收其詩一篇，而不能舉其仕履。考周必大平園集有祭瀾文，稱「從政郎差充西外睦宗院宗學教授」，而瀾自序則稱「以西邸文學入三山監丞」，蓋作是書時爲監丞，其後則以教授終也。吴師道曰：「清江時鑄字壽卿，吕成公同年進士，與弟鋹率羣從子弟十餘人悉從公遊。若澐、若瀾、若涇，尤時氏之秀。成公輯書説，瀾以平昔所聞纂成之，今所行書傳是也。」然則是書一名爲書傳矣。又朱彝尊經義考是書三十五卷之外，又别出時瀾增修書説三十卷，竝注曰「存」。今三十卷者未見，不知所據何本也。

尚書説七卷　内府藏本

宋黄度撰。度字文叔，號遂初，新昌人。紹興間登進士，寧宗時爲御史。嘗劾韓侂胄誤國，又劾内侍楊舜卿、陳源，又奏吴曦必反，以正直稱。累官禮部尚書、龍圖閣學士。謚宣獻。事蹟具宋史本傳。陳振孫書録解題稱其「篤學窮經，老而不倦。晚年制閫江淮，著述不輟。時得新意，往往晨夜叩書塾，爲友朋道之」，其勤摯如此。所注有書説、詩説、周禮説。詩與周禮説今佚，惟書説僅存。此本乃明吕光洵與唐順之所校。前有光洵序，述度始末甚詳。當度之時，吴棫書裨傳始出，未爲世所深信，尚不知孔安國傳出於梅賾託名。故度作是編，其訓詁一以孔傳爲主。然梅賾當東晉之初，去古未遠，先儒舊義，往往而存，注尚書者要於諸家爲最古。度依據其文，究勝後來之臆解。至於推論三代興衰治亂之由，與夫人心、道心、精一、執中、安止、惟幾、綏猷、協一、建中、建極諸義，亦皆深切著明。以義理談經者固有取焉。

五誥解四卷　永樂大典本

宋楊簡撰，簡有慈湖易傳，已著録。昔韓愈稱「周誥殷盤，佶屈聱牙」。宋儒如呂祖謙書説，亦先釋周誥而後及虞、夏、商書。蓋先通其難通者，則其餘易於究尋。簡作是書，惟解康誥以下五篇，亦是意也。簡受學於陸九淵，好舉新民保赤之政，推本於心學。又當字説盛行之後，喜穿鑿字義，爲新奇之論。措辭亦迂曲委重，未能暢所欲言。然如康誥言「惠不惠，懋不懋」，則歸重於君身；「服念旬時」，則疑孔傳三月爲過久；酒誥「厥心疾很」，指民心而言；召誥「顧畏于民喦」，謂民愚而神可畏如喦險；洛誥「公無困哉」，謂困有倦勤之意。皆能駁正舊文，自抒心得。至如先卜黎水，用鄭康成、顧彪之説；封康叔時未營洛邑，用蘇氏書傳之説；「復子明辟」之訓詁、「圻父薄違」之句讀，用王氏書義之説。又能兼綜羣言，不專主一家之學矣。此書世久失傳。文淵閣書目作一册，焦竑經籍志作一卷，朱彝尊經義考以爲「未見」。今從永樂大典各韻中案條薈萃，唯闕梓材一篇，餘皆章句完善。謹依經文前後，釐爲四卷。

絜齋家塾書鈔十二卷 永樂大典本

宋袁燮撰。燮字和叔，絜齋其自號也，鄞縣人。淳熙辛丑進士，官至顯謨閣學士，謚正獻。事蹟具宋史本傳。燮之學出陸九淵。是編大旨在於發明本心，反覆引申，頗能暢其師説。而於帝王治蹟，尤參酌古今，一一標舉其要領。王應麟發明洛、閩之學，多與金谿殊軌。然於燮所解「儆誡無虞」諸條，特采入困學紀聞中。蓋其理至足，則異趣者亦不能易也。其書宋史藝文志作十卷，陳振孫書録解題稱爲燮子喬録其家庭所聞，至君奭而止。則當時本未竟之書，且非手著。紹定四年，其子甫刻置象山書院。蓋重其家學，不以未成完帙而廢之。明葉盛菉竹堂書目尚存其名，而諸家説尚書者罕聞引證。知傳本亦稀，故朱彝尊作經義考注云「未見」。今聖代博采遺編，珍笈祕文，罔不畢出，而竟未睹是書之名，則其佚久矣。謹從永樂大典所載，採輯編次，俾復還舊觀。以篇帙稍繁，釐爲一十二卷。蠹殘賸簡，復顯於湮没之餘，亦可云燮之至幸矣。喬字崇謙，嘗爲溧陽令。與燮相繼而卒，未顯於世。故宋史但有其弟甫傳，而不立喬傳。據真德秀所作燮行狀，稱燮有子四人，喬其伯子，甫則其叔子云。

書集傳六卷 通行本

宋蔡沈撰。沈字仲默，號九峯，建陽人。元定之子也。事蹟附載宋史元定傳。慶元己未，朱子屬沈作書傳。至嘉定己巳，書成。案：此據自序年月，真德秀作沈墓誌，稱「數十年然後克成」，蓋誤衍一「數」字。

淳祐中，其子杭表進於朝，稱集傳六卷，小序一卷，朱熹問答一卷，繕寫成十二册。其問答一卷久佚。董鼎書傳纂注稱：「淳祐經進本録朱子與蔡仲默帖及語録數段，今各類入綱領、輯録内。」是其文猶散見於鼎書中，其條目則不復可考。小序一卷，沈亦逐條辨駁，如朱子之攻詩序。今其文猶存，而書肆本皆削去不刊。考朱升尚書旁注稱古文書序自爲一篇，孔注移之，各冠篇首。蔡氏删之而置於後，以存其舊。蓋朱子所授之旨。案：陳振孫書録解題載朱子書古經四卷，序一卷，則此本乃朱子所定，先有成書。升以爲所授之旨，蓋偶未考。是元末明初，刊本尚連小序。然宋史藝文志所著録者亦止六卷，則似自宋以來即惟以集傳單行矣。元何異孫十一經問對稱吉州所刊蔡傳仍以書序置之各篇，初不害其爲蔡傳。蓋一家之版本，非通例也。沈序稱二典、三謨經朱子點定，然董鼎纂注於「正月朔旦」條下注曰：「朱子親集書傳，自孔序止此。其他大義，悉口授蔡氏。併親稾百餘段，俾足成之。」則大禹謨猶未全竣。序所云二典、三謨，特約舉之辭。鼎又引陳櫟之言曰：案：櫟此條不載所作書傳纂疏中，蓋其書傳折衷之文也。「朱子訂傳原本有曰：正月，次年正月也。神宗，説者以爲舜祖顓頊而宗堯，因以神宗爲堯廟，未知是否。如帝之初等，蓋未嘗質言爲堯廟。今本云云，其朱子後自改乎？抑蔡氏所改乎？」則序所謂朱子點定者，亦不免有所竄易。故宋末黄景昌等各有正誤、辨疑之作。陳櫟、董鼎、金履祥皆篤信朱子之學者，而櫟作書傳折衷，鼎作書傳纂注，履祥作尚書表注，斷斷有辭。明洪武中修書傳會選，改定至六十六條。國朝欽定書經傳説彙纂，亦多所考訂釐正。蓋在朱子之說尚書，主於通所可通，而闕其所不可通，見於語録者不啻再三。而沈於殷盤周誥，一一必求其解，其不能無憾也固宜。然其疏通證明，較爲簡易。且淵源有自，大體終醇。元與古注疏竝立學官，見元史選舉志。而人置注疏肄此書；明與夏僎解竝立學官，見楊慎丹鉛録。而人亦置僎解肄此書，固有由矣。

尚書精義五十卷

永樂大典本

宋黄倫撰。宋史藝文志載有是書十六卷。陳振孫書録解題亦著於録，稱爲三山黄倫彛卿所編，知爲閩人。此本前有余氏萬卷堂刊行小序，稱爲「釋褐黄君」，則又曾舉進士。然閩書及福建通志已均不載其名，其仕履則莫能詳矣。其刊書之余氏，亦不知何時人。案岳珂九經三傳沿革例稱世所傳九經本，以興國于氏及建安余仁仲本爲最善。又林之奇尚書全解亦惟建安余氏刊本獨得其真，見之奇孫畊所作跋語中。此篇所稱余氏，當即其人。是在宋時坊刻中猶爲善本也。其書薈萃諸説，依經臚載，不加論斷。間有同異，亦兩存之。其所徵引，自漢迄宋，亦極賅博。惟編次不以時代，每條皆首列張九成之説，似即本九成所著尚書詳説而推廣之。故陳振孫頗疑其出於僞託。然九成詳説之目僅見宋志，久經湮晦。即使果相沿襲，亦未嘗不可藉是書以傳九成書也。其他如楊氏繪、顧氏臨、周氏範、李氏定、司馬氏光、張氏沂、上官氏公裕、王氏日休、王氏當、黄氏君愈、顔氏復、胡氏伸、王氏安石、王氏雱、張氏綱、孔氏武仲、孔氏文仲、陳氏鵬飛、孫氏覺、朱氏震、蘇氏洵、吴氏孜、朱氏正太、蘇氏子才等當時著述，竝已散佚，遺章賸句，猶得存什一於是編。體裁雖稍涉氾濫，其裒輯之勤，要亦未可盡没矣。其書傳本久絶，朱彝尊經義考亦曰「已佚」。今從永樂大典各韻中採撮編綴，梗概尚存。惟永樂大典之例，凡諸解已見前條者，他書再相援引，則僅注「某氏曰見前」字。其爲全録、摘録，無由考校。今亦不復補録，姑就所現存者釐訂成帙，分爲五十卷。存宋人書説之梗概，備援證焉。

尚書詳解五十卷　編修汪如藻家藏本

宋陳經撰。經字顯之，一云字正甫，安福人。慶元中登進士第，官至奉議郎、泉州泊幹所。著有詩講義、存齋語録諸書，已佚不傳。是編宋史藝文志作五十卷。今鈔帙僅存，檢勘卷目，猶爲完本。寧宗之世，正蔡氏傳初出之時。而此書多取古注疏，或間參以新意，與蔡氏頗有異同。每援後世之事以證古經，蓋趙岐注孟子已有此例，無庸以駁雜爲嫌。惟如解「説築傅巖」，引伊川訪董五經事之類，稍爲汎濫，當分别觀之。至於論舜放四凶，云：「欲安其居止，俾無所憂愁」，則欲明先王愛物之心，轉失聖人懲惡之義，頗有未協。又自序稱：「今日語諸友以讀此書之法，當以古人之心求古人之書。吾心與是書相契而無間，然後知典、謨、訓、誥、誓、命皆吾胸中之所有，亦吾日用之所能行。」云云，尤近於陸九淵「六經注我」之説。殆傳金谿之學派者，亦不可立訓。然其句櫛字比，疏證詳明，往往發先儒所未發，實可與林之奇、夏僎諸家相爲羽翼。固無庸拘蔡氏之學，執一格以相繩焉。

融堂書解二十卷　永樂大典本

宋錢時撰。時字子是，淳安人。受學於楊簡。嘉熙中，以丞相喬行簡薦，授祕閣校勘，遷史館檢閲。案時兩漢筆記之前載有尚書省劄，列時所著諸書，有尚書啓蒙。又載嚴州進狀，則稱尚書演義。同時案牘之文，已自相違異。永樂大典所載則皆題錢時融堂書解，其名又殊。然永樂大典皆據内府宋本採入，當必無譌。朱彝尊經義考以尚書演義著録，蓋未睹中祕書也。舊本久佚，今采掇裒輯，重爲編次。惟伊訓、梓材、秦誓三篇全佚，説命、吕刑亦間有闕文，餘尚皆篇帙完善，不失舊觀。復采時之意主表章書序，每篇之首，皆條具大旨。其逸書之序，則參考史記，核其時事以釋篇題。復采經典釋文、史記集解、史記索隱所引馬融、鄭康成説，引伸其義。雖因仍舊説，不知書序非詩序之比，未免稍失考證，然用意則可謂精勤。所解如「羲和曠厥職」則本諸蘇軾；康叔封衛在成王時則仍用孔安國傳；康王之誥則兼采張九成書説，不專主一家之學。至以泰誓爲告西岐師旅，牧誓爲告遠方諸侯，皆不傍前人，自抒心得。又謂武成本無脱簡，前爲武王告師之辭，後爲史臣紀事之體；康誥首節，以「周公初基」定爲東都營洛邑，封康叔以撫頑民，不當移置於洛誥，尤爲不惑於曲説。亦宋人經解中之特出者也。其書省劄、進狀皆不著卷數，經義考作八卷，未知何據。今以篇帙頗繁，謹約略離析，勒爲二十卷。

洪範統一一卷　永樂大典本

宋趙善湘撰。善湘字清臣，濮安懿王五世孫，仕至資政殿大學士。封文水郡公，贈少師。事蹟具宋史本傳。據其子汝楳周易輯聞序，善湘於易學用力至深，而所著書五種皆不傳。此書藏弆之家亦罕著録，故朱彝尊經義考注曰「未見」。今從永樂大典繕録，復爲完編。書成於開禧時，宋史謂之洪範統論，文淵閣書目又作統紀。今據善湘謂：「漢儒解傳，祇以五事庶徵爲五行之驗，而五行八政謂疇散而不知所統，徵引事應，語多傅會。因采歐陽脩唐志、蘇洵洪範圖論遺意，定皇極爲九疇之統。每疇之中，如五行則水、火、木、金皆統於土，五事則貌、言、視、聽皆統於思，得其統而九疇可一以貫之矣。」云云，則永樂大典題曰洪範統一爲名實相應矣。考朱子與陸九淵論皇極之義，往復辨難，各持一説。此書以大中釋皇極，本諸注疏，與陸氏合。復謂九疇皆運於君心，發爲至治，又合於朱子建極之旨。蓋能通懷彼我，兼取兩家之説者。生當分朋講學之時，而超然不預於門户，是難能也。

尚書要義十七卷序説一卷　浙江鄭大節家藏本

宋魏了翁撰。了翁謫居靖州時，著九經要義，凡二百六十三卷。皆摘注疏中精要之語，標以目次，以便簡閲。其周易要義已著録，此其所摘尚書注疏也。孔安國傳本出依託，循文衍義，無大發明，亦無大瑕纇。故宋儒説詩排小序，説春秋排三傳，而説書則不甚排孔氏。孔穎達正義雖詮釋傳文，不肯稍立同異，而原原本本，考證粲然。故朱子語録亦謂尚書名物典制當看疏文。然尚書文既聱牙，注疏又復浩汗，學者卒業爲艱。了翁汰其冗文，使後人不病於蕪雜，而一切考證之實學已精華畢擷，是亦讀注疏者之津梁矣。是書傳寫頗稀。此本有「曠翁手識」一印、「山陰祁氏藏書」一印、「澹生堂經籍記」一印，猶明末祁彪佳家所藏也。原目二十卷中，第七卷、第八卷、第九卷竝佚，無別本可以校補，今亦姑仍其闕焉。

尚書集傳或問二卷 内府藏本

宋陳大猷撰。自序稱：「既集書傳，復因同志問難，記其去取曲折以成此編。」則此編本因集傳而作。今集傳已佚，存者惟此兩卷。朱彝尊經義考引張雲章之言，謂：「大猷，東陽人，登紹定二年進士。案：「紹定」，刻本誤「紹興」，今改正。由從仕郎歷六部架閣，著尚書集傳。又有都昌陳大猷者，號東齋，饒雙峰弟子，著書傳會通，仕爲黄州軍州判官。乃陳澔之父，與東陽陳氏實爲兩人。」彝尊附辨其説，則謂：「鄱陽董氏書傳纂注列引用姓氏，於陳氏書集傳特注明『東齋』字，未可定集傳爲東陽陳氏之書，而非都昌陳氏之書。」納喇性德作是書序，則仍從雲章之説。案董鼎書傳纂注所引，其見於輯録者有東齋書傳、復齋集義。其見於纂注者，則一稱「復齋陳氏」，仍連其號；一稱「陳氏大猷」，惟舉其名。案：是書標氏、標名，例不畫一。大抵北宋以前皆稱某氏；南宋以後則入朱子學派者稱某氏，不入朱子學派者雖王十朋、劉一止皆稱其名。所列大猷諸説，此書不載，蓋皆集傳之文。惟甘誓「怠棄三正」

一條採用此書，亦稱「陳氏大猷」。則所謂陳氏大猷者即此人，而非東齋矣。又此書皆論集傳去取諸説之故，與朱子四書或問例同。董鼎書於禹貢「冀州」引東齋書傳一條，謂：「與蔡氏傳所論梁州錯法不合，然蔡亦似未的」云云，於此書之例當有辨定，而書中不一及之。知其集傳中無此條矣。且此陳大猷爲理宗初人，故所引諸家僅及蔡沈而止。其稱朱子曰朱氏、晦菴氏，持論頗示異同。至論堯典「敬」字一條，首舉「心之精神謂之聖」。此孔叢子之語而楊簡標爲宗旨者，其學出慈湖，更無疑義。若都昌陳大猷乃開慶元年進士，見其子澔禮記集説序。當理宗之末年，時代既後。又大猷受業饒魯，魯受業黄榦，榦受業朱子，淵源相接。尊朱子若神明，而視楊氏若敵國，安有是語哉！彝尊蓋偶見董鼎注「東齋」字，而未及核檢其書也。今參考諸説，仍定爲東陽陳大猷之書，著於録焉。

尚書詳解十三卷　内府藏本

宋胡士行撰。士行，廬陵人。官臨江軍軍學教授。是編焦竑國史經籍志作書集解，朱彝尊經義考又作初學尚書詳解。稱名互異，其實一書也。其解經多以孔傳爲主，而存異説於後。孔傳有未善，則引楊時、林之奇、吕祖謙、夏僎諸説補之；諸説復有所未備，則以己意解之。堯典星辰之伏見列爲四圖，以驗分至；洪範「初一曰五行」，則補繪太極圖以釋「初」字，見五行生尅之有本。雖皆根據舊説，要能薈萃以成一家言，猶解經之篤實者也。所引漢、晉人訓詁間有異字。如益稷篇引鄭康成云「黹，紩也，紩以爲繡也」，與注疏所載不同。凡斯之類，亦見其留心古義，不但空談名理矣。

尚書表注二卷

兩江總督採進本

宋金履祥撰。履祥字吉父，號仁山，蘭谿人。從學於王柏。德祐初，以史館編修召，不赴。入元，隱居教授以終。事蹟具元史儒學傳。初，履祥作尚書注十二卷，柳貫所撰行狀稱「早歲所著尚書章釋句解，已有成書」是也。朱彝尊經義考稱其尚存，今未之見。惟此書刻通志堂經解中。前有自序，稱：「擺脱衆説，獨抱遺經，復讀玩味，爲之正句畫段，提其章旨與其義理之微，事爲之概。考正文字之誤，表諸四闌之外。」蓋其晚年定本也。其書於每頁之上下左右，細字標識，縱横錯落，初無行款，於古來著經之家别爲一體。大抵攟摭舊説，折衷己意，與蔡沈集傳頗有異同。其徵引伏氏、孔氏文字同異，亦確有根原。所列作書歲月，則與所作通鑑前編悉本胡宏皇王大紀。參考後先，雖未必一一盡確，然要非盡無據而作也。至於過爲高論，求異先儒，如欲以康誥之敘冠於梓材篇首，謂：「前爲『周公咸勤』之事，後即『洪大誥治』之文。『集庶邦』，則營東都，以均四方朝貢之道里；『先後迷民』，則所謂毖殷遷洛，以密邇王化。」其説甚辨。而於篇首「王曰封」三字，究無以解。因復謂「王」字當作「周公」，「封」字因上篇酒誥而衍，則未免於竄改經文以就己意矣。是則其瑜不掩瑕者也。

欽定四庫全書總目卷十二

經部十二

書類二

書纂言四卷 内府藏本

元吴澄撰。澄有易纂言，已著録，是編其書解也。古文尚書自貞觀敕作正義以後，終唐世無異説。宋吴棫作書裨傳，始稍稍掊擊，朱子語録亦疑其僞。然言性、言心、言學之語，宋人據以立教者，其端皆發自古文，故亦無肯輕議者。其考定今文、古文，自陳振孫尚書説始；其分編今文、古文，自趙孟頫書古今文集注始；其專釋今文，則自澄此書始。自序謂：「晉世晚出之書，别見於後。」然此四卷以外，實未釋古文一篇。朱彝尊經義考以爲權詞，其説是也。考漢代治尚書者，伏生今文，傳爲大、小夏侯、歐陽三家；孔安國古文，别傳都尉朝、庸生、胡常，自爲一派。是今文、古文本各爲師説。澄專釋今文，尚爲有合於古義，非王柏詩疑舉歷代相傳之古經，肆意刊削者比。惟其顛倒錯簡，皆以意自爲，且不明言所以改竄之故，與所作易纂言體例迥殊。是則不可以爲訓，讀者取所長而無效所短可矣。

尚書集傳纂疏六卷 兩江總督採進本

元陳櫟撰。櫟字壽翁，號定宇，休寧人。宋亡之後，隱居三十八年。至延祐甲寅，年六十三，復出應試，中浙江鄉試。以病不及會試。越二年，上書干執政，不報，遂終於家，年八十有三。事蹟具元史儒學傳。董鼎書傳纂注所稱「新安陳氏」，即其人也。是編以疏通蔡傳之意，故命曰「疏」；以纂輯諸家之説，故命曰「纂」。又以蔡傳本出朱子指授，故第一卷特標朱子訂正之目。每條之下，必以朱子之説冠於諸家之前。間附己意，則題曰「愚謂」以別之。考櫟別有書説折衷，成於此書之前，今已散佚。惟其序尚載定宇集中，稱：「朱子説書，通其可通，不强通其所難通。而蔡氏於難通罕闕焉，宗師説者固多，異之者亦不少。予因訓子，遂掇朱子大旨及諸家之得經本義者，句釋於下。異同之説，低一字折衷之。」則櫟之説書，亦未嘗株守蔡傳。而是書之作，乃於蔡傳有所增補，無所駁正，與其舊説迥殊。自序稱「聖朝科舉興行，諸經、四書一是以朱子爲宗。書宗蔡傳，固亦宜然」云云，蓋延祐設科以後，功令如斯，故不敢有所出入也。

讀書叢説六卷　浙江吴玉墀家藏本

元許謙撰。謙字益之，金華人。延祐中以講學名一時，儒者所稱白雲先生是也。事蹟具元史儒學傳。自蔡沈書集傳出，解經者大抵樂其簡易，不復參考諸書。謙獨博覈事實，不株守一家，故稱「叢説」。如蔡氏釋堯典，本張子「天左旋，處其中者順之，少遲則反右」之説。不知左旋者東西旋，右旋者南北旋，截然殊致，非以遲而成右也。日東出西没，隨大氣而左，以成晝夜，非日之自行。其自行則冬至後由南斂北，夏至後由北發南，以成寒暑。月之隨大氣而左，及其自行亦如之。謙雖不能盡攻其失，然「七政疑」一條謂：「七政與天同西行，恐錯亂紛雜，泛然無統」，可謂不苟同矣。舊説洛誥「我乃卜澗水東、瀍水西」爲王城，據召誥、洛誥，周公皆乙卯至洛，在召公得卜、經營攻位，五日位成之後，是王城無庸再卜。謙謂：「此時王城已定，但卜處殷民之地。故先河朔黎水，以近殷舊都，民遷之便。次及澗東、瀍西，次及瀍東，皆以洛與此地相對定墨，而皆惟洛食。瀍、澗流至洛，所經已遠，不知周公所卜者何處。」又吕刑稱：「惟作五虐之刑，曰法。爰始淫爲劓、刵、椓、黥」，舊説以爲其刑造自有苗。謙謂苗乃專以刑爲治國之法，乃始過用其刑，非創造刑也。如此之類，亦頗不爲習聞所囿。至於説六律五聲，漫録律吕新書；説唐、虞之脩五禮，漫録周官大宗伯之文；説酒誥太史、内史，漫録周官太宰六典、八灋、八則、八柄之文，殊屬泛衍。書内載其師金履祥説爲多，卷首書紀年一篇，即據履祥通鑑前編起算。其間得失雜出，亦不盡確。然宋末元初説經者多尚虚談，而謙於詩考名物，於書考典制，猶有先儒篤實之遺，是足貴也。其書與詩名物鈔、四書叢説竝刊於至正六年，其版久佚。此本爲浙江吴玉墀家所藏，其第二卷中脱四頁，第三卷中脱兩頁，第五卷、第六卷各脱四頁。勘驗别本，亦皆相同。今亦無從校補，姑仍其舊焉。

尚書輯録纂注六卷

内府藏本

元董鼎撰。鼎字季亨，鄱陽人。朱子之學授於黄榦，鼎族兄夢程嘗從榦游，鼎又從夢程聞緒論，故自敘謂得朱子之再傳。是編雖以蔡沈集傳爲宗，而集傳之後續以朱子語録及他書所載朱子語，謂之「輯録」，又採諸説之相發明者附列於末，謂之「纂注」。自序稱：「集傳既爲朱子所訂定，則與自著無異。」又稱：「薈萃成朱子之一經，則仍以朱子爲主也。」考蔡沈書集傳序，惟稱二典、三謨嘗經先生點定。故陳櫟作書集傳纂疏，惟虞書首標朱子，而夏書以下則不然。其凡例曰：「首卷有『朱子訂定』四字，不忘本也。自二卷起去四字，紀實也。」吴澄作是書序，亦稱朱子訂定蔡傳僅至「百官若帝之初」而止。此書大禹謨「正月朔旦」條下，鼎併附注其説，是鼎於此書源委本自分明。其稱集傳爲朱子所訂定，似未免假借。然澄序又稱集傳「自周書洪範後寢覺疎脱，師説甚明而不用者有焉。疑其著述未竟而人爲增補，或草稾初成而未及脩改。」所舉金縢、召誥、洛誥諸條，皆顯相舛異。又稱鼎作是書，「有同有異，俱有所裨。如解西伯戡黎則從吴棫，解多士則從陳櫟，解金縢則兼存鄭、孔二義，不以蔡傳之從鄭爲然」云云，然則鼎於集傳蓋不免有所未慊。恐人以源出朱子爲疑，故特引朱子之説補其闕失。其舉集傳歸之朱子，猶曰以朱翼朱，則不以異蔡爲嫌耳，非其考之不審也。

尚書通考十卷 江西巡撫採進本

元黄鎮成撰。鎮成字元鎮，邵武人。以薦授江南儒學提舉，未上而卒。其書徵引舊説以考四代之名物典章，亦間附以論斷，頗爲詳備。其中如論閏月而牽及後代司天之書，論律而旁引京房之法，論樂而臚陳自漢至宋之樂名，皆與經義無關，失之汎濫。其他四仲、五品、五教、九疇、六府、三事之類，皆經有明文而復登圖譜。别無發明，亦爲冗瑣。又全書皆數典之文，而「曰若稽古」一條獨參訓詁，尤爲例不純。似乎隨筆記録之稾，未經刊潤成書者。然書本以道政事，而儒者以大經大法爲麤蹟，類引之而言心。王應麟困學紀聞曰：「仲虺之誥，言仁之始也；湯誥，言性之始也；太甲，言誠之始也；説命，言學之始也。」然則删書録此四篇，果僅因此四語乎？鎮成此編雖頗嫌蕪雜，然猶爲以實用求書，不以空言求書者。其自序有曰：「求帝王之心易，考帝王之事難。」可謂知説經難易之故矣。

書蔡傳旁通六卷

兩江總督採進本

元陳師凱撰。師凱家彭蠡，故自題曰東匯澤。其始末則不可得詳。此書成於至治辛酉。以鄱陽董鼎尚書輯録纂注本以羽翼蔡傳，然多採先儒問答，斷以己意。大抵辨論義理，而於天文、地理、律曆、禮樂、兵刑、龜策、河圖、洛書、道德、性命、官職、封建之屬皆在所略。遇傳文片言之賾，隻字之隱，讀者不免囁嚅齟齬。因作是編，於名物度數蔡傳所稱引而未詳者，一一博引繁稱，析其端委。其蔡傳岐誤之處，則不復糾正。蓋如孔穎達諸經正義主於發揮注文，不主於攻駁注文也。然不能以回護注文之故廢孔氏之疏，則亦不能以回護蔡傳之故廢師凱之書矣。知其有所遷就而節取所長可也。

讀書管見二卷　兩江總督採進本

元王充耘撰。黄虞稷千頃堂書目稱充耘字「與耕」，而原序及梅鶚跋竝稱「耕野」，疑虞稷誤也。吉水人。元統甲戌進士，授承務郎，同知永新州事。後棄官養母，著書授徒，因成是編。所説與蔡氏多異同。其中如謂堯典乃舜典之緣起，本爲一篇，故曰虞書；謂「九族既睦」，「既」當訓「盡」；謂「象以典刑」爲各象其罪而加之，非「垂象」之意；謂「同爲逆河」以海潮逆入而得名，皆非故爲異説者。至於洪範錯簡之説、伊訓改正不改月之辨，尚未能糾正。所附「周不改月，惟魯史改月」一條，尤爲强辭。大醇小疵，别白觀之可也。又禹貢篇「嶧陽孤桐」一條，語不可解。梅鶚跋稱：「此書得之西臯王氏，寫者草草，其末尤甚。」此條疑亦當時所譌脱。今無别本可校，姑仍其舊焉。

書義斷法六卷　浙江巡撫採進本

元陳悦道撰。其自題曰鄒次，不知何許人。書首冠以「科場備用」四字，蓋亦當時坊本爲科舉經義而設者也。其書不全載經文，僅摘録其可以命題者載之。逐句詮解，各標舉作文之窾要。蓋王充耘書義矜式如今之程墨，而此書則如今之講章。後來學者，揣摩擬題，不讀全經，實自此濫觴。録而存之，知科舉之學流爲剽竊，已非一朝一夕之故。猶易類録王宗傳，禮類録俞廷椿，著履霜堅冰，其來有漸，不可不紀其始也。書末原附作義要訣一卷，爲新安倪士毅所輯。分冒題、原題、講題、結題四則。又作文訣數則，尚具見當日程式。以世有别本，且論文之作不可附麗於經部，故著録於

「詩文評類」，而此則從删焉。

尚書纂傳四十六卷 兩江總督採進本

元王天與撰。天與字立大，梅浦人。大德二年，以薦授臨江路儒學教授。蓋天與爲贛州路先賢書院山長時，憲使臧夢麟以是書申臺省，得聞於朝，故有是命也。是書雖以孔安國傳、孔穎達疏居先，而附以諸家之解。其大旨則以朱子爲宗，而以真德秀説爲羽翼。蓋朱子考論羣經，以書屬蔡沈，故天與以蔡氏傳爲據。德秀則書説精義以外，復有大學衍義一書，所言與虞、夏、商、周之大經大法多相出入，故天與亦備采之。其注疏或删或存，亦以二家之説爲斷。自序所謂「期與二先生合而已，不敢以私意去取」，蓋道其實也。所説於名物訓詁多有闕略，而闡發義理則特詳，亦王元杰春秋讞義之流亞也。

尚書句解十三卷 兩江總督採進本

元朱祖義撰。祖義字子由，廬陵人。於諸經皆有句解，今多散佚，惟此書僅存。考元史選舉志，延祐中定經義取士之制，尚書以古注疏及蔡沈集傳爲宗。故王充耘書義矜式尚兼用孔傳。迨其末流，病古注疏之繁，而蔡傳遂獨立於學官。業科舉者童而習之，莫或出入。祖義是書專爲啓迪幼學而設，故多宗蔡義，不復考證舊文。於訓詁名物之間，亦罕所引據。然隨文詮釋，辭意顯明，使殷盤周誥詰屈聱牙之句，皆可於展卷之下了然於心口，其亦古者「離經辨志」之意歟？以視附會穿鑿，浮文妨要，反以晦蝕經義者，此猶有先儒篤實之遺矣。亦未可以其淺近廢也。

書傳會選六卷　浙江朱彝尊家曝書亭藏本

明翰林學士劉三吾等奉敕撰。案蔡沈書傳雖源出朱子，而自用己意者多。當其初行，已多異論。宋末元初，張葆舒作尚書蔡傳訂誤，黄景昌作尚書蔡氏傳正誤，程直方作蔡傳辨疑，余芑舒作讀蔡傳疑，遞相詰難。及元仁宗延祐二年，議復貢舉，定尚書義用蔡氏，於是葆舒等之書盡佚不傳。陳櫟初作書傳折衷，頗論蔡氏之失。迨法制既定，乃改作纂疏，發明蔡義，而折衷亦佚不傳。其自序所謂「聖朝科舉興行，書宗蔡傳，固亦宜然」者，蓋有爲也。至明太祖始考驗天象，知與蔡傳不合，乃博徵績學，定爲此編。凡蔡傳之合者存之，不預立意見以曲肆詆排；其不合者則改之，亦不堅持門户以巧爲回護。計所糾正凡六十六條。祝允明枝山前聞載其劄示天下者，惟堯典注「日月左旋」、洪範注「相協厥居」二條，舉大凡耳。顧炎武日知録曰：「此書謂天左旋，日月五星違天而右旋，主陳氏祥道；高宗肜日謂祖庚繹於高宗之廟，主金氏履祥；西伯戡黎謂是武王，亦主金氏；『惟周公誕保文武受命，惟七年』，謂周公輔成王之七年，主張氏、陳氏。皆不易之論。又如禹貢『厥賦貞』主蘇氏軾，謂賦與田正相當；『涇屬渭汭』主孔傳『水北曰汭』；太甲『自周有終』主金氏，謂『周』當作『君』；多方『不克開於民之麗』主葉氏。惟金縢『周公居東』駁孔氏，以爲東征非是，至洛誥又取東征之説，自相牴牾耳。每傳之末，繫以經傳音釋，於字音、字體、字義辨之甚悉。其傳中用古人姓氏、古書名目，必具出處，兼亦考正典故。蓋宋、元以來諸儒之規模猶在。而其爲此書者，皆自幼爲務本之學，非由八股發身之人。故所著之書雖不及先儒，而尚有功於後學。」云云。以炎武之淹博絶倫，罕所許可，而其論如是，則是書之足貴可略見矣。閻若璩尚書古文疏證因禹貢注中「澨水至復州竟陵境者」一語，誤「者」字爲「來」字，遂肆毒詈，非篤論也。考明太祖實録，與羣臣論蔡傳之失，在洪武十年三月。其詔脩是書，則在二十七年四月丙戌，而成書以九月己酉，僅五閱月。觀劉三吾敘稱：「臣三吾備員翰林，屢嘗以其説上聞。皇上允請，乃詔天下儒士，倣石渠、白虎故事，與臣等同校定之。」則是十七年間三吾已考證講求，先有定見，特參稽衆論以成之耳。惟實録所載纂脩諸臣姓名與此本卷首所列不符。朱彝尊經義考謂許觀、景清、盧原質、戴德彝等，皆以死建文之難删去。其説是已。然胡季安、門克新、王俊華等十一人，何以併删？且靳觀、吴子恭、宋麟三人，此書所不載，又何以增入？蓋永樂中重脩太祖實録，其意主於誣惠宗君臣以罪，明靖難之非得已耳。其餘草草，非所注意，故舛謬百出，不足爲據。此書爲當時舊本，當以所列姓名爲定可也。

書傳大全十卷　通行本

明胡廣等奉敕撰。書以蔡沈集傳爲主，自延祐貢舉條格已然。然元制猶兼用古注疏，故王充耘書義程式得本孔傳立義也。明太祖親驗天象，知蔡傳不盡可據，因命作書傳會選。參考古義，以糾其失，頒行天下。是洪武中尚不以蔡傳爲主。其耑主蔡傳，定爲功令者，則始自廣等。是其書雖不似詩經大全之全鈔劉瑾詩傳通釋、春秋大全之全鈔汪克寬胡傳纂疏，而實非廣等所自纂。故朱彝尊經義考引吴任臣之言曰：「書傳舊爲六卷，大全分爲十卷，大旨本二陳氏。」二陳氏者，一爲陳櫟尚書集傳纂疏，一爲陳師凱書蔡傳旁通。纂疏皆墨守蔡傳，旁通則於名物度數考證特詳。雖回護蔡傳之處在所不免，然大致較劉氏説詩、汪氏説春秋爲有根柢。故是書在五經大全中尚爲差勝云。

尚書考異五卷

浙江范懋柱家天一閣藏本

明梅鷟撰。鷟有古易考原，已著録。是編辨正古文尚書。其謂二十五篇爲皇甫謐所作，蓋據孔穎達疏引晉書皇甫謐傳，案：穎達作正義時，今本晉書尚未成，此蓋臧榮緒晉書之文。稱「謐姑子外弟梁柳得古文尚書，故作帝王世紀，往往載孔傳五十八篇之書」云云。然其文未明，未可據爲謐作之證。至謂孔安國序並增多之二十五篇，悉雜取傳記中語以成文，則指摘皆有依據。又如謂瀍水出谷城縣，兩漢志並同，晉始省谷城入河南，而孔傳乃云出河南北山；積石山在西南羌中，漢昭帝始元六年始置金城郡，而孔傳乃云積石山在金城西南。孔安國卒於漢武時，載在史記，則猶在司馬遷以前，安得知此地名乎？其爲依託，尤佐證顯然。陳第作尚書疏衍，乃以「譸張爲幻」詆之，過矣。明史藝文志不著録，朱彝尊經義考作一卷。此本爲范懋柱家天一閣所藏，不題撰人姓名。而書中自稱「鷟案」，則出鷟手無疑。原稾未分卷數，而實不止於一卷。今約略篇頁，釐爲五卷。鷟又別有尚書譜，大旨略同，而持論多涉武斷。故今别存其目，不復録焉。

尚書疑義六卷

浙江范懋柱家天一閣藏本

明馬明衡撰。明衡字子萃，莆田人。正德甲戌進士，官至監察御史。事蹟附見明史朱淛傳。是編成於嘉靖壬寅。前有自序，云：「凡於所明而無疑者，從蔡氏。其有所疑於心而不敢苟從者，輒録爲篇。」書中如「六宗」從祭法「輯五瑞」，謂是朝衆之常，非爲更新立異；洪範「日月之行」取沈括之説；於金縢頗有疑辭。皆能參酌衆説，不主一家，非有心與蔡立異者。惟「三江」必欲連「震澤」，而於「所其無逸」之「所」字亦不從蔡傳，則未免意見之偏。又往往闌入時事，亦稍失解經體例，蓋不免醇駁互存。然明人經解，冗濫居多。明衡是編尚能研究於古義，固不以瑕掩瑜也。明史稱：「閩中學者率以蔡清爲宗，至明衡獨受業於王守仁。閩有王氏學自明衡始。」考明衡當嘉靖三年，世宗尊所生而薄所後，於興國太后誕節詔命婦入賀，於慈壽皇太后誕辰乃詔免朝。時盈庭附和新局，而明衡惓惓故君，與朱淛力爭，皆遘禍幾殆，坐是終身廢棄，可謂不愧於經術。更不必以門户之見論是書之醇疵矣。

尚書日記十六卷

浙閩總督採進本

明王樵撰。樵有周易私録，已著録。兹編不載經文，惟案諸篇原第，以次詮釋。大旨仍以蔡傳爲宗，制度名物蔡傳所未詳者，則採舊説補之。又取金履祥通鑑前編所載，凡有關當時事蹟者，悉爲採入。如微子抱器、箕子受封、周公居東復辟諸條，皆引據詳明，考證精核。前有李維楨序，稱：「書有古文、今文，今之解書者又有古義、時義。書傳會選以下數十家，是爲古義，而經生科舉之文不盡用。書經大全以下主蔡氏而爲之説者，坊肆所盛行，亦數十家，是爲時義。」其言足括明一代之經術。又稱樵是書「於經旨多所發明，而亦可用於科舉」，尤適得是書之分量，皆確論云。

尚書砭蔡編一卷　浙江吴玉墀家藏本

明袁仁撰。仁字良貴，號蕿波，蘇州人。與季本同時相善，故解經往往似之。是編糾蔡沈之誤。所論如「粤若」「越若」之前後異訓；「三百六旬有六日」乃宋曆非古曆；「方命」當從蜀志、晉書所引；梅賾事不出晉書；「宣夜」有漢郗萌所傳，非無師説；并州不在冀東；醫無閭即遼東，不得既爲幽州，又爲營州；「鳥鼠同穴」，實有其事；「用爽厥師」，「爽」訓「失」；「説築傅巖」爲版築；「遯於荒野」爲甘盤；「西伯戡黎」爲武王；「四輔」非三輔之義；「洪舒」通作「洪荼」；虎賁不掌射御；「荒度作刑」不連「耄」字爲句，皆確有所據。至謂史記索隱「南譌」不作「爲」字，則但據今本；「不格姦」爲不止其姦，「鮮食」非肉食，「怪石」爲資服餌，「汨陳」之「陳」訓爲「舊」，則又有意立異，不可爲訓矣。朱彝尊經義考載此書，注曰「未見」。此本載曹溶學海類編中，題曰尚書蔡注考誤。案沈道原序亦稱砭蔡編，則經義考所題爲是。溶輯學海類編，多改易舊名以示新異，不足爲據也。

尚書注考一卷　浙江吴玉墀家藏本

明陳泰交撰。朱彝尊經義考載陳氏泰來尚書注考一卷，注曰「未見」。又注「泰來字長水，平湖人。萬曆丁丑進士，官至禮部精膳司員外郎。」案吴永芳嘉興府志載「陳泰交字同倩，萬曆中國子監生，所著有尚書注考」，與經義考迥異。然經義考引項皋謨之説，稱「同倩治尚書，作注考」云云，明出泰交之字。則彝尊未見其書，誤以「泰交」爲「泰來」，審矣。其書皆考訂蔡沈書傳之譌。謂有引經注經不照應者三條，又有同字異解者三百六十二條，皆直録注語，不加論斷。其同字異解者，一字或有數義，抉摘未免過嚴。其不照應者三條，如「凡厥正人」引「惟厥正人」爲證；「曰若稽古帝堯」引「越若來」爲證；「德懋懋官」引「時乃功懋哉」爲證，則前後顯相矛盾，誠蔡氏之疎略矣。馬明衡尚書疑義、袁仁砭蔡編頗以典制名物補正蔡傳之闕誤。泰交此書則惟較量於訓詁之間，而所謂訓詁異辭者，又皆以矛攻盾，未及博援古義，證以舊文，故爲少遜於二家。然釋事、釋義，二者相資，均謂之有功蔡傳可也。

尚書疏衍四卷　江蘇巡撫採進本

明陳第撰。第有伏羲圖贊，已著録。是書前有第自序，稱：「少受尚書，讀經不讀傳注，口誦心維，得其意於深思者頗多。後乃參取古今注疏，而以素得於深思者附著之。」然第學問淹博，所著毛詩古音考、屈宋古音義諸書，皆援據該洽，具有根柢。其作是書，雖其初不由訓詁入，而實非師心臆斷，以空言説經者比。如論舜典「五瑞」「五玉」「五器」，謂不得以周禮釋虞書，斥注疏家牽合之非，其理確不可移。論武成無錯簡，洪範非龜文，亦足破諸儒穿鑿附會之説。惟篤信梅賾古文，以朱子疑之爲非；於梅鷟尚書考異、尚書譜二編，排詆尤力，則未能深考源流。經師授受，自漢代已别户分門，亦聽其各尊所聞可矣。

洪範明義四卷　福建巡撫採進本

明黄道周撰。道周有易象正，已著録。是編乃崇禎十年道周官左諭德掌司經局時纂集進呈之書。其進序曰：「上卷言天人感召、性命相符及好德用人之方。下卷言陰騭相協、彝倫條貫，旁及陰陽曆數之務。初、終兩卷，考正篇章，分别倫序。」其學深於術數，於五行汩敘，類陳災異以明鑒戒，不免沿襲伏生、董仲舒、劉向等附會之文。至八政疇敘，以食配坤，以貨配巽，以祀配離，以司空配兑，以司徒配艮，以司寇配坎，以賓配震，以師配乾，已屬牽合。又配以六十四卦先、後天圖，更爲穿鑿。其最異者，至以河圖、洛書配曆數，而曰某年至某年爲「稼穡」初際、中際、末際，以至「從革」「曲直」「潤下」「炎上」，其例皆然。是更沿皇極經世之餘波，曼衍而不可究詰矣。至於改「農用」爲「辰用」，「衍忒」爲「衍成」，「六極」爲「六殛」，殊爲臆説。其改定章段次第，亦未見其必然。惟其意存啓沃，借天人相應之理，以感動恐懼脩省之心。其文不盡合於經義，其意則與經義深有合焉。置其小節，存其宏旨可也。

日講書經解義十三卷

康熙十九年聖祖仁皇帝御定。尚書一經，漢以來所聚訟者，莫過洪範之五行；宋以來所聚訟者，莫過禹貢之山川；明以來所聚訟者，莫過今文、古文之真僞。然伏生、董仲舒、劉向、劉歆之所推，特術家傅會之説；程大昌、傅寅、毛晃之所辨，歸有光、梅鷟之所爭，特經生考證之資耳。實則尼山删定，本以唐、虞、三代之規，傳爲帝王之治法，不徒爲尋章摘句設也。是編爲大學士庫勒納等奉詔以講筵舊稾編次而成。大旨在敷陳政典，以昭宰馭之綱維；闡發心源，以端慎脩之根本。而名物訓詁，不復瑣瑣求詳。蓋聖人御宇，將上規堯、舜，下挹成、康，所學本與儒生異。故黼幄之所對揚，玉音之所闡繹，亦惟是大者遠者，與儒生音訓迥然有殊。臨御六十一年，聖德神功同符於典謨所述，信有由矣。

欽定書經傳説彙纂二十四卷

康熙末，聖祖仁皇帝敕撰，雍正八年告成，世宗憲皇帝御製序文刊行。宋以來説五經者，易、詩、春秋各有門户。惟三禮則名物度數不可辨論以空言，故無大異同。書則帝王之大經大法，共聞共見，故自古文、今文互有疑信外，義理亦無大異同。蔡沈集傳始睥睨先儒，多所排擊。然書出未久，而張葆舒、黄景昌、程直方、余芑舒等紛紛然交攻其誤，是必有未愜者在矣。自元延祐中始以蔡傳試士，明洪武中雖作書傳會選以正其譌，而永樂中脩書經大全，仍懸爲功令，莫敢歧趨。我國家經術昌明，競研古義。聖祖仁皇帝聰明天縱，念典維勤，於唐、虞、三代之鴻規尤爲加意。既敕編日講書經解義，復指授儒臣纂輯是編。雖仍以蔡傳居前，衆説列後，而參稽得失，辨别瑕瑜。於其可從者發明證佐，不似袁仁等之有意抨彈；於其不可從者辨訂譌舛，亦不似陳櫟等之違心回護。其義可兩通者，皆别爲附録，以明不專主一家。蓋即一訓詁之學，而聖人執兩用中之道，大公至正之心，悉可以仰窺焉，又不僅爲説書之準繩已也。

書經稗疏四卷 湖南巡撫採進本

國朝王夫之撰。夫之有周易稗疏，已著録。是編詮釋經文，亦多出新意。其間有失之太鑿者，如謂虞書自「戛擊鳴球」以下至「庶尹允諧」，皆韶樂之譜：「以詠」二字貫下「祖考來格」三句爲升歌，以配笙瑟之詩；「鳥獸蹌蹌」爲下管之所舞；「鳳凰來儀」爲第九成吹簫之所舞；「百獸率舞，庶尹允諧」爲樂終擊磬之所舞。又謂「作歌」「賡歌」即大韶升歌之遺音，夔以被之管弦者，故繫之「庶尹允諧」之後。前數語不用韻，如樂府之有豔、有和、有唱；其三句一韻者，如樂府之有辭。其説附會支離，全無文義。其論洛書配九疇之數，以履一爲五皇極，而以居中之五爲一五行。雖推衍百端，畫圖立説，終與經文本數相戾。其於地理，至以崑崙爲洮州臙脂嶺，尤爲武斷。然如蔡傳引爾雅「水北曰汭」，實無其文，世皆知之。夫之則推其致誤之由，以爲譌記孔安國「涇屬渭汭」之傳；謂禋非周禮之禋，類非周禮之類，五服、五章亦不以周制解虞制，與陳第論周之五玉不可解虞之五玉者，同一爲古人所未發；引矍相之射證「侯以明之」，謂以與射不與射爲榮辱，非以射中不中爲優劣；因周禮日月辰次正泰誓十三年爲辛卯；引説文、大戴禮記證蠙珠非蚌珠，蔡傳不知古字假借；引周禮玉府「供王食玉」證玉食；引左傳證奄與淮夷爲二；引喪大記證狄人；引説文「羑」字之訓以解「羑若」，駁蘇軾傳及蔡傳之失，則大抵辭有根據，不同游談。雖醇疵互見，而可取者較多焉。

古文尚書疏證八卷

内府藏本

國朝閻若璩撰。若璩字百詩，太原人，徙居山陽。康熙己未，薦舉博學鴻詞。古文尚書較今文多十六篇，晉、魏以來絶無師説。故左氏所引，杜預皆注曰「逸書」。東晉之初，其書始出，乃增多二十五篇。初猶與今文竝立，自陸德明據以作釋文，孔穎達據以作正義，遂與伏生二十九篇混合爲一。唐以來雖疑經惑古如劉知幾之流，亦以尚書一家列之史通，未言古文之僞。自吴棫始有異議，朱子亦稍稍疑之。吴澄諸人本朱子之説，相繼抉摘，其僞益彰。然亦未能條分縷析，以抉其罅漏。明梅鷟始參考諸書，證其剽剟，而見聞較狹，蒐采未周。至若璩乃引經據古，一一陳其矛盾之故，古文之僞乃大明。所列一百二十八條，毛奇齡作古文尚書冤詞，百計相軋，終不能以强辭奪正理。則有據之言，先立於不可敗也。其書初成四卷，餘姚黄宗羲序之。其後四卷又所次第續成。若璩没後，傳寫佚其第三卷。其二卷第二十八條、二十九條、三十條，七卷第一百二條、一百八條、一百九條、一百十條，八卷第一百二十二條至一百二十七條，皆有録無書。編次先後，亦未歸條理。蓋猶草創之本。其中偶爾未核者，如據正義所載鄭玄書序注，謂馬、鄭所傳與孔傳篇目不符，其説最確，至謂馬、鄭注本亡於永嘉之亂，則殊不然。考二家之本，隋志尚皆著録，稱所注凡二十九篇。經典釋文備引之，亦止二十九篇。蓋去其無師説者十六篇，止得二十九篇，與伏生數合，非别有一本注孔氏書也。若璩誤以鄭逸者即爲所注之逸篇，不免千慮之一失。又史記、漢書但有安國上古文尚書之説，竝無受詔作傳之事。此僞本鑿空之顯證，亦辨僞本者至要之肯綮，乃置而未言，亦稍疎略。其他諸條之後，往往衍及旁文，動盈卷帙。蓋慮所著潛丘劄記或不傳，故附見於此，究爲支蔓。又前卷所論，後卷往往自駁，而不肯删其前説，雖仿鄭玄注禮先用魯詩，後不追改之意，於體例亦究屬未安。然反復釐剔，以袪千古之大疑，考證之學則固未之或先矣。

古文尚書冤詞八卷　浙江巡撫採進本

國朝毛奇齡撰。奇齡有仲氏易，已著録。其學淹貫羣書，而好爲駁辨以求勝。凡他人所已言者，必力反其辭。故儀禮十七篇古無異議，惟章如愚山堂考索載樂史有「五可疑」之言，後儒亦無信之者。奇齡獨拾其緒論，詆爲戰國之僞書。古文尚書自吴棫、朱子以來皆疑其僞，及閻若璩作古文尚書疏證，奇齡又力辨以爲真。知孔安國傳中有安國以後地名，必不可掩，於是别遁其辭，摭隋書經籍志之文，以爲梅賾所上者乃孔傳，而非古文尚書。其古文尚書本傳習人間，而賈、馬諸儒未之見。其目一曰總論，二曰今文尚書，三曰古文尚書，四曰古文之冤始於朱氏，五曰古文之冤成於吴氏，案：吴棫書裨傳在朱子稍前，故朱子語録述棫説。當云始於吴氏，成於朱氏。此二門殊爲顛倒，附識於此。六曰書篇題之冤，七曰書序之冤，八曰書小序之冤，九曰書詞之冤，十曰書字之冤。考隋書經籍志云：「晉世祕府存有古文尚書經文，今無有傳者。及永嘉之亂，歐陽，大、小夏侯尚書竝亡。至東晉豫章内史梅賾，始得安國之傳，奏之。」其敘述偶未分明，故爲奇齡所假借。然隋志作於尚書正義之後，其時古文方盛行，而云「無有傳者」，知東晉古文非指今本。且先云古文不傳，而後云始得安國之傳，知今本古文與安國傳俱出，非即東晉之古文。奇齡安得離析其文，以就己説乎？至若璩所引馬融書序云：「逸十六篇，絶無師説」，又引鄭玄所注十六篇之名爲舜典、汩作、九共、大禹謨、益稷、五子之歌、胤征、湯誥、咸有一德、典寶、伊訓、肆命、原命、武成、旅獒、冏命，明與古文二十五篇截然不同。奇齡不以今本不合馬、鄭爲僞作古文之徵，反以馬、鄭不合今本爲未見古文之徵，亦頗巧於顛倒。然考僞孔傳序，未及獻者乃其傳。若其經，則史云安國獻之，故藝文志著録。賈逵嘗校理祕書，不應不見。又司馬遷爲安國弟子，劉歆嘗校七略，班固亦爲蘭臺令史，典校藝文。而遷史記儒林傳云：「孔氏有古文尚書，安國以今文讀之，逸書得多十餘篇。」歆移太常博士書稱：「魯恭王壞孔子宅，得古文於壞壁之中，逸書十六篇。」班固漢書藝文志亦稱：「以考二十九篇，得多十六篇。」則孔壁古文有十六篇，無二十五篇，鑿鑿顯證，安得以晉人所上之古文合之孔壁歟？且奇齡所藉口者，不過以隋志稱馬、鄭所注二十九篇，乃杜林西州古文，非孔壁古文。不知杜林所傳實孔氏之本，故馬、鄭等去其無師説者十六篇，正得二十九篇。經典釋文所引，尚可覆驗。徒以脩隋志時梅賾之書已行，故志據後出僞本，謂其不盡孔氏之書。奇齡舍史記、漢書不據，而據唐人之誤説，豈長孫無忌等所見反確於司馬遷、班固、劉歆乎？至杜預、韋昭所引逸書，今見於古文者，萬萬無可置辨，則附會史記、漢書之文，謂不立學官者，即謂逸書。不知預注左傳，皆云「文見尚書某篇」，而逸書則皆無篇名。使預果見古文，何不云逸書某某篇耶？且趙岐注孟子、郭璞注爾雅，亦多稱尚書逸篇。其中見於古文者，不得以不立學官假借矣。至孟子「欲常常而見之，故源源而來。不及貢，以政接於有庳」，岐注曰：「此『常常』以下皆尚書逸篇之詞。」爾雅：「釗，明也」，璞注曰：「逸書：『釗我周王』。」核之古文，絕無此語，亦將以爲不立學官故謂之逸耶？又岐注「九男二女」，稱：「逸書有舜典之書，亡失其文。孟子諸所言舜事，皆堯典及逸書所載。」使逸書果指古文，則古文有舜典，何以岐稱「亡失其文」耶？此尤舞文愈工而罅漏彌甚者矣。梅賾之書，行世已久。其文本采掇佚經，排比聯貫，故其旨不悖於聖人，斷無可廢之理。而確非孔氏之原本，則證驗多端，非一手所能終掩。近惠棟、王懋竑等續加考證，其説益明，本不必再煩較論。惟奇齡才辨足以移人，又以衛經爲辭，託名甚正。使置而不録，恐人反疑其説之有憑，故竝存之。而撮論其大旨，俾知其説不過如此，庶將來可以互考焉。

尚書廣聽録五卷　浙江巡撫採進本

國朝毛奇齡撰。奇齡欲注尚書而未及，因取舊所雜記者編次成書，名曰廣聽，用漢志「書以廣聽」語也。奇齡嘗語其門人曰：「尚書事實乖錯，如武王誥康叔、周公居洛邑、成王寧周公、周公留召公，皆竝無此事。」是書之意，大約爲辨證三代事實而作。初作於禹州，繼撰於嵩山，凡屢易稾。至作尚書冤詞訖，而始删成爲五卷。其堅護孔傳，至謂安國解舜典文與周禮同者，乃相傳之虞禮，竝非出自周禮。夫杞、宋無徵，孔子已嘆不知。相傳之虞禮竟出何書？可謂虚辭求勝，不顧其安。然於名物典故則引據考證，時有可採。置其臆斷之説而取其精核之論，於經義亦有所補也。

尚書埤傳十七卷　浙江巡撫採進本

國朝朱鶴齡撰。鶴齡字長孺，別號愚菴，吴江人。前明諸生。是書前有考異一卷，辨經文同異。後有逸篇、僞書及書説餘一卷。大抵以孔傳爲真，故史記所載湯誥親受於孔安國者，反以爲僞。所見未免偏僻。然中間埤傳十五卷，旁引曲證，亦多可採。如於沂水則取金履祥之言，而魯之沂與徐之沂截然分明；於分別「九州」則取章俊卿之考索；於「西伯戡黎」則取王樵之日記，如此之類，頗見別裁。至於三江故道，左袒郭璞，殊嫌失考；多士、多方，竝録王柏更定之本，尤失於輕信瑣記，竄改古經；又堯典「俊德」，謂偏考字書「俊」不訓「大」，不知「俊者，大也」乃夏小正傳文。如是之類，或亦間有疎漏。要其詮釋義理而不廢考訂訓詁，斟酌於漢學、宋學之間，較書肆講義則固遠勝焉。

禹貢長箋十二卷

浙江巡撫採進本

國朝朱鶴齡撰。是編專釋禹貢一篇。前列二十五圖，自禹貢全圖以及導山、導水，皆依次隨文詮解，多引古説，而以己意折衷之。禹貢自宋、元以來，注釋者不下數十家，雖得失互見，要以胡渭之禹貢錐指爲最善。此書作於胡渭之前。如解「治梁及岐」，力主狐岐爲冀州之境，則於理未合。蓋岐實雍地，當時水之所壅，惟雍爲甚，故治冀必先治雍，而後壺口可得而疏。孔傳所云「壺口在冀州，岐在雍州，從東循山治水而西」，此語最爲明晰。鶴齡所以反其説者，殆以冀州之中不當及雍地。不知冀爲天子之都，何所不包。古人字句，原未拘泥。如荆州云「江、漢朝宗於海」，荆固無海，亦不過推江、漢所歸言之耳。即此可以爲例，又何必斤斤致疑乎？至其「三江」一條，既主鄭康成左合漢，右合彭蠡，岷江居中之説，而又兼取蔡傳，以韋昭、顧夷所謂「三江口」者當之，亦殊無定見。又古黑水聯絡雍、梁，而鶴齡必區而二之；蜀漢之山本相連，而鶴齡謂蜀之嶓非雍之嶓，俱未爲精密。又於「敷淺原」兼取禹過之及江過之二説，尤屬騎牆。此類皆其所短，殊不及胡渭書之薈粹精博。而旁引曲證，亦時多捌獲，尚屬瑕瑜參半。且其於貢道、漕河經由脈絡，剖析條理，亦較他本爲詳。故仍録存其書，與禹貢錐指相輔焉。

禹貢錐指二十卷圖一卷

浙江巡撫採進本

國朝胡渭撰。渭有易圖明辨，已著録。其生平著述甚夥，而是書尤精力所專注。康熙乙酉，恭逢聖祖仁皇帝南巡，曾呈御覽，蒙賜「耆年篤學」扁額。稽古之榮，至今傳述。原本標題二十卷，而首列圖一卷。其中卷十一、卷十四皆分上、下，卷十三分上、中、下，而中卷又自分上、下，實共爲二十六卷。其圖凡四十有七，如禹河初徙、再徙及漢、唐、宋、元、明河圖，尤考究精密。書中體例，亞經文一字爲集解，又亞一字爲辨證。歷代義疏及方志、輿圖，搜采殆徧。於九州分域，山水脈絡，古今同異之故，一一討論詳明。宋以來傳寅、程大昌、毛晃而下，注禹貢者數十家，精核典贍，此爲冠矣。至於陵谷遷移，方州分合，數千年内，往往不同。渭欲於數千載後，皆折衷以定一是。如郭璞注山海經，臨渝、驪成，已兩存「碣石」之説，渭必謂文穎所指臨渝爲是，漢地理志所指驪成爲非，終無確驗。又「九江」一條，堅守洞庭之説。不思九江果在洞庭南，則經當曰「九江孔殷，江、漢朝宗于海」矣。徐文靖之所駁，恐渭亦不能再詰也。千慮一失，殆不屑闕疑之過乎？他若河水不知有重源，則由其時西域未平，無由徵驗。又所引酈道元諸説，經、注往往混淆，則由傳刻舛譌，未覩善本。勢之所限，固不能執爲渭咎矣。

洪範正論五卷

浙江巡撫採進本

國朝胡渭撰。大旨以禹之治水本於九疇，故首言鯀堙洪水，繼言禹乃嗣興，終言天乃錫禹。則洪範爲體，而禹貢爲用，互相推闡，其義乃彰。然主於發明奉若天道之理，非鄭樵禹貢、洪範相爲表裏之説，惟以九州次序分配五行者比也。其辨證前人之説，如謂漢人耑取災祥，推衍五行，穿鑿附會，事同讖緯。其病一。洛書本文即「五行」「五事」至「五福」「六極」二十字，惟「敬用農用」等十八字乃爲禹所加，與「危微精一」之心法同旨。初一、次二至次九不過是次第名目，亦非龜文所有。龜之有文，如木石之文理，有可推辨，又如魯夫人、公子友有文在手之類。宋儒創爲黑白之點、方員之體、九十之位，變書而爲圖。以至九數、十數，劉牧、蔡季通紛紜更定。其病二。又洪範原無錯簡，而王柏、胡一中等任意改竄。其病三。皆切中舊説之失。蓋渭經術湛深，學有根柢，故所論一軌於理。漢儒附會之談、宋儒變亂之論，能一掃而廓除焉。

尚書解義一卷

兩江總督採進本

國朝李光地撰。是書僅解堯典、舜典、大禹謨、皋陶謨、益稷、禹貢、洪範七篇，蓋未竟之本。所説不以訓詁爲長，辭旨簡約而多有精義。大禹謨篇不以古文爲僞，而云孔安國有所删添，東漢以後儒者又有所竄竄，以解文辭平易之故，未免出於調停。禹貢篇解「五服五千」，以飛鳥圖爲算，謂塞盡處北極出地四十二度，至廣海戴日北極出地二十三度，一度爲二百五十里，南北恰距五千，以遷就「入於南海」之文。亦由光地閩人，不欲其鄉出禹貢揚州之外，故立是説。與訓「洪」爲「大」，訓「範」爲「訓」，謂洪範即顧命之「大訓」，皆未免巧而不確。至於堯典之論中星歲差，舜典之論蓋天、渾天、十有二州與詩歌聲律，禹貢之論潛水、沔水相通，沔水、渭水不相入，彭蠡即今巢湖，「會于匯」爲即鄱陽，「原隰」「豬野」非地名，則皆實有考證之言，非講學家之據理懸揣者矣。

書經衷論四卷

江蘇周厚堉家藏本

國朝張英撰。英有易經衷論，已著録。此書不全載經文，但每篇各立標題，而逐條繫説，亦如其説易之例。凡虞書六十三條，夏書三十二條，商書五十二條，周書一百六十七條。前有康熙二十一年正月進書原序一篇。時英以翰林學士侍講幄，故因事敷陳，頗類宋人講義之體。其説多采録舊文而參以新義。如益稷篇稱其有「曁益、稷」之文，故借此二字以名篇，乃林希逸之説；甘誓篇稱啓未接行陣而能素明軍旅之事，足見古人學無不貫，乃吕祖謙之説；微子篇稱比干答微子之言，當無異於箕子，故不復著，乃孔安國之説；君牙篇稱古來制誥之辭必自述祖功宗德，而因及其臣子之祖、父，此立言之體，乃朱子語類之説；至於高宗肜日爲祖己訓祖庚之書，西伯戡黎爲武王之事，皆不從蔡氏而從金履祥通鑑前編，頗總括羣言，不拘門户。其以牧誓庸、蜀、羌、髳、微、盧、彭、濮爲在「友邦冢君」外舉小國之君連及之，而不用蔡氏八國近周西都、陳氏舉遠概近之説；以君奭爲周公、召公共相勉勵輔翼成王之言，而不用諸家留之、慰之之説，則皆所自捌之解。核諸經義，亦較爲精切。雖卷帙無多，而平正通達，勝支離蔓衍者多矣。

尚書地理今釋一卷

山東巡撫採進本

國朝蔣廷錫撰。廷錫字揚孫，常熟人。康熙癸未進士，官至大學士，謚文肅。是編乃其官內閣學士時所作。首題恭録聖訓，蓋儤直內廷之日，仰承指授，敬繕成帙者也。其中訂定諸儒之説者。如堯典「宅嵎夷」，則據後漢書定爲朝鮮，正薛季宣、于欽之誤；「宅西」，則據黃度尚書説，不限以一地，正徐廣史記注之誤；「釐降媯汭」，則據孔安國傳、陸德明釋文之説，正水經注媯、汭二水之誤。舜典「恒山」，則據渾源、曲陽之道里，正漢志「上曲陽」之誤；「滎波既豬」，則據傅寅之説，正孔傳滎、波分二水之誤。又訂定蔡沈集傳之説者，如禹貢「治梁及岐」，則據曾旼之説，辨其非呂梁、狐岐；「九河既道」，則據經典釋文辨簡、潔非一河；「灉、沮會同」，則據元和郡縣志、元豐九域志辨此「沮水」非「汳沮」；「浮于濟、漯」，則據漢書地理志、陳師凱書傳旁通辨其不知漯水所在；「濰、淄既道」，則據水經注辨淄水不東入濟；「浮于淮、泗」，則據史記河渠書辨禹時泗水上源不自泲通河；「三江既入」，則據鄭玄之説辨其誤從庾闡吳都賦注；「和夷底績」，則據水經注、時瀾書説辨嚴道以西無夷道；「盤庚于今五遷」，則據史記索隱辨「邢」即音「耿」，祖乙竝未兩遷。以及三危有二，嶓冢亦有二，熊耳有二而實一，雍、梁二州兼得岷山，荆、梁二州各有沱、潛，南亳、西亳皆湯所都。均考訂精核，足證往古之譌，釋後儒之惑。至於崑崙河源之説，非惟訂漢儒之謬，竝證元史之非，是則恭逢聖代，混一輿圖，得以考見其實據，尤非前代經師輾轉耳食者比矣。欽定書經傳說彙纂已備采其文，此蓋其先出別行之本。敬著於録，俾天下萬世知聖學高深，度越千古，仰觀俯察，協契庖犧。一時珥筆之臣，鞠膯蹣跚，備聆聖訓，得餘緒之萬一，已能總括古今，爲說經家所未曾有也。

禹貢會箋十二卷 安徽巡撫採進本

國朝徐文靖撰。文靖字位山，當塗人。雍正癸卯舉人。乾隆元年薦舉博學鴻詞，試不入格。十七年，又薦舉經學，特授翰林院檢討。是書首列禹貢山水總目，以水經所載爲主，附論於下。次爲圖十有八，各係以說。書中皆先引蔡傳而續爲之箋，博據諸書，斷以己意。如汾水西入河，非東入河；徒駭即河之經流，非別有一經流；「三江既入」，終以南江、北江、中江爲正；九江在潯陽，非洞庭，皆不爲蔡傳所囿。至於蔡山則闕其所疑，不主寰宇記周公山即蔡山之說；於「惇物」則取金史地理志，謂在乾州武亭縣，今武功縣之東南二百里；三危山引西河舊事爲昇雨山，謂史記注作卑羽山，蓋字之誤，竝辨胡渭之謁，皆具有考證。蓋說禹貢者，宋以來棼如亂絲，至胡渭錐指出，而摧陷廓除，始有條理可案。文靖生渭之後，因渭所已言而更推尋所未至，故較之渭書益爲精密，蓋繼事者易有功也。惟信山海經、竹書紀年太過，是則僻於好古，不究真僞之失耳。

附録

尚書大傳四卷補遺一卷

兵部侍郎紀昀家藏本

舊本題漢伏勝撰。勝，濟南人。考史記、漢書但稱伏生，不云名勝，故説者疑其名爲後人所妄加。然晉書伏滔傳稱遠祖勝，則相傳有自矣。漢志書類載經二十九卷，傳四十一篇，無「伏勝」字。隋志載尚書三卷，鄭玄注，亦無「伏勝」字。陸德明經典釋文稱尚書大傳三卷，伏生作。晉書五行志稱漢文帝時伏生刱紀大傳。玉海載中興館閣書目引鄭康成尚書大傳序曰：「蓋自伏生也。伏生爲秦博士，至孝文時年且百歲，張生、歐陽生從其學而受之。音聲猶有譌誤，先後猶有舛差。重以篆隸之殊，不能無失。生終後，數子各論所聞，以己意彌縫其闕，别作章句。又特撰大義，因經屬指，名之曰傳。劉向校書，得而上之。凡四十一篇，銓次爲八十一篇。」云云。然則此傳乃張生、歐陽生所述，特源出於勝爾，非勝自撰也。唐志亦作三卷，書録解題則作四卷。今所傳者凡二本，一爲杭州三卷之本，與隋志合。然實雜採類書所引，裒輯成編，漫無端緒。一爲揚州四卷之本，與書録解題合，兼有鄭康成注。校以宋仁宗洪範政鑒所引鄭注，一一符合，知非依託。案：洪範政鑒世無傳本，惟永樂大典載其全書。二本各附補遺一卷，揚州本所補較備。然如郊特牲注引大傳云「宗室有事，族人皆侍終日。大宗已侍於賓奠，然後燕私。燕私者何也？已而言族人飲也」一條，猶未採入，信乎著書之難矣。其文或説尚書，或不説尚書，大抵如詩外傳、春秋繁露，與經義在離合之間。

而古訓舊典，往往而在，所謂六藝之支流也。其第三卷爲洪範五行傳，首尾完具。漢代緯候之説，實由是起。然月令先有是義，今列爲經，不必以董仲舒、劉向、京房推説事應，穿鑿支離，歸咎於勝之枊始。第四卷題曰略説，王應麟玉海别爲一書。然如周禮大行人疏引「孟侯」一條、玉藻疏引「祀上帝于南郊」一條，今皆在卷中。是大傳爲大名，略説爲小目，應麟析而二之，非也。惟所傳二十八篇無泰誓，而此有泰誓傳。又九共、帝告、歸禾、揜誥皆逸書，而此書亦皆有傳。蓋伏生畢世業書，不容二十八篇之外全不記憶，特舉其完篇者傳於世。其零章斷句，則偶然附記於傳中，亦事理所有，固不足以爲異矣。

案尚書大傳於經文之外掇拾遺文，推衍旁義，蓋即古之緯書。諸史著録於尚書家，究與訓詁諸書不從其類。今亦從易緯之例，附諸經解之末。

書義矜式六卷

浙江范懋柱家天一閣藏本

元王充耘撰。充耘以書經登第，此乃所作經義程式也。自宋熙寧四年，始以經義取士，當時如張才叔自靖人自獻于先王義，學者稱爲不可磨滅之文。吕祖謙編次文鑑，特録此一篇，以爲程式。元仁宗皇慶初，復行科舉，仍用經義，而體式視宋爲小變。綜其格律，有破題、接題、小講，謂之冒子。冒子後入官題。官題下有原題，有大講，有餘意，亦曰從講。又有原經，亦曰考經。有結尾。承襲既久，以冗長繁複爲可厭，或稍稍變通之。而大要有冒題、原題、講題、結題，則一定不可易。充耘即所業之經篇，摘數題各爲程文，以示標準。其「慎徽五典」一節，引孔傳「大録萬幾」爲説，不全從蔡傳。考元史選舉志載書用蔡傳及注疏。當時經義，猶不盡廢舊説，故應試者得兼用之。此元代經學所以終勝明代也。

案此書乃科舉程文，當歸集部。然雖非詁經之書，實亦發明經義，入之别集爲不類。故仍入經部附録中。

右書類五十六部，六百五十一卷，附録二部，十一卷，皆文淵閣著録。

案蔡沈洪範皇極數諸書，雖以洪範爲名，而實以洛書九數推衍成文，於洪範絶無所涉。舊以爲書類，於義殊乖。今悉退列子部術數類中，庶不使旁門小技淆亂聖經之大義焉。

欽定四庫全書總目卷十三

經部十三

書類存目一

書古文訓十六卷 内府藏本

宋薛季宣撰。季宣字士龍，號艮齋，永嘉人。起居舍人徽言之子。紹興二十九年，年甫十七，即從荆南帥辟寫機宜文字，調鄂州武昌令。以王炎薦，改知常熟縣。入爲大理寺主簿，進大理寺正，知湖州。乾道元年，遷知常州，未上，卒。然宋人多稱爲薛常州，未之詳也。事蹟具宋史儒林傳。是編所載經文，皆以古文奇字書之。案孔壁蝌蚪古文，漢時已佚，無人見其書蹟。後漢書杜林傳稱：「林於西州得漆書古文尚書，常寶愛之，雖遭艱困，握持不離身。出以示衛宏。」云云，此言漆書古文之始。又儒林傳曰：「扶風杜林傳古文尚書，同郡賈逵爲之作訓，馬融作傳，鄭玄作解。」云云。今賈、馬、鄭之注俱不傳。然考陸德明經典釋文敘録稱馬、鄭所注竝伏生所誦，非古文也。隋書經籍志亦稱杜氏所傳與賈、馬、鄭三家所注惟二十九篇，又雜以今文，非孔舊本。然則當時所謂古文，已非今本五十八篇之全矣。郭忠恕作汗簡，所引有古尚書。玉海載後周顯德六年郭忠恕定古文尚書刻版；沈括夢溪筆談稱宋太宗得古本尚書，改「雲夢土作乂」爲「雲土夢作乂」，均不言所自。晁公武讀書志稱：「古文尚書，吕大防得本於宋次道、王仲至家，以核陸氏釋文，雖有小異同，而大體相類。觀其作字奇古，非字書傳會穿鑿者所能到。學者考之，可以見制字之本。」云云。亦不言宋、王之本何來。考顔師古匡謬正俗引古文尚書「戮」作「𦐇」、「誓」作「𣃔」，則唐初即有此書。又册府元龜載天寶三載詔曰「先王令範，莫越於唐、虞；上古遺書，實稱於訓、誥。雖百篇奥義，前代或亡；而六體奇文，舊規猶在。但以古先所制，有異於當今；傳寫寖譌，有疑於後學。永言刊革，必在從宜。尚書應是古體文字，竝依今字繕寫施行。其舊本仍藏之書府。」云云。是宋、王二氏所傳，宋太宗所得，即郭忠恕所見本。忠恕所見，即唐内府本也。然隋志稱：「晉世祕書所存，有古文尚書經文，今無有傳者。」是唐初古尚書已亡，玄宗時何以仍在祕府？惟魏江式論書表中稱所撰古今文字四十篇，采孔氏尚書、五經音注、籀篇、爾雅等書，似其時河北尚有傳本。然經典釋文敍録稱：「尚書之字本爲隸古，既是隸寫古文，則不全爲古字。今宋、齊舊本及徐、李等音所有古字，蓋亦無幾。穿鑿之徒，務欲立異，依傍字部，改變經文，疑惑後生，不可承用。」是式所據者即出此，玄宗祕府所藏，正是本耳。陸德明已先辨之，何宋人又紛紛崇尚乎？季宣此本又以古文筆畫改爲今體，奇形怪態，不可辨識，較篆書之本尤爲駭俗。其訓義亦無甚發明，朱子語録謂其惟於地名上用功，頗中其病。故雖宋人舊帙，今亦無取焉。

書疑九卷　内府藏本

宋王柏撰。顧炎武日知録稱爲元儒王柏。考柏以度宗咸淳十年卒，未嘗入元，炎武偶誤也。柏字會之，號魯齋，金華人。受業於何基之門。基，黄榦弟子，榦又朱子壻也。故托克托等脩宋史，以朱子之故，列柏於道學傳中。然柏之學，名出朱子，實則師心，與朱子之謹嚴絶異。此其辨論尚書之文也。尚書一經，疑古文者自吴棫、朱子始；見朱子語録。併今文而疑之者自趙汝談始；見陳振孫書録解題。改定洪範自龔鼎臣始；見所作東原録。改定武成自劉敞始；見七經小傳。其併全經而移易補綴之者則自柏始。考漢書載「劉向以中古文校歐陽、大、小夏侯三家經文，酒誥脱簡一，召誥脱簡二，率簡二十五字者脱亦二十五字，簡二十二字者脱亦二十二字。文字異者七百有餘，脱字數十」云云，此言脱簡之始也。然向既校知脱簡，自必一一改正，必不聽其仍前錯亂。又惟言酒誥脱簡一，召誥脱簡二，則其餘併無脱簡可知，亦非篇篇悉有顛倒。且一簡或二十五字、或二十二字，具有明文，則必無全脱一章一段之事。而此二十餘字之中，亦必無簡首恰得句首，簡尾恰得句尾，無一句割裂不完之事也。柏作是書，乃動以脱簡爲辭，臆爲移補。其併舜典於堯典，删除姚方興所撰二十八字，合益稷於皋陶謨，此有孔穎達正義可據者也；以大禹謨、皋陶謨爲夏書，此有左傳可據者也；以論語「咨爾舜」二十二字補「舜讓於德，弗嗣」之下，其爲堯典本文，抑或爲他書所載，如鬻子述帝王遺語之類，已不可知。案：鬻子所述帝王遺語，今本不載，見賈誼新書所引。以孟子「勞之來之」二十二字補「敬敷五教，在寬」之下，則孟子明作堯言，柏乃以爲舜語，已相矛盾。然亦尚有論語、孟子可據也。至於堯典、皋陶謨、説命、武成、洪範、多士、多方、立政八篇，則純以意爲易置，一概託之於錯簡。有割一兩節者，有割一兩句者，何脱簡若是之多？而所脱之簡又若是之零星破碎，長短參差？其簡之長短廣狹，字之行款疎密，茫無一定也。其爲師心杜撰，竄亂聖經，已不辨而可知矣。其所辨説，如謂盤庚之言，所欠者理明辭達。又信泰誓序「十有一年」之説，謂：「武王承祖父之餘慶，藉友邦之歸心，氣焰既張，體貌且盛，改元紀年，視紂猶諸侯。後世曲爲覆護，反生荆棘。」又謂大誥「寧王貽我大寶龜，西土有大艱，人亦不靖」之語，無異唐德宗奉天之難，諉之於定數。是排斥漢儒不已，併集矢於經文矣，豈濂、洛、關、閩諸儒立言垂教之本旨哉！托克托等脩宋史，乃與其詩疑之説竝特録於本傳，以爲美談，何其寡識之甚乎？

古洪範一卷　永樂大典本

宋賀成大撰。成大字季常，爵里未詳。其自序以爲洪範自「三八政」以下，紊亂無次，因援朱子大學分經傳之例，每疇以禹之言爲經，以箕子之言爲傳。如「五行一曰水」至「五曰土」，此禹之經也，「水曰潤下」至「稼穡作甘」，此箕子之傳也。「五事一曰貌」至「五曰思」爲禹之經，「貌曰恭」至「睿作聖」爲箕子之傳。「三八政一曰食」至「八曰師」爲經，而移「惟辟作福」至「民用僭忒」爲傳。「五紀一曰歲」至「五曰曆數」爲經，而以「王省惟歲」至「則以風雨」爲傳。「五皇極」則以「皇建其有極」一句爲經，而以「惟皇作極，無偏無陂」至「以爲天下王」爲傳。「三德」則以「一曰正直」至「三曰柔克」爲經，而以「平康正直」至「高明柔克」爲傳。「稽疑」則以「擇建立卜筮人」至「衍忒」爲經，而以「立時人作卜筮」至「用作凶」爲傳。「庶徵」則以「曰雨」至「曰時」爲經，而以「五者來備」至「恒風若」爲傳。「五福」則以「一曰壽」至「五曰考終命」爲經，而移「斂時五福」至「其作汝用咎」爲傳。「六極」則以「一曰凶短折」至「六曰弱」爲經，而移「惟時厥庶民于汝極，錫汝保極，一極備凶，一極無凶。凡厥庶民，無有淫朋，人無有比德，不協于極，不罹于咎，無虐煢獨而畏高明，時人斯其惟皇之極」爲傳。顛倒錯亂，純出臆斷，而自以爲古洪範。自伏生以後，傳授歷歷可考，何處有此古本乎？

定正洪範二卷 内府藏本

元胡一中撰。一中字允文，諸暨人。官紹興路參軍。是編因王柏、文及翁、吴澄三家改定洪範之本，而以己意參酌之。首爲圖説，次考訂經文，次爲雜説。案河圖、洛書，名見繫辭，不云有關於洪範。漢書五行志始載劉歆之言，稱：「禹治洪水，錫洛書法而陳之，洪範是也。」於是洛書併合於洪範，然猶未及河圖。一中又因歆有「河圖、洛書相爲經緯，八卦、九章相爲表裏」之文，遂以河圖、洛書併合於洪範，而又參以陳摶先天之説。所列二十八圖，大抵支離破碎，至於「無偏無黨」亦以五行生尅立論，尤爲無理。其以九爲河圖，十爲洛書，沿用劉牧之説。於彼法之中自生轇轕，猶其小焉者矣。且説既穿鑿，理多窒礙，乃於必不可通者，更遁爲錯簡之説，以巧飾其謬。遂割裂舊文，强分經傳。移「曰王省惟歲」以下八十七字爲第四、第五章之傳，移「無偏無陂」以下五十六字於「皇建其有極」句下爲五章之經，移「斂時五福」以下割裂其文爲九章之傳。其餘亦多移彼綴此，臆爲顛倒。竝據吴澄之説，改「而康而色」句爲「而康而寧」，改「是彝是訓」句爲「是彝是倫」，則併其字而竄易之。考尚書正義載漢書五行志以「初一曰五行」六十五字爲洛書本文，孔安國則以爲禹所第敘，劉向以爲龜背先有三十八字，劉歆以爲先有二十字，孔穎達已均謂其無據。其以「一五行」以下爲箕子所演，則諸家竝同，絶無逐章各有經傳之説。一中欲仿朱子考定大學、孝經之例，强爲分别，既已無稽。且一中既稱一行十三字，何以「於庶民錫汝保極」以七字而錯一簡，「五皇極，曰皇建其有極」以九字而錯一簡，「曰王省惟歲」以下復以八十七字錯一簡也？龔明之中吴紀聞載北宋余燾嘗上書，請移洪範「曰王省惟歲」以下八十七字於「四五紀」一節之下，爲臺諫所彈，不果施行。是前此已嘗論定矣，何一中又祖其説耶？

尚書旁注六卷　兩江總督採進本

明朱升撰。升有周易旁注圖説，已著録。是編以尚書本文大書正行，以訓釋字義者細書於旁，間有疏明大旨者，又别作一行書之。蓋鄉塾課蒙之本，不足以言詁經也。梅文鼎序謂升有四書五經旁注，明嘉靖間程聞禮爲重鋟，止存易、詩、書三種，餘皆散佚。國朝康熙五十年，石城蔡璽再爲鋟版以行。近坊肆五經旁訓之本，實倡始於升。經學至此而極陋，又出朱申句解下矣。

書義卓躍六卷　浙江范懋柱家天一閣藏本

舊本題廬陵陳雅言撰。案經義考載鄒緝所作墓表，稱雅言永豐人。廬陵蓋舉其郡名。又卷首彭勗序稱「鄉先生雅言陳公」，似乎「雅言」其字也。舊本又作元人。考黄虞稷千頃堂書目稱其洪武中薦舉不起，後領永豐教事以終。墓表稱其著述多所發明，有四書一覽、大學管窺、中庸類編、書義卓躍行於世。今其他書未見，此書則殊無可觀。蓋元代以經義取士，遂有擬題之書，以便剽竊。此書蓋亦其一，故每段必以「此題」二字冠首。所論亦皆作文之法，於經旨無所發明。楊士奇跋亦稱其專爲科舉設云。

書傳通釋六卷　浙江吴玉墀家藏本

明彭勗撰。勗字祖期，永豐人。永樂乙未進士，官至山東按察司副使。事蹟具明史本傳。其書卷首備列四代譜系圖及定時成歲、七政五辰、璿璣玉衡、河洛九疇、聲音律吕、五服九州等圖。編内於蔡傳之下摘録諸儒舊説，間於篇題之後加以案語，總論一篇大旨，率皆陳因之談。觀其自敘，蓋節録永樂中書經大全爲之。考陸容菽園雜記曰：「正統初，南畿提學彭御史勗嘗以永樂間纂脩四書五經大全討論欠精，諸儒之説有與集注背馳者，當删正自爲一書，欲繕寫以獻。或以大全序出自御製而止。」云云。則勗於四書五經大全均有删定之本，此特其一種耳。夫大全之謬在於偏主一家之説，荒棄古來之經義。勗更以其偏主爲未堅，必鋤盡異同而後已，門户之見尤爲深固。史稱勗官建寧教授時，疏請春、秋祭朱子，蠲其子孫徭役。又剏尊賢堂祀胡安國、蔡沈、真德秀。蓋尊信至深，所以欲盡廢漢、唐舊詁云。

尚書直指六卷　浙江范懋柱家天一閣藏本

不著撰人名氏。朱彝尊經義考曰：「是書徐文肅爲東宮講官時所進，未曾刊行，亦未署名。其後中璫錢能從宮中攜出，遂鏤版。於時錢溥、劉宣序之，童軒跋之，皆不知爲文肅所著。予從曹侍郎溶家見之，因爲標出。」云云。則此書乃徐善述撰也。善述字好古，天台人。以薦授桂陽州學正。仁宗爲太子時，簡爲左春坊左司直郎，陞左贊善。時宮僚多被罪，善述亦坐累死。洪熙初，贈太子少保，謚文肅。事蹟附見明史鄒濟傳。其書檃括蔡傳大義，已漸類後來講章，於蔡傳得失未嘗糾定。又所纂之注，亦時有時無，如禹貢注「震澤」而不注「三江」，注「王屋」而不注「太行」「恒山」，顧命注「大訓」而不注「赤刀」「琬炎」之類，不應罣漏至此。意剞劂之時，竝注脱去。能本内官，姑借刊書啗名，未嘗一爲校正歟？

書經提要無卷數　浙江吴玉墀家藏本

明章陬撰。陬字仲寅，黄巖人。正統丙辰進士，官禮部主事。是編以天文、地理、圖書、律吕四者皆釋經之要，故分爲四類。每類又各分細目，繫以圖説。自序謂見於蔡傳者不複出。然其圖皆從諸書採録，其説亦多襲取陳言，無所考辨。召誥土中説一條，引周禮「日東則景夕多風，日西則景朝多陰」，謂蔡傳所引王氏之説，誤爲「景朝多陽」「景夕多陰」。今案蔡傳祇以「多風」誤爲「多陽」，未嘗誤爲「景夕多陰」。或晈所見與今刊本不同耶？

書傳洪範考疑一卷 浙江巡撫採進本

明吴世忠撰。世忠字懋貞，金谿人。弘治庚戌進士，官至延綏巡撫僉都御史。是書取蔡沈所釋洪範，有疑於心者，略爲考正。大旨歸本於治法，立意未嘗不善。然如以「六，三德」爲馭臣之法，以「剛克柔克」爲恩威之義，用張景之説，尚爲可通。以禹貢「貢金」之類解五行，已覺附會。至「五福」「六極」皆指刑賞而言，以「保全愛養，不使短折」爲壽之之法，以「殺戮剿絶，不使得壽」爲凶短折之之法，則牽强太甚矣。

禹貢詳略無卷數 浙江范懋柱家天一閣藏本

明韓邦奇撰。邦奇有易學啓蒙意見，已著録。邦奇學有原本，著作甚富。而此書訓釋淺近，惟言擬題揣摩之法。所附歌訣、圖考，亦極鄙陋。前有邦奇自爲小引云：「略者，爲吾家初學子弟也。復講説者，舉業也。詳釋之者，使之進而有所考也。」後有薊門歐思誠跋，述邦奇之言，亦曰：「特以教吾子弟，非敢傳之人人。」則是書本鄉塾私課之本，思誠刻之，轉爲邦奇累矣。至每州之下各加「每州之域」四字，參於經文之中，尤乖體例。邦奇必不如是之妄。或亦思誠校刊之時移其行款也。朱彝尊經義考載邦奇書説一卷，注曰「未見」，而不載此書，其卷數則相同。或即因此書而傳譌歟？

尚書説要五卷　浙江汪啓淑家藏本

明呂柟撰。柟有周易説翼，已著録。是編乃其與門人論書之説，詮次成帙，與蔡傳間有出入。如以舜典「在璇璣玉衡」爲北斗，以武成非錯簡之類，改從古説，異乎蔡傳者也；以洪範爲洛書，以伊訓「元祀十有二月」證三代不改月之類，沿襲誤解，仍同乎蔡傳者也。大抵推尋文句，雖間有闡發，亦皆以私意揣摩。如謂堯典仲夏稱「日永」，仲冬不稱「宵永」爲扶陽抑陰之義；以書序君奭「不悦」爲不悦仕進，是果經意乎？其言禹貢水土之序及五服之遠近，亦皆臆度之辭，無典據也。

書經旨略一卷　浙江吴玉墀家藏本

明王大用撰。大用字時行，號蘗谷，興化人。正德戊辰進士，官至副都御史。是編不載經文，惟推闡傳注之意，載某段某句宜對看，某段某句宜串看，不出科舉之學。而拘牽淺陋，又在書義卓躍之下。

尚書譜五卷　編脩汪如藻家藏本

明梅鷟撰。鷟有古易考原，已著録。鷟因宋吴棫、朱子及元吴澄之説，作尚書考異及此書。考異引據頗精核，此則徒以空言詆斥，無所依據。如謂孔壁之十六篇出於孔安國所爲，實以臆斷之，别無確證。又謂東晉之二十五篇出於皇甫謐所爲，則但據孔穎達引晉書謐傳「從其姑子外弟梁柳得古文」一語，其説亦在影響之間。且辭氣叫囂，動輒醜詈，亦非著書之體。故録其考異，而是書僅存目焉。

書疇彝訓一卷 監察御史蕭際韶家藏本

明蔡悉撰。悉字士備，合肥人。嘉靖己未進士，官至南京尚寶司卿，移署國子監祭酒。明史儒林傳附載王畿傳末，稱其「嘗請立東宮，又極言礦稅之害。爲人有學行，恬於宦情。仕五十載，家食强半。清操亮節，爲淮西所宗。」在姚江末派之中，爲最能謹嚴不肆者。是書闡發洪範九疇與易象合一之理。前五條總明其理，次九章分晰其旨。蓋即劉歆「河圖、洛書相爲經緯，八卦、九章相爲表裏」之説也。

禹貢圖説一卷 浙江巡撫採進本

明鄭曉撰。曉字窒甫，海鹽人。嘉靖癸未進士，官至刑部尚書，謚端簡。事蹟具明史本傳。是書自總圖以下分圖者凡三十。旁綴以説，仍載禹貢經文於後。其中精核可從者，胡渭禹貢錐指每徵引之。然核其全書，實多疎舛，渭未及一一辨也。

禹貢説一卷 兩江總督採進本

明鄭曉撰。是篇詮釋禹貢之文。其中如解「大野既豬」一條，解「揚州」一條、解「浮于江、沱、潛、漢」一條，解「江漢」一條，皆爲閻若璩潛丘劄記所取。然大致多隨文演義，辭旨淺近。其門人徐胤錫跋稱受業於曉數月，因出此帙授之，曰：「子能了此，禹貢無難矣。」蓋本爲舉業講授而設。胤錫尊其師説，遂從而刊行，非曉意也。

古書世學六卷

兩淮鹽政採進本

明豐坊撰。坊有古易世學，已著録。是篇以今文、古文石經列於前，而後以楷書釋之。且采朝鮮、倭國二本以合於古本，故曰「古書」。又以豐氏自宋迄明世學古書，稷爲正音，慶爲續音，熙爲集説，道生爲考補，故曰「世學」。其序曰：「正統六年，慶官京師，朝鮮使臣嫣文卿、日本使臣徐睿入貢。二人皆讀書能文辭，議論六經，出人意表，因以尚書質之。文卿曰：『吾先王箕子所傳，起神農政典，至洪範而止。』睿曰：『吾先王徐市所傳，起虞書帝典，至秦誓而止。』又笑：『官本錯誤甚多，孔安國僞序皆非古經之舊。如虞書帝告紀堯舜禪授之事，汩作紀四凶之過，九共紀四岳、九官、十二牧考績之事，稾飫紀后稷種植之法，序皆不知。吾國之法，有傳古經一字入中國者，夷九族。使臣將行，搜撿再三，遺兵衛之出境。』則六一翁謂令嚴不許傳中國者，不信然歟？固請訂其錯誤，僅録一典、二謨、禹貢、盤庚、泰誓、武成、康誥、酒誥、洛誥、顧命見示。僅録附先清敏公正音之下，俾讀是經者尚有考於麟角鳳毛之遺雋云。」又曰：「梁姚方興妄分堯典、舜典爲二篇。伏生今文、孔安國古文、鴻都石經、魏三體石經合爲一篇，止名堯典。箕子朝鮮本、徐市倭國本總作帝典，與子思大學合。王魯齋、王深寧皆以爲最是，今從之。」考補云：「姚方興本齊篡主蕭道成之臣，僞增『曰若稽古，帝舜曰』七字於『重華』之上，變亂其文，分爲二典。

於建武二年上之。後事篡主蕭衍，以罪見誅。箕子封於朝鮮，傳書古文，自帝典至微子而止，後附洪範一篇。徐市爲秦博士，因李斯坑殺儒生，託言入海求仙，盡載古書。至島上立倭國，即今日本是也。二國所釋書經，先曾祖通奉府君與楊文懿公皆嘗録得，以藏於家。」顧炎武日知録曰：「案宋歐陽永叔日本刀歌：『徐福行時書未焚，逸書百篇今尚存。』蓋昔已有是說。夫詩人寄興之辭，豈必真有其事哉！日本之職貢於唐久矣，自唐及宋，歷代求書之詔不能得，而二千載之後慶乃得之。其得之又不以獻之朝廷而藏之家。何也？至曰箕子傳書古文，自帝典至微子，則不應別無一篇逸書，而一一盡同於伏生、孔安國之所傳。其曰『後附洪範一篇』者，蓋徒見左氏傳三引洪範，皆謂之商書。而不知『王』者周人之稱，『十有三祀』者周史之記，不得謂商人之書也。禹貢以『導山導水』移於『九州』之前，此不知古人先經後緯之義也。五子之歌『爲人上者，奈何不敬』，以其不叶，而改之曰『可不敬乎』，謂本之鴻都石經。據正義言，蔡邕所書石經尚書，止今文三十四篇，無五子之歌，熙又何以不考而妄言之也？」其辨可謂明矣。今考明英宗實録，正統六年無此二國使臣之名，則其爲子虛烏有，已可不辨。又朝鮮今爲外藩，其書不異於中國，絶無箕子本之說。日本所刻七經孟子考文，其書爲中國所佚者，惟孔安國孝經傳、皇侃論語義疏，而孝經傳山井鼎等又自言其僞。至其尚書，則一一與中國注疏本同，不過字句偶異耳。然則朝鮮本、倭國本者何自來哉？是又不待證以篇章字句而後知其妄也。

書經直解十三卷　内府藏本

明張居正撰。居正字叔大，江陵人。嘉靖丁未進士，官至太師吏部尚書、中極殿大學士。卒謚文忠。事蹟具明史本傳。是書爲萬曆初進講所作。時神宗幼沖，故譯以常言，取其易解。吴澄草廬集中所載經筵講義體亦如是也。

書經說意十卷　江西巡撫採進本

明沈偉撰。偉號虹野，吴江人。嘉靖壬子舉人。是書分節總論，大旨不出講章之習。所標某句截、某句斷者尤陋。案朱彝尊經義考有杜氏偉尚書說意，不著卷數，注云「未見」。考偉本姓杜，少育於沈漢家，因冒其姓，後乃歸宗。此書蓋其未復姓時所著，故仍題沈姓。彝尊所載，則據其後而言之也。

書經講義會編十二卷　江西巡撫採進本

明申時行撰。時行字汝默，號瑶泉，長洲人。嘉靖壬戌進士第一，官至大學士，謚文定。事蹟具明史本傳。是編乃時行官翰林直日講時所進。其說皆恪守蔡傳，務取淺近易明。考徐胤錫作鄭曉禹貢說跋云：「嘗屬徐瑶泉作虞商周書說，以補所未備。」徐瑶泉者，即謂時行，蓋時行初冒徐姓。胤錫跋作於隆慶二年，時猶未復姓也。據其所言，時行蓋深於尚書者。然其書說竟不及成，惟此編存於世云。

禹貢山川郡邑考四卷 浙江汪啓淑家藏本

明王鑑撰。鑑字汝明，無錫人。嘉靖乙丑進士，官至太僕寺卿。事蹟附見明史邵寶傳。其書以禹貢水道爲主，每條用水名標目，而歷引諸書所載源流分合於下。其名爲經文所無而見於蔡氏傳者，竝附釋之。山名亦同此例，郡邑名則專取蔡傳所有者釋之。然地名僅載其沿革至到，山名引書亦頗略。惟水道稍詳，亦未爲該博。朱彝尊經義考不著録。無錫縣志列鑑名於文苑傳，亦不言其著有此書。疑草創之稾，未行於世歟？

禹貢玄珠一卷 兩江總督採進本

明俞鯤撰。鯤字之鵬，嘉興人。是書朱彝尊經義考不著録，而别載其百家尚書彙解，列於申時行、袁仁之後，屠本畯、鄧元錫之前。蓋嘉、隆間人也。大旨取禹貢篇蔡沈集傳删節浮文，歸於簡要。於青州濰、淄二水，則據毛晃禹貢指南之説，謂淄入海而以蔡傳淄入汶者爲誤，亦間有考證。然大致主於詮釋文句，於山川地理未能洞悉原委。卷末附九州總歌、導山導水歌、九州田法賦法歌，尤村塾記誦之學矣。

欽定四庫全書總目卷十四

經部十四

書類存目二

書經疑問十二卷 浙江巡撫採進本

明姚舜牧撰。舜牧有易經疑問，已著録。是編於經義罕所考定，惟推尋文句，以意説之，往往穿鑿杜撰。如解堯典「湯湯洪水方割」云：「湯湯如湯滚沸一般様」；解舜典「有能奮庸熙帝之載」曰：「『載』字下得極妙。天下事重且大矣，帝王以一身擔當負荷，如車載者然。」可謂遊談無根矣。

書帷別記四卷 浙江汪啓淑家藏本

明王樵撰。樵所著尚書日記十六卷，説者稱其該洽，已著於録。此書則爲科舉而作，曰別記者，所以別於日記也。書前舊有萬曆甲申自序，見朱彝尊經義考。此本不載，蓋偶佚之。

尚書要旨三十卷 兩江總督採進本

明王肎堂撰。肎堂字宇泰，金壇人，樵之子也。萬曆己丑進士，官至福建布政司參政。事蹟附見明史樵傳。是書承樵所著尚書別記，鈔撮緒言，敷衍其説，以備時文之用。其經文較講義低二格，每節惟書首尾二句，亦如時文之體然。

尚書辨解十卷　浙江汪啓淑家藏本

明郝敬撰。敬有周易正解，已著録。是編前八卷解伏書二十八篇，後二卷辨孔書，故曰「辨解」。其解「周公居東」爲就管叔以兄弟之義感之；解「罪人斯得」爲成王與太公、召公誅管叔而周公不與聞。他若周公稱成王爲孺子，爲國史代公之辭，非自周公口出，其説多與先儒異。蓋敬之解經，無不以私意穿鑿，亦不但此書爲然也。

禹貢備遺增注二卷　兩江總督採進本

明胡瓚撰。其曾孫宗緒增注。瓚字伯玉，桐城人。萬曆乙未進士，官至江西布政司參政。宗緒字襲參，雍正庚戌進士，官至國子監司業。是書先發明禹貢書法，别爲卷首。自「禹敷土」至「西戎即敘」爲一卷，「導岍及岐」以下爲一卷。依經附注，多遵蔡氏集傳。宗緒增注，則間引蔡傳原文以證其同異。如謂淄水入海不入濟。考左傳昭公二十六年：「成人伐齊師之飲馬于淄者」，杜注云：「淄水出泰山梁父縣，西北入汶。」鄭樵誤會其文，遂據此謂濰淄之淄爲入汶不入海，固爲牽合。蔡傳云淄水東入濟，亦不知通淄濟之間乃漢時事，有河渠書可證也。禹貢之淄出益都縣東南岳陽山，歷今臨淄、博興、樂安至壽光縣，北由清水泊入海，水道顯然。此糾正之得實者也。至謂汾本西流，則從蔡傳。考水經注：「汾水出太原汾陽縣北管涔山，南流與東、西温谿合。」以今地輿考之，自汾陽至臨汾縣東，皆南流。自此而南，西流經曲沃縣，所謂故絳也。由曲沃至河津、榮河諸縣，則皆西流。蔡傳未爲明晰。如是之類，尚未盡正也。

書傳會衷十卷 江蘇周厚堉家藏本

明曹學佺撰。學佺有易經通論，已著録。是書自一卷堯典至六卷召誥題曰書傳會衷，七卷洛誥以下則題曰書傳折衷。篇帙相連而兩名互見，莫喻其故。今姑從其前名，以歸畫一。其説多沿襲舊文，間自立議，則又舛誤。如「四岳」，舊説皆以爲四人，學佺則以爲一人而總四岳諸侯之事，不知下文「僉曰」爲衆應之辭也。其以三江爲松江、婁江、東江，九江爲洞庭，則皆取舊説之不可信者。洪範之六「三德」，不取鄭康成臣道之説，而用孔傳，亦爲寡識也。

虞書箋二卷 浙江巡撫採進本

明茅瑞徵撰。瑞徵字伯符，歸安人。萬曆辛丑進士，官至南京光禄寺卿。解官後自號苕上漁父，又稱澹朴居士。此書前有自序，言：「南局多暇，讀唐、虞論治之書，輒次數語。」蓋即官光禄時作也。考定陵注略，瑞徵官職方郎中時，欲黜一副將不遂，反爲所搆。又御史姚永濟、韓浚皆有所請託，瑞徵不從，遂合力排擠之去。其人蓋亦錚錚者。而此書所箋，大抵敷衍舊説，無所發明。如解「柔遠能邇」句，云「柔字下得最妙」，解「惟時亮天工」句，云「即熙帝載意」，解「天敘有典」節，云：「兩『我』字正與兩『天』字相應」，解「慎乃在位」句，云「即慎乃有位」，皆膚淺不足采録。殆閑曹無事，姑以遣日，本無意於著書，而其子漫付剞劂耳。

禹貢匯疏十五卷　兩淮鹽政採進本

明茅瑞徵撰。其書前冠圖經二卷。上卷二十四圖，皆鄭曉原本。下卷二十四圖，則瑞徵所補輯也。次以九州爲九卷，導山、導水各一卷。而「九州攸同」至末自爲一卷。又採摭大禹神怪之事爲附録一卷。書作於崇禎壬申，多借以抒寫時事。故其自序曰：「讀禹貢者詳九州之山川，則可供聚米之畫；習滄渠之岐路，則可商飛輓之宜；察東南之物力，則當念杼軸之空；考甸服之遺制，則當興樹藝之利，而挈要於『底慎財賦』一語。疏解浩繁，可一言以蔽之。如必句櫛字比，執今圖誌疑古山川，此不離經生之耳食，何益孔、蔡之舊文？」蓋其志不在於解經也。然徵引浩繁而無所斷制，動引及天文分野，未免泛濫。至其附録一卷，盡摭雜家之言，侈談靈異，則非惟無與於經義，亦竝無關於時事矣。豈説經之體哉？

尚書傳翼十卷　浙江巡撫採進本

明陸鍵撰。鍵字實府，秀水人。其時又有一陸鍵，平湖人，萬曆丙午舉人。未知一人二人也。是書惟敷衍蔡沈之説，無所異同，故曰「傳翼」，然於集傳實無所發明。其體例全似語録，亦頗不雅馴。

尚書晚訂十二卷　編修勵守謙家藏本

明史維堡撰。維堡字心傳，金壇人。萬曆丙辰進士，官至工部郎中。是書本名尚書集覽，後更名晚訂，蓋取晚年論定之意也。大旨以蔡傳爲藍本。惟考據典故，頗引舊文，不盡同於蔡傳。蓋參用朱子「尚書名物度數當看注疏」之語也。

尚書揆一六卷 浙江汪啓淑家藏本

明鄒期楨撰。期楨字公寧，無錫人。萬曆中諸生。江南通志儒林傳附見吴桂森傳中，稱與桂森俱從高攀龍學，稱兩素衣先生。是書專主蔡傳，而雜引諸儒之説以發明之，蓋爲科舉而作。書成於萬曆丙辰，前有高攀龍序，又有讀尚書六要，其孫陞所述也。國朝康熙庚戌，其門人顧宸序而刊之。

尚書葦籥二十一卷 兩江總督採進本

明潘士遴撰。士遴字叔獻，烏程人。天啓壬戌進士，官至大理寺寺副。是書大意欲囊括漢、宋諸儒而折衷以己見。然博引繁稱，卮言多而精理少。其凡例高自標置，謂：「從來説經非稽天之射，即無病之呻。葦籥指點虚實，筆光開洞，真可引人心氣，資人聰明。其經如經星之左旋，其緯如緯星之右轉，無可增減，無可讚宣。煙霞寶氣，結爲祥光瑞靄。萬古執迷，一旦葦籥獨見曉焉。」云云。自古以來著述之家，未有誇誕至於如是者。其華而不實亦可概見矣。目録止二十一卷，而分編則爲五十八卷。蓋以篇數爲子卷也。

書經集意六卷 江西巡撫採進本

明萬嗣達撰。嗣達字孝仲，潯陽人。其履貫無可考。自序稱天啓壬戌書於陪京。序中謂「雲曹簡静」，蓋官南京刑部時所作。書中分節講論，蓋家塾課蒙之本。至禹貢内雜引明代漕輓東壩諸事，以便答策，尤非解經之體矣。

禹貢圖注無卷數　江西巡撫採進本

明艾南英撰。南英字千子，東鄉人。天啓甲子舉人。朱聿鍵僭號於福建，以爲監察御史。病卒於延平。事蹟具明史文苑傳。楊陸榮三藩紀事本末則以爲殉節自經。傳聞異辭，莫之詳也。是編以禹貢九州分繪九圖，列於各州經文之前。又繪五服圖，列於「五百里甸服」一節之前。後附輿地總圖，據明代郡縣，紀其大略。採録蔡注之簡明者爲内注，有不可廢者仍録爲外注。其圖與注俱頗簡略，無足以資考證。南英自序亦云爲便於童蒙記誦也。

禹貢合注五卷　江蘇巡撫採進本

明夏允彝撰。允彝字彝仲，華亭人。崇禎丁丑進士，官長樂縣知縣。遭母憂歸。福王時召爲吏部主事，以終制辭。南都失守，投水死。事蹟附見明史陳子龍傳。是書多證合時務，指言得失。又雜取水經注及諸家小説，旁載山水形狀及諸奇異。似乎博贍，實於經義無關也。

讀尚書略記無卷數　浙江巡撫採進本

明朱朝瑛撰。朝瑛有讀易略記，已著録。此書力辨攻古文者之非，殊失深考。其所注釋，亦不過隨文敷衍。在所作諸經略記之中獨爲最下。

書繹六卷　江西巡撫採進本

明楊文彩撰。文彩字治文，寧都人。是編冠以指略十六條、先儒論二十一條、四十二篇亡書目，次汲冢周書篇名。其餘卷次，一如蔡傳。文彩崇信古文，其注或如策論，或如語録，或如時文批語，無復先儒詁經之體。前有其門人魏禧序，推尊甚至。文彩自序亦謂：「與門人魏叔子共處一室，相與揚榷，正謬薙繁。義有未盡，復著爲論，以補所未逮。是書之成，其功爲多。」然禧工於文章，而學問則多講權略，解經亦非所長也。

禹貢廣覽三卷　浙江吴玉墀家藏本

明許胥臣撰。胥臣，錢塘人。兹編首載九州總圖，次以九州各爲一圖，而經文分附於後。又以導山、導水、南條、北條分析爲圖，亦各以經文附焉。至「九州攸同」及「五百里甸服」諸條，又分山水總敘及弼服諸名，體例頗爲詳悉。而經文下所引諸家注釋，則粗明訓詁，未足爲考證之資也。

尚書講義無卷數　兩江總督採進本

明蔡璋撰。璋字達夫，無錫人。是書順文敷衍，無所發明。即其開卷釋「曰若」，「若」字作設問之「如」字解，則大略可睹矣。書凡兩册，爲明季寫本，當時朱墨標識猶存，疑即璋之原稾云。

尚書解意六卷　直隸總督採進本

明李楨扆撰。楨扆字華麓，任丘人。是編不甚訓詁名物，亦不甚闡發義理。惟尋繹語意，標舉章旨、節旨，務使明白易曉而止。蓋專爲初學而設，故名以解意云。

禹貢通解一卷　江蘇巡撫採進本

舊本題檇李邵璜撰。不著時代。前有竇坻杜立德序，當爲國朝人。而其圖中稱北直隸、稱承天府，皆明人語。疑序爲立德未入國朝以前作也。立德之序頗斥據後代地理以疑蔡傳之非，乃併河源之說亦指爲不近理。而璜之所注，乃與蔡傳多有異同。其循傳發揮者謂之通解，其不從傳者謂之辨異。每州之首及導山、導水各列爲圖，自云多本之鄭曉、夏允彝。然其青州圖下即駁允彝之說，亦不盡用二家也。是書頗有意於考正，而所學未博，引據疎略，視胡渭諸家不止上下牀之別矣。

尚書集解二十卷　直隸總督採進本

國朝孫承澤撰。承澤號退谷，山東益都人。世隸上林苑籍，故自稱曰北平。前明崇禎辛未進士，官兵科給事中。李自成僭位，受僞職爲四川防禦使。入國朝，官至吏部侍郎。平生以尊崇朱子得名，而是書篤信古文，與朱子獨異。所解自蔡沈集傳外，多采呂祖謙書說、金履祥表注、許謙叢説，而力斥馬融、鄭康成。蓋欲尊宋學，故不得不抑漢儒。然宋儒解經，惟易、詩、春秋掊擊漢學，其尚書、三禮實不甚異同。承澤堅持門户，又併排斥之耳。然千古之是非，曷可掩也？

九州山水考三卷　安徽巡撫採進本

國朝孫承澤撰。是書取禹貢所載山水，分類相從。山凡四十有三，正導者二十有七，雜見者十有六。

水凡四十有二，正導者九，雜見者三十有三。附以澤九，原隰十。冠以水道會同源委，皆首標其名，而以所合諸水旁行斜貫，引以烏絲。略似族譜世系，與地圖之式迥殊。中多附論時事，引明代諸人議論事實以相證佐，如水利、海運之類，與經義多不相關。蓋借事抒議，不專爲注經設也。書首標曰「格致録卷」，而「卷」字之上缺一字未鐫。其子目乃題九州山水考上、中、下字。蓋其格致録中之一種，刊而未竣者耳。

尚書近指六卷 江西巡撫採進本

國朝孫奇逢撰。奇逢有讀易大旨，已著録。是書前有自序，以主敬存心爲尚書之綱領。其說多標舉此義，不甚詮釋經文。然蔡沈書集傳序所謂「堯舜存此心，桀紂亡此心，太甲、成王困而存此心」者，已先揭大旨，不煩重演矣。

尚書引義六卷 湖南巡撫採進本

國朝王夫之撰。夫之有尚書稗疏，已著録。此復推論其大義，多取後世事爲之糾正。如論堯典「欽明」，則以闢王氏良知；論舜典「玄德」，則以闢老氏玄旨；論「依永」「和聲」，斥宋濂、詹同等用九宮填郊廟樂章之陋；論「象以典刑」，攻鍾繇、陳羣等言復肉刑之非；論「人心」「道心」，證釋氏明心見性之誤；論「聰明」「明威」，破吕不韋月令、劉向等五行傳之謬；論「甲胄起戎」，見秦漢以後制置之失；論「知之非艱，行之維艱」，詆朱、陸學術之短；論洪範「九疇」，薄蔡氏數學爲無稽；論「周公居東」，鄙季友避難爲無據。議論馳騁，頗根理要。至於「王敬作，所不可不敬德」及「所其無逸」等句，從孔傳而非吕、蔡，亦有依據。惟文侯之命以爲與詩録小弁之意同，爲孔子有取於平王，至謂高宗「諒闇」與「豐昵」同爲不惠於義，則其論太創。又謂黄帝至帝舜皆以相而紹位，古之命相，猶後世之建嗣。又謂虞、夏有百揆，商有阿衡，皆相也。至周則六卿各率其屬，周之不置相自文王起。此皆臆斷之辭。他若論微子去紂，恐文王有易置之謀；周公營洛，亦以安商民反側之心。則益涉於權術作用，不可訓矣。

尚書體要六卷　江蘇巡撫採進本

國朝錢肅潤撰。肅潤字礎日，無錫人。是書章分句解，止於隨文生義，未能有所折衷。其訓禹貢「三江」，既以松江、婁江、東江爲三江，又謂「江、漢發源於梁，合流於荆，入海於揚，定是江、漢，爲何又生松江、婁江、東江出來」云云，則又主蘇氏岷江爲中江，嶓冢爲北江，豫章爲南江之説矣。又云：「東湖未築以前，江水直注太湖，是岷江、嶓冢、豫章三江未嘗不通震澤也。」考江水雖入海於揚，然自古未與震澤通。若如是説，則京口以東皆成巨浸矣。殊爲無據。惟其辨「九江」有三，頗爲詳晰，差足備考耳。

書經疏略六卷　江南巡撫採進本

國朝張沐撰。沐有周易疏略，已著録。是書從注疏本，以書序分冠諸篇。又從古本合爲一篇，列於卷首。

其次第與孔安國傳及鄭康成所注百篇之序俱互有異同。又所載孔安國序，於「春秋左氏傳」句闕其「左氏」二字，解之曰：「傳附經左曰左傳。以人號傳，古無此體。」考左傳或曰左氏，或曰左丘，漢以來説者不同，總爲人姓。沐乃以爲左右之左，殊駭視聽。且謂「傳以人號，古無此體」，是併漢藝文志亦未見矣。蓋沐著春秋疏略，以左傳爲孔子作，故於此書亦護其説耳。所解多襲蔡傳，其獨出己見者率多杜撰。如解無逸篇「則知小人之依」句曰：「於是知小民者，君子之所依賴以安也。」豈復成文義乎？

古文尚書考一卷　編修程晉芳家藏本

國朝陸隴其撰。隴其字稼書，平湖人。康熙庚戌進士，官嘉定、靈壽二縣知縣，行取御史。雍正二年從祀孔子廟庭，乾隆二年賜謚清獻。是書原載隴其三魚堂集中，曹溶學海類編始摘録别行。大旨惟據朱子告輔廣之言，以申古文尚書非僞。然朱子語録曰：「書序恐不是孔安國所作，只是魏、晉時文字。」又曰：「孔氏書傳某疑決非安國所注，恐是魏、晉間人託安國爲名，與毛公詩傳大段不同。」又曰：「傳之子孫，以貽後代，漢時無這般文章。」嘗疑安國書是假書。漢儒訓釋文字有疑則闕，此却盡釋之。豈有千百年前人説底話，收拾於灰燼屋壁之中與口傳之餘，更無一字譌舛。況孔書至東晉方出，前此諸儒皆不曾見，可疑之甚。」然則朱子辨古文非真，不一而足。未可據輔廣所記一條，遂謂他弟子所記皆非朱子語也。

尚書惜陰録六卷　兩江總督採進本

國朝徐世沐撰。世沐有周易惜陰録，已著録。是編乃世沐七十二歲時作。其篤信古文，猶先儒之舊論。至於尊古文而排抑今文，則變本而加厲矣。其排抑今文，惟以不全爲辭，不思古文五十八篇亦不足百篇之數也。其説皆因蔡傳而衍之，往往支離於文外。如解「蒙羽其藝」，謂：「蒙多蒙昧，亦要隨刊，羽多禽鳥，亦必翦除。益稷之有勞可知。」夫益稷佐禹，豈必在此二山？且以山名一字穿鑿生義，然則「熊耳」必多冬蟄之獸，「外方」必爲中矩之形哉？又如解「厥貢惟土五色」，謂：「徐之東原乃中原正地，厥土五色而赤多，亦文明天闢。孔子雖爲兖産，實徐産也。斯文之統，蓋像地靈。」是與經義何涉也？至謂：「唐尚無史，舜乃設史追書，故曰虞書。」謂：「舜以諸侯之禮祀瞽瞍，二妣竝祔，正舜母，繼象母，一一秩之不紊，大小宗無餘憾，故官曰秩宗。」益不知其所據矣。

尚書口義六卷　浙江巡撫採進本

國朝劉懷志撰。懷志字貞儒，武强人。康熙中左都御史謙之父也。其孫自潔原跋稱爲大司空，蓋其贈官，然未詳何以贈工部尚書也。是書於經文之内注小字以貫串之，大旨悉遵蔡傳，而衍以通俗之文，以便童蒙。凡蔡傳所謂錯簡者，俱移易經文以從之；凡蔡傳所謂衍文者，則徑從删薙。可謂信傳而不信經矣。

禹貢正義三卷 江蘇巡撫採進本

國朝曹爾成撰。爾成字得忍，無錫人。是書成於康熙甲寅，據蔡氏集傳爲本。或偶出己見，又於古無稽。如揚之三江，則以爲錢塘江有兩源，北源爲黟江，西源爲太末江，併錢塘而爲三。梁之沱、潛，則以爲皆江之別源，非江、漢別流。其説導水也，於「導河」節以「東過洛汭」爲禹過之，以大陸爲去河絶遠，「禹從洚水取陸路到高平之處」，下「又北」接上「北過洚水」，非自大陸又北；於「導漾」節「過三澨，至於大別」，亦爲禹取陸路，從三澨至大別，下「南入於江」接上「又東，爲滄浪之水」而轉南，非自大別而南；於「導江」節「過九江，至於東陵」爲「禹從九江取陸路至東陵」，下「東迆北」接上「又東至於澧」，非自東陵又東；於「導沇水」節以「東出於陶丘北，又東」爲濟之正派，下「至於菏」爲分流，南行通泗，「又東北」接「又東」正派，非自菏又東北；其「又北，東入於海」，以「又北」爲分流，北出爲沮而合於濰，以「東入於海」爲正派。皆膠滯破碎，使文理不相貫也。

舜典補亡一卷 浙江巡撫採進本

國朝毛奇齡撰。奇齡有仲氏易，已著録。舜典舊無篇首二十八字，至梁姚方興始得別本於大航頭以補之，其事本屬可疑。然相沿已久，無可刊削之理。所謂有其舉之，莫敢廢也。奇齡堅信古文而獨不信二典之分篇，遂以爲自「月正元日」以下乃爲舜典而闕其前半篇，遂摭史記以補之。夫司馬遷書豈可以補經？即用遷書爲補，亦何可前半遷書，後半忽接以古經，混合爲一？奇齡以竄亂古經詆朱子，而所爲又加甚焉。雖善辨者殆亦難爲之辭矣。

尚書義疏無卷數　檢討蕭芝家藏本

國朝蔣家駒撰。家駒字千里，丹陽人。康熙庚午舉人，官懷集縣知縣。是編亦高頭講章之類。鈔本綴以圈點，其體段皆類時文。

書經詳説無卷數　河南巡撫採進本

國朝冉覲祖撰。覲祖有易經詳説，已著録。是書以蔡傳爲主，旁引孔傳、孔疏及宋元以下諸家之説以釋之。雖引證頗繁，然如「六宗」「三江」，皆援据諸説而終以蔡傳爲主。其有稍異於傳者，多削而不録。如文侯之命引孔疏，其下注云：「傳、疏多與蔡傳説異，故僅録此。」又如費誓「徂兹淮夷」句引孔傳，亦必注其下云：「徂訓往征，與蔡傳異。」蓋篤守宋學，不肯一字異同者也。

禹貢臆參無卷數　江蘇巡撫採進本

國朝楊陸榮撰。陸榮有易互，已著録。是書於經文之下詳載蔡傳，而竝録地理今釋以糾其誤。亦間附己説，然頗有攻詰未當者。若「三江既入，震澤厎定」一條，初學記引鄭康成注：「漢江爲北江，右合彭蠡爲南江，岷江居中爲中江。」後儒咸主鄭義。而陸榮力攻之，謂周禮職方於荆州曰：「其川江、漢」，於揚州曰「其川三江」，若江、漢即三江之二，又何以一表之於荆，又再表之於揚也？考職方氏有曰：「河東曰兖州，其川河、泲」，「東北曰幽州，其川河、泲。」一一「河、泲」而既表之於兖，又表之於幽，陸粲又何以難之也？陸粲又謂：「職方氏曰：『其川江、漢，其浸五湖。』苟彭蠡可以爲南江，則是一水而分列於川、浸。」蓋主李善、司馬貞之注，以彭蠡爲五湖之一。然虞翻、韋昭、張勃、酈道元、張守節、陸龜蒙、李宗諤諸家皆與善及貞注不同。則五湖必兼彭蠡，尚未可確定，亦不得執以駁三江矣。

禹貢譜二卷 浙江巡撫採進本

國朝王澍撰。澍字若霖，亦或自書爲篛林，金壇人。康熙壬辰進士，歷官給事中。是書各著經文於前，而附圖於後。州爲二圖，一言疆界，一言貢道。導山、導水及山川、田賦亦各有圖，凡四十圖。大抵皆本蔡傳，而參以諸家之説。條理簡明，頗易尋覽。然多因仍舊説，依違遷就，不能折衷歸一。與胡渭錐指蓋未可同日語也。

禹貢解八卷 浙江巡撫採進本

國朝晏斯盛撰。斯盛有楚蒙山房易經解，已著録。禹貢一篇，自注疏而外，無慮數十百家。迨胡渭禹貢錐指出，條分縷晰，辨正詳博。斯盛是編，大概全取渭書而變其體例。中如渭引水經注「漳至斥漳縣入河」，斯盛則以漢志「斥漳」下應劭云「漳水出治北入河」，蓋言漢時漳水在治北，其云「入河」者，以下流至阜城言也。漳水逕行鄴東，已當入故大河，若漢時阜城以上安得有河？

渭據水經注「濟歷琅槐縣故城北，淄入馬車瀆，逕琅槐故城南」，故言淄、濟各自入海。斯盛以漢書「甾至博昌入沸」師古注云「沸音子禮反」，孔疏引作「入海」，誤也。甾入沸不在馬車瀆，而在琅槐東之博昌界。其辨別亦頗精密。至其論碣石，據漢志驪成之大碣石山即今昌黎縣北二十里所謂仙人臺、天橋柱者，不取王横淪於海中之說。又謂河、濟相通，浮濟自陶丘而西以達於河。周以後滎川道窒，至東漢時僅存滎、菏澤渚之本源。故漢志云「軼出滎陽北平地」，非禹貢、職方舊跡，不取三伏三見之說。其他如冀之恒、衛，以恒由恒山得名，滱水出靈丘縣北高氏山，與渾源州恒山相連屬。衛由惡池得名，衛轉曰惡，惡轉曰虖，滱即恒，虖它即衛。皆因渭說而附益之。導河後附歷代徙流，亦因渭之書删繁就簡。於雍之黑水欲以打沖河當之，究不協「入於海」之文，且漫無實證。又渭不知今呼老黄河者爲宋之二股河，而以爲二股河行唐馬頰河故道。斯盛亦曰「二股河尋唐景福以前馬頰河之道也」，則又沿渭之誤，不能糾正矣。

今文尚書說三卷

浙江巡撫採進本

國朝陸奎勳撰。奎勳有陸堂易學，已著録。是編皆訂補蔡沈書傳之闕失。大抵推求於字句之間，離合參半。所解惟伏生二十八篇，而古文則置之不言。蓋用吴澄書纂言之例，未爲無見。而所附古文尚書辨二篇，不引梅鷟、閻若璩的然有證之言，而又變爲古文尚書半真半僞之說。自稱「年將及艾，於詩、禮、春秋撰成經說三十八卷。夢見孔子，心似别開一竅者。凡於書之真贋，一覽自明」

云云，其亦近於語怪矣。

尚書通義十四卷 浙江巡撫採進本

國朝方葇如撰。葇如有周易通義，已著録。是書亦仿周易通義之例，以四書成語釋之。如禹貢「冀州」至「四海會同」，則曰：「所謂然後人得平土而居之也。」「五百里甸服」至「五百里米」，則曰：「所謂五十而貢，可想見矣。」洪範「無虐煢獨而畏高明」，則曰：「此三代之所以直道而行也。」全書皆用此例，可謂附會經義矣。

尚書舉隅六卷 江南巡撫採進本

國朝徐志遴撰。志遴字掄英，江西新城人。雍正甲辰舉人。其書删節蔡傳，而於蔡傳後每條各以己意附注一二語，簡略殊甚。蓋於舉業之中更闢捷徑矣。

書經劄記無卷數 江蘇巡撫採進本

國朝顧昺撰，昺有周易鈔，已著録。是編爲其三經解之二。取明陳第之説，謂古文尚書非僞。冠以古文今文辯，盡掃諸家考證，而斷以大禹謨之「精一危微」、咸有一德之「主善克一」數語，謂非漢、晉所能作。蓋摭近時方苞之論。此明知徵實之難誣，又變而蹈空以求勝也。

禹貢方域考一卷 江西巡撫採進本

國朝湯奕瑞撰。奕瑞號玉峯，南豐人。雍正中官福建鹽場大使。其書載禹貢本文，而專疏其方域界址。附江河入海記、河源記數篇於後。前有自序，謂删撮胡渭禹貢錐指而爲之。故卷首自稱曰「纂輯」，明爲渭書之節本云。

尚書約旨六卷 江蘇巡撫採進本

國朝楊方達撰。方達有易經圖説會通，已著録。是書大略墨守蔡傳，依文訓義。間有與蔡傳異者，亦僅鑽研語氣，未能考證其失。故所著凡例，亦自謂未脱講章舊局。至於名物典故不甚詮釋，則以別撰尚書通典略故也。

尚書通典略二卷 江西巡撫採進本

國朝楊方達撰。是書皆考辨尚書典故。首卷力主梅書之非僞，至以馬融、鄭玄不見古文，所見皆張霸僞書。而顧命「銳」字又以爲説文本孔傳。蓋猶毛奇齡之緒論。其訓釋名物，多據理斷制，不由考證。如河出崑崙，信水經注五萬里之説，而駁玄以來探求河源之謬。不知輿圖俱在，道里井然。是爲泥古而不徵今。允征篇中謂日食可以推算，不應馳走。不知自漢以前，無預知日食之術。是爲知今而不稽古。蓋典制之學與義理之學南轅而北轍也久矣。

禹貢約義無卷數　兩江總督採進本

國朝華玉淳撰。玉淳字師道，號澹園，金匱人。是編考證禹貢山水，詳略頗不畫一。蓋隨事紀載，未及成書之稾本也。其論三江，主鄭玄、蘇軾之説，極爲有見。論九江則以九江爲洞庭，大抵與胡渭所見同。不知九江自在潯陽，古者江則名江，河則名河，未有以洞庭爲九江者，應劭諸家不可廢。且澧江已見於經，而雲夢亦跨岳陽之界，洞庭之説終屬未安。玉淳蓋未深考耳。

尚書質疑八卷　安徽巡撫採進本

國朝王心敬撰。心敬有豐川易説，已著録。是書用趙孟頫、吴澄之説，分今文、古文爲二，不爲無據。惟是康誥等三篇，據書語則在武王時受封，據左傳則在成王時受封，先儒皆疑不能明。今徑升大誥之前，紊亂舊第，殊失謹嚴之義。伏書顧命一篇，孔氏古文分出康王之誥，見史記周本紀。馬融舊本亦見於經典釋文。今以爲後人妄分，於考證亦疎。至於沿豐坊僞本之説，改堯典爲帝典，自謂根據大學，不知無以處孟子。又以二典非虞史所作，出夫子筆削；「曰若稽古帝堯」出孔子增加，尤爲臆説矣。

書經參義六卷　浙江巡撫採進本

國朝姜兆錫撰。兆錫有周易本義述藴，已著録。是編以朱子命蔡沈作書傳，甫越歲而朱子亡，其間未是正者頗多。如集注行夏之時及歲十一月、十二月之屬，昭如日星，而蔡傳於伊訓之「元祀十有二月」及泰誓之「十有三年春」、武成「惟一月」之屬，皆力著不改時、不改月之辯，是顯與朱子有異。因作是書正之。計經文錯互篇簡者二條，錯分段落者五條，錯混句讀者二條，錯解文義者十二條，定錯復錯者一條。考蔡傳自南宋以來，即多異議，原非一字不刊之典。然兆錫所改，大抵推求字句，以意竄定，未能確有考證也。

尚書質疑二卷

江西巡撫採進本

國朝顧棟高撰。棟高字震滄，晚年好治春秋，又自號左畬，無錫人。康熙辛丑進士。乾隆辛未薦舉經學，賜國子監司業。丁丑又賜國子監祭酒銜。所著春秋大事表，最爲精密。其注詩，亦有可觀。惟此一編，較他書爲次乘。其例不載經文，亦不訓釋經義。惟標舉疑義，每條撰論一篇，爲數凡四十有一。大抵多據理臆斷，不甚考證本末。如謂帝王巡狩必不能一歲而至四嶽，因疑惟泰山爲天子親至，餘皆不至其地，引泰山獨有明堂爲證。且稱華山、恒山、衡山久在晉、楚境內，若有明堂而爲晉、楚所毁，列國宜何如問罪，春秋宜何如大書特書。夫春秋明例，承告乃書，二百四十年中，未有以毁某來告者也。安得以春秋不書毁爲本無明堂之證？晉不奉正朔，春秋凡載晉事，傳與經皆差兩月，杜預以爲晉用夏正。楚僭稱王號，孰問其罪？又安得以春秋無書毁明堂者爲本無明堂之證乎？古文尚書晉時乃出。棟高既確信「危微精一」數語，斷其必真。案：「危微精一」數語，實荀子所載，云出道經。乃獨以兩階干羽一事爲劉歆竄入，主名確鑿，此出何典記也？山海經本不足信，蔡傳引其怪説以注禹貢，自是一失。棟高駁之是也。至謂爲劉歆所僞作，則禹本紀、山海經之名先見於史記大宛傳贊，亦歆所竄入歟？周代諸侯所以能知其名者，賴春秋傳耳。夏、商年遠文略，靡得而徵。乃謂夏、商不封建同姓。考史記夏本紀曰「禹爲姒姓，其後分封，用國爲姓，故有夏后氏、有扈氏、有男氏、斟尋氏、彤城氏、褒氏、費氏、杞氏、繒氏、辛氏、冥氏、斟戈氏」云云，則夏代分封，史有明證，烏得遽斷其無？如以不見於書而斷之，則今文惟有齊吕伋、魯伯禽、晉文侯、秦穆公，古文惟有蔡仲耳。周公封魯，召公封燕，書且無明文矣。他如論堯、舜、禹非同姓，論商、周改時改月，論「亂臣十人」中有膠鬲，論洪範不本河圖、洛書，論微子面縛而又「左牽羊，右把茅」，論周公未曾居攝，亦皆前人之舊論，不足以言心得。大抵棟高窮經之功，春秋爲最，而書則用力差少。人各有所短長，不必曲爲之諱也。

書經提要十卷　兩江總督採進本

國朝徐鐸撰。鐸有易經提要録，已著録。是書體例亦不録經文，但標舉字句，雜采諸家之説而以己意融貫之。然大抵推求文義之學。如王心敬以「曰若稽古」一句爲孔子所加，至爲無理，而鐸曰其説可從，殊乏考訂。他如解大禹謨曰：「堯曰『大哉堯之爲君』，舜曰『大舜有大焉』，舜繼堯稱大舜，禹繼舜故亦稱大禹。」然則大禹謨之作在論語、孟子後乎？

尚書小疏一卷　江蘇巡撫採進本

國朝沈彤撰。彤字冠雲，號果堂，吴江人。嘗預脩三禮及一統志，議敘九品官。是編所解，自堯典至禹貢僅數十則，而往往失之好異。如謂：「禹時交州本屬荆梁，胡渭禹貢錐指以九州大略不踰五嶺者，非是。」蓋沿閻若璩潛丘劄記之説。然潛丘劄記精核者多，惟此條則過泥通典。今姑以禹貢經文求之，自「五百里甸服」至「五百里荒服」，每面各二千五百里，九州凡五千里。自孔、鄭諸儒無有異辭者也。經稱「荆及衡陽惟荆州」，通典稱衡陽郡去洛陽二千七百六十八里。以南、北兩面計之，已踰於五千里。至稱荆州之域兼有零陵、江華、桂陽、連山諸郡，又稱零陵去洛陽三千五十五里，江華去洛陽三千五百八十里，桂陽去洛陽三千五十七里，連山去洛陽三千五百八十九里，則荆州南域已踰千里有奇。恐經所云衡山之陽，未必遼闊如此。禹貢錐指謂騎田嶺北爲桂陽，嶺南爲連山，連山亦古南越地，不當入荆域。其駁正最爲允協。必反其説已爲非是，乃更謂荆州之域直統交趾。則距洛陽凡七千二百二十五里，較經文荒服里數，三倍過之，寧有是事乎？至引後漢書爲證，尤屬牽合。考獻帝本紀「建安十八年，復禹貢九州」，注引獻帝春秋曰：「時省幽、并州，以其郡國并於冀州。省司隸校尉及涼州，以其郡國并爲雍州。省交州，并荆州、益州。於是有兗、豫、青、徐、荆、揚、冀、益、雍。」據此則當時特復禹貢九州之名，非謂漢之疆域即禹疆域，又安得以後證前耶？其他附會遊移之説，往往類此。蓋彤長於三禮，而尚書非其所精，又務欲求勝於胡渭，故糾紛至是，不足爲據也。

心園書經知新八卷　浙江巡撫採進本

國朝郭兆奎撰。兆奎，平湖人。是書成於乾隆乙亥，兆奎年七十三矣。大旨以蔡沈集傳爲本，而時參己見，故曰「知新」。如解堯典「命羲和」數節，則謂後世日晷爲定分、至之要，而舉南、北極及歲周、歲差之法，皆以爲不足信。解禹貢，則謂黑水非有二水，因九江、三江未盡入海，上流泛濫，溢出於西。謂漢枝分於大別入江，其正流爲北江，在彭蠡之北；江枝分會於彭蠡，其正流爲中江，在彭蠡之南。他如「涇屬渭汭」條下，訾周禮職方爲後來雜湊之書；於甘誓條下，訾禮記曾子問一篇率多不經；於伊訓論三年之喪，訾儀禮喪服之經及禮記爲非。說六律則謂古無六吕及隔八相生，其國語禘、郊、宗、祖、報，左傳羿、澆、管、蔡之事，皆訾爲謬說。大抵不信古經，自以意斷。惟篤信梅賾古文，故卷末附古今文辯，謂秦焚民間詩、書，其博士所職，漢初猶有全書。又謂蔡邕書石經，即全古文。蓋取毛奇齡古文尚書冤詞之說，重爲申衍。不知漢時古經果完，何以立於學官者僅伏生所傳？以及賈、馬、鄭諸大儒親見古文者，其所傳述，何以絶不涉伏生所傳之外也？

尚書讀記一卷 編脩周永年家藏本

國朝閻循觀撰。循觀字懷庭，號伊蒿，昌樂人。乾隆丙戌進士，官吏部考功司額外主事。是編爲濰縣韓夢周所刊，凡七十六條。循觀亦不信古文，其解金縢「我之弗辟」爲弗辟攝政之嫌，康誥首四十八字非錯簡，及費誓伯禽征徐戎爲周公在時事，竝根據史記爲說。蓋司馬遷受古文尚書於孔安國，其所引證，足爲根據也。其他則多循文生義之說。蓋本其讀書之時，偶記簡端。循觀没後，夢周録爲此帙。初非著成之書，故所解止此耳。

尚書私學四卷　編脩程晉芳家藏本

國朝江昱撰。昱字賓谷，號松泉，甘泉人。貢生。是書大旨謂古文尚書論政、論學莫不廣大精深，非聖人不能道，故其説多據理意斷。然亦有偶然標識，無關大義者。如謂「凜乎若朽索之馭六馬，若蹈虎尾涉於春冰，皆晉人危語之祖」云云，殆非詁經之體。又如稱：「刑，金氣也。苗爲暴虐淫過之刑，殺戮無辜，金氣盛極，故惡臭薰蒸，變而爲腥，腥於五臭爲金」云云，亦過於求深也。

尚書注解纂要六卷　湖北巡撫採進本

國朝吴蓮撰。蓮字余嘉，江都人。是書融會蔡沈集傳之義，每節之下先標指意，而各隨文句詮釋之，無所考證。

尚書剩義四卷　湖南巡撫採進本

國朝黄璘撰。璘有周易剩義，已著録。是書分條疏解，大旨爲制義而作，與所注周易體例相同。

附録

別本尚書大傳三卷補遺一卷　兩江總督採進本

國朝孫之騄編。之騄號晴川，仁和人。雍正間官慶元縣教諭。伏生尚書大傳久無刻本，外間傳寫殘帙，譌缺顛倒，殆不可讀。元和惠棟號爲博洽，脩明堂大道録時，亦未見其原本，僅從他書輾轉援引。故之騄蒐採補綴，仍勒爲三卷。其不注出典者，殘缺之原文。其注某書引者，之騄所增入也。殘章斷句，頗賴以存。近時宋本復出，揚州已有雕版，此本原可不存。然之騄於舊帙未出之前，鉤稽參考，閲歲月而成是編。其好古之勤，亦不可没，故仍附存其目焉。

右書類。七十八部，四百三十卷。内十部無卷數。**附録一部，四卷。皆附存目。**

案尚書文句古奥，訓釋爲艱。故宋、元以前注是經者差少。歷年久遠，傳本彌稀，凡有遺編，率皆採録。惟薛季宣之贋古，王柏、賀成大、胡一中之改經，特黜而存目。一以杜好奇之漸，一以杜變亂古經之漸也。